Des hauts & Débats
Communication / Cultures / Médias et TIC / Société
dirigée par Pascal LARDELLIER,
Professeur à l'Université de Bourgogne (Dijon),
Directeur éditorial et scientifique, Groupe IGS, Paris

Cette collection accueille des essais consacrés à des sujets de société et à des thèmes d'actualité faisant débat. Les ouvrages publiés par la collection sont écrits d'une plume engagée mais toujours argumentée.

Il s'agit de pourvoir la communauté académique et la société civile en éléments de réflexion exigeants sur des sujets faisant débat et parfois polémique, pour poser un regard critique et rigoureux sur un monde en métamorphose.

Les institutions, les médias, les TIC, la culture et les grands systèmes idéologiques sont passés au crible des titres de « Des Hauts et Débats ».

Pour toute information : pascal.lardellier@u-bourgogne.fr

Dernières parutions

Kathleen Tamisier, *La famille en révolution. Sexe, amours et déceptions*, 2020.
Régine de La Gorce, *L'Humanité à L'Œuvre. Positions et postures des presses communiste et collaborationniste pendant l'Occupation (mai 1940 – juin 1941)* (2020).
Claudine Batazzi et Veronique Pillet-Anderlini (dir.), *Tourismes & territoires : des milieux, des dispositifs et des hommes* (2020).
Eric Enrègle, *L'automobile, variations sur un thème (voiture autonome, intelligence artificielle, rapport à autrui)*, L'Harmattan, Paris, 2019.
Lionel Saporiti, *Séniors de la rue. Ethnographie du monde de la « grande exclusion »* (2019).
Bernard Barberi, *Le rôle des normes comptables. De la construction de l'image fidèle à la communication de l'information financière* (2019).
Yves Enrègle, Pascal Lardellier, Richard Delaye (dir.), *Identités. Métamorphoses identitaires à l'ère d'Internet et de la globalisation* (2018).
Pascal Lardellier, Yves Enrègle, Richard Delaye (dir.), *Négociations. Techniques, valeurs et acteurs de la négociation* (2018).
Laurence Lagarde-Piron, *Corps à corps infirmiers* (2018).
Alain Javeau, *L'homme, revu et corrigé* (2018)
Alexander Frame, Gilles Brachotte et alii, *L'université à l'heure des réseaux sociaux : logiques, relations, communautés* (2017)
Kathleen Tamisier, *Les surdoués passent-ils le bac ? Une enquête sociologique dans l'univers des enfants précoces* (2016).
Odile Riondet, *Enquête sur la Communication comme science* (2015)

**L'identité,
cette ombre qui nous éclaire**

© L'Harmattan, 2020
5-7, rue de l'École-Polytechnique, 75005 Paris

www.harmattan.fr

ISBN : 978-2-343-21390-3
EAN : 9782343213903

Yves ENRÈGLE

L'identité,
cette ombre qui nous éclaire

Méditation sur le pouvoir, la mémoire et l'histoire

Dédicace

Je dédie ce livre aux personnes dont l'absence avait créé un vide que seule l'écriture pouvait combler et aux personnes dont la présence a rendu cette écriture possible. Et puis, comme il faut commencer à songer au « passage du relais », je dédie ce livre à mes petits-enfants, Lara et Gabriel, en leur souhaitant de garder leurs joyeux rires d'enfants comme axe de leur vie.

SOMMAIRE

Dédicace 6
Remerciements 9
Préface 11
Avant-propos 13

CHAPITRE I
Qui es-tu, toi qui dis « moi » ? Jeu sur la frontière « moi/non-moi » 37

CHAPITRE II
Qui es-tu, toi qui dis « moi, président… » ?
Cas des élections présidentielles (France, 2017) 55

CHAPITRE III
Qui es-tu, toi qu'on appelle « leader » ? 99

CHAPITRE IV
Qui es-tu, toi qu'on appelle « le peuple » ? 135

CHAPITRE V
Qui es-tu, toi qui ne sais plus qui tu es ? Les ressorts profonds de l'ombre 161

CHAPITRE VI
Qui es-tu, toi qu'on appelle « le peuple européen » ?
Les risques du mythe. L'Europe : état des lieux 193

CHAPITRE VII
Qui es-tu, toi qui va devenir l'Europe ? 237

Ultime vade-mecum 253
Conclusion 257
Notes techniques 261
Bibliographie sélective 291
Glossaire 297
Table des matières 319

REMERCIEMENTS

J'ai beaucoup de personnes à remercier :

Joëlle Nadaud et Jean-Paul Marteau. La première pour ses commentaires tout à la fois décapants, implacables, encourageants et chaleureux ; sans oublier les suggestions souvent judicieuses qui les accompagnaient. Merci Joëlle et merci aussi à l'ensemble des « Nadauds » qui m'entourèrent pour la période du confinement, la rendant ainsi très fructueuse pour moi.

Quant à Jean-Paul, il a su faire preuve d'une patience infinie pour m'accompagner techniquement au fil des versions de ce manuscrit. Jusqu'à 18 allers-retours pour aboutir à la version finale ! « Vingt fois sur le métier, remettez votre ouvrage… » On n'en était pas loin !

Ma gratitude au docteur HDR Richard Delaye et au professeur Pascal Lardellier, mes deux complices. Ensemble, nous avons créé Propédia, le centre de recherches du groupe IGS. L'un, l'autre ou ensemble, nous avons pu faire fonctionner ce centre de recherches, une revue classée (*Questions de management*), une revue franco-coréenne, *Epistémé,* les journées annuelles « Gouvernance et Sacré », les collections « Des Hauts et Débats » chez L'Harmattan et « Gouvernance et Sacré » chez ISTE (Londres), mais aussi de grandes conférences, séminaires, jurys, co-encadrements, coéditions… Le festival intellectuel est permanent, mené avec maestria, humour, complicité, confiance et respect aussi…

Enfin, merci à l'ensemble de nos collègues du groupe IGS, ainsi que ses administrateurs, pour la chaleur et le soutien qu'ils m'ont apportés, notamment Bernard Deray et Roger Serre : sans eux, cette aventure n'aurait tout simplement pas existé.

Préface

Aller au fond et monter haut...

Pascal Lardellier
Professeur, auteur, directeur de collection

Chaque trésor a un coffre et chaque coffre a une clé. Ces pages voudraient être la clé du coffre que constitue cet ouvrage. Mais le trésor, comme celui de la fable profonde de La Fontaine (« Le Laboureur et ses enfants ») ne se donne pas facilement, il se gagnera par la lecture, et la réflexion qu'elle induira nécessairement. Mais « travaillez, prenez du plaisir, c'est le fond qui manque le moins » pourrait-on dire, en paraphrasant le maître fabuliste.

Foin des ambages allégoriques, il s'agit d'accéder, après cette préface, à un texte ciselé, brillant comme un diamant. Et cette préface n'est pas de convenance, tant il nous apparaissait indispensable de proposer une esquisse d'exégèse au lecteur de ce texte baroque en diable. Et Dieu sait s'il l'est, « baroque », ce texte, « baroque » venant du portugais *barocco*, qui signifie « perle irrégulière ». En effet, ces perles à la forme étrange attendaient une taille particulière, pour être mises en valeur par la main experte du maître en pierreries. Eh bien, ce livre est à nul autre pareil, il outrepasse les genres institués, tout en ruptures, en *staccato*. Le *legato* reviendra, quand il s'agira de lier...

Alors, ce texte de préface est une clé, une boussole, afin de permettre au lecteur de *s'orienter* heureusement dans cette œuvre foisonnante, puissante.

Accessoirement, j'écris en ami de l'auteur. Mais ma plume est trempée à l'encre de la sincérité, et non à celle diluée par la tiédeur de la flagornerie. J'écris aussi en directeur d'une collection (« Des Hauts et Débats ») que ce traité honorera, car il y est bien question de vie des idées, de débats, de controverses, et l'on est ici plus sur les hauts-plateaux que dans les vallées sombres...

La nécessité de ce texte liminaire – qui n'est pas de convenance j'y reviens – s'impose, car vous avez entre les mains un livre déconcertant dans sa forme et sa structure, constellé comme un manteau d'Arlequin, faisant feu de tout bois, tout à la fois bréviaire de vie, traité politique et de management, « cabinet de curiosités intellectuelles », chronique du temps présent, glose savante de textes célèbres et de grands auteurs. Et vous verrez que l'ami Enrègle va, comme Montaigne, « à sauts et à gambades », sortant sa pensée de son axe, faisant d'allègres pas de côté, pour y revenir, dans l'axe, invariablement : celui du sillon qu'il creuse, avec la régularité du laboureur (on y revient), qui sème, et qui s'aime, aussi. Mais rien de grand ne se fait sans un Moi aimable et aimé plus qu'« haïssable », comme le disait Pascal (je parle de l'autre, de Blaise !). Posture humaniste de bon aloi que l'auteur ne reniera pas.

Yves Enrègle, fils caché de Malraux et de Frédéric Dard (car oui, comme le disait le naturaliste Buffon, « le style, c'est l'homme » !), d'un kabbaliste et d'Audiard, nous convie à un feu d'artifice, et il fait feu de tout bois : la philosophie, la psychopathologie, la littérature, l'histoire, les religions, la mythologie, la passion étymologique, les traditions initiatiques, l'actualité la plus récente, même ! Tout fait farine à son moulin. Sa plume « non pasteurisée » est un scalpel, qui tranche dans les époques et les traditions, les cultures et les identités, pour en mettre au jour la structure cachée.

Toujours sur le fil, Yves Enrègle, en maître des équilibres, invite à sa table grands auteurs et œuvres célèbres, pour les mettre en ordre de marche, et plus précisément, au diapason. L'auteur propose une mosaïque, qui nécessite une juste perspective afin qu'on en appréhende les linéaments et les lignes de fuite, les perspectives et les échappées belles. Car ce qu'il convient de considérer, ce ne sont pas seulement les couleurs, les détails, les fleurs de rhétorique ornant son bel ouvrage, mais le *dessein,* c'est-à-dire l'architecture de l'œuvre. Nous y venons : il ne s'agit de rien moins ici que d'interroger l'ontologie de l'identité, individuelle et collective…

Cette ombre qui éclaire est posée sur trois colonnes : la mémoire, l'histoire et le pouvoir, chacune aussi bicéphale : individuelle et collective. Et la colonne cachée, c'est l'identité, qui court au fil de ces pages comme une structure sous-tendant l'œuvre, de même que la fondation soutient l'édifice.

C'est bien de cela dont parle Yves Enrègle ici, et il ne parle finalement que de cela : de mémoire, d'histoire et de pouvoir, et d'identité, même quand ses tours, colères, émerveillements et facéties nous désorientent. Et il en parle en connaissance de cause, dialectisant sans cesse ces deux dimensions, qu'il articule avec maîtrise et harmonie.

On trouvera finalement ici l'œuvre d'un homme et l'œuvre d'une vie, la quintessence d'une pensée, restitution d'une expérience qui s'est sédimentée dans des idées, et cristallisée dans des mots. Il ne s'agit pas d'un testament philosophique, mais d'une balade intellectuelle et poétique.

Nul doute que lecteurs cultivés, honnêtes hommes (et femmes aussi, car s'il est contre les femmes, c'est tout contre elles…), étudiants curieux, managers en quête de sens et de clés, voire décideurs souhaitant ralentir, prendre de la hauteur et de la distance, eh bien toutes et tous considéreront cet ouvrage comme un cadeau, un trésor ; un viatique, afin de les accompagner heureusement sur les chemins de la vie et de sa puissante énergie, dont ces pages sont gorgées.

AVANT-PROPOS

> « Jojo se prenait pour Voltaire
> Et Pierre pour Casanova
> Et moi, moi qui étais le plus fier
> Moi, moi je me prenais pour moi… »

Merci aux « Bourgeois » de Jacques Brel de nous permettre de poser si clairement la question de cet ouvrage. Comme se le demandait en écho Paul Ricœur : « Qui suis-je, moi qui dis "je" ? » Eh bien, cette question de l'identité personnelle est au cœur de ces pages, elle l'est comme thème théorique, comme interrogation philosophique et peut-être aussi comme thérapie. Mais quel auteur peut se défendre d'écrire pour interroger qui il est, pour rassembler les pièces éparses de son être, pour reconstituer son identité ? On pourrait même élargir la question à : « Qui sommes-nous, nous qui disons "nous" ? » Je traiterai donc aussi de cette question de l'identité collective. Identité collective d'un petit groupe (comme une entreprise), identité collective d'un grand groupe (une nation).

En examinant tous ces points, peut-être faut-il garder en tête ce que Victor Hugo écrivait à Guernesey en mars 1856 dans *Les Contemplations* : « Quand je vous parle de moi, je vous parle de vous. » Réflexivité primordiale de l'identité, si souvent envisagée en regard, en miroir… Alors, le « Moi je me prenais pour moi » de Brel peut très bien devenir « Moi je me prenais pour toi » ou « Toi je te prenais pour moi ».

Cette dernière réflexion confirme qu'on va se mouvoir sur un terrain assez mystérieux. Terrain que certains (à défaut de se contenter de l'expression « l'humaine condition » de Montaigne ou Hannah Arendt) appellent tout bonnement « l'âme humaine ».

Du bon usage du rêve et de la poésie

Un peu de poésie, pour enchanter la théorie :
« On frappe à la porte :
– Qui est là ?
– Le Rêve…
– Ah ! Très bien : faites entrer l'Infini. »[1]

---
[1] Aragon.

C'est sur ce cri d'Aragon que nous avons choisi de commencer cet ouvrage.

« Je sais que la poésie est indispensable, mais je ne sais pas à quoi », aurait ajouté Cocteau.

Et pourtant, la réponse est très simple : la poésie complète de façon incontournable la saisie intellectuelle et rationnelle du monde. Pour pouvoir agir, il faut comprendre, certes, mais, peut-être plus encore, il s'agit de sentir. La poésie est faite pour cela. Car tout part du rêve.

On ne peut pas se passer du rêve. C'est le point de départ de toute action. Il faut se rêver, s'imaginer, se voir au cœur d'une action pour pouvoir transformer ce rêve en projet, puis ce projet en une action dans laquelle on pourra pleinement s'investir : elle correspond si bien au rêve que nous avons si longtemps caressé. Et, une fois l'action menée à bien, celle-ci consolidera notre identité (ou, au début, amorcera la construction de cette identité).

Nous sommes ce que nous avons fait, ce que nous faisons, ce que nous allons faire. Sans rêve, rien n'est possible. Le rêve est l'incontournable « condition nécessaire ». « Condition nécessaire », mais certainement pas suffisante ; il faut transformer ce rêve en projet pour l'ancrer à la réalité, faute de quoi le rêve conduirait tout droit au délire au sens pathologique du terme.

Qu'as-tu fait de tes rêves ? Le premier rêve nous est sans doute transmis par notre histoire, par l'environnement des toutes premières années de notre vie. Mais, pour citer Sartre, « notre responsabilité est de faire quelque chose de ce que les autres ont fait de nous ». À chacun d'entre nous donc de « prendre la main » en choisissant ses propres rêves, en les transformant en projets, et en menant à bien ces projets.

Cycle « Rêve – projet – action – réalisation ». Le *Dream, dare, do*, cher à B. Tiggelar, n'est pas loin... (cf. bibliographie).

Puis « Nouveau rêve – nouveau projet – nouvelle action – nouvelle réalisation », etc., à l'infini, en strates successives. Chaque réalisation de chaque suite étant un facteur clé dans la définition du rêve suivant.

Notre identité se forge ainsi, tel un « mille-feuilles » dont nous ne sommes pas vraiment conscients, qui est dans l'ombre ; ce qui n'empêche pas le mille-feuilles de déterminer en permanence la nouvelle strate éclairant ainsi notre avenir : l'identité est donc bel et bien une ombre qui éclaire notre chemin. Et j'espère que ces pages éprouveront la robustesse de cette métaphore...

Mais l'identité ne se donne pas (sauf sur l'état-civil), elle se gagne... La vie est un labyrinthe, l'expérience une mosaïque... Ils prennent sens avec le temps, la distance, qui seuls permettent de rassembler ce qui était épars, de lier le désuni. Des traditions, des techniques, des pratiques permettent d'accélérer la connaissance de soi, et d'aller vers son identité, vers son être au monde, vers son être à soi… Et l'identité, espiègle, est peut-être comme le désir freudien (qui est à côté de son objet), toujours à côté de son sujet… Alors, elle vient à nous, par sédimentation et percolation ; des choix, des refus, des fuites, des rencontres… nous permettent, tour à tour, d'aller vers nous-mêmes, de nous rencontrer. La tradition mythologique, la littérature, les spiritualités, la philosophie sont pleines de ces identités que l'on conquiert par le fer et la fièvre, le voyage et l'ascèse. Et, on doit pouvoir s'en inspirer sans trop de difficultés puisqu'elles sont présentes dans cette base éternelle de la culture européenne que constituent les deux œuvres clés d'Homère, l'Iliade et l'Odyssée, chacune d'entre elles formant un miroir de l'autre. C'est bien là l'ossature de cette ombre qui éclaire le chemin vers l'Europe. Après cela, tout n'est que survivance, résurrection, masques… Bref, la même réalité sous des costumes, des « déguisements » qui eux seuls varient : Ulysse devient le « Roi Arthur », « Roland », « Œdipe », et Homère devient Montaigne, Corneille, Goethe, Wagner, Gustav Klimt, Dostoïevski… tout cela faisant figure d'aberration chromosomique d'une époque qui voit la quête identitaire être victimaire, doloriste, vindicative, voire geignarde…

Eh bien ici, il sera question d'une identité qui se gagne (ou se perd) par la mémoire, par le pouvoir, et par l'histoire.

De l'ombre et de la lumière…

Que ce soit l'identité d'une personne, celle d'un groupe, celle d'un peuple, l'identité du « je suis », l'identité du « nous sommes » : cela passe par « ce que je fais » ; « ce que nous faisons »… L'ombre éclaire le chemin.

Bravo à l'artiste « Pauline » d'avoir si bien su illustrer dans la couverture de ce livre cette « ombre qui éclaire notre chemin » : la chouette de Minerve, symbole des philosophes, et sa ribambelle de sœurs éclairent brillamment ce chemin qu'elles survolent. C'est bien grâce à leur ombre, que nos chemins peuvent ainsi devenir « Chemins de Lumière ».

Puisque tout part du rêve, j'ai choisi de faire la même chose dans la construction de cet ouvrage. Et, selon le même principe de « mille-feuilles », le rêve devra être présent tout au long de ces pages, comme soutien permanent à nos propos.

Ceci ressemble fort à un défi impossible : faire rêver dans un livre qui se veut technique, on a vu plus simple. Est-ce qu'un mode d'emploi peut faire rêver ? Et la plupart des livres techniques, en se centrant – désespérément – sur le « comment faire ? », ne sont-ils pas devenus de simples modes d'emploi ?

Pour ne pas dire qu'ils sont ennuyeux, on les qualifiera de sérieux : « Il a écrit un livre sérieux », ça vous pose son auteur. Et si on fait remarquer à cet auteur que c'est un peu difficile à lire… quel compliment ! Il saura d'ailleurs vous en remercier en vous précisant, en toute modestie, « oui, que voulez-vous, c'est un champ tellement complexe qu'on ne peut éviter de devoir faire de gros efforts pour le pénétrer »…

Et, bien évidemment, on comprend aisément que cet auteur, qui a fait tant d'efforts pour mettre un tel outil entre nos mains, mérite toute notre admiration et toute notre reconnaissance, n'est-ce pas ?

Allez, on va faire un effort ; par souci d'honnêteté intellectuelle, on va le lire, ce livre sérieux.

On va même admettre qu'on a pu le lire jusqu'au bout, et même qu'on en a tiré quelque chose et, qui plus est, non seulement qu'on a compris, mais aussi qu'on a pleinement « senti » ! Il restera de toute façon une question importante : celle de la légitimité.

Cette question, je vais la prendre à mon compte : qui suis-je, pour prétendre donner un conseil d'action à toi, cher lecteur[2] ?

En passant, en ce qui te concerne, je t'imagine étant une personne d'action, tant dans ta vie personnelle que dans ton entreprise, ton association, bref, ton travail ; et aussi acteur dans la cité avec, de plus, la conscience d'être quelque part « Citoyen du Monde ».

Mais alors, qui suis-je par rapport à toi ? Un adage un peu « vachard pour la gent intello » n'affirme-t-il pas : « Quand on sait faire, on fait ; quand on sait un peu moins bien faire, on conseille, et quand on ne sait plus faire du tout, on enseigne, on écrit » ? Quant à La Rochefoucauld, il est encore plus incisif : « Quand un vieillard donne de bons conseils, c'est pour se consoler de ne plus avoir les moyens de donner le mauvais exemple. »

Alors bien sûr, il y a quand même l'expérience du vieillard. Oui. Mais cette fois, c'est Confucius qui risque de nous décourager : « L'expérience n'est qu'une lanterne accrochée à notre dos et qui ne fait qu'éclairer le passé. »

Et ce n'est pas fini ; en admettant que, malgré tout, on ait quelque chose d'intéressant à dire, il semblerait qu'il soit impossible d'en trouver l'expression correcte : « Les paroles vraies sont inélégantes, les paroles élégantes sont toujours fausses. »[3] Donc, quoi qu'il advienne, l'auteur n'a aucune chance de dire élégamment des vérités. Tant pis pour la vérité ou tant pis pour l'élégance.

Alors, vouloir parler poétiquement d'un contenu technique ? Il va falloir s'accrocher, se faire confiance. Pourquoi pas, après tout ? D'ailleurs, c'est ce que beaucoup de personnes nous ressassent : « Mais fais-toi donc confiance ! » Oui ; au fond, pourquoi pas ? Mais, si on y parvient, on tombe aussi sec sous le couperet de Chesterton : « Les hommes qui ont vraiment confiance en eux-mêmes sont tous dans des asiles d'aliénés. » Avec, pour tout arranger, une petite mise en garde de Cioran : « Ceux qui retombent toujours sur leurs pieds sont des déserteurs de l'infini. »

---

[2] Je précise ici que le masculin singulier doit être entendu dans ces pages comme un neutre général, qui englobe de ce fait aussi le féminin. Ceci non par sexisme, mais afin de ne pas alourdir le style avec une écriture inclusive selon nous inesthétique, ou un redoublement systématique, en mode « chère lectrice, cher lecteur… ».
[3] Lao Tseu.

Si j'ajoute que « tout ce qui est simple est faux et que tout ce qui est vrai est tellement compliqué qu'on ne peut pas le mettre en œuvre », on en arrive à la conclusion qu'on « ne peut que faire des erreurs, à moins de se contenter de contempler passivement l'impossible, l'incompréhensible mystère ». En s'aidant, pour sauver la face, d'un conseil venant de Cocteau : « Feindre d'être l'instigateur de ces mystères qui nous dépassent. » Alors, très probablement, mon interlocuteur va commencer à me regarder bizarrement ; et toi, lecteur potentiel, tu as peut-être déjà fermé ce livre et tu aurais envie de me demander avec Beaumarchais : « Qui t'a donné une philosophie aussi gaie ? » Ce à quoi Figaro répond : « L'habitude du malheur. »

Un possible petit encouragement, malgré tout, de Chesterton : « Ce qui vaut le coup d'être gagné vaut le coup d'être perdu. » On peut se souvenir aussi qu'il « faut prendre le risque d'être très mauvais pour pouvoir avoir une petite chance de faire un petit pas en avant ».

On accepterait donc d'avoir confiance en soi ? Allons, pour éviter l'asile, une petite « manip' » grâce à Victor Hugo : « La confiance en soi fait le sot, la foi en soi fait le grand homme. » Ouf ! ça fait du bien à entendre : « Foi en soi = grand homme. » Ce serait même un peu trop flatteur, mais ça aide.

Un danger, les charlatans qui vont créer l'illusion que ça marche ; pas grave : « Heureusement, il y a toujours un moment où le décor s'écroule » (Camus).

Au fond, si on veut tenter le coup, il faut accepter de résoudre une bien curieuse équation : s'appuyer sur nos doutes, les cultiver en permanence ; douter de tout ; et même, douter de nos doutes, comme me le disait un ami dans une discussion que nous avions eue sur le projet de cet ouvrage. Et tout cela en gardant une foi inébranlable en soi : oui, on a quelque chose à dire et à faire ; oui, j'ai foi en mes *rêves,* et ils méritent bien qu'on se batte pour les réaliser. Et je me dois d'utiliser mes doutes de tout, et surtout de moi, pour y parvenir.

Il y a un gros risque ? Prenons-le ; et pour nous y aider, avouons-nous que, finalement : « Le seul réel danger est de ne prendre aucun risque. »

On comprendra, dès lors, que nous allons prendre le risque dans ce livre, de réconcilier rationnel et émotionnel.

Pour montrer leur incontournable complémentarité, nous harmoniserons leurs rapports. L'un sans l'autre, ils ne sont rien ; nous montrerons qu'ensemble, ils peuvent changer le cours du voyage d'une personne, d'une entreprise, de la cité :

« Je voudrais changer les couleurs du temps,
Changer les couleurs du monde,
Le soleil levant, la rose des vents,
Le sens où tournera ma ronde,
Et l'eau d'une larme, et tout l'Océan
Qui gron-on-de. »

Tel est bien, chanté par Guy Béart, notre indécent pari. « Il faut aller à la vérité de toute son âme » (Platon).

Astérix et le sens de la victoire

Nous reprendrons dans ce livre des thèmes – actualisés – traités dans de précédents travaux.

On retrouvera donc, avec gourmandise, Astérix et ses comparses incarnant, on ne peut mieux, les moteurs du « Comment créer et développer une équipe gagnante ? », à savoir l'équilibre de trois pouvoirs rationnels avec deux pouvoirs émotionnels. Cas et notes techniques à l'appui ; histoire de rire un peu, pour « changer l'eau d'une larme ».

On abordera le « macrosocial » en faisant une extension du dialogue « rationnel-émotionnel » au dialogue « *Démos-Laos* » rendant accessibles une grille de lecture et des outils d'action sur les situations de la cité. Cas et notes techniques à l'appui ; histoire de s'émouvoir un peu, « pour changer l'océan qui gronde ».

Et on aura la surprise de constater que tous ces éléments se retrouvent dans l'attitude du thérapeute face à une très lourde psychopathologie. Montrant ainsi que toutes ces approches ne sont efficaces que parce qu'elles ont le culot de se permettre de jouer sur des ressorts très profonds de l'âme humaine. Cas et notes techniques (comme d'habitude), histoire de frétiller un peu en constatant qu'ainsi, effectivement, il serait peut-être bien possible d'enfin « changer les couleurs du temps, de changer les couleurs du monde », j'y reviens.

Bref, « le sens où tourne notre ronde » ; et notre monde ?

Vous allez peut-être penser qu'ainsi, nous n'allons que répéter les sempiternelles approches du changement organisationnel. Non ; nous allons avoir la folle prétention de, comme l'aurait dit Malraux, « contempler l'éternel dialogue des métamorphoses et des résurrections ».

Soulignons immédiatement deux préoccupations majeures comme point de départ : le temps et la symbolique.

D'abord et avant tout : Sa Majesté le Temps.

Si le Dieu Chronos est universellement connu, il n'en va pas de même de son compère Kairos, Dieu ailé qui papillonne et qu'il faut vite saisir quand on a la chance de le voir passer : c'est le Dieu du temps opportun, de l'opportunité à ne pas laisser passer.

Être, paraître, avoir

Dans cette civilisation « qui passe de l'être à l'avoir par l'intermédiaire du paraître », on détruit le temps : le paraître a son exigence d'immédiateté, le temps est comme écrasé et en retour il nous écrase ; Chronos dévore ses enfants. À nous de choisir entre Chronos et Kairos : l'incendie de Notre-Dame-de-Paris en est un bon exemple.

Avril 2019 : émotion dans le monde entier. Et, en France, pour un temps qui sera sans doute court, l'âpre lutte politique cesse : voilà le peuple uni autour du feu.

Je pense au Temple de Jérusalem : il a été construit (Xe siècle av. J.-C.), détruit (- 587), puis reconstruit (- 516), puis re-détruit (- 70)… ça n'en finissait pas.

Je pense à la Fenice, l'opéra de Venise : le théâtre San Benedetto brûle en 1773 ; une nouvelle salle est construite et inaugurée en 1792. Nouvel incendie qui détruit tout en 1836 ; reconstruction à l'identique et réouverture le 26 décembre 1837. Le 29 janvier 1996, à nouveau l'incendie, criminel cette fois, à nouveau reconstruction à l'identique avec son luxe d'origine. Réouverture de la Fenice le 12 novembre 2003 : à chaque fois, le Phénix renaît de ses cendres.

Même mésaventure pour la salle Favart de l'opéra-comique de Paris (premier incendie le 15 janvier 1838 ; deuxième incendie le 18 novembre 2014).

Alors, notre cathédrale, on va la reconstruire.

Entre nous, quelle chance ! On va retrouver l'élan des bâtisseurs de cathédrales. Vous vous rendez compte : on va (re)construire une cathédrale au cœur de Paris, et ceci devant toute la nation, toute l'Europe, et (presque) le monde entier ! Et avec un consensus national comme on n'en avait pas connu depuis si longtemps.

L'horreur du drame a eu pour conséquence l'*enthousiasme* unanime dans la volonté de (re)construire. Étonnante étymologie du mot « enthousiasme », au passage ; en grec : « Être pris dans le souffle des dieux. » On ne peut mieux dire… « Il est (re)venu le temps des cathédrales. » Kairos s'en frotte les mains (si tant est qu'il en ait !).

Et puis, brusquement, une annonce de la présidence de la République : « Nous aurons terminé toute la reconstruction dans cinq ans. »

Je ne peux pas croire que ce soit une véritable intention ; je pense plutôt qu'il s'agit d'une incontournable obligation de la présidence de la République de calmer cette montée d'angoisse provoquée par cet incendie. Et, sauf si des raisons plus profondes (que j'ignore) devaient justifier cette accélération, je pense que l'exécutif ne laissera pas passer cette occasion unique de pouvoir à nouveau maîtriser le temps. De choisir l'opportunité de Kairos et non la tyrannie de Chronos.

Petit rappel historique : Notre-Dame a été construite de 1163 à 1345. Durée, 182 ans ; six, voire sept générations ; de quoi faire pénétrer dans l'inconscient collectif un repère fort. Bâtir une cathédrale, c'était une partie intégrante, normale et naturelle de la vie : le chantier d'une cathédrale, c'était un vrai village dans le bourg ou la ville ; village qui comptait facilement 2 000 habitants. Et ceci, pendant un ou deux siècles. Alors bien sûr, ça marquait, ça imprégnait, cela façonnait les esprits et créait l'identité de la cité. Finalement, tout cela produisait un « nous ». Alors, recommencer à (re)construire une cathédrale ? Quelle chance ! Surtout, ne pas laisser passer une telle opportunité de pouvoir à nouveau être maître du temps !

Un de mes amis (de mon âge, au milieu du gué de la septième et de la huitième décennie…) me disait : « Tu te rends compte : si ça se trouve nous ne reverrons jamais Notre-Dame remise en état ! » Ce à quoi je lui avais répondu : « Dis plutôt : tu te rends compte, nous allons nous régaler de voir se (re)construire une cathédrale ; il y a eu des dizaines de générations qui n'ont pas eu cette chance. » Et je serais bien tenté, à l'intention de cet ami, d'ajouter : « Et toi, tu voudrais qu'on se précipite pour voir rapidement le résultat, oubliant que le chemin vers le résultat est au moins aussi important que le résultat lui-même. »

Alors, tout faire en cinq ans ! Pesé, enveloppé, c'est payé, envoyez ! « Vous voulez qu'Amazon vous la livre ? » !

Certains diront peut-être : « Vous comprenez il y a les Jeux Olympiques dans cinq ans ; alors il faut bien que Paris paraisse sous son plus beau jour, non ? » Ça y est, nous voilà à nouveau préoccupés par le « paraître ».

Alors qu'à l'inverse, il faudrait qu'on fasse en sorte que pendant ces JO, le monde entier, qui aura les yeux fixés sur Paris, contemple ce fabuleux chantier, s'identifiant aux bâtisseurs et les aidant à chaque fois qu'il y en a la possibilité.

Sinon, on s'inscrira à nouveau dans la dynamique du « passer de l'être à l'avoir par l'intermédiaire du paraître ». On en a eu un beau signal d'alarme dans la réaction à l'incontournable déclaration de rapidité de la reconstruction ; rien que cette (indispensable ?) annonce a suffi à nous replonger dans le paraître : du coup, on est immédiatement retombé dans des querelles financières. Et « en moins de deux » : de quoi les donateurs les plus importants n'ont-ils pas été accusés ?

On va donc saisir la chance de faire durer les choses : pendant des années, disons au minimum deux décennies, on va pouvoir contempler, suivre, admirer ce fabuleux chantier ; se pénétrer de son sens profond, redéfinir, en les vivant, des valeurs sûres dont nous serons fiers. Bref, on va remettre en marche la cité des hommes[4].

Deux décennies... Par rapport aux vingt décennies de la construction, ce n'est pas grand-chose, bien sûr. Disons que ça va dans la bonne direction et qu'on peut admettre que par rapport à l'évolution technologique, vingt décennies peuvent être ramenées à deux, sans aucune perte de sens : effectivement, avec ce minimum de deux décennies, on échappe à la tyrannie de l'impatience pour pouvoir se recentrer sur les vrais et beaux gestes.

Si on allait jusqu'à une caricature du raisonnement, il faudrait dire : « Oublions l'horizon-temps ; faisons les beaux gestes quand il faut et voilà tout ! » Une des grandes chances qu'avaient les bâtisseurs des XIIe, XIIIe et XIVe siècles, c'est que, pour l'immense majorité d'entre eux, ils savaient qu'ils ne verraient jamais le résultat final de leur travail. Ils se centraient

---

[4] Dans cet état d'esprit, la reconstruction du château de Guédelon en Bourgogne, château fort du Moyen-Âge, a commencé en 1997 ; fin des travaux prévue en 2025…

donc sur le travail lui-même, sur le cheminement, pas sur le résultat : ils se centraient sur le « beau geste », le découvraient comme apprentis auprès d'un maître. Puis, ils devenaient compagnons quand ils avaient parfaitement intégré tous ces beaux gestes, et la « façon d'être » qui était leur socle. Tout cela en temps voulu, sans précipitation, sans brûler d'étapes.

Enfin, pour quelques-uns d'entre eux, ils devenaient maîtres, afin de pallier les départs de maîtres anciens, perpétuer les « beaux gestes » et la façon d'être qui les sous-tend, en assurer la transmission. Ces mouvements du compagnonnage permettaient de devenir ce que l'on est, de définir et vivre une identité individuelle et collective. Et puis, bien sûr, d'avoir des artisans ; plus exactement, des « artisans-artistes », sachant faire vivre les vrais métiers et les transmettre.

« La main est pensée », disait Aristote[5]. Avec une mention particulière pour ceux qui avaient la chance de faire les beaux gestes à la fois les plus importants et les moins visibles ; c'est-à-dire, ceux qui n'avaient aucun risque de se faire piéger dans le « paraître » : tel était le cas, notamment, des charpentiers : sans charpente, pas de cathédrale ; mais une fois terminée, la charpente ne se voit plus... sauf quand la cathédrale est détruite : là, et seulement là, on en découvre l'ineffable beauté et la magie de ces poutres qui, pour Notre-Dame, avaient été taillées à partir d'arbres qui avaient 400 ans au moment où ils avaient été abattus. Donc, qui avaient été plantés du temps de Charlemagne. Si on se met dans cette dynamique, cinq ans, cela devient un non-sens, non ?

Festina lente, ou « se hâter lentement »...

C'est pourquoi nous allons savoir dire : « Cheminons, lentement, doucement, fermement, sous le regard sidéré d'un monde qui pendant toutes ces nombreuses années va s'imprégner "de la force et la grandeur d'être homme" puisque cette façon d'être sera profondément ancrée en nous grâce au temps. » Allons, admettons qu'il faille éviter de tomber dans la caricature en allant jusqu'à cet oubli du temps... qui pourrait conduire à un oubli du chantier !

Pour éviter cela, un minimum de contraintes reste indispensable ; gardons donc l'idée du « minimum de deux décennies ». C'est que cela pourrait changer bien des choses ! Sans compter que cela donnerait beaucoup de grains à moudre aux magnifiques artisans et artistes, aux vrais compagnons...

(Peut-être même que ça permettrait à notre planète de rester la vraie « Terre des Hommes »...)

---

[5] L'« intelligence de la main » semble bien être une composante clé du développement d'une personne. Cela d'ailleurs n'avait pas échappé au duc de La Rochefoucauld-Liancourt, lorsqu'en 1780 il créa ce qui allait devenir l'École nationale supérieure des Arts et Métiers ; il avait mis sa chère intelligence de la main au centre de son dispositif pédagogique.

De ces observations et réflexions, on peut tirer beaucoup d'enseignements applicables à l'exercice de l'autorité dans nos structures microsociales.

Par exemple, « entraîner », plutôt que « mettre sous pression ». Le résultat sera pour votre équipe : « S'impliquer joyeusement. » Alors qu'à l'inverse, la « mise sous pression », « allez-y ! », « marchez ! », « secouez-vous ! », « et n'oubliez pas que c'est moi qui vous jugerai, et mon jugement sera sans appel » a pour conséquences peurs, tensions, « se taire devant l'autorité pour ne pas perdre la face ».

Bref, on se dissimule sous un masque : « Je renonce à être moi-même » ; ici, c'est trop risqué. Donc, je vais « faire semblant », semblant d'avoir du talent et de l'énergie et de les investir totalement dans mon travail. Résultat : très rapidement, cette comédie m'absorbera totalement ; et, au bout du compte, j'aurai consacré tout mon talent à faire croire que j'en avais, et toute mon énergie à faire croire que je me sacrifiais complètement pour l'entreprise. Et de fait, tout mon talent et toute mon énergie auront été exclusivement consacrés à des pitreries sans aucun intérêt pour qui que ce soit. Pour couronner le tout, je serai réellement sur les genoux : c'est épuisant de remuer de l'air en faisant croire que « moi, je roule pour vous », histoire de masquer qu'on ne « roule pas du tout », mais plutôt « qu'on se les roule… ».

Dans une PME auprès de laquelle j'étais intervenu comme conseil pour redynamiser les équipes, j'ai découvert cette gangrène très largement présente. Une personne qui en était le summum avait hérité d'un surnom : ses collègues entre eux l'appelaient « Monsieur-je-me-les-roule-pour-vous ». En fait, on aurait pu décrire la dynamique de cette entreprise en disant : « On se défonce pour rien. » Cela n'en était que plus épuisant et plus angoissant : les résultats les envoyaient dans le mur à très grande vitesse, et toutes les personnes de cette entreprise étaient dans un état physique et mental délabré.

Il n'y a pas besoin de réfléchir beaucoup pour s'avouer que la bonne attitude est dans un « je roule pour nous ». Si chacun le fait, on en arrive à « nous roulons pour nous » mené par un patron qui dit non pas « marchez, marchez », mais « marchons, marchons : suivez-moi ». Donc une culture du « nous » s'impose, disons à titre préventif.

Comment créer cette culture du « nous » ? Qui sommes-nous, « nous » qui disons « nous » ? Je vais traiter de ces questions et faire remarquer que cette culture du « nous » inscrit dans une temporalité de type « Kairos » : ainsi, une urgence imprévue a beaucoup de chances d'être vécue joyeusement comme une belle opportunité « qu'il ne manquerait plus que ça qu'on laisse passer », et qu'on va saisir avec joie, comme un beau geste de plus qu'on aura le bonheur de faire.

La culture du « nous » soude un groupe en créant, de par sa symbolique, une ambiance qui, tout simplement, rend possibles certains ressentis et forme un obstacle incontournable à d'autres : c'est cela le « préventif » ; loin d'être une élucubration, ce que nous venons de dire est à la fois décrit par une base philosophique très précise, renvoyant elle-même à une réalité neurophysiologique à laquelle je ne m'attendais pas (voir encadré).

> Je me réfère à un travail de recherche d'Éric Enrègle[6]. Et je le cite : « Ou bien l'homme considère qu'il est tout entier un être de désir, que son souci primordial est d'échapper à la douleur, à la tristesse et d'accéder à la jouissance et au plaisir : la perspective est alors hédoniste (*hêdonê* : le plaisir), et ce qui domine en l'homme, ce sont les passions ou émotions. Ou bien l'homme considère qu'il est aussi et d'abord un être doté d'une volonté libre adossée à la recherche du bonheur : la perspective est alors eudémoniste (*eudaïmonia* : bonheur) et ce qui tendrait à dominer en lui, c'est le souci de cheminer vers le bonheur par l'intermédiaire de biens particuliers qu'il se choisit (…) Et la philosophie semble rejoindre les neurosciences. Ou bien domine en l'homme l'*hédonisme,* le recherche du plaisir et c'est alors la production de *dopamine* qui croît, au détriment, semble-t-il, de la *sérotonine* ; et ce peut être à la limite un état de dépendance qui gagne l'individu à la recherche de plaisirs immédiats, (…) appelant sans cesse de nouveaux plaisirs, de nouvelles satisfactions, condamné qu'il serait à remplir un tonneau sans fond. Ou bien domine en l'homme l'*eudémonisme,* la recherche du bonheur, et c'est à l'inverse la production de *sérotonine* qui croît, synonyme d'équilibre durable, de plénitude. La vitalité se situe alors du côté du temps long (…) voici un homme amoureux du beau geste et des belles œuvres » (Éric Enrègle cite dans ses sources : « Neurosciences : sérotonine *vs* dopamine, la chimie du bien-être », *L'Express* ; article du 28/02/2018). Voir bibliographie n° 72.

Nous retrouvons dans ces propos notre préoccupation pour la création d'une culture du « nous » qui inscrive les actions dans une perspective de « temps long », ce temps qui « laisse du temps au temps », qui rejette la tyrannie de Chronos et ouvre la porte toute grande au Dieu du temps opportun, Kairos. Bref, la maîtrise de la temporalité.

Soulignons que la sinistre comédie que l'on vient de décrire comporte un grave risque : celui de renvoyer son auteur à une image très dégradée de lui-même, le *burn-out* n'est pas loin avec son cortège d'arrêts de travail ; ajoutons-y les éventuels coups bas de collègues concurrents dans ce petit jeu malsain : dès lors, la détérioration de la santé psychique de la personne peut s'accélérer, annonçant tous les drames possibles.

Drames qui d'ailleurs surviennent également pour des personnes qui, elles, se sont impliquées très honnêtement (et parfois même très efficacement), mais qui n'ont eu en retour aucun signe affectif positif, et

---

[6] Éric Enrègle, docteur en philosophie, Paris IV-Sorbonne, diplômé de l'ESSEC, actuellement responsable « Prospective et études clients » à la direction de la recherche du groupe Renault.

même pire, une attitude de type : « Tiens, celui-là il en fait beaucoup et ne rechigne jamais ; j'ai un dossier emmerdant dont personne ne veut, je vais lui refiler ; lui ne dit jamais non, je serais idiot de ne pas en profiter… »

Ceci posé, une clarification indispensable s'impose : soulignons que, dans nos observations, ces cas (parfois dramatiques) restent bien évidemment marginaux, sinon rares : nos cas traiteront donc aussi de ces situations plus nombreuses, à savoir celles où tout fonctionne, sinon parfaitement bien, du moins de manière acceptable, où la hiérarchie fait normalement son travail et les collaborateurs également : tout simplement parce qu'on a pu faire en sorte que ce travail fasse désormais intégralement partie de leur façon d'être. Ces situations où, malgré toutes les pressions, on a tenu bon face à Chronos ; on est resté maître du temps.

C'est d'ailleurs essentiellement à l'attention de ces équipes-là que ce livre a été écrit. Les situations de ratés servant de contre-exemples pour mieux faire sentir les choses. Surtout que, de plus, ces « équipes gagnantes » peuvent servir de repères. Bien entendu, la réalité n'est pas manichéenne, aucun de nos cas n'est ni totalement bon, ni totalement mauvais. Ce serait en les mélangeant soigneusement entre eux qu'on atteindrait la chimère du totalement bon ou du totalement mauvais.

En aucun cas, de toute façon, il ne faut chercher à copier le fonctionnement d'une équipe, fût-il remarquable : ce qui est excellent pour une équipe peut être désastreux pour une autre. Il convient simplement d'être en alerte, de sentir ce qui se passe, d'être à la bonne distance, d'avoir beaucoup de repères et, faisant confiance à son intuition, de créer le mode d'animation dont cette équipe a besoin, qui « lui va bien » à elle (et à vous) : c'est du cas par cas.

Rien n'est généralisable, sinon cette attitude qui consiste au fond « à se mettre à son balcon pour se regarder passer dans la rue ». Et cette attitude nous permet d'appréhender l'ici et le maintenant de toute question de management et de répondre à la singularité des situations et des personnes ; un exemple : que d'articles n'ai-je pas lu traitant du dilemme « contrôle sur les résultats *vs* contrôle sur les moyens ». Autant d'arguments pour ou contre des deux côtés. « Eh oui, ça dépend. »

C'est du cas par cas.

C'est ainsi que le point de vue de ce livre a la prétention de proposer l'unique attitude sérieuse possible : la phénoménologie.

On retrouvera donc, bien sûr, Astérix et sa bande de « Gaulois rouspéteurs » : l'articulation « émotionnel-rationnel en entreprise » (illustrée par les résultats d'une recherche et deux cas d'entreprise), et on découvrira aussi sa transposition au niveau macrosocial par l'analyse de discours de grands leaders (par exemple, le « Je vous ai compris » gaullien à Alger en 1958 ; mais aussi la dynamique des campagnes électorales, notamment en France celles de 2017).

L'articulation « rationnel-émotionnel » deviendra le dialogue « *Laos-Démos* » avec, en aboutissement, une grille de lecture sur la période « Gilets jaunes » (est-elle vraiment terminée ?). Mais la braise n'est pas cendre... Et peut-être est-ce toujours la même crise, qui réapparaît sous un autre déguisement... C'est toujours la même crise de fond : le masque change et en dessous c'est toujours le même visage...

En tout état de cause, pour ce qui nous concerne, nous multiplierons les cas pour l'observation et les notes techniques de réflexion conduisant à l'action.

Bref, cas et notes techniques...

Là encore, le face-à-face avec Chronos, la maîtrise du temps avec l'aide de Kairos est un facteur clé, pour ne pas dire LE facteur clé.

Et puis, Sa Majesté le Temps va avoir un serviteur fidèle : la symbolique. Peut-être même que ce serviteur peut devenir l'irremplaçable « fou du roi ». Et peut-être même ce ne serait que la simple « forme » de Kairos.

Faisons la connaissance de cette symbolique par une de ses expressions clés : le feu.

La symbolique du feu va nous éclairer beaucoup sur le mode d'emploi de ce serviteur du temps.

C'était il y a longtemps ; en cette lointaine époque où le roi Salomon faisait construire le premier temple.

Dans le silence de la grande nuit patriarcale, le jeune nomade hâte son pas au travers du désert. Il aperçoit déjà, au loin, le feu du campement ; il sait qu'en cette nuit qui est la plus courte de l'année, tous veilleront autour du feu qui ne s'éteindra pas jusqu'à l'aube ; comme pour dire que la Lumière l'a définitivement emporté sur la Nuit. Bientôt, il va s'asseoir avec les autres et, parce qu'il sera un parmi les autres – un, unique et uni aux autres – il pourra entrer dans son silence qu'il partagera avec tous. Dès lors, la musique de son simple souffle à travers son roseau taillé célèbrera ce feu de l'union en arrachant à « l'ironie des Nébuleuses, le chant des Constellations »[7].

Bien sûr, le jeune nomade ne sait rien de tout cela ; mais, ce qu'il ne sait pas, il le sent. Dès lors, son silence devient prière ; et, le Feu qui unit, lui dit qu'il ne peut être lui-même que s'il s'unit aux autres : il lui dit que, bien sûr, « la Pierre n'a point d'espoir d'être autre chose que Pierre, mais qu'en collaborant, elle s'assemble avec les autres et devient Cathédrale », comme le dit si élégamment Saint-Exupéry (*Citadelle*).

C'est comme cela que nous allons traiter de la constitution des équipes et de la construction des groupes microsociaux de type « entreprise ». L'exercice de l'autorité, la motivation, l'implication des membres de l'équipe, le respect des règles du jeu, la cohésion des groupes, leur créativité, leur réussite, tout cela sera exposé sous l'éclairage de ces pierres qui deviennent cathédrales. Cas d'applications, outils et notes techniques, comme d'habitude.

Puis la transposition, désormais habituelle elle aussi, au macrosocial. Les cas et notes techniques, notamment sur la dynamique de campagnes pour les

---

[7] Malraux, *Les Voix du Silence*.

élections présidentielles, les illustreront très bien ; types de questions traitées : comment François Mitterrand qui devait perdre a-t-il gagné ? Comment François Fillon qui devait gagner a-t-il perdu ? Ce qui nous amènera à traiter du « nous » à ce même niveau macrosocial : nous sommes français (sans doute ?), nous sommes européens (ah oui ???).

*
* *

Bien sûr, dans cet ouvrage, nous n'avons pas la prétention de révéler une quelconque « cause suprême » sur laquelle il suffirait d'agir pour tout réparer. Nous ne dirons donc pas : « Voilà comment ça marche donc, voilà ce qu'il faut faire. » Nous dirons plus modestement : « Tout se passe comme si cela fonctionnait ainsi. »

De la nécessité d'un cadre… théorique

Il s'agit bel et bien d'une interprétation, non d'une explication. Bref, nous proposerons une théorie au sens étymologique du terme, à savoir : « Un outil de classement des données de l'observation. »

Une théorie n'a pas à être vraie ou fausse. Elle a à être utile. Lorsque nous ferons des observations qui ne peuvent plus entrer dans ce cadre théorique, il conviendra de le jeter et de le remplacer par un autre, peut-être tout aussi faux, voire plus, mais rendant compte de toutes les observations possibles, et, en cela plus utile, donc meilleur que le cadre précédent[8].

On progresse dans la connaissance non pas en débusquant d'un coup la Vérité, mais en articulant entre elles toutes les observations disponibles grâce à la formulation de théories successives qui n'ont pas besoin d'être vraies pour être utiles. Nous faisons la même chose dans cet ouvrage qui n'est qu'une petite avancée dans cette suite de théories.

Quant à l'application de cette théorie, elle se fera en gardant soigneusement une attitude de type phénoménologique, comme évoquée il y a un instant. Bref, cet ouvrage se veut un « essai », c'est-à-dire une somme d'hypothèses et d'arguments.

Quant à notre jeune nomade, sa grande force, c'est de ne rien connaître de tout cela. Et peut-être, grâce à ce « non-savoir », de pouvoir tout sentir (ce

---

[8] C'est d'ailleurs également ce qui se passe pour les « sciences dures » : ainsi, lorsque Copernic puis Galilée font une trentaine d'observations qui n'entrent plus dans le système de Ptolémée, ils vont le jeter et Galilée va dire : « Si je fais l'hypothèse que la Terre tourne sur elle-même et tourne autour du Soleil, je peux rendre compte de toutes les observations faites par Ptolémée, plus la trentaine d'observations nouvelles que Copernic et moi avons faites. Je ne vais donc pas dire : "Je suis sûr que la Terre tourne." Mais : "Tout se passe comme si la Terre tournait sur elle-même et autour du Soleil." » D'ailleurs, ça lui a causé suffisamment d'ennuis comme ça ; ce n'était vraiment pas la peine qu'il en rajoute…

n'est pas pour autant que je ferai l'apologie de l'ignorance ; tout simplement, je souhaite insister sur le « sentir »).

Certes, il ne sait pas qu'en cette même nuit, que ce soit dans le temps de son présent, de son passé, ou même de son avenir, la multitude des Hommes s'unit de la même façon en une chaîne sans fin. « Les Égyptiens se rendent au temple d'Isis pour y illuminer la nuit ; les Perses se rendent dans la chambre du temple où doit brûler le feu éternel, symbole de Ahura Mazda, la divinité de la lumière, de la pureté et de la vérité. En cette même nuit, les initiés grecs éclairent d'une multitude de torches la route vers le temple de Déméter à Eleusis, c'est leur fête des flambeaux. À Rome, ce sont les brasiers de la fête de Jupiter. Les Celtes embraseront les feux rituels de leur changement de saison. Chaque année, le 24 juin, le grand maître des Templiers allumera en grande pompe le brasier près de l'église Saint-Jean... »

Ainsi, notre jeune nomade, sans le savoir, mais en le sentant, s'inscrit dans cette grande chaîne qui construit la « Terre des Hommes ». Il sent que ceci est beaucoup plus grand que le rassemblement des quelques nomades qui avec lui se trouvent autour d'un feu dans le désert. Il découvre la ferveur ; l'union par la ferveur. « Nathanaël, je t'enseignerai la ferveur » comme le rappelle André Gide dans ses *Nourritures terrestres*.

Je précise que tous les outils décrits dans les cas et notes techniques de ce livre seraient inopérants s'il n'y avait pas cette posture de ferveur pour les faire vivre.

Notre nomade a aussi une curieuse impression : celle du temps suspendu. Il n'a certes jamais entendu parler du Janus de la Rome antique dont la fête était célébrée aux deux solstices, ce Janus (que nous traduisons par « Jean ») aux deux visages et que nous aussi nous célébrons aux deux solstices : Saint Jean l'évangéliste qui annonce la lumière au cœur de la nuit la plus profonde de l'année ; Saint Jean le Baptiste qui baptise dans la lumière du jour le plus long. Le vieillard de l'hiver, l'adolescent de l'été ; celui qui ainsi unit le passé et l'avenir et qui pour cela a un troisième visage, invisible celui-là, puisque c'est celui de l'éternel présent, qui contient aussi bien ce qui n'existe plus que ce qui n'existe pas encore, puisqu'il transcende le temps chronologique.

Il ne connaît pas ce Janus maître du triple temps, et donc Seigneur de l'Éternité.

Il ne sait pas que son nom signifie « porte » et évoque donc la porte vers l'Éternel. Il ne saura jamais rien de tout cela. Et s'il lui arrivait de le découvrir, il s'étonnerait qu'on puisse en faire tant d'histoire tellement il sent dans sa candeur simple que ce feu chauffe, purifie, éclaire et génère. Il ne saurait pas dire que ce feu ainsi perpétue l'éternel dialogue des métamorphoses et des résurrections, certes.

Mais cette candeur qui est la sienne lui donne à son insu une étincelle de divinité : « Nathanaël je t'enseignerai la candeur », c'est elle qui te sortira de l'engrenage du temps. Et, pour cela, Nathanaël, je t'enseignerai l'oubli des choses sues et l'attente des choses senties. » Dès lors, « du fond du désert où tu peines dans la soif et la solitude, tu sauras substituer l'attente au regret des Fontaines ».

Du feu et de sa symbolique ?

Feu de l'union, feu de la ferveur, feu de la candeur.
Feu qui libère de la nuit, feu de l'éternelle lumière…

Dans l'exercice de l'autorité, ce « feu symbolique » prend plusieurs formes ; la plus répandue : l'indispensable charisme. Attention ! Plus on s'approche du feu, plus il est fort. Plus le charisme du leader soudera le groupe autour de lui.

Prendre le risque d'aller très près ? Pourquoi pas ! Mais un pas de trop et on tombe dans le feu… De Prométhée à Icare, en passant par Lucifer, celui-là même qui était au plus près de la lumière[9], que de chutes ! Que de condamnations éternelles à ses flammes pour tous ceux qui voulurent prendre la lumière dans leurs mains et ainsi devenir eux-mêmes la Lumière[10] !

Et le cri désespéré d'étonnement du prophète Isaïe retentit sans fin : « Mais comment, mais pourquoi es-tu tombé du ciel, Fils de l'Aurore ? »

Notre jeune nomade ignore tout cela ; et s'il savait cela, il s'en moquerait bien, lui qui, ne possédant rien, n'a même pas besoin d'abandonner les objets qui l'encombrent pour être libre. Comment serait-il tenté de posséder le feu ? Instinctivement, il sent que la lumière des hommes est faite pour être partagée par tous.

« Nathanaël, je t'enseignerai l'oubli de la possession et la joie du partage. Tu comprendras qu'on est possédé par ce que l'on possède et que cela empêche d'aller vers soi-même. »

Toute possession est esclavage et l'appel du feu est celui-là même qui fut adressé à Abraham : « Loin de ta terre, loin de la maison de ton père, loin de ce qui te lie et te possède… va vers toi – *Lekh Lekha* » (Gn, 12). Deviens toi-même ; cherche ton identité que tu n'atteindras sans doute jamais, qui restera pour toujours dans l'ombre, mais qui aura induit ton cheminement, donc éclaire ta route.

Dès lors, le cheminement seul suffira à t'emplir d'Éternité et à te permettre de faire avancer la cité.

---

[9] Puisque, au sens étymologique du terme, il la portait.
[10] Les armes du roi François Ier évoquent très bien cette ambivalence du feu ; sa salamandre se nourrit du bon feu : elle avale les flammes qui sont devant sa gueule ; mais elle est aussi figurée avec des gouttelettes devant la gueule ; c'est l'eau qu'elle crache pour éteindre le mauvais feu. Le bon feu, celui de la chaleur, de la lumière, de la cohésion du groupe rassemblé autour de lui ; le mauvais feu, celui de l'incendie destructeur. Sa devise : « *Nutrisco et extingo* » (« Je m'en nourris et je l'éteins »).

Alors, tu seras moins fatigué de tes deuils. Deuils de ceux dont tu as été séparé par la mort ou par la vie. Tu seras moins malheureux de te savoir pour toujours égaré entre le « Paradis perdu » et la « Terre promise ».

Tu pourras abandonner un peu tes doutes, tes peurs, ton sentiment de culpabilité, ton angoisse : « Tu feras Nathanaël comme l'oiseau qui, pour s'envoler, quitte son ombre » (« quitte » et non pas « perd » : comme l'oiseau qui régulièrement se pose, retrouve son ombre le temps qu'il faut, puis la quitte à nouveau en se ré-envolant).

Tu n'auras plus la tentation de rester dans les jardins du Père où il fait si bon dormir, tu ne craindras plus le grand silence des souvenirs perdus dans lequel on tremble et on s'agite en vain et tu pourras enfin agir avec les autres dans la joie et l'allégresse.

Ah ! Bénie soit cette ombre qui éclaire ta route. Tu la quittes, mais, en la retrouvant le temps d'une pause, elle revient en toi pour t'éclairer.

Nous montrerons dans nos cas et notes techniques ce qu'il en résulte pour nous tous dans notre rapport à l'autre, à notre entreprise, à notre cité : l'exercice de l'autorité et du pouvoir doit éviter tout sentiment de possession.

Heureusement, nous sommes pétris de contradictions :

« L'homme est mortel et il fait des projets pour l'éternité,
L'homme est ignorant et il emplit des bibliothèques,
L'homme est violent et il croit en l'amour,
L'homme est dans l'obscurité et il a foi en la lumière,
L'homme est face à la mort et il imagine l'éternité ! »

Toutes ces contradictions prouvent que nous voulons et pouvons évoluer, puisque nous rêvons à autre chose qu'à ce que nous sommes. Et, une fois de plus, le rêve est le point de départ de toute action.

« Nous » – l'ignorance, la violence et l'obscurité –, nous sommes tirés vers le haut, ce qui nous amène à surmonter la mort.

Pour illustrer cela et préparer cette évolution vers notre rêve, nous nous mettrons en alerte en vous proposant quelques cas d'échecs « cuisants » en ce qui concerne l'utilisation du « feu-charisme », et, dans le microcosme de l'entreprise, et, dans le macrocosme de la cité. Histoire de nous tenir sur nos gardes. On ne sait jamais.

Angelo Branduardi. Sur une musique à la fois belle et frénétique, au tempo rapide et très scandé :

« C'est la demoiselle
Marchant sur le ruisseau
Qui t'a rendu bien malade
Elle t'a pris ton ombre
Ton rire, ta joie
Et ne reviendra pas.

Dans le grand silence
Des souvenirs perdus
Tu trembles et tu t'agites
Tu veux ton enfance
Ton ombre, ta voix, elles ne reviendront pas. »

Intrigantes paroles s'il en est, sur une non moins intrigante musique : qu'est-ce que c'est que cette ombre, cette joie, cette voix et cette enfance qui ne reviendront pas ? Qu'est-ce que c'est que ce grand silence des souvenirs perdus ? Qu'est-ce que c'est que cette demoiselle marchant sur le ruisseau qui te prend tout et qui t'amène à trembler et à t'agiter ? Ce qui est sûr dans ce texte, c'est que « tu veux [...] ton ombre ». Souhait accompagné d'une alerte quelque peu pessimiste : « Elle ne reviendra pas. »

Pourquoi, comment, t'es-tu ainsi perdu toi-même. ?

D'autant que tu sembles souffrir de ce que tu as ainsi perdu : sorte de nostalgie déprimante de ce que tu étais « avant ».

Nous montrerons que cet état n'est en fait qu'un point de départ : individu ou groupe, si on veut évoluer, il faut abandonner une première identité pour en construire une nouvelle que l'on perdra à son tour pour en reconstruire à nouveau une autre. À l'infini. Comme l'oiseau qui retrouve son ombre pour la quitter à nouveau (nous la retrouvons à chaque début de nos cycles « rêve (=ombre) – projet – action –réalisation ».

Transformation permanente. Il faut quitter le « Paradis » si on veut aller vers la « Terre promise ». Que d'ailleurs on n'atteindra pas. Nous montrerons que, individu ou groupe, on est toujours perdu entre le Paradis et la Terre promise, et que c'est grâce à cette permanente instabilité que la réalité peut se construire.

Dès lors, la nostalgie est un signal que nous sommes sur le bon chemin, dans la bonne direction.

Indispensable nostalgie.

Comme le disait Cioran : « Sans la nostalgie, le rossignol roterait. »

De « l'inaccessible étoile » à l'(in)accessible identité…

Cet ouvrage est consacré à cette question de la création d'une identité et de son éventuelle réparation, voire de sa reconstruction que ce soit pour une personne, un petit ou un grand groupe.

Comment construit-on son identité ? Comment la répare-t-on ? Comment en entreprise et dans la cité construisons-nous l'identité collective et la réparons-nous ? Comment créer ce « nous » ?

Et surtout, comment passer d'une identité à une autre, dans ce mouvement de progrès où chaque cycle n'est qu'une étape vers nous-mêmes ?

Une fois de plus, nous retrouverons Malraux contemplant « l'éternel dialogue des métamorphoses et des résurrections ».

C'est pour cela que nous ferons une incursion dans le domaine de la psychothérapie afin de montrer le parallèle entre la réparation de l'identité du « nous » et la réparation de l'identité du « je », puis nous passerons de la « réparation » des identités à leur « constitution », amenant ainsi une « réflexion-proposition » sur l'identité européenne (ce cas de psychothérapie individuelle sera dûment commenté par un médecin psychiatre). Les vrais ressorts sont toujours les mêmes et la psychopathologie a l'avantage de grossir jusqu'à la caricature, ce qui se passe dans la tête de chacun d'entre nous ; et en sentant cela, on donne vie à tous les concepts, concepts opératoires, outils que nous aurons extraits des cas réels qui forment l'ossature de cet ouvrage.

Nous prendrons donc comme point de départ une observation d'une difficulté d'identité individuelle dans une situation « microsociale » d'entreprise, faute de sentir totalement cette identité individuelle, la frontière « moi/non-moi » s'estompe, causant quelques sérieux troubles dans cette PME.

Ceci va être l'objet de mon premier chapitre.

MISE EN GARDE MÉTHODOLOGIQUE

Communiquer pour convaincre,
Faire adhérer pour pouvoir diriger,
Rassembler pour avancer…

Autant de thèmes que bien des fois nous avons traités en nous centrant essentiellement sur la problématique des entreprises au sens large du terme : bref, des groupes de personnes structurés, centrés sur une tâche à accomplir. C'est dire que nous prenions en compte des groupes de personnes au sens « microsocial » de la taille.

Et puis, peu à peu, nous y avons ajouté une dimension : celle du « sacré » : là où il y a société, il y a toujours du « symbolique » : règles, normes, valeurs qui s'expriment au travers de rites d'entreprise, témoins d'une véritable culture interne et d'un jeu sur l'émotionnel, incarné, entre autres, par des leaders charismatiques : cela peut aller jusqu'à une « surdétermination » plus ou moins inconsciente des prises de décision, des attitudes, des comportements par-delà les rationalisations qui voudraient démontrer qu'une logique rationnelle est à la base de ces réalités. L'anthropologue parlera de la présence diffuse d'une structure transcendant la rationalité qui prévaudrait aux actions sociales, tandis que le sociologue ajoutera cette transcendance à sa qualité de lecture des stratégies des parties prenantes. Notre centre de recherche, Propédia, lançait ainsi ses recherches et les diffusait par une collection que nous devions appeler « Entreprise et Sacré ».

Très rapidement, une tentation intellectuelle apparaît : OK pour le microsocial, mais quid du macrosocial ? Diriger un pays pose bien sûr les mêmes questions de convaincre, rassembler, faire adhérer.

Donc continuons à travailler sur la dynamique de l'« Entreprise », mais élargissons notre champ de recherche à la dynamique de la « cité ».

Nous passons ici au nouveau thème de « cité et sacré » ; les deux thèmes ainsi réunis nous conduisent à « gouvernance et sacré ».

Cet ouvrage est un point d'étape.

Pour le « microsocial », il reprendra le contenu (bien sûr actualisé et développé) de deux de nos livres publiés aux Éditions d'Organisation[11] : donc rien de totalement nouveau : c'est la même chose « vingt ans après ».

« Cité et sacré » nécessitera d'autres grilles de lecture, homothétiques cependant des concepts microsociaux. C'est cet ajout qui nous permettra d'aboutir à « gouvernance et sacré ».

Une préoccupation a également sous-tendu nos recherches : celle de la durée de vie des concepts, concepts opératoires, méthodes et autres outils auxquels notre recherche aboutissait. Entre le moment où une idée de recherche nous venait à l'esprit et le moment où nos travaux étaient publiables s'écoulait, selon nos estimations, une durée minimum de cinq ans. Si j'en crois les propos habituels de type « tout change de plus en plus vite », nous serions ainsi condamnés à avoir toujours un retard conséquent et écouterions en permanence des commentaires et critiques de type : « Vous avez tout à fait raison ; ce que vous dites est exact, précis, passionnant ; c'est tout à fait comme cela que… ça se passait il y a cinq ans. »

Pas très excitant.

Ou alors fallait-il que nous échappions à cette difficulté en travaillant uniquement dans l'immédiateté des situations. Certes, et quelques-uns d'entre nous le font, et le font très bien : courts articles d'actualité, diffusables dans des supports-papier ou sur le web. C'est d'ailleurs très utile et très riche (voir par exemple les excellents sites « The Conversation » ou « Forbes »).

Il demeure que nous nous trouvons là plus proches du journalisme – au sens le plus noble du terme d'ailleurs – que de la recherche scientifique : au sens où nous l'entendons, il y a obligation de « prise de recul ».

Un intermédiaire qui limite les dégâts : les revues scientifiques qui « font » dans ce qu'on pourrait appeler « l'immédiateté distancée ».

Pas mal du tout non plus (*Management et avenir, La Revue française de Gestion, Question(s) de Management*, et bien sûr la référence : *Harvard Business Review*, etc.).

---

[11] *Précis de gestion sociale ou le pouvoir, de la manipulation à l'autorité* (1995), *Le management revisité* (1997).

Toutes ces approches limitent les dégâts, d'autant qu'elles se complètent et s'harmonisent fort bien.

Un peu compliqué quand même et on ne peut que regretter parfois de ne pas travailler dans les « sciences dures » où les concepts et concepts opératoires identifiés ont une longue durée de vie. Parfois trop longue d'ailleurs, voire quasi-impossible à faire évoluer, tellement la résistance au changement y a été parfois très forte (Galilée !).

Mais pour lesdites « sciences humaines », le « management », c'est une autre paire de manches.

À moins que, là aussi, il y ait des constantes ; Freud, pourrait-on dire, « a la vie dure ». Et les évolutions, développements de ce qu'il a formulé vers 1920 (la « 2e topique ») existent bel et bien sans qu'il soit pour autant rejeté, mais bien au contraire en continuant à servir de repère clé (Lacan, Marie Balmary, etc.). Et d'ailleurs, Freud lui-même a-t-il été un point de départ ou bien, simplement, une formulation nouvelle de vérités humaines connues depuis fort longtemps : une nouvelle expression de la mythologie grecque à laquelle il se rallie explicitement (exemple, bien sûr, le « sempiternel » complexe d'Œdipe, « rabâché » en permanence, usé jusqu'à la corde, mais toujours bien là. Freud avait su traduire en concepts et concepts opératoires une réalité humaine bien reconnue de par la mythologie grecque et bien explicitée par Sophocle, 2 500 ans avant Freud ; il n'y a aucune raison, dès lors, pour qu'il ne soit pas encore là dans 2 500 ans… Ce n'est donc pas la réalité qui aurait changé, mais bel et bien notre écoute de cette réalité : le rabâchage a conduit à une banalisation qui ne nous permet plus de nous pénétrer de son sens profond.)

Donc il y a là aussi des constantes ou tout au moins des longues durées de vie possibles.

C'est le cas de l'évolution des civilisations.

Citons Régis Debray dans son livre *Civilisation*[12] : « Ce dernier millésime n'est qu'un arrêt image dans un glissement en cours, on ne peut plus banal, une énième *"translatio imperii et studiorum"* comme il y en a eu tant dans le passé (d'Athènes à Rome, de Rome à Byzance, de Byzance à Venise, de Florence à Paris, etc.). Il n'y a rien de choquant ni peut-être même de grave. Les annales suggèrent que le rôle-titre sur la scène du monde dure cinq siècles, au moins, avant qu'un second rôle ne monte en tête d'affiche. »

Nous pouvons donc avoir la prétention d'identifier – du moins de tenter d'identifier – quelques éléments atemporels et nous serons loin d'être les premiers à le faire !

---

[12] *Civilisation : comment nous sommes devenus américains*, Gallimard, 2017, p. 93.

On se permettra d'utiliser, par conséquent, des grilles de lecture énoncées (au plutôt annoncées) par Freud en 1920[13], ou par des textes immémoriaux : textes « sacrés » par exemple – suivant les travaux de Marie Balmary[14] – ou cette description de l'âme humaine telle que les mythologies (grecques, latines, égyptiennes…) ont pu les évoquer. Bref, les constantes de l'âme humaine.

Quand nous disons « atemporel », on manque de précision : il vaudrait mieux dire « à temporalité très longue ». Ainsi, Pascal Picq[15] : « Après le Paléolithique, le Néolithique, les âges des métaux et les révolutions industrielles, le numérique nous fait entrer dans un nouvel âge de l'humanité… »

On comprend que sa temporalité d'analyse est plutôt de l'ordre du millénaire et même si on bascule actuellement dans un nouvel âge, le temps que l'âme humaine s'y adapte et en soit modifiée, on peut compter encore quelques longues décennies !

Et si, ainsi, il y a des composantes quasi-intemporelles, ces mêmes composantes sont aussi transculturelles et peuvent ainsi être utilisées dans toutes civilisations[16], d'autant plus (hélas ?) qu'il semble y avoir une uniformisation du processus civilisationnel[17] par l'établissement et d'une symbolique commune et l'apparition d'un « *homo economicus* » dont le point de départ serait non plus « au commencement était le Verbe », mais « au commencement sera le Nombre ».

Bien sûr, tous ces éléments s'enchevêtrent, et il nous appartient d'en démêler les écheveaux.

C'est ce que l'on va tenter dans ce livre.

Cela veut dire que nous n'hésiterons pas à prendre des exemples ou des cas qui « datent » de plusieurs décennies et que, notamment en ce qui concerne l'actualisation du contenu que nous reprenons de nos ouvrages de 1985 et 1997, il s'agit tout simplement d'un « élagage » consistant à ne garder que ceux des facteurs que nos observations nous amènent à coup sûr à considérer comme a-temporels et a-culturels[18].

---

[13] Telles que les utilisent par exemple le professeur Abraham Zaleznik à la Harvard Business School dans les années 1970 – ainsi d'ailleurs que le « *visiting* » professeur Harry Levinson toujours à HBS à la même époque. Et tous leurs anciens élèves qui ont poursuivi ces recherches : Manfred Kets de Vries à l'INSEAD, Georges Trepo ou Roland Reitter à HEC, nous-mêmes à l'ESSEC puis à l'IGS.
[14] Marie Balmary, *Le Sacrifice interdit*, Paris, Grasset, 1986.
[15] Pascal Picq, *Le nouvel âge de l'humanité*, Allary Editions, Paris, mai 2018.
[16] Ou tout au moins « groupe de civilisations ». Nous nous intéresserons ici à ce qu'on a appelé parfois le « groupe occidental » (voir bibliographie).
[17] J'emprunte ici une réflexion de Régis Debray (op. cit., p. 53).
[18] Ceci dit, nous avons laissé l'indication des dates de ces éléments de manière à éviter tout risque d'ambiguïté.

La gouvernance comme opération symbolique

Résumons notre conclusion méthodologique de l'encart en une phrase : ce livre étudie le problème de gouvernance sur les plans micro et macrosociaux à partir de la symbolique qui est mise en œuvre pour exercer cette gouvernance.

Il est souhaitable, en le lisant, de se souvenir que l'opposé étymologique de « sym-bolique », c'est « dia-bolique »… La symbolique rassemble ce qui est épars. Le diabolique éparpille ce qui était rassemblé… *Sumbolon* et *diabolon* sont les deux pendants d'une même réalité.

« Bolon », en grec ancien, c'est le « jet » lancé ou le « coup » porté. Et, par extension, c'est le « regard » qu'on jette ou qu'on porte, c'est le filet de pêche qu'on lance pour rassembler les poissons en une seule prise, c'est l'Orient d'où le soleil jette ses rayons, c'est le geste que l'on porte, que l'on fait vers l'autre, c'est la fleur qui jette ses pétales, etc.[19].

Il y a de l'action, des coups, des gestes, des regards qui peuvent rassembler ou éparpiller. Une symbolique n'est pas que contemplative, elle est vivante et active. Il faut que l'on utilise la symbolique comme un chemin qu'on doit parcourir du point le plus bas au point le plus haut (du nadir au zénith) et du point le plus oriental au point le plus occidental (du lever au coucher du soleil, de la lumière ; du Levant au Ponant).

La symbolique est de ce fait un repère qui débouche sur un cheminement et, donc, sur une action. Le « bolon », le « jet », le « coup », s'il n'est pas dans le vécu de l'action commune, peut déboucher sur le « dia- » et non sur le « sym- ».

Il y a donc risque à lancer le jet, mais, sans jet, la symbolique n'est pas complète ou, plutôt, elle n'existe tout simplement pas.

C'est, bel et bien, l'action qui fait exister le symbole.

Découvrons donc ces actions.

Une dernière précision :

Dans une création musicale, les compositeurs s'appuient de tout temps sur des « reprises ». On réentend le même thème. C'est un fil conducteur (le leitmotiv cher à Wagner qui identifie un des personnages clés de l'Opéra). Ou c'est seulement la réexécution d'une phrase musicale pour que nous puissions mieux l'accueillir, voire le faire différemment, ce qui enrichit la composition. En tout cas, c'est à nouveau le plaisir qui nous permet de mieux retomber sur nos pieds.

Ce « déjà entendu » est un indispensable temps de respiration qui permet de mieux assimiler un élément fondamental.

Pour les mêmes raisons, nous avons choisi dans le livre de faire à des moments clés de semblables reprises. On en revient finalement tout simplement au constat et au postulat de la Gestalt et du structuralisme qu'on pourrait résumer en disant qu'un élément d'un ensemble est perçu grâce à

---

[19] Voir le dictionnaire ancien grec de François Bailly cher aux hellénistes des lycées d'il y a… au moins 60 ans !

l'harmonie de l'ensemble : le même élément inclus dans un autre ensemble ne sera plus perçu de la même façon puisqu'il sera de fait intégré dans une nouvelle harmonie qui surdéterminera la perception qu'on a de lui. Les reprises ont donc l'intérêt d'enrichir la perception d'un concept : « Ah oui ! On pouvait aussi le voir comme cela ! »

Vers l'infini et au-delà

Tiens, pour appliquer immédiatement cette idée de reprise, faisons-en une : nous serons toujours perdus entre le « Paradis terrestre perdu » et la « Terre promise », cherchant à saisir notre identité (individuelle et/ou collective) sans y parvenir. Elle est pourtant là cette identité, nous guidant sans que nous puissions nous en rendre compte totalement : tout au plus en prendrons-nous conscience, de temps en temps, parfois même après l'action, et réfléchissant alors à ce qui a été fait, nous poursuivrons le chemin vers nous-mêmes en accomplissant de nouveaux gestes, une nouvelle action, un pas de plus vers nous-mêmes... et ainsi de suite à l'infini. Sans doute, même, n'atteindrons-nous jamais cette identité qui constitue le « je » ou le « nous ».

Et pourtant, cette identité, elle aura été en permanence là, tapie dans l'ombre, et éclairant notre route. L'identité, c'est décidément bien cette « ombre qui nous éclaire ».

Nous serons également amenés à nous pencher sur Antigone et constaterons que Créon, insuffisamment à l'écoute de son ombre, se centre sur une lumière qui finalement l'éblouit plutôt qu'elle ne l'éclaire amenant au drame que nous connaissons et redécouvrirons (chapitre IV-A, page 138, *sqq.*). Illustrons cela par un premier chapitre mettant en lumière un point d'achoppement clé dans ce maniement du concept d'identité : le flou de la frontière « moi/non-moi ».

Chapitre I

Qui es-tu, toi qui dis « moi » ?
Jeu sur la frontière « moi/non-moi »

> « Les hommes qui ont vraiment confiance en eux-mêmes
> sont tous dans des asiles d'aliénés. »
> Chesterton

Et nous illustrerons ce thème par l'analyse d'un cas réel microsocial (le cas Gerbod) et par l'analyse d'un discours du général de Gaulle pour l'approche macrosociale.

A. Cas Gerbod ; énoncé commenté

« Moi je me prenais pour toi »

(Les commentaires du cas sont inscrits en italiques au fur et à mesure du déroulé du cas.)

M. Gerbod, président-directeur général d'une société de conseil nouvellement créée et spécialisée dans le domaine du marketing, constata que l'accroissement de ses activités, et en particulier les contrats en vue pour l'année n+1..., lui imposait d'accroître le nombre de ses collaborateurs s'il voulait faire face à la demande.

Il passa donc une annonce dans les journaux, ainsi rédigée : « Jeune société de conseil en marketing, en pleine croissance, recherche collaborateur de trente ans, formation grande école de commerce, ayant cinq ans environ d'expérience en tant que chef de produit de grande distribution. Il devra pouvoir mener à lui seul des contrats de conseil, depuis leur négociation jusqu'aux dernières étapes de la mise en place. Rémunération élevée. Écrire, etc.

M. Gerbod reçut une dizaine de *curriculum vitae* et en sélectionna deux qui lui paraissaient particulièrement intéressants. Il convoqua ces deux candidats. Le premier candidat avait un diplôme d'études supérieures de psychologie sociale et était titulaire d'un diplôme de maîtrise en gestion de l'entreprise (MBA) d'une université américaine. Il avait trente-quatre ans, neuf ans d'expérience d'entreprise (quatre ans de pratique aux États-Unis comme assistant du directeur de marketing d'une entreprise de parfum, et cinq ans après l'obtention de son MBA en tant que chef de produit n°1 d'une grande maison d'apéritif). Il apparut à l'interview qu'il passa avec M. Gerbod comme calme, sûr de lui, intelligent, de contact social facile ; il vit également quelques-uns des principaux collaborateurs de M. Gerbod. Tous se déclarèrent prêts à travailler avec lui.

Le second candidat que M. Gerbod convoqua, M. Paubert, avait 30 ans, sortait d'une grande école de commerce française et avait travaillé cinq ans comme adjoint au chef de produit (trois ans et demi) puis comme chef de produit (dix-huit mois) d'une importante entreprise de confiserie. L'interview montra essentiellement le caractère timide du candidat, son contact social difficile, une inégalité d'humeur, mais par ailleurs, une personnalité assez riche et une intelligence vive. M. Paubert vit lui aussi quelques-uns des principaux collaborateurs de M. Gerbod – ceux-là mêmes qui avaient interviewé le premier candidat. Puis, M. Gerbod réunit le 4 novembre l'ensemble des collaborateurs qui avaient conduit ces entretiens.

Tous déclarèrent qu'ils se sentiraient plus en confiance en travaillant avec le premier candidat. Les craintes qu'ils avaient concernant Paubert étaient qu'il ne « fasse pas le poids », « qu'il manque de conviction », « qu'il ne sache pas imposer ses vues », « qu'il inquiète le chef d'entreprise qu'il conseille » et qu'en conséquence, « quelle que soit sa faculté d'analyse de situations complexes et l'efficacité des moyens d'intervention qu'il propose, son travail reste lettre morte du fait de sa personnalité qui inspire le doute ». M. Gerbod, tout en reconnaissant le bien-fondé des remarques de ses collaborateurs, pensait que « Paubert était le genre de personnes à qui, du fait de leur apparence physique et de leur caractère, on ne donne jamais leur chance ». Il ajouta : « Je pense que le premier candidat est "m'as-tu-vu" alors que Paubert est beaucoup plus sincère ; une fois mis en confiance, il donnera d'excellents résultats. »

Les collaborateurs de M. Gerbod s'inscrivirent vivement en faux en ce qui concernait ce jugement de m'as-tu-vu, affirmant qu'il n'était fondé sur aucun argument ou fait précis, et qu'il était totalement immérité. M. Sairgues qui, depuis longtemps, était le n° 2 de la société Gerbod, ajouta même : « Si on se met à confondre confiance en soi et exhibitionnisme, on n'a pas fini de se planter. »

Ce que voyant, Gerbod se mit en colère et répliqua particulièrement vivement : « Je suis responsable de ma société et, que je sache, cela ne lui a pas trop mal réussi jusqu'à présent ; cela dit, je n'ai jamais vu une réunion aussi débile que celle-ci. Il est terrifiant de voir à quel point des professionnels comme vous tombent dans le panneau de l'apparence physique et des éléments les plus superficiels d'une personne. Il est évident que Paubert est cent coudées au-dessus de l'autre si vous voulez bien voir derrière le masque. Et d'ailleurs, nous avons les trois mois d'essai qui lui permettront de faire à l'évidence ses preuves. Il commence donc le 1er décembre. C'est ma décision. Vous pouvez disposer. »

Cette déclaration, fort peu dans le style habituel de Gerbod, laissa pantoise toute l'équipe. Sairgues s'étant permis de dire qu'il « lui semblait qu'il avait d'autres problèmes urgents à traiter au cours de cette réunion », Gerbod lui répliqua : « Débrouille-toi avec les autres, aujourd'hui j'ai vraiment mieux à faire qu'écouter vos âneries. »

(Indéniablement, il y a une alerte : « Dans le grand silence des souvenirs perdus, Gerbod tremble et s'agite. » Où sont passés « son sourire, sa joie » ? Mais qu'est-ce que Gerbod peut bien voir dans Paubert ?

En tout cas, une certitude : si Gerbod abandonne brusquement sa qualité d'observation, sa capacité à sentir la réalité, c'est qu'il est perdu ; on lui a « pris son ombre, son sourire, sa joie ». Qu'est-ce qui se passait au moment où ces symptômes apparaissent ? Qui a bien pu faire une chose pareille ? À l'évidence, la colère apparaît à la suite d'une remarque de Sairgues sur la confusion entre confiance en soi et exhibitionnisme.

Sairgues l'a ramené à son passé : il a envahi son ombre et Paubert en perd son sourire et sa joie.

Ce que Sairgues a pris, seul Sairgues peut le rendre.

Qu'il soit clair qu'on ne suggère pas que Sairgues doive faire cette longue analyse biscornue !!! En revanche, il doit pouvoir SENTIR qu'il a déclenché une très forte réaction émotionnelle chez Gerbod.

Très forte, disproportionnée, sans commune mesure avec ce qu'il vient de dire. Qui ne sentirait pas cela ?

Deux repères :

a- **Une erreur à ne pas commettre : se défendre en contre-argumentant : ce serait mettre de l'huile sur le feu ;**

b- **Un réflexe à développer : celui d'une attitude que nous dénommerons dans quelques pages l'empathie : en un mot, faire sentir à l'autre que l'on a perçu qu'il ressentait. Dans notre cas, que quelque chose l'avait contrarié.**

Et voyons bien qu'il SUFFIT D'ÊTRE ATTENTIF à ce que dit l'autre pour PERCEVOIR CE MALAISE, le SENTIR, même si on n'a rien compris à ce qui se passait. Alors, tendons-lui un MIROIR : « Si je te comprends bien, tu penses qu'il y a un autre Paubert derrière celui que nous percevons et que donc nous pourrions être en passe de commettre une grave injustice en ce qui le concerne : il serait peut-être souhaitable de voir comment nous pourrions harmoniser nos points de vue, non ? »

Il n'y a bien sûr pas de phrase toute faite de type passe-partout, mais en jouant à fond sur sa sensibilité, on saura formuler celle qui convient le mieux, tout en soulignant que le discours NON VERBAL (le regard, le ton, l'expression du visage, les gestes, la posture, etc.) est souvent PLUS IMPORTANT que les mots eux-mêmes ! **Et tout ceci se fera très naturellement si on comprend une bonne fois pour toutes que toute approche frontale, toute approche de type confrontation, ne conduira qu'à exacerber les positions ;** *on le sait, d'ailleurs, mais qu'il est difficile d'avoir* *cette approche de miroir quand on a la double certitude « moi j'ai raison ; lui il a tort » ; l'empathie n'en reste pas moins la seule porte de sortie.*

Mais revenons au cas lui-même :

Paubert arriva donc le 1er décembre et Gerbod le mit immédiatement comme second sur un contrat dont il était responsable. Il s'agissait de formuler une nouvelle stratégie commerciale pour une entreprise de bureautique.

Tout de suite, les faiblesses de Paubert apparurent. Tout allait bien tant qu'il travaillait seul ; malheureusement, le type de contrats que traitait la société de M. Gerbod, et tout particulièrement celui-ci, comprenait de longs moments de travail avec les représentants de l'entreprise consultée. Or, que ce soit à l'occasion d'interviews à mener, de réunions auxquelles il fallait prendre part, de rencontres avec les dirigeants de l'entreprise consultée pour faire le point sur l'état d'avancement des travaux, Paubert montrait une personnalité mal affirmée ; ses craintes, sa timidité, l'amenaient souvent à (presque) insister sur les faiblesses de l'étude qu'il présentait, en tout cas jetaient le doute dans l'esprit des personnes qui l'écoutaient. C'était le plus souvent son silence fréquent et son air embarrassé, quand il lui appartenait de répondre à une question, qui déroutaient le plus les dirigeants de l'entreprise qui avait demandé les conseils de la société Gerbod.

Tant et si bien que ces dirigeants firent savoir à M. Gerbod qu'après cette première étape, ils étaient d'accord pour que M. Gerbod continue à travailler « à condition que vous preniez avec vous un autre assistant que M. Paubert ».

Le 20 février se déroula la réunion bimensuelle que M. Gerbod avait avec ses principaux collaborateurs. Ils exposaient, durant ces réunions, les problèmes qui se posaient aux contrats qu'ils géraient ou supervisaient.

Gerbod fit donc un compte-rendu de ce qui s'était passé avec l'entreprise de machines de bureau. Sairgues prit immédiatement la parole, d'un ton peut-être un peu revanchard : « Je te l'avais bien dit : Paubert ne fait pas le poids, on ne peut lui faire confiance que lorsqu'il est tout seul derrière un bureau : or, c'est quand nous travaillons en tête-à-tête avec nos clients que nous leur apportons le plus ; tout le travail fait seul n'est qu'un préliminaire à cette phase primordiale où nous mettons en place avec eux nos conseils. Si nous ratons cela, tout le reste, c'est comme si nous avions flûté. »

Delsingette, autre collaborateur de Gerbod, approuva et ajouta : « De toute façon, la période d'essai de Paubert se termine le 1er mars et le moins que l'on puisse dire est que l'essai n'a pas été concluant. Cela simplifie notre décision concernant Paubert : qu'il aille voir ailleurs. »

(Il est définitivement très difficile de se mettre dans une position de type : je vous ai compris, quand on est dans un rapport hiérarchique, qu'on a la certitude d'avoir raison, que l'autre se trompe. Cela vient du fait qu'on confond l'empathie avec l'approbation. Une attitude d'empathie aurait consisté à dire quelque chose de type : « Si je comprends bien, le cas de Paubert vous paraît de toute première importance : vous craignez qu'une

décision comme celle que nous sommes en train de décrire soit une grave injustice à l'encontre de Paubert et vous ne voyez pas d'autre solution que celle de nous convaincre que Paubert est un bon. »)

Tous les autres approuvèrent, face à quoi Gerbod explosa littéralement : « J'ai rarement vu une réunion aussi stupide que celle-ci ; Sairgues, quand nous avons fondé cette société ensemble, tu avais encore du bon sens ; quant à vous, Delsingette, vous n'avez jamais su faire autre chose que d'approuver ce que Sairgues disait ; c'est d'ailleurs la même chose avec les clients : vous êtes le "béni-oui-oui" du conseil d'entreprise. D'ailleurs depuis un an, les clients vous acceptent de plus en plus difficilement ; ils veulent des gens solides en face d'eux, pas des "oui" sempiternels ; laissez-moi parler ; je me demande quelle est votre conception du conseil. Ce n'est en tout cas pas la mienne et je dois dire que votre collaboration me déçoit de plus en plus. Paubert est un type très bien et puisque ces ânes de l'entreprise de bureautique sont assez bêtes pour ne pas l'avoir compris, j'abandonne la poursuite du contrat[20]. Paubert reste : je vais continuer à le faire travailler avec moi et d'ici six mois, ce sera un type parfait. En tout cas, toute personne qui ne l'appuiera pas, je considérerai que c'est moi qu'elle n'appuiera pas. »

(La problématique devenait très claire ; de l'aveu même de Gerbod, Paubert et lui : même combat. La frontière « moi/non-moi » a complètement disparu.)

La situation se poursuivit ainsi pendant six mois sans amélioration notable du comportement de Paubert. Les rapports entre Delsingette et Gerbod se détériorèrent de plus en plus. Gerbod semblait s'irriter de la réussite même de Delsingette qui avait précisément tout ce qui manquait à Paubert : persuasion, doutes (soigneusement entretenus) l'amenant à être en permanence créatif, foi en soi, optimisme... Il ne se passait plus de réunion sans que Gerbod s'en prenne directement à lui pour le moindre prétexte interprétant tout à son désavantage, lui jetant à la face, devant ses autres collaborateurs : « Vous confondez définitivement efficacité et précipitation. » « Ce n'est pas parce que vous fuyez en avant que vous arriverez plus vite au but. » « Arrêtez de promettre la lune au client », etc. Gerbod, de plus, s'opposa à ce que Delsingette soit responsable d'une étude de marché importante pour une société de service informatique, contrat qui intéressait tout particulièrement Delsingette, en lui disant vivement : « Je voudrais que vous cessiez de toucher à tous les secteurs industriels : spécialisez-vous, sinon le côté "touche-à-tout" fait que vous devenez un charlatan. » Affirmation parfaitement gratuite, contraire à un grand nombre d'évidences, et qui irrita particulièrement Delsingette.

Tant et si bien qu'en septembre, Delsingette donna sa démission. Gerbod lui demanda de ne pas faire son préavis : Delsingette s'en alla donc immédiatement. Cela posa notamment une difficulté avec deux clients qui ne

---

[20] Ce contrat représentait un total de facturation de 900 000 F/annuel, soit environ 5 % du CA annuel de la société Gerbod.

comprirent pas le départ brutal de celui qui était responsable du contrat de consultation qu'ils avaient signé avec la société Gerbod.

Gerbod dut affirmer à un de ses clients qu'il s'agissait d'un cas de « force majeure », laissant entendre que Delsingette avait de graves ennuis de santé ; le client qui connaissait Delsingette, par ailleurs, et qui était de ce fait parfaitement informé de ce qui s'était passé, laissa Gerbod s'enferrer et lui signifia que leur travail en commun prendrait fin à l'issue de la tranche actuelle (le client représentait environ 100 000 euros de facturation annuelle).

Sur le coup, Gerbod s'en réjouit presque, déclarant à Sairgues avec dérision : « On a assez de clients stupides comme cela : il est bon d'assainir notre clientèle. » Sairgues ne répliqua rien, ce qui sembla embarrasser Gerbod plus que tout.

On devait d'ailleurs remarquer que le départ de Delsingette rendait Gerbod assez morose ; dans les semaines qui suivirent, il devint taciturne et triste, comme effacé et méditatif pendant les réunions, avec un regard de plus en plus songeur sur Paubert, à qui il commença à apporter un peu moins son appui et sa protection. En quelques semaines, il commença à regarder Paubert d'un œil tout à fait neuf.

Sairgues, semble-t-il, joua une assez grande influence sur Gerbod qu'il eut l'habileté de ne jamais prendre de front, à qui il n'opposa jamais une argumentation, se contentant bien souvent de l'écouter silencieusement et de le regarder s'enferrer dans des justifications qui, jour après jour, tenaient de moins en moins debout. Le plus souvent, les entretiens avec Sairgues tournaient court, Gerbod repartant dans son bureau silencieusement.

Nous avons interviewé en janvier suivant Delsingette qui travaillait dans une institution de formation, et Gerbod qui continuait à diriger sa société de conseil. Voici quelques extraits de ces interviews :

Delsingette : « J'ai découvert à l'occasion de l'affaire Paubert un aspect du patron que je n'aurais jamais soupçonné. Il nous avait habitués depuis cinq ans que nous travaillions ensemble à beaucoup de clairvoyance, une grande faculté d'écoute, une élaboration en commun concernant les principales décisions de la société, beaucoup de bonne humeur. Il s'est opposé à nous tous concernant Paubert ; il est du jour au lendemain devenu obtus, cassant, braqué dès que l'on émettait la moindre critique sur "son Paubert", il s'opposa à nous tous et en particulier à moi – Dieu sait pourquoi. J'étais devenu "l'anti-Paubert" à ses yeux, alors que je ne l'étais ni plus ni moins que Sairgues, par exemple.

Ce problème Paubert déteignait sur l'ensemble de nos relations et sur l'ensemble du travail de nous tous dans la société. Il valait mieux que je m'en aille, car cela devenait invivable pour moi.

Sairgues m'a dit que, depuis mon départ, les choses s'étaient un peu tassées, que maintenant on confiait du travail assez secondaire à Paubert et que l'ambiance était redevenue ce qu'elle était avant. Du moins en gros.

Il reste que j'ai eu personnellement un tort ; celui d'avoir cherché à démontrer rationnellement à Gerbod qu'il se trompait : plus j'essayais de le lui démontrer, plus il se "rigidifiait" dans sa vue des choses. Plus j'argumentais ma position, plus je lui donnais envie de "remonter au parapet" avec ses propres contre-arguments. Oh, certes, ses contre-arguments ne me convainquaient pas. Je dirais même qu'ils ne tenaient pas debout ; mais plus il les développait, plus il réussissait à s'auto-convaincre qu'il avait raison. Lui seul contre nous tous. Je crois que l'on est tous à certains moments un âne qui recule : plus on tire sur la corde pour le faire avancer de force, plus il veut reculer. La force de Sairgues a été, sans doute, de ne jamais l'amener à contre-argumenter, mais par son silence et son regard, à l'amener à se rendre compte, peu à peu, que ce qu'il disait, lui Gerbod, ne tenait pas la route. Quel gâchis ! »

(Quelle clairvoyance dans ses propos, malheureusement tardifs ! …)

Quant à Gerbod, il devait nous dire : « Au fond, le départ de Delsingette m'a affolé et, de fait, ce n'est qu'à ce moment-là que j'ai pris conscience que c'était l'opinion de tous mes collaborateurs que Delsingette représentait. J'ai été content, sur le moment, de son départ et ce n'est que huit jours après que j'ai commencé à "redescendre sur terre" ; tout aurait dû m'inciter à dire non à Paubert dès le premier jour : l'analyse de nos besoins, l'avis de mes collaborateurs ; mais je me suis fait trop confiance ; du moins dans le présent… et pas assez confiance dans le passé… »

(Là aussi, très bonne prise de conscience ; mais bien tard : le mal est fait et le prix à payer est bien lourd ! Bon exemple aussi de l'opposition entre la « confiance en soi » qui nous fait oublier nos indispensables doutes, cette confiance en soi « qui fait l'imbécile » quand la foi en soi, elle nous amène à cultiver et à utiliser nos doutes, cette foi en soi « qui fait le grand homme ».)

« Vous savez, continue-t-il, quand j'ai commencé à travailler, j'avais un peu des problèmes semblables à ceux de Paubert. J'ai cru que lui aussi pourrait les dépasser. Cela m'aurait tellement aidé qu'on me fasse confiance. Je me suis souvent, dès mon enfance, senti abandonné. Paubert est resté ici, nous lui confions tout le travail à faire en solitaire : analyse de contenus d'interviews, recherches bibliographiques. Ça ne va pas bien loin, Paubert s'encroûte ; en fait, il aurait beaucoup mieux réussi dans une autre branche que la nôtre : il n'est pas fait pour le conseil ; mais il est maintenant de plus en plus anxieux et je n'ose pas lui demander de nous quitter. Au fond, tout cela est un peu de ma faute. Je n'en veux pas à Delsingette, il a fait son devoir courageusement en disant clairement ce qu'il pensait. Mais c'est dommage qu'il ne s'y soit pas pris autrement ; il me prenait tellement de front, il me heurtait tellement que, sans m'en rendre compte, je n'avais plus qu'une idée : justifier mon point de vue aux yeux des autres… et surtout à mes propres yeux. Je m'enfermais de plus en plus dans mon erreur ; comment ai-je pu me faire piéger à ce point ? »

*(Cette capacité – tardive – à de telles prises de conscience, et à de telles explicitations, montrent bien **qu'avec une attitude empathique au bon moment, l'échec aurait pu être évité.**)*

B. Cas Gerbod ; analyse

Ce cas nous semble mettre en évidence des déterminants irrationnels du comportement d'une personne. Il illustre bien qu'au moins dans certains cas, si on pense « rationnellement », on agit « émotionnellement ». Plutôt que de parler de déterminants de comportements « irrationnels », nous parlerons de déterminants « inconscients » puisqu'aussi bien, comme nous allons le montrer, ils répondent à une logique parfaite bien que se déroulant à l'insu du sujet.

Ce cas montre en particulier deux de ces phénomènes inconscients. Le lecteur a remarqué combien, après coup, Gerbod avait été à même de se rendre compte qu'il avait en quelque sorte confondu son cas personnel passé avec celui de Paubert : « Vous savez, dit-il, quand j'ai commencé à travailler, j'avais un peu des problèmes semblables à ceux de Paubert. J'ai cru que lui aussi pourrait les dépasser. » À un autre endroit, Gerbod disait d'ailleurs : « Toute personne qui ne l'appuiera pas, je considérerai que c'est moi qu'elle n'appuiera pas. » La frontière entre « moi » et « non-moi », telle que nous l'avons évoquée, est, pour le moins, malmenée !

Et l'identité de Gerbod devient « je suis toi ». Toi, c'est-à-dire Paubert.

« Je suis toi » et/ou « tu es moi ».

Toute la réalité de Paubert se trouve ainsi déformée, car ce n'est pas Paubert que Gerbod perçoit, mais lui-même « projeté » sur Paubert. Comment expliquer cette transformation de Gerbod face au cas de « son Paubert », transformation que souligne bien Delsingette, dans son interview ? Cette « identification projective » que Gerbod fait sur Paubert a pour résultat que Gerbod n'est plus en mesure, sans même qu'il s'en aperçoive, d'analyser la situation et donc de prendre une décision valable. Il fait vis-à-vis de Paubert ce qu'il aurait aimé qu'on lui fît à lui, quand il a commencé à travailler, en oubliant que Paubert n'est pas Gerbod. Il faut bien noter que tout cela se passe à l'insu de Gerbod qui est persuadé, comme il le dit à plusieurs reprises, que Paubert est un « type bien », s'identifiant projectivement à lui. Il l'idéalise, ne parvient plus à percevoir ses défauts, le juge « globalement » parfait, n'admet plus la moindre contradiction. Tous les reproches qu'en tant que directeur de cette entreprise de conseil il pouvait légitimement adresser à Paubert se trouvent donc bloqués, empêchés par ce mécanisme d'identification et d'idéalisation inconscient. Si Gerbod critiquait un tant soit peu Paubert, c'est son équilibre à lui, Gerbod, qu'ainsi il menacerait ; en défendant Paubert, c'est son équilibre personnel qu'il renforce, en remplaçant ce que lui-même n'avait pas réussi à obtenir par le passé, en « réparant » ainsi ce passé, en réduisant ainsi ses tensions, contradictions et difficultés personnelles.

Nous pouvons ici concevoir le fonctionnement psychique inconscient comme une démarche qui consisterait à réduire les tensions ressenties. Gerbod se trouve donc aux prises avec tous ces reproches, cette agressivité due à l'insatisfaction qu'il devait éprouver face au comportement de Paubert. On a vu qu'il y avait un blocage inconscient de cette agressivité résultant en une sorte de « trop-plein » agressif qui doit se trouver un autre objet que

Paubert. Cette agressivité se trouve ainsi « déplacée » sur un de ses collaborateurs, celui qui gêne le plus les mécanismes d'identification et d'idéalisation de Gerbod. C'est ainsi que, sans apparemment de raisons logiques, Gerbod s'en prend systématiquement à Delsingette, alors que le comportement de ce dernier est le type de comportement le plus conforme aux intérêts de la société Gerbod.

Identification projective et agressivité

Notons aussi que, plus les collaborateurs de Gerbod attaqueront de front le comportement, en apparence irrationnelle, de celui-ci, plus Gerbod deviendra rigide, plus il s'enfermera dans ces deux mécanismes inconscients d'« identification projective » à Paubert et de « déplacement » de l'agressivité sur Delsingette. Assez logiquement, le départ de Delsingette empêchant le déplacement de jouer plus longtemps, l'agressivité retrouvera son objet véritable : Paubert. Les autres collaborateurs n'ayant pas attaqué Gerbod de front n'ont pas donné à ce dernier suffisamment de prétextes pour qu'il leur face prendre la place de Delsingette dans son rôle de « bouc-émissaire », Sairgues se trouvant, pour une raison inconnue, « protégé ». En fait, Gerbod avait atteint un équilibre psychique que l'on pourrait schématiser de la façon suivante :

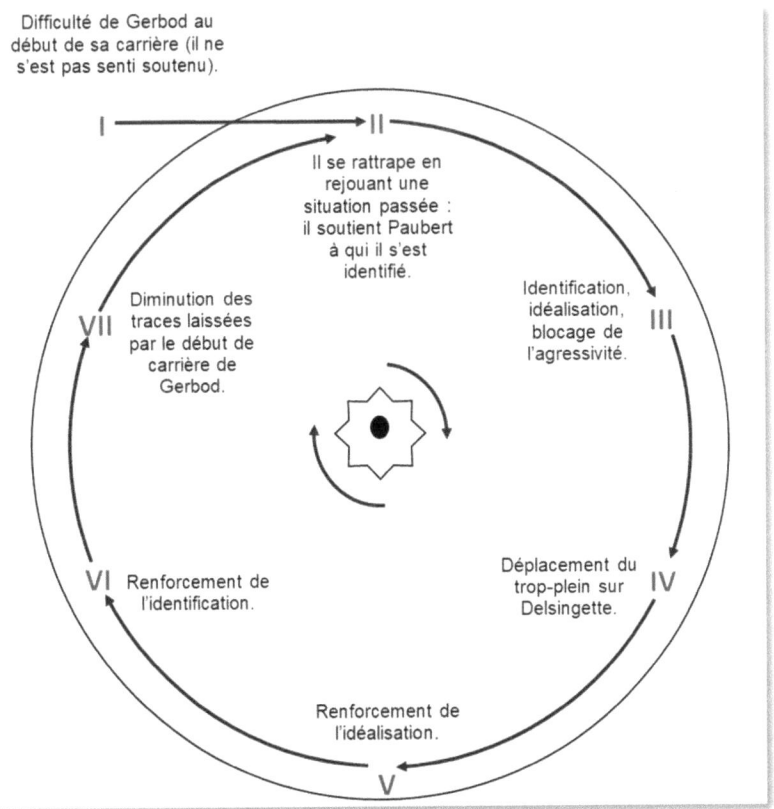

Le départ de Delsingette rompt ce cycle en IV et l'empêche de jouer. Gerbod n'obtient donc plus de bénéfices secondaires au niveau de la restitution de son équilibre psychique en termes de compensation de « l'abandon ». « Je me suis souvent senti abandonné, même dans mon enfance », dit-il. Il y a là quelque chose qui est de l'ordre d'un traumatisme assez ancien chez Gerbod, « réactivé » par les difficultés qu'il a éprouvées au début de sa carrière et qu'il compensait en apportant un soutien inconsidéré à Paubert.

C'était lui-même qu'en réalité il aidait, par le jeu de l'identification.

La « demoiselle marchant sur le ruisseau » l'avait « rendu bien malade » et Gerbod tentait coûte que coûte de « retrouver son ombre, son sourire, sa joie », par le jeu inconscient du « toi c'est moi ».

De tels mécanismes inconscients peuvent aussi être à l'origine de nombreuses décisions et comportements parfaitement irrationnels[21]. C'est une banalité de dire que toute action humaine a toujours une signification au niveau de l'équilibre psychique de celui qui réalise l'action, signification dont il est le plus souvent inconscient et qui vient donc à son insu influencer toute prise de décision, en particulier toute formulation de stratégie ou toute mise en place de cette stratégie. Nous sommes tous plus ou moins dans le « grand silence des souvenirs perdus », ayant plus ou moins « abandonné le sourire et la joie » ; donc nous éloignant de plus en plus de ce que nous sommes ; dès lors, la frontière « moi/non-moi » s'estompe, voire disparaît. La voie de l'empathie peut seule nous conduire à nous retrouver.

(Un rappel de quelques données de base de la théorie psychanalytique, la *deuxième topique* de Freud, peut permettre de mieux cerner cet inconscient et la notion d'équilibre psychique, tels que nous venons de les mentionner dans le précédent paragraphe. Les lecteurs qui le souhaitent peuvent lire la note technique correspondante, notamment dans la description des « Mécanismes de défense »[22]).

Il est à présent temps de conclure ce cas en étant optimiste ; ils n'étaient pas loin de la bonne porte de sortie : et si, dès la première intervention, le réflexe qui consiste à s'inscrire d'abord et avant tout dans une position de « miroir de ce que l'autre ressent » avait sous-tendu la prise de parole de Sairgues, le pire aurait été évité.

---

[21] Ainsi, Anne Jardim dans une étude sur Henry Ford, montre que le « Modèle T » avait pour lui une signification tout autre que celle d'une simple réalisation technique et que Ford visait à restituer symboliquement l'image d'un père fort qui avait été cruellement absent durant toute sa jeunesse. Au terme de sa longue étude, Anne Jardim montre bien que toute la stratégie de la Ford Motor Company se heurtait à la valeur symbolique de ce « Modèle T » qui se traduisait par le refus d'Henry Ford d'y apporter la moindre modification en dépit des exigences du marché, reperdant ainsi plus de la moitié des 66 % du marché américain que ce modèle avait conquis (Anne Jardin, *The first Henry Ford*, MIT Press, Cambridge, 1968).

[22] Note technique n° 1, « La structure de la personnalité ».

C. Général de Gaulle ; forum d'Alger (juin 1958)

« Toi, tu vas te prendre pour moi. »

Venons-en maintenant à l'observation des conséquences de la frontière « moi »/« non-moi » dans une situation macrosociale. Nous allons ainsi pouvoir observer un jeu délibéré d'effacement de la frontière « moi/non-moi » comme outil de maniement de l'autre, des autres, en leur disant : « Vous et moi au fond c'est la même chose ; on se comprend si bien ! » Cette confusion délibérée moi/non-moi va nous apparaître comme la seule façon d'avoir une chance de « changer les couleurs du temps non sans quelques interrogations de nature éthique »…

Pour parler du macrosocial, il convient de préciser la notion de « peuple » qui en est absolument indissociable.

Deux mots, en grec ancien, sont traduits en français par le mot « peuple » : *Démos* et *Laos* qui donneront respectivement des mots comme « démocratie » et « laïcité ».

« *Laos* » renvoie à l'idée d'individus sans liens rationnels forts les uns avec les autres, mais très fortement **soudés par de très fortes émotions communes.** « *Démos* », de son côté, renvoie à l'idée de peuple organisé en force politique.

On peut en conclure que le *Démos* doit être au service du *Laos*.

Le *Démos* est là pour satisfaire les attentes du *Laos*, cet ensemble **non-structuré** de besoins et de désirs. Le *Démos* a donc besoin d'autorité et de pédagogie pour faire admettre au *Laos* que des choix sont à mettre en œuvre. Bien sûr, tout ne sera pas fait en un jour, il conviendra d'établir des priorités et donc des files d'attente **engendrant certains renoncements. L'objectif, la raison d'être** du *Démos* reste bel et bien la satisfaction permanente (à terme) de l'ensemble des besoins et désirs de l'émotionnel *Laos*, cette chimère aux contours flous. Partons d'un exemple, réussi s'il en est, de prise en main et de maîtrise de « *Laos* ».

Exemple historique, puisque nous allons tenter de décoder le discours du général de Gaulle sur le forum d'Alger, le 4 juin 1958, dans les circonstances que chacun sait.

Ainsi, comme précédemment dans notre approche microsociale, nous partons d'un cas réel ; cas Gerbod d'un côté, discours du général de Gaulle de l'autre.

Dans ce qui suit, le discours sera décodé paragraphe par paragraphe, voire phrase par phrase, donc interrompu en permanence. À l'opposé du cas Gerbod, le discours apparaît en italiques, nos commentaires en caractères romains habituels.

Cédons la place au général :

« *Je vous ai compris. Je vois ce que vous avez voulu faire. Je vois que la route que vous avez ouverte en Algérie, c'est celle de la rénovation et de la fraternité.* »

D'emblée, le ton est donné.

Ce n'est pas « moi, je ferai », mais seulement l'écoute : entendre et comprendre : faire miroir.

De Gaulle y ajoute un élément clé ; à savoir son interprétation personnelle de ce qu'il dit avoir compris : rénovation et fraternité. On se situe totalement dans l'émotionnel : parle à mon cœur, ma tête est fatiguée (ou plutôt n'existe pas). Parle à mon cœur en me faisant croire que c'est moi-même qui parle, « rénovation et fraternité » ce sont donc mes émotions, tu m'as donc fait sentir que tu me comprenais.

Les mots sont forts et beaux, et de Gaulle les prononce pour affirmer « c'est ça que vous avez voulu dire ». Et c'est moi qui vous écoute si profondément, qui vous clarifie ce que vous avez voulu dire. « Et vous pouvez me croire, et vous serez désormais sûrs que c'est cela que vous avez en tête. »

Et on sera sûrs que c'est effectivement ce qu'on a toujours voulu dire. On est ainsi devenu d'emblée adhérents à son discours. Ce qui arrange l'orateur est présenté comme un constat objectif et indubitable. Et on l'accepte comme une évidence. « Bon sang, mais c'est bien sûr ! »

L'évidence admise devient ainsi la vérité et la réalité. Voici donc la réalité de *Laos* ; peut-être très modestement, on peut poser la question suivante : Emmanuel Macron a-t-il réussi à faire la même chose avec les « Gilets jaunes » ? Ou bien, doit-on constater que ses propos s'adressaient de fait plus à *Démos* qu'à *Laos* alors que c'était *Laos* qui explosait ? ... Ses mots me paraissaient être plus faits de propositions concrètes et techniques, efficaces sans doute, mais froides. **Il est, hélas, plus aisé de répondre à *Démos* que de prononcer des mots qui incarneraient les émotions de *Laos*.**

De Gaulle, lui, se préoccupe dans un premier temps uniquement de *Laos*, et c'est un premier pas de géant dans le chemin de changement et de transformation que l'orateur se propose de parcourir. Donc écoute certes, mais sous la neutralité de la reformulation, plutôt avec une affirmation un peu gratuite, rapide en tout cas : « Moi, je vous dis que c'est cela que vous attendez. » Ce sont « vos rêves à vous avec mes mots à moi » – histoire de paraphraser le « Quelque chose de Tennessee » de Michel Berger. En parlant sur ce plan émotionnel, dans cette volontaire confusion moi/non-moi, de Gaulle crée une situation de fusion émotionnelle qui lui permet de passer de l'émotion « colère » à l'émotion « joie » (court-circuiter cette étape reviendrait à laisser *Laos* de côté, abandonné à son émotion « colère » ; rien de tel pour exacerber cette colère).

Passer de colère à joie revient à dire : « On s'est joyeusement compris ; on n'a donc plus besoin de s'agiter ; tout va bien puisqu'on est tous ensemble sur la même longueur d'onde. C'est comme cela qu'on fait l'Histoire. »

« Faire l'Histoire », le général de Gaulle en avait l'habitude…

Et, pour en revenir à mai 1958, Il va continuer dans la même dynamique en atteignant progressivement sa vitesse de croisière après ce démarrage « sur les chapeaux de roues ».

« Je dis : la rénovation à tous égards, mais très justement, vous avez voulu que celle-ci commence par le commencement, c'est-à-dire par nos institutions et c'est pourquoi me voilà.

Et je dis la fraternité, parce que vous offrez ce spectacle magnifique d'hommes qui, d'un bout à l'autre, quelle que soit leur communauté, communient dans la même ardeur et se tiennent par la main. »

Au fond, de Gaulle présente la situation de la façon suivante : vous savez moi, je ne veux rien par moi-même, je ne suis que le serviteur de la volonté du peuple. De votre volonté. Et votre volonté, j'y souscris totalement car cette volonté, c'est une évidence de bon sens : « Vous avez voulu que la rénovation commence par le commencement » (élémentaire mon cher Watson ?). Et, comme précédemment, dans cette ambiance qu'il a su créer, à l'évidence logique et de bon sens, il fait passer sa propre interprétation. Il la glisse « en douce ». Ce commencement, c'est-à-dire « nos institutions ». Considérons tout d'abord les institutions de la République française vis-à-vis desquelles on se retrouve systématiquement dans une position d'adhésion franche, massive, totale… **Certes, on ne s'était pas aperçu que c'était cela qu'on demandait. Mais maintenant qu'il l'affirme…**

Même chose pour la fraternité que de Gaulle ne fait « que constater » et qu'il étiquette de mots très forts : « communion », « se tenir par la main », « spectacle magnifique ».

Nous avons très envie d'adhérer et de considérer comme vraie cette « fraternité » appelée de ses vœux par le général de Gaulle, accepter de croire en une fiction collective.

On n'a plus le choix. Il n'y a plus qu'à fixer cette seconde adhésion, solidifier les choses. Avec grandeur et panache, bien sûr. « J'en prends acte au nom de la France. »

« Eh bien ! De tout cela, je prends acte au nom de la France et je déclare qu'à partir d'aujourd'hui, la France considère que dans toute l'Algérie, il n'y a qu'une seule catégorie d'habitants : il n'y a que des Français à part entière, avec les mêmes droits et les mêmes devoirs. »

On note que d'emblée, de Gaulle s'adresse bien au « peuple » dans le sens « *Laos* » tel que nous venons de le définir : masse indifférenciée, sorte de « ramassis » d'individus sans liens rationnels les uns avec les autres, mais rassemblés par un imposant émotionnel commun.

En fait, de Gaulle fait plus que cela, car ce peuple, avant sa venue, était bel et bien structuré, organisé en force politique. Ou plutôt en forces politiques multiples et contradictoires : c'était une multitude de « *Démos* » incompatibles les uns avec les autres ; d'où l'impasse dans laquelle on se trouvait en 1958.

Pour sortir de cette impasse, de Gaulle ne tergiverse pas. On choisit de gommer cette dangereuse structuration de *Démos* en catégories contradictoires pour revenir à un *Laos* de base qu'on restructurera en *Démos* le temps venu.

Du *Laos* à l'unité nationale

L'essentiel, pour l'instant, c'est de retrouver une forte sensation d'unité, d'unanimité malgré la réalité. L'émotionnel *Laos* s'y prête très bien et ne se gêne pas pour trouver son expression au besoin dans une *illusion* (retenons bien ce passage par l'*illusion* ; nous le retrouverons en clé de voûte dans la dernière partie de cet ouvrage).

Convenons que l'orateur ici sait très bien faire cette distinction « *Laos-Démos* ».

Il sait aussi que si on pense rationnellement, on agit émotionnellement (simple traduction du « *Laos-Démos* » avec des mots quasi-synonymes).

Il sait enfin que le réservoir de cette énergie émotionnelle (pléonasme) c'est le *Laos*. Et que, pour que ça fonctionne bien, il faut que le *Laos* soit unifié et indivis, c'est en ce sens qu'il va ici définir l'identité du *Laos*, presque lui imposer une identité : « *Il n'y a ici que des Français à part entière.* »

Avec toujours des mots émotionnellement très forts, « *les mêmes droits, les mêmes devoirs* », « *dignité* », « *patrie* ». Des mots qui font vibrer, qui font sentir.

Poursuivons l'analyse du discours du général.

« *Cela signifie qu'il faut ouvrir des voies qui, jusqu'à présent, étaient fermées devant beaucoup, donner des moyens de vivre à ceux qui n'en avaient pas. Cela signifie qu'il faut reconnaître la dignité de ceux à qui on la contestait. Cela veut dire qu'il faut assurer une patrie à ceux qui pouvaient douter d'en avoir une.*

L'armée, l'armée française, cohérente, ardente, disciplinée, sous les ordres de ses chefs, l'armée éprouvée en tant de circonstances et qui n'en a pas moins accompli ici une œuvre magnifique de compréhension et de pacification, l'armée française a été sur cette terre, le ferment, le témoin, et elle est le garant du mouvement qui s'y est développé. Elle a su endiguer le torrent pour en capter l'énergie. Je lui rends hommage. Je lui exprime ma confiance. Je compte sur elle pour aujourd'hui et pour demain. »

Il faut bien sûr n'oublier aucune « partie prenante » et s'adresser à chacune d'entre elles en deux temps :
- La valoriser ;
- Lui dire que, bien évidemment, il constate que cette partie prenante s'harmonise parfaitement avec les autres (même et surtout si on pouvait en douter) et que tout aussi évidemment, elle est d'accord avec toutes les autres pour développer la déjà existante fraternité et que cette partie prenante travaille déjà en ce sens et qu'il compte bien sur elle pour qu'elle continue le travail dans le même sens (l'armée ici).

« *Français à part entière dans un seul et même collège ! Nous allons le montrer, pas plus tard que dans trois mois, dans l'occasion solennelle où tous les Français, y compris les 10 millions de Français d'Algérie, auront à décider de leur propre destin.*

Pour ces dix millions de Français, leurs suffrages compteront autant que les suffrages de tous les autres. Ils auront à désigner, à élire, je le répète, en un seul collège leurs représentants pour les pouvoirs publics, comme le feront tous les autres Français. »

L'orateur en profite pour nous rappeler cette histoire de collège unique sur laquelle il y avait un très fort clivage, clivage immédiatement gommé, comme si cela allait de soi : on a tellement envie de cette fusion en un *Laos* commun, on y prend tellement de plaisir, qu'on est prêt à sacrifier son désarmement, sa mémoire, ses engagements antérieurs au profit du plaisir fusionnel. Le jeu sur l'émotionnel frise ici l'hystérie collective, ce qui fait immédiatement sauter le verrou qu'était cette question du collège unique.

En quelque sorte, le général de Gaulle dit : « Puisque nous sommes tous d'accord et que vous me le demandez, eh bien, je vais immédiatement répondre à votre impatiente attente en instaurant immédiatement le "collège unique" que vous appelez de vos vœux depuis si longtemps. »

Là encore, on finirait par croire que c'est vrai. Donc, ça va le devenir. À tout le moins, disons qu'il y a quelque chance que ça se passe ainsi.
Beau jeu sur l'*illusion* en tout état de cause.

Et puis, de Gaulle sait bien que si *Démos* pense rationnellement, *Laos* agit émotionnellement et que ce dialogue rationnel-émotionnel est scabreux à cause de l'horizon-temps :
- *Laos* est dans l'immédiateté de ses émotions ;
- *Démos*, dans la lenteur des élaborations de la réalité. Il est toujours en passe de décevoir l'impatient *Laos*, car « hélas, hélas, hélas », Rome ne se construit pas en un jour et c'est pourtant ce que *Laos* aurait bien voulu !

Donc, il convient de faire sentir à *Laos* qu'on va très vite (« pas plus tard que dans trois mois » et le ton d'orateur à ce moment précis, souligne qu'à l'évidence « trois mois, c'est très très court »[23]).

« Avec ces représentants élus, nous verrons comment faire le reste. »
Moi, de Gaulle, je me refuse à dire « voilà les décisions concrètes que je vais prendre ». Non, j'attends que *Laos* s'exprime et quand il se sera exprimé, je le comprendrai et mon travail à moi sera de passer du *Laos* au *Démos*. Les représentants de ce collège unique en sont le moyen. Et là encore pas de faux-pas ; de Gaulle agira démocratiquement avec *Démos* : « Avec ces représentants élus, nous verrons comment faire le reste. »

« Ah, puissent-ils participer en masse à cette immense démonstration tous ceux de vos villes, de vos douars, de vos plaines, de vos djebels ! »

Oui, pour cela, il faut que *Laos* soit fort, uni, cohérent (« *puissent-ils participer en masse* »). Sans oublier une seule de ces composantes… et de Gaulle, après avoir valorisé les motifs de leur combat, ouvre grand la porte de la réconciliation :

« Puissent-ils même y participer ceux qui, par désespoir, ont cru devoir mener sur ce sol un combat dont je reconnais, moi, qu'il est courageux, car le courage ne manque pas sur la terre d'Algérie, qu'il est courageux, mais qu'il n'en est pas moins cruel et fratricide. Oui, moi, de Gaulle, à ceux-là, j'ouvre les portes de la réconciliation. »

Il n'y a plus qu'à enfoncer le clou en disant à *Laos* qu'il est beau, grand et généreux et qu'il s'appelle la France :
« Jamais plus qu'ici et jamais plus que ce soir, je n'ai compris combien c'est beau, combien c'est grand, combien c'est généreux, la France ! Vive la République ! Vive la France ! »

Qu'on est loin des erreurs qui consistent à essayer de répondre à *Laos* en acceptant les revendications matérielles de chacune des catégories : on ne fait que s'emmêler les pinceaux dans des décisions contradictoires, et surtout *Laos*, tout émotionnel qu'il est, n'a rien à faire de ces réponses matérielles.

On ne reprend pas l'émotionnel en main par des discours rationnels et même si, par un tour de magie, on arrivait à répondre totalement à tous les besoins matériels de chacune des catégories, ce n'est pas pour autant que

---

[23] Pour bien sentir l'ensemble de nos commentaires, le lecteur peut trouver sur internet l'enregistrement audio-vidéo de ce discours et retrouver ainsi les gestes et le ton, le rythme de l'orateur, toutes choses tellement fondamentales pour jouer sur l'émotionnel (Google, discours de de Gaulle – 4 juin 1958, 2ᵉ vidéo de 10 min 37).

Laos serait satisfait, l'explosion émotionnelle continuerait à la stupéfaction des dirigeants : « Ben quoi ! On leur a donné tout ce qu'ils voulaient et ils continuent quand même à protester. Et même à protester violemment ! » Eh oui. (En avril 2019, nous nous demandions quand nous allions célébrer le centième acte des Gilets jaunes…)

Concluons en disant une fois de plus que *Laos* renvoie à l'idée de peuple comme masse indifférenciée, non organisée, sorte de « ramassis » d'individus sans liens rationnels les uns avec les autres, mais rassemblés par une **puissante émotionnalité commune**.

Démos, de son côté, renvoie à l'idée de peuple organisé en force politique.

Comme le disait le professeur Henri Peña-Ruiz : « La démocratie elle-même comme pouvoir du *Démos* s'enracine dans le respect du *Laos* entendu comme multitude humaine indivise dont l'unité se fonde sur l'égalité de ses membres reconnus comme majeurs et libres. »[24]

Et cela a été possible parce que ce « *je vous ai compris* » a pu sortir le peuple de la colère, peuple qui, lui aussi, tremblait et s'agitait ; on lui a redonné sa joie et son sourire, car on lui a fait sentir son identité et par confusion avec l'orateur sa belle grande et généreuse identité. La colère est ainsi devenue joie et espérance : « *Tu pleures ton ombre, ton sourire, ta joie ? Non plus : sourire et joie te sont rendus.* »

Quant à ton ombre… elle a besoin de mon regard ; si je te regarde, c'est ton ombre qui te regarde. Donc, en me voyant tu vois ton ombre : tu vois l'idéal de toi-même.

Narcisse, tu risques de te noyer en moi (entre nous, c'est un peu ce que je cherche…). Comme l'aurait chanté Henri Salvador : « Et alors… et alors ? » On va effectivement montrer comment « Zorro est arrivé ».

Pour cela, abordons un cas (presque) actuel, celui des élections présidentielles françaises de 2017.

---

[24] Henri Pena Ruiz, *Dieu et Marianne*, PUF 1999 p.120

CHAPITRE II

Qui es-tu, toi qui dis « moi, président... » ?
Cas des élections présidentielles (France, 2017)

> « Ceux qui retombent toujours sur leurs pieds
> sont des déserteurs de l'infini. »
> Cioran.

Ce chapitre a deux objectifs :
– une analyse d'une dynamique macrosociale récente, intéressante par elle-même ;
– une utilisation de cette dynamique pour apporter des compléments à nos grilles de lecture.

Nous venons dans le chapitre précédent de montrer un jeu sur l'identité, jeu subi dans le cas microsocial, voulu et « orchestré » dans le cas macrosocial.

Ce jeu sur l'identité nous amène tout naturellement à constater que le lien « signifiant-signifié » est tout sauf rigide, mécanique, systématique, logique[25]...

De la plasticité du signifiant

Je le qualifierai plutôt de souple, flasque, imprévisible : le signifiant « Paubert » se trouve avoir comme signifié « moi-même » pour Gerbod, alors que pour le reste de l'équipe, il renvoie à un signifié de type « un nouveau consultant dont on va voir ce qu'il donne dans sa période d'essai ». Rien à voir. Ce n'est pas le même *spiel*.

En cela, la sémiotique devient une science tout à fait passionnante qui permet de traiter de ces écarts, de ces distorsions. Nous allons aborder ce

---

[25] Rappelons que le signifiant est la partie matérielle du signe : bruit, son, image, caractère écrit... le signifié étant, lui, la représentation mentale qui lui est liée ; exemple : on frappe à votre porte ; « toc-toc » est le signifiant qui renvoie au signifié « une personne est derrière ma porte » ; ce signifié est une représentation à laquelle est lié un affect ; dans notre exemple, vous pouvez haïr ou aimer la personne qui est derrière la porte.

domaine dans notre commentaire du cas « Jacques » (infra page 99, *sqq.*) quand nous décrirons la dissociation du fait psychique avec ces chaînes associatives qui font glisser un « affect » de la « représentation » initiale à laquelle il était, en quelque sorte, légitimement lié, sur d'autres représentations, a priori sans rapport avec cet affect dont elles héritent « on se demande bien pourquoi », mais dont le thérapeute découvrira, en même temps que son patient[26], le « comment ce glissement s'est produit ».

Ce jeu sur le sens est fascinant dans toutes ses facettes : de la thérapie à l'induction de comportement (maniement, voire manipulation) en passant par l'humour quand avec talent il rattache, à un signifiant, un signifié logique, mais totalement inattendu (exemple trop connu emprunté à Raymond Devos : « Vous ne pouvez pas vous baigner : la mer est démontée ! – Non ? Et quand est-ce qu'on la remonte ? »).

Pour notre part, montrons ce jeu sur le sens à partir d'un cas actuel : les élections présidentielles de 2017 en France[27].

Notre point de départ sera l'entrée en scène d'un candidat inattendu, et au fait, pourquoi et comment entre-t-il en scène ? Serait-ce à cause de l'état dans lequel se trouve la cité ?

A. MISE EN SELLE DE FRANÇOIS FILLON

> « Ce qui vaut le coup d'être gagné, vaut le coup d'être perdu. »
> Chesterton

En juin 2020, donc trois ans après les événements, le « cas Fillon » vient de refaire la une sur les « 20 heures » de nos télévisions : le « procès Fillon ».

Intrigant.

Qu'est-ce que c'est que cette musique de fond qui n'en finit pas ? Sans doute est-elle emblématique de quelques traits fondamentaux de la dynamique d'une société. Nous allons le découvrir ici en réétudiant ce cas qui permettra de mieux comprendre ce qui semble bien être la clé de voûte de la formation de l'identité collective.

---

[26] Par un dernier glissement, le patient attribuera l'affect à la représentation qu'est le thérapeute (le transfert), mettant ce dernier en position de le « soigner ». Le patient rejoue de ce fait ce qu'il a vécu de traumatisant et la simple attitude de neutralité bienveillante du transfert prendra dès lors la place de l'affect perturbant du symptôme.

[27] **Ce qui suit est la reprise enrichie d'une série d'articles que nous avions diffusés sur le site « The Conversation » au fur et à mesure de la campagne électorale : nous mentionnons la date de ces diffusions afin de montrer qu'il ne s'agit pas d'une analyse en après-coup, mais bien d'une lecture pouvant conduire à quelques projections fiables, projections qui ne sont jamais des prédictions, mais simplement l'explicitation de la logique d'une dynamique qu'il faut, une fois encore, SENTIR plus que COMPRENDRE.**

1) La peste, toujours et partout ?

Une peste symbolique s'est bel et bien installée en France.

À force de désacraliser le pouvoir, on a confondu « égalité » et « uniformité », c'est-à-dire absence de différences.

La richesse d'un peuple se définit par la recherche de la différence entre ses membres. On est tous égaux et profondément différents les uns des autres. Chacun ayant la prétention d'être pleinement lui-même et se réjouissant que l'autre soit totalement différent de lui, aspirant lui aussi à être lui-même, tous les deux se considérant parfaitement à pied d'égalité et unis par un projet commun de société.

Si on ne respecte pas cet état d'esprit, alors le ver est dans le fruit.

L'absence de différence détruit les règles du jeu et conduit à la perte radicale du social.

Dès lors, on va observer des mouvements populaires spontanés visant à prendre la place des institutions que la perte radicale du social empêche de faire fonctionner ; prendre la place de ces institutions ou, en tout cas, exercer sur elles une pression à laquelle elles obéiraient.

Qui dit « mouvements populaires spontanés » dit « foule ». Foule souvent hystérisée, pouvant devenir meurtrière à l'occasion ; secrétant en tout cas en son sein des individus qui, de par leur caractère propre, sont naturellement portés à l'extrême violence qui s'exercera de préférence sur les représentants de ces institutions devenues insupportables de par leur renoncement à elles-mêmes.

La mort, au final, est au rendez-vous.

C'est, hélas, tous les jours que l'on voit des exemples de ce drame (les morts innocents, par exemple). Finirait-on par s'y habituer ? Rien n'est plus sûr, hélas.

Phénomène extrêmement accentué par les comptes « Facebook » et autres « Twitter » qui créent un phénomène de « foule virtuelle ».

Virtuelle, certes, mais foule quand même pouvant déraper jusqu'à l'hystérie collective, tout comme la foule « réelle ».

Ce phénomène est une constante : en fait, rien de nouveau sous le soleil, cette prétendue actualité « brûlante » a toujours existé.

Rien ne le montre mieux que le théâtre, du moins si l'on en croit Antonin Artaud lorsqu'il dit que « le théâtre, ce n'est pas "jouer à faire semblant", c'est "faire semblant de jouer" ».

Et c'est bien parce qu'au théâtre, les compagnons de Thalie[28] font semblant de jouer qu'ils constituent de fait un miroir donnant un reflet particulièrement fidèle de la réalité sociale et psychologique de l'époque.

---

[28] Thalie est la muse de la Comédie.

Alors, constatons avec sérieux et intérêt que ce reflet est singulièrement clair en ce qui concerne ces problèmes de violence : c'est dès Sophocle[29], en passant, vingt siècles plus tard par Shakespeare[30], pour en arriver aux arts actuels qui intègrent et expriment (à l'évidence perceptive) tout le bruit et la fureur du monde.

Ceci, loin de nous consoler, doit plutôt nous inquiéter : cette violence n'est pas occasionnelle, mais bel et bien structurelle, pour le passé, le présent et… l'avenir.

Il y a toujours cette « hydre » présente en nous, individuellement et collectivement, prête à se réveiller pour déclencher tous les drames et atrocités dont elle est capable. Et une hydre, ça ne se détruit pas facilement. Il n'y a eu, finalement, qu'Hercule qui y soit parvenu dans le deuxième de ses 12 travaux.

Propos délirants ?

Il est vrai que mon propos ici pourrait paraître scandaleusement dérisoire. Que peut bien faire un président de la République française face à cette donnée permanente de l'âme humaine ???

Question débile. Il ne peut pas traiter de la cause précise – tellement profonde – de cet état de fait. Personne n'y peut rien. Il faut « faire avec », composer.

Aussi bien ce n'est pas la question de la cause profonde que nous allons traiter ici, mais deux questions légèrement décalées qui, elles, permettent de faire face à la difficulté.
1) Ne pouvant traiter le problème à sa source, comment un chef d'État peut-il s'y prendre pour « faire avec » ?
2) Et (c'est cette deuxième question que nous allons traiter ici), comment un candidat à l'élection présidentielle peut-il gagner cette élection en parvenant à faire croire qu'il est Hercule et que, donc, s'empoigner avec une hydre, ça, il sait faire ? Et ça, c'est fascinant.

Nous nous penchons donc sur le cas de François Fillon qui, dans cette analyse avait, à notre avis, de très bonnes cartes en main, au moment où nous écrivions ces lignes le 12 mars 2017.

Ceci, bien sûr, en excluant toute préférence, mais en examinant le jeu de François Fillon à un moment donné, à savoir maintenant, avec toute la minutie et toute la nécessaire neutralité du sociologue.

---

[29] Notamment Œdipe roi, Œdipe à Colonne, Antigone…
[30] Et là, il faudrait citer l'ensemble de ses tragédies, ce que nous détaillons par l'analyse de *La Tempête* dans notre préface du livre *Oser la laïcité*. Cet ouvrage collectif est le développement d'un des colloques annuels de Propédia, celui de 2015 sur la laïcité (éditions EMS, Paris, mars 2017).

Auparavant, et pour terminer cette entrée en matière, une citation s'impose : René Girard, dans son livre *Le bouc émissaire*[31], renvoie sur ce sujet à ce qu'écrivait le moine portugais Francisco de Santa Maria en 1697 :

« Dès que s'allume, dans un royaume ou une république, ce feu violent et impétueux, on voit les magistrats abasourdis, les populations épouvantées, le gouvernement politique désarticulé. La justice n'est plus obéie (…) les familles perdent leur cohérence (…) Tout est réduit à une extrême confusion. Tout est ruine, car tout est atteint et renversé par le poids et la grandeur d'une calamité aussi horrible (…) Toutes les lois de l'amour et de la nature se trouvent noyées ou oubliées au milieu des horreurs d'une si grande confusion, les enfants sont soudain séparés des parents, les femmes des maris, les frères ou les amis les uns des autres… Les hommes perdent leur courage habituel et, ne sachant plus quel conseil suivre, vont, comme des aveugles désespérés qui butent à chaque pas sur leurs peurs et leurs contradictions. »

Lisbonne… 1697 !

Oui, il s'agit bien d'une réalité qui traverse tous les temps et tous les lieux. En cela, ce texte atteint une dimension qui n'appartient qu'à la mythologie, car seuls ces mythes sont éternels et atemporels.

Des mensonges, ces mythes ? Sans doute, au sens de la « vérité historique ». Mais des mensonges qui disent la vérité profonde que le simple fait historique ne saurait dire. Vérité profonde et vérité factuelle n'ont rien à voir.

Donc ces mythes expriment on ne peut mieux les profonds et éternels ressorts, permanents inamovibles et invariables de l'âme humaine : ils sont l'irremplaçable clé à la compréhension de la chose « psychosociale », qu'elle soit individuelle, micro collective (l'Entreprise) ou macro collective (la Cité).

Et avec cette citation de 1697, ce sont les Érinyes qui sont de retour, avec leur toute-puissance, puisque Zeus lui-même doit leur obéir ! C'est Alecto (l'implacable), Tisiphone (la vengeresse du meurtre), Mégère (la jalouse), ces trois divinités infernales chargées d'exécuter sur les coupables les sentences des juges. Ces « Furies », exprimant la fureur, l'inspirant et… la transformant en actes.

Comment faire face à ces Érinyes ?

Une première tentative a été faite, tentative qui fait appel à ni plus ni moins que la pensée magique, c'est-à-dire à l'illusion : c'est ainsi (« qu'à

---

[31] René Girard, *Le Bouc émissaire*, Grasset et Fasquelle 1982, page 22 de l'édition « Livre de poche »

l'époque ! »), on allait changer le nom des Érinyes, on allait désormais les appeler les Euménides (furies bienveillantes), histoire de tenter de les amadouer, donc de les calmer. Inutile de dire que ce seul changement de nom n'avait rien changé du tout et que les Euménides étaient très rapidement redevenues les Erinyes (qu'elles n'avaient jamais vraiment cessé d'être).

Dans les faits, ceci n'est pas sans rappeler ce qui, actuellement, est devenu une habitude permanente : à défaut de s'atteler à changer les choses, on se contente de changer les noms par lesquels on les désigne. Dans le monde de l'entreprise, la pratique est courante et fréquente.

Sinistre relent de la pensée magique où on est persuadé que les noms ayant été changés, les choses allaient suivre et se trouveraient ainsi changées, automatiquement. Grâce à la communication, on peut convaincre tout un peuple que c'est le cas. Si tout le monde le croit, alors oui, presque tout se passe comme si c'était vrai.

« Presque », car, malheureusement (plutôt heureusement) il arrivera tôt ou tard que le décor s'écroule : le faux nom, destiné à cacher la vraie chose explose en plein vol ; le vrai nom reprend le devant de la scène, ce que le peuple perçoit comme « on nous a menti, manipulé, une fois de plus... » avec une immédiate réaction de fureur, de colère et de violence.

Combien de fois avons-nous pu constater ces démarches désespérées, aliénantes et mortifères d'appeler « Euménides » les « Erinyes » ? Il ne s'agit rien d'autre que d'une stupide lâcheté suicidaire.

« Mal nommer les choses c'est accroître la misère du monde » disait Camus. Il faut toujours appeler un chat « un chat », dit la sagesse populaire. Bien sûr, cette première tentative de résoudre le problème des choses en changeant seulement leur nom ayant échoué lamentablement, on va faire une nouvelle approche. Examinons cette deuxième approche du « comment faire avec cette apparition systématique de la violence ? ».

Cette deuxième réponse s'appelle *Le bouc émissaire*.

2) Victimiser, c'est déifier

Puisqu'on a réussi à donner son vrai nom à la violence, on peut maintenant la regarder en face. Dès lors le réflexe, tant individuel que collectif, va être : « Trouver la cause de cette violence. » Et l'ayant trouvée, supprimons-la. Bon sens, non ? Reste à la trouver. Pas facile.

D'autant que pour que le groupe se libère de cette violence, il faut que l'unanimité du groupe soit d'accord sur l'identité de cette cause. Alors, ils seront bien tous unis contre elle.

Il n'est pas exclu que plus ou moins inconsciemment, cette recherche de l'unité contre une cause soit leur motivation première, bien avant l'identification de la cause réelle.

Même si on s'est unis contre une fausse cause, peu importe[32].

Alors, tant qu'à faire, renonçons carrément à trouver cette cause réelle. Imaginons-la, avec le seul objectif : se mettre tous d'accord contre elle. C'est d'ailleurs ce que fait faire La Fontaine à ses animaux malades de la peste : « L'"Union sacrée" du groupe des animaux contre une cause bien claire "d'où vient tout le mal". »

Et c'est l'Âne qui est choisi : le moins « coupable » et le « plus faible » (comme cela, ça évite aux moins faibles de se battre entre eux pour sacrifier l'un d'eux).

L'unité du groupe est assurée ; avec l'Âne on est tranquille : même s'il proteste, il n'a aucun moyen de faire prendre en compte sa protestation... C'est quand même bien pratique.

Évidemment, d'un point de vue moral... ??

Bof ! La morale, dans ces cas-là, ça ne pèse pas bien lourd...

D'autant qu'il peut y avoir une petite revanche de l'Âne : dans l'analyse de René Girard[33], le bouc émissaire n'est pas seulement le lieu de projection des pulsions agressives et mortifères qu'il subirait malgré lui. Il en tire aussi un bénéfice.

Si le bouc émissaire est l'unique cause des catastrophes, drames, atrocités qui nous frappent, cela veut dire qu'il a la possibilité, si cela lui chante, de continuer à nous frapper, ou bien, s'il n'en a plus envie, d'arrêter de le faire. Au fond, il a notre destin en main.

Victimisation et participation politique

Quel pouvoir !

Bien sûr, pour que cela fonctionne ainsi, il faut que le groupe soit assez malhonnête intellectuellement pour s'auto-persuader que l'Âne est vraiment la cause réelle de tous leurs malheurs.

Généralement, il y parvient très facilement.

Donc c'est le plus faible qui est choisi.

Faible, oui, mais en « apparence seulement » et donc très provisoirement puisque, de fait, comme nous venons de le dire, le groupe sait et sent que son destin est dans les mains de ce bouc émissaire.

C'est ce qui s'est passé pour François Fillon ; dès les premières « révélations »[34], compte tenu d'une réaction qu'on aurait pu souhaiter plus rapide et plus claire, il s'est retrouvé affaibli.

---

[32] L'étude microsociale du bouc émissaire avait été développée dans notre livre *Précis de gestion sociale ou le pouvoir, de la manipulation à l'autorité*. Nous l'avions à l'époque défini comme le « mobilisateur négatif » qui sait faire l'unanimité du groupe contre lui (Yves Enrègle, les Éditions d'organisation, Paris, 1993).
[33] René Girard, op. cit.
[34] Révélations sur de prétendus « travaux fictifs » de madame Fillon.

Dès lors, son succès triomphal et inattendu à la primaire s'est retourné contre lui ; il y avait nécessairement une grosse déception ; rien de tel pour accélérer une diminution de pouvoir ; un véritable cercle vicieux s'est mis en place : plus on descend, plus on déçoit et ainsi de suite jusqu'à la chute libre dans l'effondrement. Et là est le point de rebond possible : il est devenu le bouc émissaire « à l'unanimité » en quelque sorte[35]. Donc, première conséquence heureuse : cette unanimité de la classe politique contre lui en fait le candidat idéal pour « l'antisystème ».

Et ça, c'est tout bon : il va pouvoir parler au peuple.

C'est ce qu'il fait, et très bien, le dimanche 5 mars 2017, tant au meeting du Trocadéro qu'au 20 heures de France 2 du même soir.

Il est en passe de devenir « le » et « le seul » candidat antisystème.

De plus, sa famille politique se rend bien compte qu'en bon « bouc émissaire » qu'il est, il a le pouvoir de tout faire capoter, de tout faire échouer. Alors, comme on n'a pas pu le tuer (symboliquement), il faut qu'on l'amadoue puisqu'il a notre destin en main…

Et ils reviennent, bon gré malgré, en grognant, du « bout des dents ».

Mais ils reviennent.

Autour de lui. Il est à nouveau leur champion.

Pas trop aimé, mais en tout cas craint. Il représente sa famille politique.

Et il peut, comme candidat antisystème, accumuler beaucoup plus que des « pouièmes », mais un nombre très important de voix qui se reconnaîtront dans ce champion de l'antisystème :

Vers le 8-9 mars, la victoire semble donc très clairement et à nouveau à portée de main : on sait, depuis environ 2 000 ans, que la victimisation peut déifier. Tout se passe comme si cette dynamique avait joué pour François Fillon. La victimisation l'a déifié.

B. LA MÉCANIQUE ÉLECTORALE

> « Je voudrais changer les couleurs du temps. »
> Guy Béart

1) Mais, au fait, comment gagne-t-on une élection en France ?

L'équation est très simple à poser. Mais très complexe à résoudre.

Cette équation est la juxtaposition de deux termes :

1) Le candidat doit représenter indiscutablement un système de valeurs, une façon d'être et une façon d'agir, soit de « droite » soit de « gauche ».

---

[35] Quelque(s) député(s) de son camp ont/a déclaré : « Si on perd, on saura maintenant que ça aura été grâce à lui. » On ne saurait être plus clair.

La Constitution de la Ve République (notamment son mode de scrutin majoritaire), ainsi que son histoire créent de fait un bi-partisme « pour-contre ».

Certes, à son début, de par les tragiques événements qui devaient entraîner la chute de la IVe République, le recours désespéré à un homme, vécu comme seule issue possible, entraînait un consensus quasi unanime autour de lui.

Si on ajoute la personnalité du général de Gaulle et l'histoire de la Deuxième Guerre mondiale qui, alors, est encore si proche (on n'est qu'à 13 ans de la Libération), alors « il n'y a pas photo », l'ensemble du peuple va faire bloc autour de lui, à quelques irréductibles près.

Mais, petit à petit, une opposition va se créer : il est relativement facile de critiquer un pouvoir en place et François Mitterrand va très vite s'afficher comme le leader de cette opposition au point, qu'en 1965, à la surprise – pour ne pas dire stupeur – générale, il met de Gaulle en ballotage au premier tour de la première élection du président de la République au suffrage universel[36].

Certes, de Gaulle l'emportera facilement au deuxième tour[37], mais il n'empêche que les opposants représenteront 45 % de l'électorat et que, donc, une vraie opposition existe de manière très significative.

Cette opposition se réclamant « de gauche »[38], et s'affichant, on ne peut plus clairement, à gauche, le parti majoritaire est par réaction immédiatement appréhendé, catalogué et étiqueté comme étant « la droite », même si le président de Gaulle a tout fait pour continuer à se situer « au-dessus des partis, président de tous les Français ».

Et, de ce fait, après de Gaulle, le rapport droite-gauche va se stabiliser autour de « la moitié de chaque côté ». Et des élections seront gagnées ou perdues à moins d'1 % des voix près !

Et puis, il ne faut jamais tout ramener au court terme de la tactique. Or, tout ce que nous disions dans ces deux premiers articles sur François Fillon ne relevait que de la tactique de campagne électorale.

Des mouvements de période beaucoup plus large surdéterminent l'ensemble ; c'est, en France, l'évolution des trois droites et des trois gauches. Il y a peu de temps encore, on pouvait toujours raisonner à partir de l'analyse de René Rémond (*Les droites en France*, 1954). Cette analyse est bien connue : la droite légitimiste, la droite orléaniste, et la droite bonapartiste.

---

[36] Au premier tour, de Gaulle « ne fait que » 44,65 % des voix contre 31,72 % pour Mitterrand.
[37] Au deuxième tour : de Gaulle 55,20 %, Mitterrand 44,80 %.
[38] François Mitterrand avait alors créé la « Convention des institutions républicaines », investie par les socialistes de la SFIO, soutenue par le PCF, le PSU et le Parti radical. Il s'agissait d'une gauche très large : des communistes aux radicaux (qui plus tard devaient se scinder en radicaux de gauche et radicaux valoisiens).

Actuellement, de ces trois droites, deux sont encore réellement présentes : le « gaullisme » comme héritier de la droite bonapartiste. Des courants de type droite libérale (« giscardien », UDI, Bayrou) comme héritiers de la droite orléaniste.

La droite légitimiste, elle, a été malmenée par l'histoire : sa dernière réelle apparition reste le « Régime de Vichy », ce qui l'a pas mal salie historiquement et fait évoluer vers un avatar qui est le « populisme nationaliste ». Pour l'instant du moins (2017).

En réponse à ces trois droites, on pouvait également identifier trois gauches : libérale, antilibérale, libertaire.

Autour de ces deux pôles clairement séparés et rigoureusement structurés, la vie pouvait s'organiser de manière très compréhensible et très visible aux rythmes de la continuité, ou de l'alternance, ou de la cohabitation. La France était un « royaume » du « bi-partisme ».

En caricaturant (à peine !), on pouvait dire que lors d'une alternance, en cas de manifestation, il aurait suffi aux militants des deux bords d'échanger leurs affiches, leurs banderoles, leurs slogans pour que tous retombent sur leurs pieds…

Clair, simple. Bien rodé en tout cas. Presque une routine qui faisait la joie des sociologues et des politistes : ils pouvaient modéliser sans problèmes leurs observations et arriver relativement facilement à ce qu'on aurait pu appeler des « guides pratiques ».

Donc la victoire ne tient qu'à un fil et pour l'obtenir il faut :
1) Incarner clairement les valeurs, la façon d'être et la façon d'agir d'un des deux « camps » ;
2) Trouver le moyen d'ajouter à son score des voix de l'autre « camp ».

On comprend que le jeu sur le sens va jouer à fond et qu'on va utiliser au mieux les écarts « signifiant-signifié » pour tenter de l'emporter. Un vrai régal !!!

Et ce sont ces voix « détachées » qui vont faire la victoire toujours de justesse. Donc la stratégie de communication devient clé. Donnons-en un exemple qui va nous servir de repère pour évaluer les communications actuelles, exemple d'un problème qui semblait sans issue, et pourtant la communication a trouvé cette issue et la victoire a été au bout du chemin.

Exemple et démarche à méditer soigneusement si on veut comprendre la réalité présente telle qu'elle évolue jour après jour.

Commençons par dire que l'approche qui consiste à vouloir sortir du dilemme « droite-gauche » en disant « je ne suis ni de droite ni de gauche » est vouée à l'échec : car la stratégie du « ni-ni » condamne à ne plus être personne. Et ceci pour une raison très simple. La France depuis longtemps est de gauche ET de droite.

Cette « schizophrénie » n'est pas uniquement située au niveau de la collectivité nationale, mais aussi, et de manière encore plus incontournable, au niveau de chacune et chacun d'entre nous qui est de droite et de gauche.

Une preuve ?

On peut la trouver, notamment, dans la littérature. À défaut d'être une « vraie preuve », cela fait en tout cas très bien sentir comment ça marche.

Appuyons-nous sur un prix Nobel de littérature : Roger Martin du Gard, dans l'œuvre gigantesque qu'est son roman *Les Thibault*, nous fait sentir cette réalité d'une manière particulièrement forte.

Ses deux héros clés : les deux frères, Antoine et Jacques.

Antoine, « cette trentaine trop bien gréée », brillant médecin parfaitement intégré dans la haute bourgeoisie d'extrême droite qui règne en maître sur cette France de l'avant-Première Guerre mondiale, sûr de lui, affirmé, heureux.

Jacques, ce militant socialiste, très impliqué, dans la ligne de Jaurès, pur et dur, déchiré, prêt au sacrifice suprême s'il le faut, vivant totalement ses idées, tendu, inquiet, sincère, tourmenté. On ne peut pas faire plus opposés que ces deux frères. Le talent de Roger Martin du Gard est de nous rendre attachant chacun de ses deux héros. Je me suis pour ma part reconnu dans l'un et l'autre. Attaché à l'un et à l'autre. Je suis Jacques Thibault. Et dans le même temps, je suis aussi Antoine Thibault.

Au fond, je suis la chimère « Jacques-Antoine ». Et je crois que nous le sommes tous.

Alors, comment faire ?

2) Un peu d'histoire : le « je vous ai compris » façon François Mitterrand

Un exemple précis me vient en tête : en 1981, François Mitterrand a réussi à souder les trois gauches françaises d'alors (MRG[39], SFIO[40] devenue PS[41] et PCF[42]) autour du « programme commun ». Il fallait déjà le faire. C'était la condition nécessaire pour gagner l'élection. Mais cette condition nécessaire n'était pas suffisante : la France est coupée en deux parce que nous sommes tous coupés en deux, chacun d'entre nous.

Donc le résultat, à coup sûr, sera de l'ordre de 50-50. À quelques « pouïèmes » près, ce sont donc ces « pouïèmes » qui vont faire la différence. Il faut donc aller les chercher et les maîtriser. Mitterrand, après avoir rassemblé les gauches, se doit donc maintenant d'aller chercher du renfort auprès de la droite. Sans trahir la gauche bien sûr. Sans même changer son discours. Avouons que c'est un pari risqué et qu'il y aurait de quoi baisser les bras.

---

[39] Mouvement des radicaux de gauche.
[40] Section française de l'Internationale ouvrière.
[41] Parti socialiste.
[42] Parti communiste français.

Eh bien non. D'abord, un facteur objectif apparaît et « l'occasion va faire le larron » : Jacques Chirac lâche Valéry Giscard d'Estaing et appelle à voter Mitterrand.

Sera-t-il suivi ? Tout de même, voter Mitterrand pour des gaullistes, ce n'est pas évident, il a quand même été l'« opposant » emblématique à de Gaulle. Et puis Chirac avait déjà joué un tour pendable aux gaullistes purs et durs, sept ans plus tôt, en prenant cette fois le parti de Giscard d'Estaing, appelant clairement à voter pour lui (l'« appel de Cochin ») au détriment d'un vote pour Jacques Chaban-Delmas qui aurait été le successeur logique de Georges Pompidou au moment de son décès.

Alors, comment s'assurer que les électeurs vont voter Mitterrand ? Peut-être bon nombre d'entre eux vont-ils soit désobéir à cette consigne de vote, soit se réfugier dans l'abstention ou le vote blanc, il faut donc leur donner un petit coup de pouce pour qu'ils tombent dans l'escarcelle de Mitterrand.

Au fond, il faut trouver une façon très claire de montrer aux électeurs qu'il a compris qu'ils étaient tous un peu et de gauche et de droite. Il restait à le leur dire sans ambages, certes, mais il faut leur dire « Je vous ai compris » sur ce point-là. Et là, une idée de génie : Mitterrand va continuer à marteler son discours de gauche. Le renforcer même. Aucune compromission, aucun « ratissonnage » pour glaner des voix par-ci par-là. Au besoin, il se lèvera discrètement quand dans un meeting il est sur l'estrade en même temps que Georges Marchais. Les participants entonnent l'Internationale poings levés.

Mitterrand, en jouant (très discrètement), une légère hésitation, va se lever, va « lever » le poing et remuer les lèvres comme s'il chantait. Ce n'est vraiment pas du tout ostentatoire.

Mais il le fait assez clairement quand même. Habile dosage s'il en est. Réussi en tout cas…

Dans le même temps, Jacques Séguéla va inventer un slogan : « La Force tranquille », slogan qui reste séduisant pour le peuple de gauche puisqu'on lui dit : « Soyez tranquilles, nous sommes forts, vous êtes forts. Vous êtes forts avec moi. »

Et puis, surtout, il y a l'image, qui habite toujours l'imaginaire collectif.

Au fond. À la fois discrète et très forte :

La France profonde.

Les racines de la France.

La France de toujours : le petit village de Sermages, 220 habitants serrés autour de leur église romane (pour certains lecteurs qui ne l'auraient pas en tête, cette affiche est disponible sur internet : « La force tranquille, Mitterrand 1981 »).

Presque l'illustration fidèle d'un des plus fameux « tubes » de Maurice Chevalier : « Ça sent si bon la France ! » datant de 1941, repris à la Libération en même temps qu'un autre de ses tubes, « Fleur de Paris ». Et l'époque de la Libération « ce n'est que » 36 ans plus tôt.

« Ce vieux clocher dans le soleil couchant, ça sent si bon la France... » (et tous les électeurs qui en 1981 avaient quarante ans et plus avaient été « imbibés » de cette chanson devenue rengaine ; ça fait du monde et sur un créneau d'âge qui a toute chance de comporter les « hésitants »... Allez, on en trouvera bien les 300 000 qui changent tout...).

Et ce « Ça sent si bon la France ! » sera répété neuf fois dans l'ensemble de la chanson, auxquels on peut ajouter trois fois « ça sent bon le pays » (enregistrement original disponible sur Internet : « Ça sent si bon la France », Maurice Chevallier).

Immédiate sensation de bien-être des nostalgiques du passé et de ceux qui se battent pour maintenir les valeurs dites traditionnelles : la tranquillité de la France profonde. Épine dorsale s'il en est de la droite, voire de la France royaliste, voire de l'extrême droite ; on pourrait quasiment y voir une forme de relent de pétainisme ! (d'ailleurs, cette chanson date de 1941 comme nous venons de le préciser... décidément, ne pas « ratissonner » n'empêche pas de ratisser, et même de ratisser très large !)

Pensez donc ! Une église !

« Comme si qu'on n'était pas laïques ! »

La campagne.

Le petit village pelotonné dans son cocon !

Et, en même temps, c'est sans aucun danger pour Mitterrand : il pourra continuer à chanter, le poing levé, « Debout les damnés de la Terre (...) c'est l'éruption de la fin ». Il le pourra parce qu'en même temps, le peuple entendra dans sa tête : « Ça sent si bon la France ! »

Incompatible ? Pas pour notre « schizophrénie » à nous qui sommes tous « Jacques-Antoine Thibault ». Ce qui fait que notre émotionnel, pour être capté, doit entendre un discours qui répond à l'attente de « Jacques-Antoine ».

La rationalité viendra après.

Et retenons-en une leçon claire : ce qui est rationnellement incompatible, contradictoire, opposé, peut très bien s'harmoniser parfaitement sur le plan émotionnel puisque cette antinomie n'est rien d'autre que le parfait reflet de notre antinomie personnelle interne. Le petit village rassemblé autour de son clocher dans sa force tranquille, grâce au leader du programme commun de la gauche, est un clin d'œil amusé que François Mitterrand fait à tous les Français. C'est sa façon à lui de dire « Je vous ai compris » ; et ça, on sait que ça marche : cela mobilise un « *Laos* » en l'unifiant parfaitement.

Quant au « *Démos* », on n'y touche plus. Pour l'instant.

Comme disait de Gaulle : « Nous verrons, par la suite, avec vos élus, comment procéder. »[43]

---

[43] Discours de mai 58 évoqué précédemment.

Par la suite seulement, surtout pas maintenant pour ne pas se faire enfermer dans des promesses qu'on ne tiendrait pas, évitant aussi les seuls « discours-programmes » entendus tellement souvent et pratiquement tous semblables, au point qu'ils sont usés jusqu'à la corde, quasiment identiques. En tout cas ennuyeux ; alors que cette affiche va faire vibrer *Laos*.

Donc : bingo !
Bien sûr, il n'y a pas que cela qui a joué et de très loin !
Mais c'est cela qui a permis de gagner les 0,5 % (300 000 voix !).
Et c'est donc cela qui a conduit à la victoire électorale.

C. LE CAS FILLON

« Nathanaël, je t'enseignerai la ferveur. »

Pourquoi et comment a-t-il été détruit.
Cela nous amènera à expliciter un fil conducteur unique et commun à tous les problèmes de construction (ou reconstruction) des identités individuelles et collectives : nous le formulerons en deux pages.

1) Mais, alors, lui, François Fillon, qu'est-ce qu'il peut faire ??
a- Il est de droite. Il n'y a aucun doute là-dessus ;
b- Il a une chance : il est vilipendé par les médias et tout le « système » politique : les adversaires traditionnels, mais aussi sa famille politique jusqu'à son entourage immédiat, ce qui est fort commode, puisqu'on n'arrête pas de constater qu'une majorité du peuple est « antisystème ». Et ne voilà-t-il pas que François Fillon se trouve projeté dans une position « antisystème » ! Quelle chance !

Je rajoute en 2020 les commentaires qui suivent :
Très grande chance, même, puisqu'elle est considérablement renforcée par ce que beaucoup d'observateurs de la vie politique française avaient considéré comme une grave erreur, à savoir les « primaires » : le candidat officiel de la droite, celui qui allait demander au peuple de France de l'élire à la magistrature suprême, avait été désigné par une démarche conçue par l'appareil politique de son parti et de ses alliés. Certes, il y avait vote ; mais c'est bien ça le problème : il y a des moments où une élection, loin de rassembler, divise : c'est le cas ici ; les alliés de la veille deviennent des concurrents... qui ne sont pas prêts à se faire des cadeaux ; après quoi, il faudra qu'ils se resserrent à nouveau les coudes pour soutenir avec enthousiasme (!) celui des leurs qui aura gagné au détriment de ceux qui vont devoir faire bloc autour de lui.
Singulière gymnastique, non ?

Si on en doute, on peut se reporter à un livre de 2020, livre très documenté, de G. Davet et F. Lhomme : Apocalypse Now, *sur « les années Fillon », véritable « histoire secrète de la droite française » (voir bibliographie). Il éclaire beaucoup ces terrifiants ratés sur la mobilisation de* Laos.

Bien sûr, nos hommes politiques sont parfaitement convaincus de tout cela ; alors ils vont tenter de « limiter les dégâts ». Ce faisant, ils passent le plus souvent de « Charybde en Scylla » : ils vont essayer, plus ou moins consciemment, d'éviter la bagarre en se choisissant celui qui dérange le moins les autres.
Et les électeurs vont faire de même, là aussi plus ou moins consciemment…
Sans aller jusqu'à dire qu'on a une attitude voisine de celle des « Animaux malades de la peste » vis-à-vis de l'Âne, constatons malgré tout que les leaders naturels semblent s'être « neutralisés » au profit d'une personne qui était suffisamment neutre pour ne pas faire exploser le groupe politique auquel il était censé appartenir. Presque le plus « anodin ».
J'ajoute que la « gauche » n'a pas fait mieux avec sa « Consultation citoyenne »… Et rappelons qu'elle avait commencé, contrairement à la droite, dès les présidentielles de 2012.

Alors, convenons que tout cela n'est vraiment pas l'idéal pour enflammer Laos, *d'autant que tout cela l'aura morcelé, lui qui était déjà systématiquement coupé en deux par la dynamique de type « bi-partisme » du pays…*
Dès lors, il y a une très belle carte à jouer pour François Fillon, une véritable « carte en or » : tourner la page ; s'adresser au peuple français de manière à arrêter ce morcellement, à rassembler plus que jamais ce qui a été éparpillé, afin de remobiliser émotionnellement un Laos *redevenu indivis : le thème de l'« antisystème » paraît parfaitement adéquat, d'autant qu'on le lui offre sur un plateau :*
« Oui, je suis calomnié. Oui, c'est un assassinat politique. Oui, tout le monde me lâche. Mais plus ils me lâchent, plus vous, peuple de France, vous pouvez me rejoindre.
Vous le pouvez ; vous le devez ; vous allez le faire.
Alors, oublions les "élites" qui vous ont fait tant de mal, qui ont trahi tant de promesses, qui vous ont tant menti, oublions ces combats de ceux qui auraient bien voulu être des chefs et qui en attendant détruisent notre beau pays…, etc., etc., etc. » (le tout avec un ton approprié – on s'adresse à l'émotionnel Laos *– mélange de colère, de certitude et d'enthousiasme…).*
François Fillon peut ainsi aller chercher tant dans son camp de droite qu'en dehors de lui les « antisystèmes », qui eux, se trouvent partout ! Tous horizons politiques confondus.

Et allons même un cran plus loin, il tend la main à tous les très nombreux Français lassés des « guéguerres » de ce système, il s'élève au-dessus de ces camps, dans une attitude qui commence à avoir une couleur gaullienne.

Indépendamment de cette réflexion sur la campagne présidentielle 2017, il est un thème que nous pouvons garder en tête pour analyser une situation macrosociale et au besoin tenter d'infléchir sa dynamique : identifier une émotion qui soude en un seul bloc le Laos *de la population concernée et montrer qu'on a compris et senti cette émotion, au point de la partager. Nous appellerons cela* **« empathie sur l'émotion fondamentale »** *; et très clairement, c'est déjà ce que nous avions pu tirer comme conclusion des cas microsociaux d'entreprise que nous avons abordés dans les précédents chapitres. Nous verrons qu'il en est de même en ce qui concerne la personne prise individuellement (voir infra le cas « Floria »).*

Bien par-delà le cas des présidentielles 2017, **« l'empathie sur l'émotion fondamentale »** *nous apparaît donc comme la clé de voûte du maniement de* **« l'ombre »** *qui éclaire notre route vers le* **« changement des couleurs du temps ».***
Il s'agit ici du véritable fil conducteur de tout cet ouvrage.

Fin des commentaires rajoutés en 2020
Reprenons donc notre analyse de 2017, pour tenter de formuler d'autres repères généralisables, ou, à tous le moins, étayer, consolider cette clé de voûte.

Quelle chance ! disions-nous alors.

Aussi bien que Séguéla.

Dans un tout autre registre, certes, mais qui aura le même succès s'il est mené jusqu'au bout sans édulcoration !

« Qu'ils continuent à me calomnier ! Ça montre bien ce qu'ils sont. Qu'ils me mettent en examen ! Laissons-les continuer à raconter leur salade, mais ne perdons pas notre temps avec eux. Car ce que vous avez à faire c'est tous ensemble vous lever et suivre votre chef sur la route de la grandeur de la France ! Oui, je suis leur bouc émissaire, le bouc émissaire de tous les partis, mais, nous, le peuple de France, ensemble, on va leur en faire voir de toutes les couleurs ! Du bleu, du blanc, du rouge, en tout cas pour commencer », etc., etc.

C'était très bien parti en ce sens le dimanche 4 mars 2017.

Mais il ne faudra pas que François Fillon se rabaisse à la hauteur d'un comptable qui additionne toutes les petites voix qu'il va « ratissonner » et piquer aux uns et aux autres. Ce serait trop bête (pour lui) alors que la victoire est à portée de main ; là, tout serait irrémédiablement perdu.

Alors on va jouer la carte à fond :

« Oui, je suis calomnié. Oui, c'est un assassinat politique. Oui, tout le monde me lâche. Mais plus ils me lâchent, plus vous, peuple de France, vous venez me secourir, vous vous soudez autour de moi.

Alors oublions les "élites" qui vous ont fait tant de mal, qui ont trahi tant de promesses, qui vous ont tant menti », etc., etc., etc.

François Fillon peut ainsi aller chercher hors de son camp de droite les « antisystèmes », qui eux, se trouvent partout ! Tous horizons politiques confondus.

Aussi habile que Séguéla !

Dans un tout autre registre, mais qui aura le même succès s'il est mené jusqu'au bout sans édulcoration !

Ayons également en tête quelques autres citations qui sont de véritables clés pour ouvrir notre porte du « victimiser pour déifier ».

Citons Michel Crozier : « Dire qu'on a fait le rêve qu'on pourrait remplacer le "gouvernement des hommes" par l'"administration des choses" suivant l'utopie de Saint-Simon. Il n'en a résulté qu'une "chosification" des problèmes humains dont les déterminants de comportement auront été réduits à des stimulations financières et à des contrôles techniques, plutôt que de mettre l'accent sur le commandement et les problèmes humains. »[44]

Il y a là une première clé pour nous : oui, remplaçons la « rationalité » de « l'administration des choses » par « l'émotionalité » du « gouvernement des hommes ».

Pourquoi présenter des « programmes » qu'on connaît tous par cœur depuis les primaires de décembre 2016 et de janvier 2017 ?

Programmes dont les Français pensent de toutes façons qu'ils ne seront pas suivis ! Il faut leur préférer un homme qui s'affiche comme un chef. Chef qui commande : « Parle à mon cœur, ma tête est fatiguée. »

Décidément, le jeu est toujours le même : le diptyque rationnel-émotionnel...

On a tendance à fuir les problèmes de pouvoir que posent les organisations modernes.

Donc, oublions la conception utilitaire du progrès et le schéma mécaniste du comportement humain. Vive le commandement !

Car on ne peut nier que le travail est devenu « LE » moyen social pour tenter de résoudre trois problèmes psychologiques majeurs :
– Les pressions inconscientes ;
– La soumission et la dépendance ;
– L'identité.

Les organisations et leur gouvernance ont une conséquence énorme sur la façon dont leurs membres se perçoivent : se montrent-ils au niveau d'aspiration de leur *idéal du moi ?* Sont-ils tenus en (haute) estime ? Ou se jugent-ils comme des incapables inutiles ?

---

[44] Michel Crozier, *Le phénomène bureaucratique. Essai sur les tendances bureaucratiques des systèmes d'organisation modernes et sur leurs relations en France avec le système social et culturel,* Paris, Seuil, 1963, p. 177.

Citons Roger Fauroux : « La recherche difficile de la reconnaissance mutuelle est décisive pour les personnes et les sociétés. Élucidons l'épaisseur des innombrables médiations très concrètes nées du travail industriel et des solidarités ou des antagonismes qu'il suscite. La morale raccourcit indûment les pistes entre moi et les autres, les idéologies les brouillent dans un désert d'abstraction. »[45]

Ce thème de la reconnaissance mutuelle et des sous-thèmes qu'il conditionne – notamment l'identité – nous renforcent dans l'idée du chef qui soude par charisme le groupe autour de lui : l'émotion crée l'unité.

Ethos de chef, regard de héros

On ne meurt pas pour des idées. On meurt pour un homme qui les incarne parce que cet homme a su nous adresser un regard qui nous dit clairement que nous existons et que nous pouvons être fiers de nous-mêmes. Un tel regard, on ne peut pas prendre le risque de le perdre. Plutôt mourir. Comment avoir un tel regard sur les autres : certainement pas en ratissant plus large avec une attitude de comptable qui additionne des voix arrachées au prix de n'importe quelle promesse.

Il faut faire un peu de « bonapartisme ». Tout est perdu à la bataille d'Arcole ? Un jeune général alors s'empare d'un drapeau français et se précipite au-devant de l'ennemi en hurlant « en avant, suivez-moi ».

La bataille est finalement gagnée. Il n'a pas expliqué ce qu'il allait faire, comment et pourquoi. Il s'est contenté de faire sentir l'action et la victoire.

Qui, des candidats, aura l'audace d'abandonner les fastidieuses et inutiles descriptions de programmes usés jusqu'à la corde et mal appuyés par de fausses promesses sans lendemain ? Qui aura le courage d'abandonner cette attitude pour dire « Tout va mal, vous le savez ! Alors, debout, suivez-moi, en avant la France » ?

François Fillon vient d'être mis en examen. Il continue sans s'en soucier. Bien !

Il est de plus en plus victime. Très bien ! « Ils m'ont tué (symboliquement bien sûr), c'est un assassinat politique. » Excellent !

Dans ce rôle de « bouc émissaire » à deux faces tel qu'on vient de le décrire, il est tout puissant et est vécu comme pouvant faire beaucoup de bien comme beaucoup de mal. C'est bien la toute-puissance de Dieu. La victimisation l'a déifié.

C'est aussi la toute-puissance du « Diable ». La victimisation peut donc aussi le diaboliser. François Fillon dépend de ce qu'il va faire : à lui de continuer ce qu'il a si bien commencé dimanche dernier[46].

---

[45] Roger Fauroux, dans sa préface du livre de Jean Moussé, s.j., *Cette liberté de violence qu'est le pouvoir*, Paris, Desclée de Brouwer, 1982. Roger Fauroux était alors PDG de Saint-Gobain.
[46] C'est-à-dire le 4 mars 2017.

Il a un beau jeu en main ; il a commencé à le jouer, en se souvenant que « si on pense (à peu près) rationnellement, on agit émotionnellement »[47].

Et, pour l'instant, il faut jouer exclusivement la carte émotionnelle : le chef seul avec son peuple sans intermédiaire. Là, ça passe !

Emmanuel Macron avait pensé faire la même chose : en refusant les primaires, il refusait l'appareil « politicailleux » que rejette le peuple. Mais (danger pour lui), il n'a pas su rester seul : les alliances, les ralliements montrent qu'il est « re-happé » par le système. Et puis, il s'embourbe à vouloir coûte que coûte parler de son programme. Alors qu'il est si simple de dire ce qu'avait dit de Gaulle en mai 58 dans le discours que nous rappelions il y a quelques pages.

Marine Le Pen joue très bien ce jeu de « je suis seule contre tous ». Mais elle parle d'un programme qui rabaisse l'élan : d'un seul coup, l'émotionnel du « *Laos* » n'est plus « cajolé » et la démonstration rationnelle, de plus, ne tient pas la route !

2) Alors Fillon pourrait-il gagner ???

Il a tout, mais :

a- Il a récupéré son parti.

Les républicains sont là : va-t-il pouvoir profiter de ce rassemblement autour de lui tout en évitant que les Français interprètent cela comme une « récupération » de François Fillon par le système ?

Ce risque est d'autant plus grand que si, certes, les républicains reviennent, c'est parfois « du bout des dents ! ».

Et, de fait, revenir, en quelque sorte, « contraints et forcés », et se haussant parfois du col, ça sent la simple manœuvre « politicailleuse » à dix mètres.

Donc, (gros) danger pour lui !

D'autant plus que, dans le même temps, lui, François Fillon, semble désormais regarder, avec une certaine insistance, du côté des électeurs centristes (François Bayrou et Emmanuel Macron), et aussi du côté de l'extrême droite de Marine Le Pen[48]. Ça, c'est ennuyeux, car il commence à nuire à son image de chef qui rassemble, « au profit » d'une image de quelqu'un qui « ratissonne » tous azimuts et compte les petites voix qu'il aura pu réussir tant bien que mal à glaner, voire à piquer, « n'importe où » du moment que ça rentre ! (comme nous le détaillions précédemment).

---

[47] Voir supra la définition différenciée « *Laos Démos* ».
[48] Même si sur ce dernier point il ne se « compromet » nullement en affirmant en substance que le FN, ce sont des « mauvaises et fausses réponses à de vrais et douloureux problèmes ».

b- Quant au « général dépenaillé » qui, le drapeau à la main, entraîne ses troupes vers la victoire du pont d'Arcole... ça ne colle pas vraiment bien avec l'apparence de François Fillon.

Il est vrai que dans une situation aussi irrationnelle et émotionnelle que celle que nous vivons actuellement, tout peut basculer du tout au tout en quelques heures !

Donc, pas de pronostic ! Ceci dit, si j'étais François Fillon, je ne serais réellement attentif qu'à une seule chose : cette image de luxe qu'on lui découvre (avec surprise, voire stupéfaction, y compris par ses amis les plus proches).

Symboliquement, cette image peut être très encombrante !
François Fillon en Bonaparte dépenaillé ??? Non ! Sans blague !
Ça commencerait plutôt à évoquer le luxe, le confort, les honneurs, le désir de vivre sous les ors de la République... (au besoin en confisquant le pouvoir ???).

Allons, ne soyons pas abusifs. Disons que tout cela est tout prêt à apparaître, que ça pointe son nez.
C'est peut-être le célèbre vers de Victor Hugo qui résume le mieux là où en est François Fillon : « Déjà Napoléon perçait sous Bonaparte. »

Alors, si on fait partie des électeurs potentiels de François Fillon, il faut se préparer à réagir en cas de besoin.
Et si on est adversaire, se préparer à neutraliser cette réaction.
Cette réaction pourrait se construire en disant que si Napoléon a « succédé » à Bonaparte, ce fut, du moins pour les cinq premières années de l'empire, plutôt une excellente chose pour la France ! Et peut-être aussi pour l'Europe. Puisque ce furent cinq années de diffusion des idées du « Siècle des Lumières » sur toute l'Europe. Et des idéaux, des repères qui en résultent, ainsi que des institutions susceptibles de les mettre en œuvre. Avec, en prime, une possibilité de consolider l'Europe dans une alliance autour de la France.
Certes, après ces cinq premières années (on a envie de dire après ce premier quinquennat), ça a un peu « vazouillé », avec des erreurs, voire des fautes, voire des excès dans l'exercice du pouvoir, avec des champs de bataille sans fin, « ces champs couverts de morts sur qui tombait la nuit »...
Mais quand même, au total, quelle audace, quelle énergie, quelle intelligence, quel rayonnement ! Et aussi, quel travail institutionnel gigantesque et en France et dans d'autres pays européens aussi. Avec parfois des dynasties qui ont été instaurées pour mettre durablement les choses en place, dont une dynastie au moins est toujours présente : la maison Bernadotte occupe toujours le trône royal de Suède (elle régna également sur la Norvège jusqu'en 1905).

Et puis les traces indélébiles laissées en France, à commencer par le Code Napoléon et tant d'autres créations qui tiennent encore le devant de la scène deux siècles plus tard.

Alors, à la place de François Fillon, je me réjouirais d'être ainsi assimilé et à Bonaparte et à Napoléon, en « transition » entre les deux : incarner une « chimère » Bonaparte-Napoléon !
Rien que ça !
Alors, candidat François Fillon, oubliez vite votre démarche comptable des voix, vos tractations dans une attitude partisane ; jetez vite cela aux orties et dites-nous que « c'est beau, c'est grand, c'est généreux, la France ! »[49].
Donc, convenons que vous, partisans de Fillon, vous avez là tout ce qu'il faut pour réagir victorieusement à une attaque en ce domaine, pour la retourner contre ses initiateurs et, ainsi, faire marquer quelques beaux points supplémentaires à votre candidat.
Au fond, cette histoire de « costumes offerts » n'est qu'un « signifiant ». À ce signifiant, il convient d'associer un « signifié ». Et le lien signifiant-signifié n'est pas d'emblée figé : donc nous allons, nous acteurs politiques, vous dire (vous « apprendre » ?!) ce que ce signifiant veut dire. Et pour cette « pédagogie », nous avons un très grand degré de liberté : nous le montrerons, infra, en repositionnant ce dialogue « signifiant-signifié » en termes de « fait psychique », c'est-à-dire un ensemble de deux concepts : une « représentation » à laquelle est lié un « affect ». Et on verra que pratiquement, n'importe quel affect peut être lié à n'importe quelle « représentation ». Fascinant.
À en trembler : cette « pédagogie » devient un terriblement dangereux outil de manipulation.
Mais, aussi, un fabuleux outil thérapeutique.
Disons que ça peut amener le meilleur comme ça peut amener le pire.
C'est une sorte d'« énergie nucléaire de la pensée ».
Donc, pour ce qui concerne cette campagne électorale, ces « costumes » n'étaient que la moitié d'un fait psychique (une représentation), qu'il convenait de compléter par la deuxième moitié (un affect) et, hélas ou heureusement, pratiquement l'affect que l'on veut…
Tout le « communiquer pour convaincre » est fondé sur cette dynamique.

Mais, indépendamment des énormes questions éthiques qui se posent, il faut en plus être très vigilants dans le maniement de ces outils. Gare aux erreurs !
Et d'ailleurs, le 9 avril 2017, nous commentions ainsi l'évolution du candidat François Fillon.

---

[49] Écrit le dimanche 19 mars 2017, « The Conversation ». Merci à Didier Porquery de permettre cette réutilisation.

3) François Fillon : barde ou druide ? L'avis d'Astérix

« Nous sommes en 50 avant Jésus-Christ. Toute la Gaule est occupée. Toute ? Non. Un petit village résiste toujours et encore… »

Pardon. Nous sommes en 2017 après Jésus-Christ. Toute la France est occupée… Enfin.

Pas au sens strict du terme. Mais elle est bel et bien « pré »-« occupée ». Et peut-être dans les deux sens de ce terme :

Préoccupée de son identité.

Pré-occupée, par des flux de migrants désespérés, qui viennent trouver chez elle l'aide légitime qu'ils demandent à un pays pour qui le droit d'asile est sacré. Sacré bien sûr. On est tous bien d'accord. Mais enfin, ça commence à faire beaucoup de monde et les voisins de ces réfugiés vivent parfois leur présence comme une réelle occupation. On se souvient d'une phrase du président Chirac, phrase qualifiée en après-coup de « malheureuse », sur « le bruit et les odeurs »…

Alors apparaît dans nos esprits l'idée d'un « petit village symbolique » qui résisterait encore et toujours.

On comprend que tout cela puisse concerner les candidats à la présidentielle.

En quoi Astérix peut-il les aider ? On se centrera bien évidemment principalement sur François Fillon en prolongement du thème précédent (« victimiser pour déifier »).

Une recherche que nous avions débutée en 1980 (et qui continue d'ailleurs) nous montrait que ce qui fait la différence entre une « équipe gagnante » et une « équipe perdante », c'était la présence ou l'absence de cinq grands types de pouvoir ; on devait très vite – dès 1983 – se rendre à l'évidence surprenante que ces cinq grands types de pouvoir correspondaient aux cinq personnages clés des aventures d'Astérix, aux noms et aux dessins près ! À croire que Goscinny et Uderzo l'avaient fait exprès ![50]

Pour la mener à bien cette recherche, nous avions constitué deux échantillons représentatifs : un premier de 2 141 « équipes gagnantes » et un deuxième de 1 229 « équipes perdantes ». Résumons-en les résultats[51].

Il y a d'abord le pouvoir du « réalisateur », dit « R ». C'est celui qui tire son pouvoir de sa capacité d'action, de ses compétences, de son dynamisme, de son énergie de sa force.

---

[50] Cette recherche fut à l'origine inspirée par Jean-Louis Barsacq qui, en 1980, fit connaître à l'IGS les travaux d'Ichak Adizes, PhD, alors professeur à l'université de Columbia. Nous en avons tiré une recherche sur la différence en termes de management entre des équipes gagnantes et des équipes perdantes, adaptant le modèle Adizes à un environnement européen, et (avec l'aide de quelques suggestions de Jean-Louis Barsacq), le complétant et l'illustrant par les aventures d'Astérix. Puis nous avons étendu notre nouveau modèle en le testant comme grille de lecture macrosociologique : la gouvernance de la cité. De nombreuses publications, enseignements et conférences ont illustré ce parcours (voir bibliographie).

[51] Pour les détails de cette recherche : *Précis de gestion sociale*, pages 47-67 (voir bibliographie).

« R », c'est Obélix, qui sait tout faire, tabasser des Romains par centaines, porter des menhirs par dizaines. Une baffe et il y a trois sangliers par terre (un minimum pour son déjeuner). Et tout ça, bien sûr, avec plaisir, gourmandise... Seulement voilà : Obélix a des limites. Il sait tout faire, mais il ne sait pas trop ce qu'il y a à faire, quand commencer, quand s'arrêter. Il continue de taper sur ses Romains même quand les Gaulois ont gagné la bataille, en disant : « Mais enfin, il y en a encore... » Obélix, donc, a des idées fixes qui ne le quittent jamais. Des idées fixes. Idéfix. Aaah...

Pour faire évoluer « R », il est nécessaire de faire apparaître un deuxième type de pouvoir, appelé « G », le guide. C'est celui qui tire son pouvoir de sa capacité à analyser l'environnement, à repérer les marchés, à définir des objectifs. Il sait ce qu'il faut faire. C'est, évidemment, le portrait d'Astérix.

Il sait ce qu'il faut faire, mais il ne peut pas le faire lui-même (sauf lorsqu'il a bu la potion magique).

G et R sont donc indissociables ; Obélix et Astérix sont inséparables.

Seul problème : G est instable, car il est centré en permanence sur l'environnement. Il veut toujours faire quelque chose d'autre, a toujours une idée nouvelle. Et il fait tout faire par R, qui en a parfois marre : c'est G qui décide et R qui exécute. Astérix et Obélix se disent « Môssieur ! » et boudent chacun dans leur coin. Dans la réalité, 82 % des 1 229 équipes perdantes analysées souffraient d'une mésentente entre G et R.

G, qui veut toujours changer. Et R, qui ne le veut pas.

Il faut donc articuler une très forte instabilité avec une trop forte stabilité.

Alors, évidemment, il faut recourir à « O », l'organisateur, celui qui a la capacité de coordonner ces deux pouvoirs. Il n'a pas de technicité particulière, mais il sait organiser. Il parle de structure, de procédure, de règles du jeu, et il va amener G et R à travailler ensemble. Mais attention : O n'existe que par le pouvoir que les deux autres veulent bien lui donner. Il est hiérarchiquement supérieur, mais il est le plus vulnérable. Abraracourcix : « à bras raccourcis », c'est bien l'expression des limites de son pouvoir : comment peut-on durablement faire le lien entre G et R qui, de par ce qui les différencie, se trouvent symboliquement si loin l'un de l'autre qu'on ne peut qu'avoir les bras trop courts pour faire le lien entre les deux ! Donc, le chef vacille sur son bouclier et, de temps en temps, se fiche par terre.

Tant que R, G et O sont unis, le village est invincible. Mais il suffit que le chef tombe, qu'une bataille de poissons pas frais divise le village et voilà les Romains qui débarquent...

D'où un pouvoir plus mystérieux qui apparaît : celui de « M », le mobilisateur, qui tire son pouvoir de sa capacité à rassembler un groupe autour de lui par un mécanisme de séduction, de charisme. C'est le druide. Panoramix. C'est un pouvoir moins facile à cerner : il ne s'apprend pas, comme G, R et O, dans des livres ou des cours. On peut le qualifier effectivement de magique. D'où les pouvoirs surnaturels du druide.

Et attention, pas d'abus ; le druide, le mobilisateur, n'est là que pour calmer le jeu afin de permettre au chef de remonter sur le bouclier.

Pour cela, son action consiste à faire en sorte que les Gaulois lèvent le nez du guidon, qu'ils prennent distance par rapport aux problèmes qui les séparent, qui les opposent.

Pour cela, rien de mieux que prendre distance, de prendre de la hauteur.

Vues de si haut, de si loin dans leur ensemble et resituées dans tout le reste, ces difficultés semblent bien peu de choses… « C'est pour si peu qu'on se battait ! » Non, vraiment ??? C'est cela, la fonction du druide. Pour tout relativiser, le druide amène les Gaulois à ce regard d'ensemble sur la situation, un regard à 360 degrés.

Bref, un regard « panoramique ».

C'est « Panoramix ».

Et une fois que cela est fait, que le bouclier du chef s'est stabilisé, qu'Abraracourcix a pu remonter dessus, il est indispensable que le druide reparte : qu'il aille cueillir du gui, qu'il prépare ses potions… surtout qu'il laisse la mécanique « G-O-R » (stratégie, co-ordination, action) fonctionner.

En tout cas, qu'il ne reste pas là ; il gomme trop le sens critique, uniformise trop le groupe, effaçant ainsi la richesse spécifique et unique de chacun, tue donc le « NOUS » au profit d'un seul « JE » tentaculaire, avec disparition de tout sens critique…

Indispensable pouvoir charismatique, mais « tout abus est dangereux » et conduit à la catastrophe.

Il faut que Panoramix soit là quand on a besoin de lui ; et uniquement quand c'est le cas. Et s'il n'est pas là à ce moment précis, une zizanie hors du commun s'empare du village. Cela arrive, par exemple, quand Panoramix part à son annuel colloque des druides.

Alors, « si le poisson n'est pas frais », la bagarre recommence, les Romains se frottent les mains et les Gaulois sont démunis : plus de druide pour leur fabriquer la potion…

C'est alors que surgit un drôle de pouvoir, « M- », celui qui fait l'unanimité contre lui. C'est le mobilisateur négatif : le barde, qui, en se mettant tout le monde à dos, a la surprenante capacité de rassembler. Les Gaulois s'exclament, oubliant leur dispute : « Mais faites-le taire ! » Ce pouvoir intervient lorsque que tous les autres ont échoué. Le barde ne s'appelle pas « Assurance-tout-risque » pour rien. Oubliant la dispute face à l'urgence de faire taire le barde, les Gaulois retrouvent leur unité, le chef peut remonter sur son bouclier ; la machine RGO re-fonctionne. Fin de la crise.

(Dans une équipe, s'il y a un M-, on ne le chasse jamais. On se le garde… Précieux.)

Dans une équipe, justement, il n'y a pas cinq personnes qui détiennent le pouvoir, comme chez les Gaulois. En général, dans les équipes gagnantes, pour 68 % d'entre elles en tout cas, R, G, O et M sont répartis sur les épaules de deux personnes. L'une incarnant R et O, l'autre incarnant G et M. Les PME, surtout elles, sont dirigées par des directeurs qui sont RGOM complets (11 % des équipes analysées). Enfin, dans 21 % des cas, tous les pouvoirs sont répartis sur plus de deux personnes.

À souligner encore : M peut être très dangereux parce qu'il réunit autour de sa personne, et non de ses compétences. On suit M où qu'il aille. « De Gaulle et Hitler ont été élus aussi démocratiquement l'un que l'autre… » Et le grand pouvoir de M, ce n'est pas sa capacité d'expression, son bagout, mais sa capacité d'écoute. « Je vous ai compris » est la grande phrase des leaders charismatiques : c'est notre « feu charismatique » tel que nous l'avons défini en début d'ouvrage. Nous allons développer immédiatement ce thème en dévoilant la recette complète de cette potion magique.

Juste un dernier commentaire sur François Fillon : Comme nous venons de le démontrer, François Fillon pouvait se réjouir d'être le « bouc émissaire » de par la crainte que ce bouc émissaire inspire, ce qui lui vaut le pouvoir de « détenir le destin des autres dans la main ». D'ailleurs, si on reprend les analyses de René Girard, le bouc émissaire est une « chimère » qui mélange étroitement le mobilisateur positif et le mobilisateur négatif.

Il va donc falloir que François Fillon élague cette chimère – on ne va pas voter pour un mobilisateur négatif : on le rejette – pour ne garder que la seule image de mobilisateur positif.

Bref, qu'il apparaisse comme le « druide ».

C'est pour cela que nous allons développer la recette de la « potion magique » et comment l'utiliser.

4) Le secret de la potion magique

Vous ne lisez pas en vain ce chapitre puisque, sans supplément de prix, on va vous donner le secret de la potion magique !

Un court rappel mythologique : on dit souvent que Narcisse est tombé amoureux de son image.

C'est faux : il est tombé amoureux d'une image dont il s'est rendu compte en après coup que c'était la sienne.

En après coup, et même trop tard : la mort était là. La potion magique joue sur une dynamique identique.

Cette potion est avant tout une « attitude » par rapport à l'autre, individuel ou collectif. Ainsi, on s'adressera au « peuple » comme s'il était une seule « entité » : c'est « l'Autre ».

Et cet « autre » individuel ou cet « Autre » collectif, qu'est-ce qu'on lui dit ?

Une chose très simple :

« Si j'ai bien compris, tu penses que… »

« Si j'ai bien compris, tu ressens… »

Et cette « reformulation » peut (et doit) être accompagnée d'une « empathie », c'est-à-dire : « Tu ressens cela ? Eh bien moi aussi ! » Bref, vous allez avoir une image de moi qui incarne tellement ce que vous pensez, ce que vous sentez, ce que vous voulez, sans jamais avoir réussi à l'obtenir, donc vous n'allez plus pouvoir vous passer de moi. Vous m'aimez et j'ai donc une toute-puissance sur vous.

En fait, ce n'est pas moi que vous aimez, ce n'est que vous-même ; mais ça, tel Narcisse, vous ne vous en apercevrez que beaucoup plus tard. Pour l'instant, vous ne pouvez plus vous passer de moi, dussé-je vous demander de faire tout et son contraire. Plus rien d'autre ne compte pour vous désormais que cette seule préoccupation : conserver ce regard de moi sur vous qui est la seule chose qui puisse désormais vous faire vivre et plus seulement exister. Comme le disait Victor Hugo :

« Ceux dont le cœur est bon, ceux dont les jours sont pleins
Ceux-là vivent, seigneur, les autres je les plains
Car de son vague ennui le néant les enivre,
Le plus lourd des fardeaux c'est d'exister sans vivre. »

Enfin ! je ne me contente plus de seulement exister : je vis.
Grâce à cette image dont je ne peux plus me passer.
Et qui plus est, grâce à toute cette foule (réelle ou « virtuelle ») autour de moi, toute une foule qui regarde le même miroir qui donc a les mêmes attitudes, les mêmes comportements, les mêmes façons d'être, qui sont tous comme « Lui », donc comme moi, j'ai impression que désormais Moi, c'est moi multiplié par des dizaines de milliers, des millions.
Je suis le chef.
Je suis le peuple tout entier.
Le chef c'est moi.
Le peuple c'est moi, etc.
De plus, cette confusion « moi/non-moi » marche dans les deux sens : et chaque membre du peuple et le peuple lui-même confondent leur identité avec celle du chef (« toi tu vas te prendre pour moi »).

Comment ne pas ressentir un sentiment de toute-puissance totale et absolue ?
Tout cela, parce que le « chef » a daigné me regarder.
Étant désormais tout-puissant, ces rêves inouïs que je désirais tant réaliser tout en les considérant comme inatteignables, les voilà désormais à portée de ma main.
Décidément, oui, sans ce regard, je ne suis rien ; avec ce regard, je suis tout.
Ce regard seul me fait vivre.
Sans lui, je suis mort.
Donc je suis prêt à tout pour le conserver, y compris mourir.

Pour garder ce regard, je suis prêt à mourir. Donc, « je veux mourir pour vivre ».

Tel est le pouvoir absolu et sinistre de la potion magique.

Oui, « sinistre » car le druide a la possibilité d'abuser de ce pouvoir absolu qu'il détient : l'autre, « l'Autre », a désormais perdu tout discernement, toute autonomie de jugement ; la soumission à l'autorité est totale, immédiate, instinctive, irréfléchie.

Et enthousiaste.

Et joyeuse. Ça s'appelle le charisme : il fait faire le meilleur. Il fait faire le pire : l'histoire fourmille d'exemples fascinants des deux côtés. « De Gandhi à Hitler » pourrait être le titre d'un bon livre sur ce thème.

(Soit dit en passant, on devrait s'en inspirer pour bien comprendre les drames de la « radicalisation » et mieux la combattre !).

Et les « contre-pouvoirs » qui peuvent exister pèsent très très peu lourd dans la balance !

Souhaitons donc que le druide soit le philosophe-roi.

Vœu pieux ?

Maintenant que nous comprenons mieux ce qu'est la « potion magique », rappelons quelques principes fondamentaux, quant à son utilisation. Il ne suffit pas de connaître la recette, encore faut-il savoir la réaliser.

5) Mode d'emploi de la potion magique[52]

(À lire attentivement avant toute utilisation : cela comporte des dangers !)

a- Qui dit potion magique dit « magique ». Donc pas rationnel du tout : toute explication détaillée sur « comment on va faire ensemble pour réussir » tendrait à dire que la magie disparaît.

« Qu'est-ce que vous m'ennuyez avec vos programmes, c'est compliqué, c'est lourd, c'est risqué, sans compter que des experts me disent que ça ne marche pas.

En tout cas, si vous êtes obligé de faire tout ça, c'est que vous n'êtes pas un druide.

Et moi qui croyais que vous aviez une baguette magique ! En réalité, c'est une usine à gaz ! Allez donc voir ailleurs si vous n'y êtes pas.

En tout cas moi, puisque c'est comme ça, je vous rejette aussi fortement que j'aurais voulu vous suivre. »

Le druide devient barde.

« M », le mobilisateur, Panoramix, devient le « M- », le mobilisateur négatif, Assurancetourix.

---

[52] Tout ce texte sur la recette de la potion magique et sur son utilisation a été diffusé par « The Conversation » entre les deux tours le 9 avril 2017.

L'émotionnel est toujours gêné par le rationnel au point d'être neutralisé par lui.

L'adhésion est émotionnelle ; et même une fois élu, le président doit préserver coûte que coûte cette relation émotionnelle avec le peuple, par-delà toute rationalité gouvernementale : qu'il laisse soigneusement son Premier ministre et son gouvernement se salir les mains dans la dure réalité : il est au-dessus de tout cela : il a une baguette magique ! Gare à l'hyper-président.

b- Pour bien utiliser cette baguette magique, il faut impérativement bien garder en tête à qui on s'adresse.

Nous en revenons à la distinction « *Laos* » et « *Démos* ». Ré-insistons sur le fait que « *Laos* », c'est le peuple non-structuré, la « communauté humaine » du peuple, communauté indivise qu'il faut avant tout ne pas fragmenter et dont il convient en permanence de renforcer l'unité. Communauté humaine hautement émotionnelle : le peuple non organisé, non structuré, non réfléchi ; sentiment d'un « nous fusionnel », d'un « moi-tout », donc d'une « pensée magique » de « comportements régressifs ».

Laos c'est « nous » qui veut « tout ». « Nous » qui peut « tout ». C'est à ce *Laos* que le druide doit s'adresser et non pas à *Démos*.

Démos est le type d'organisation politique traduisant la souveraineté du peuple. Ce n'est plus une simple communauté humaine, mais une communauté politique : ce gouvernement « du peuple, par le peuple et pour le peuple ». C'est la « démocratie ».

Démos est donc au service de *Laos*.

Donc on s'adressera à *Démos* « par la suite ».

Revenons un instant au discours du général de Gaulle sur le forum d'Alger en juin 1958, ceci à titre d'exemple :

« Je vous ai compris » (miroir).

« Il n'y a ici que des Français à part entière. » « La fraternité, ce spectacle magnifique d'hommes qui, d'un bout à l'autre, quel que soit leur communauté, communient dans la même ardeur, et se tiennent par la main. »

Puisqu'il s'adresse à l'émotionnel « *Laos* », il doit :
1) le faire émotionnellement ;
2) renforcer la cohésion de ce *Laos*, obligatoirement indivis ;
3) valoriser la « communauté humaine » qu'il forme, « Vous élisez vos représentants (…) et avec ces représentants élus, nous verrons (par la suite) comment faire le reste ».

(*Démos* : donc c'est « pour plus tard », « par la suite », « on verra », « en temps voulu ». En tout cas pas maintenant.)

Le druide, « M », le « mobilisateur », doit s'adresser à *Laos* exclusivement. *Démos*, c'est pour après. Et surtout aucun dérapage, aucune trace de confusion. Totalement étanche, cloisonné, on ne se remettrait pas d'un mélange, même d'un simple début de rapprochement.

« Attention » : médicaments incompatibles, si on les rapproche trop, risque de mort (symbolique !) très élevé !

À *Laos,* l'émotionnel, correspond le pouvoir émotionnel du mobilisateur (positif), le druide, Panoramix, « M ».

À *Démos,* le rationnel, correspondront, par la suite, les pouvoirs « R », le réalisateur (Obélix), « G », le guide (Astérix) et « O », l'organisateur, (Abraracourcix). Et, de plus, ces trois pouvoirs rationnels seront exercés par d'autres acteurs politiques que le président.

Ces autres acteurs politiques (Premier ministre et gouvernement), ce seront des politiques qui serviront le président qui, bien évidemment lui, reste au-dessus de la mêlée : *Démos* et au service de *Laos*.

Décidément, les rédacteurs de la Constitution de la Ve République ont inspiré Uderzo et Goscinny. À moins que, malgré la chronologie, ce ne soit l'inverse (pardon à Michel Debré).

(Et décidément, Jacques Chirac, en remplaçant le septennat par un quinquennat avec élections présidentielles et législatives au même moment, gomme cette différence clé entre le président et le Premier ministre qui n'apparaîtra plus que comme un sous-fifre du président. Disons un « collaborateur »... La Constitution initiale de la Ve République les avait mis sur deux registres parfaitement différents. On verra (infra) d'autres conséquences fâcheuses de cette réforme. Mais revenons à nos élections 2017.)

Bref, et puisqu'il n'y a plus que 15 jours avant le premier tour, peu de temps à perdre, jouons sur le « je vous ai compris » dans toutes les déclinaisons qu'il peut avoir en fonction des circonstances.

C'est la base de la recette de la potion magique :
1- « Je vous ai compris... » ;
2- « Vous sentez que... » ;
3- « Bien, moi aussi, je pense et sens les choses comme vous » ;
4- « Je les sens tellement bien comme vous, qu'ensemble on va réussir... en-avant marche ! Debout ! Suivez-moi ! Je ne vous demande pas seulement votre support (ça, ce sera pour *Démos*, par la suite, et ce sera le travail du Premier ministre que je désignerai et le gouvernement qu'il formera).

Moi je vous demande bien plus, je vous demande de me suivre vers la victoire, de le faire joyeusement avec enthousiasme ; d'aimer ce combat ; d'aimer votre chef, car :

"La victoire en chantant
Nous ouvre la carrière
La liberté guide nos pas (…)
Tremblez ennemis de la France

Rois ivres de sang et d'orgueil,
Le peuple souverain s'avance !
Tyrans descendez au cercueil…
La République nous appelle…"

Et moi, candidat(e) à la présidence, je vous appelle. »

P.S. : au regard de cette analyse, Jean-Luc Mélenchon a montré qu'il était en passe de ramasser la mise alors que dans le même temps, François Fillon faisait l'erreur de dire : « Je ne vous demande pas de m'aimer… »

6) L'échec

Comme on le sait, Fillon, finalement, a échoué par épuisement ? Écœurement ? Lassitude ? Il semble avoir perdu sa ferveur, tombant ainsi dans les pièges que nous avions dénoncés ; nous les résumons ici :

Quatre repères devaient guider François Fillon comme nous l'écrivions dans les deux articles précédents.
1- Je vous ai compris ;
2- Je suis l'antisystème ;
3- On verra par la suite pour mon programme ;
4- Je suis le chef au-dessus de la mêlée : laissez-les me calomnier : ça ne me concerne pas.

Malheureusement pour lui, il n'a pas pu suivre ces quatre repères.

Repère n°4 : il a tenté un combat en répondant aux calomnies, s'engluant ainsi dans ce terrain.

Repère n°3 : il a commencé à parler de son programme en regrettant qu'on ne le laisse pas en parler davantage. Il ne s'adressait, de ce fait, pas exclusivement à « *Laos* ».

Repère n°2 : il n'a pas joué à fond la carte : « Je suis persécuté par toutes les composantes politiques, ma famille politique comprise ! C'est tout le système qui me persécute : je suis donc l'antisystème incarné. »
C'était sans doute la plus grosse faille, car il laissait le champ libre :
a) À celui qui était vécu dès le début comme en dehors du système : Emmanuel Macron puisqu'il n'avait pas participé à la primaire ;
b) À celle dont la formation politique depuis des décennies combat le système « PS-PR » dénoncé par Jean-Marie le Pen comme les deux composants du système !

Repère n°1 : dès lors, le « je vous ai compris » se trouvait un peu isolé et, de plus, il n'a pas été assez « martelé ». Et puis, il y a une grande différence entre dire « je suis en colère » et le faire sentir par son comportement et la façon de s'exprimer ; pensons à la différence d'expression entre François Fillon et Jean-Luc Mélenchon : pour le premier, on « comprend » qu'il est en colère. Pour le deuxième, « on le sent » ! ! !

Comme disait la chanson d'Henri Salvador :
« Et alors, et alors ? … Zorro est arrivé-é-é
Sans s'presser-er-er
Le Grand Zorro,
Le Beau Zorro,
Avec son ch'val et son grand chapeau… »

D. La zizanie va-t-elle nous détruire ? L'avis d'Astérix : conclusion[53]

« Le seul réel danger, c'est de ne prendre aucun risque. »

1) Emmanuel Macron s'inscrit dans le schéma « équipes gagnantes »

César en a assez. Le petit village résiste toujours et encore à l'envahisseur romain. Et toute attaque frontale se solde par de cuisants échecs. Mais César connait le modèle RGOM mieux que nous[54].

Il sait que l'invulnérabilité du village gaulois repose sur la capacité à formuler la stratégie (G, le guide, Astérix) puis à la mettre en œuvre (R, le réalisateur, Obélix). César sait que R et G sont indispensables l'un à l'autre précisément parce que **leurs différences les rendent complémentaires.** À condition toutefois que ces différences ne les amènent pas à ne plus se supporter ! La clé de voûte du système, c'est donc la coordination des deux, et ça, c'est le rôle de l'organisateur (O, le chef de village, Abraracourcix, debout sur son bouclier) et son boulot n'est pas facile : « *Fluctuat* » le bouclier ! Et bien souvent « *mergitur* ».

Alors César se dit « cette fois je les tiens », je vais détruire le maillon faible en m'attaquant à la clé de voûte Abraracourcix, le chef du village, l'organisateur « O ».

Pour ce faire, César recrute le plus fascinant fauteur de troubles qu'on puisse imaginer : Tullius Détritus[55].

Neutraliser la clé de voûte (O) va être pour lui un jeu d'enfant.

(Dans l'exposé qui va suivre, nous utiliserons comme illustrations des planches extraites de la BD des aventures d'Astérix le Gaulois La Zizanie, *de Goscinny et Uderzo, 1970.*

---

[53] Ce qui suit a été diffusé par « Forbes » à cette date le 28 mai 2017.
[54] Tel que détaillé supra.
[55] Le nom utilisé dans la traduction allemande, « Tullius "Destructivus" », est encore plus évocateur.

Leur utilisation pose un problème ; je ne parle pas des droits d'auteurs : on peut généralement les acheter. Mais nous voulons que notre texte se suffise à lui-même : il n'est pas un commentaire de l'œuvre de Goscinny et Uderzo, mais le résultat des recherches que nous avons mentionnées supra. Ceci dit, le talent de Goscinny et Uderzo fait vivre ces concepts, ces résultats, et donc permet de sentir directement ce que l'on pense avoir compris... ce n'est pas rien, surtout après tout ce que nous avons dit (supra) de l'importance toute primordiale de ce « sentir ». Sans compter qu'en plus c'est drôle....

Il fallait trouver une solution ; un moyen nous est apparu. Il vaut ce qu'il vaut : nous nous contenterons d'indiquer entre parenthèses la page et le numéro de la planche concernée avec une rapide description. Il vous suffit de poursuivre la lecture de cet ouvrage avec un exemplaire de La Zizanie *sous la main ! Ce n'est pas indispensable ; le lecteur peut tout comprendre sans ce support supplémentaire ; mais si vous l'utilisez, à coup sûr, vous sentirez plus et mieux... et puis vous passerez un plus qu'excellent moment de vrai rire !)*

Donc, Tullius Détritus arrive devant la sentinelle d'une des portes du village disant que la potiche qu'il transporte est un cadeau qu'il souhaiterait faire à « l'homme le plus important du village » (scène dessinée page 13, planches 7 à 11) et alors :

Pour la sentinelle, « l'homme le plus important du village » ne peut être que le chef, d'autant plus que c'est précisément le jour de son anniversaire. Elle prévient donc le chef du village qui sort de sa hutte, en tenue d'apparat, debout sur son bouclier, que tout le village est là pour assister à la cérémonie.

Tullius Détritus passe devant le chef sans même le regarder et va offrir le cadeau à Astérix lui-même.

Astérix-chef ? Ce n'est tout simplement pas son rôle : il est « G » le guide-stratège, et non pas le « O », l'organisateur, le chef Abraracourcix.

Bien évidemment, Astérix va être lui-même plus que surpris... et Tullius Détritus n'aura plus qu'à repartir en repassant devant le chef abasourdi et qui va en piquer, une grosse colère (cette scène est dessinée page 14, planches 1 à 6).

Cette scène va déclencher une série de doutes, d'interrogations, de remises en cause, chez tous nos Gaulois. Et il va en résulter une dynamique les conduisant très rapidement à une fabuleuse zizanie. Cette zizanie n'est rien d'autre que l'expression d'une colère d'un peuple : colère plus ou moins rentrée en tout cas, toute prête à jaillir au grand jour. Ce qu'elle va faire ici.

Très tôt, le candidat Emmanuel Macron avait déclaré (*Le Monde*, 7 avril 2017). « Si je suis élu, je serai un président qui préside et j'aurai un gouvernement qui gouverne. » Nous comprenons très bien que cela signifie : au président, la cohésion du pays (le mobilisateur M, qui a la vue d'ensemble, la vue « Panoramix » ; cette vue qui élève au-dessus de la mêlée, qui permet de définir et de faire partager son « idée de la France » décrite par des visions à long terme. C'est le druide et sa potion magique.

Druide qui, gardant cette position au-dessus de la mêlée, ne sera pas concerné par les accidents du quotidien, sauf pour nous faire sentir qu'il nous comprend et les recadrer dans sa vision à long terme ; au gouvernement la formulation de la mise en œuvre de cette idée de la France qu'incarne si bien le président. Au fond, au gouvernement, la tactique et la gestion des compétences techniques nécessaires.

Dès ce moment-là, l'identification de tous les pouvoirs de notre modèle est claire : « M » le mobilisateur assumant, grâce à la potion magique du « je vous ai compris », la cohésion du peuple et son élan (unanime) dans le sens de cette « idée de la France » autour de laquelle se vit en permanence cette cohésion. C'est le président.

« O » l'organisateur, le chef Abraracourcix, qui réunit et organise autour de lui les compétences nécessaires pour mener à bien l'action nécessaire pour concrétiser cette « idée de la France ». C'est le Premier ministre.

« R » Obélix, le réalisateur, celui qui sait et peut tout faire : le gouvernement pris collectivement.

Quant au « G », le guide, Astérix, celui qui sait toujours ce qu'il faut faire, c'est le tandem président-Premier ministre qui doit l'assumer puisqu'il s'agit de formuler une stratégie, ce qui consiste à trouver le lien entre l'« idée de la France » du président, et l'état actuel du pays.

Bref, le candidat Macron ne veut en aucun cas monter sur le bouclier toujours très instable du chef du village. Nous montrerons comment le village gaulois va se sortir d'une zizanie qui l'aura mis au bord du gouffre : on se doute que le druide (et sa potion magique) va jouer un rôle déterminant, druide que nous avions assimilé au pouvoir du mobilisateur (M). Rappelons que dans ce modèle, le druide n'est là que lorsque « O » n'arrive plus à faire le lien entre « G » et « R » que leurs différences ont trop éloigné l'un de l'autre, amenant le chef à avoir des bras trop courts pour faire le lien (A-bras-raccourcis). Le druide « M » calmera le jeu, remettra le chef debout sur le bouclier, faisant ainsi redémarrer la machine gagnante :

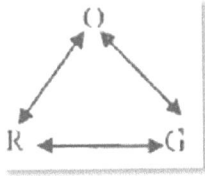

Quant au druide, il repartira cueillir du gui jusqu'à l'incident suivant.

Ayons cela en tête au moment où le candidat Macron va entamer l'entre-deux-tours.

La question à se poser : qui est Tullius Détritus dans ce contexte d'entre-deux-tours ? Traduisons : où se trouve la colère (rentrée ?) du peuple et comment s'exprime-t-elle ?

2) Vers une chimère : Tullius Détritus alias « Lepenenchon »

Le rapprochement des insoumis de Jean Luc Mélenchon d'avec les frontistes de Marine Le Pen est frappant : ils sont unis dans une logique de « dos au mur » d'un « perdu pour perdu, essayons autre chose ». Ils partagent déception, désespoir, ils ont la même colère, la même hargne. Il y a d'ailleurs maintenant beaucoup plus de points communs entre la droite libérale et la gauche libérale, qu'entre la gauche libérale et la gauche libertaire, ou qu'entre la droite libérale et la droite antilibérale ! (Comme le montrait René Rémond dès 1954 !)

Le FN n'est plus (si tant est qu'il ne l'ait jamais été) l'héritier de la droite « légitimiste contre-révolutionnaire ». Il est un avatar construit sur deux composantes, populisme et nationalisme.

Les « insoumis » sont, à leur façon, attirés par ces deux mêmes composantes.

Pour preuve, leur position commune sur de multiples thèmes de première importance : les traités européens, la monnaie commune, le dumping social et même l'écologie. D'ailleurs, les relents nationalistes de Jean-Luc Mélenchon sont soulignés par les médias[56]. Idem pour le populisme[57]. Tout cela fait que M. Le Pen et J.-L. Mélenchon : même combat, parce qu'ils incarnent tous deux la colère du peuple ; aux yeux du peuple, ils ont la même identité ; c'est notre chimère. Tullius Détritus est bel et bien présent dans notre village sous les traits mélangés de Marine Le Pen et de Jean-Luc Mélenchon. Tullius Détritus, c'est la colère de *la chimère « Lepenenchon »*.

Au moment où nous diffusions ce texte sur le site de « Forbes », le 9 avril 2017, donc entre les deux tours, il est par conséquent inexact de dire que le candidat Macron a 2,7 points d'avance sur son adversaire. Il serait plus proche de la vérité de dire que le candidat Macron a 16 points de retard sur Tullius Détritus alias *Lepenenchon*.

Et ceci est inquiétant à plus d'un titre car en ce Détritus-là, certains ont pu voir une expression symbolique de l'alliance « nationale-populiste » avec le socialisme : beaucoup semblent penser en effet que J.-L. Mélenchon n'a jamais cessé d'être socialiste et même socialiste d'extrême-gauche (d'ailleurs, quelques esprits « engagés » paraissent avoir vu dans son projet de VIe République une « République de Soviets »).

Alors, quand nationalisme et socialisme s'allient sur fond de populisme, on ne peut pas ne pas avoir de frissons (à moins de souffrir d'amnésie) en repensant aux années 1930. Et ce qui est particulièrement inquiétant, c'est la forte probabilité pour que cette « chimère » arrive au pouvoir sur l'une de ses deux têtes : voici une conséquence directe de ce nouveau clivage « peuple-élite de ce peuple ». On ne saurait trop insister sur ce point.

---

[56] Voir par exemple « Comment soutenir le nationaliste Mélenchon quand on n'est pas de droite ? » (Mediapart, le blog de l'ancêtre, 11 septembre 2016).
[57] Voir, par exemple, l'article de Luc Rouban, Sciences Po, in *La Tribune*, 24 avril 2017, « Et le vainqueur est… le populisme ».

Ceci semble par ailleurs bien correspondre à la répartition des voix entre « Lepenenchon » (peuple), et Emmanuel Macron (élite de ce peuple).

Dans ce cas, arithmétiquement, Emmanuel Macron ne passe pas. Il faudrait donc qu'Emmanuel Macron se mette en colère à son tour, pour montrer et faire sentir qu'il est également en colère contre tous ceux qui ont amené le peuple à ce désarroi… Sinon, non seulement il perd, mais il laisse les « nationaux-socialistes » prendre le pouvoir.

Et qu'on ne triche pas en s'imaginant que c'est sans danger, qu'on ne se jette pas de la poudre aux yeux en se disant que la France est protégée de ces dérives diaboliques des nationaux-socialistes parce que ceux qui les incarnent ces tendances actuellement en France n'ont rien à voir avec ceux qui les incarnaient il y a 84 ans en Allemagne.

Ceci est sans doute vrai ; néanmoins, il reste que c'est le système qu'ils mettraient en place qui peut s'avérer pernicieux et échapper à tout contrôle, même à celui de ses fondateurs, et c'est une douce illusion que de penser que le système démocratique ou sa culture protégeront la France.

Démocratie ? Culture ? Il y a 84 ans, les nationaux-socialistes sont arrivés au pouvoir parfaitement légalement, démocratiquement… et ceci s'est passé dans le pays de Goethe, Schiller, Beethoven, Brahms, Schumann, Mendelssohn, Marx, Kant, Schopenhauer, Hannah Arendt, Brecht, Weber, Telemann, Bach, Marcuse, Einstein, etc. Pardon aux centaines que je ne peux citer...

Un espoir quand même : J.-L. Mélenchon pour l'instant ne semble pas devoir appeler à « voter Le Pen ».

On peut d'ailleurs le comprendre :

Si nous nous rappelons qui est Jean-Luc Mélenchon, on comprend qu'il soit gêné pour nous dire lequel des deux candidats il faut rejeter, donc lequel il faut appuyer. Comment lui, l'ancien trotskyste, pourrait ne pas rejeter tout ce qui, de près ou de loin, peut avoir des relents de fascisme ???

Mais l'oligarchie lui donne tout autant, voire plus, d'urticaire !

« Entre Macron et Le Pen, choisissez votre voie préférée pour aller en enfer » pourrait-il penser… et dire.

C'est cette même oligarchie[58], mot sacré de Lénine, Jaurès, Thorez, pour désigner l'ennemi du peuple, que Jean-Luc Mélenchon reprend dans sa

---

[58] Ceci d'ailleurs n'est que la survivance de la querelle entre Platon et Aristote : Platon, père de la « République » et son disciple, père de l'oligarchie. Le lecteur peut se reporter au passionnant et très copieux article de Christine Bierre, rédactrice en chef de *Nouvelle Solidarité* – le journal de l'association « Solidarité et Progrès » – intitulé « Platon contre Aristote : la République contre l'oligarchie » du 28/12/2014 disponible sur internet. On peut d'ailleurs « contempler » cette querelle dans un élément d'une immense fresque de Raphaël datant de 1509-1510, représentant l'école d'Athènes. Immense est le mot : 4 m 40 sur 7 m 70 (palais du Vatican). Cette fresque représente les figures majeures de la pensée antique ; on y trouve notamment Platon et Aristote côte à côte : Platon, tenant le « Timée » et montrant le ciel – le monde des « idées » – et Aristote tenant l'« Éthique à Nicomaque » montrant la terre, ces deux gestes exprimant symboliquement leur différence, voire leurs différends. À défaut de pouvoir se rendre aux musées du Vatican, on peut trouver ce tableau commenté sur Google (en saisissant « l'école d'Athènes fresque de Raphaël »).

profession de foi du premier tour (page 4) : « J'assume une mission : rendre la France au peuple en la libérant de l'emprise de l'oligarchie, rendre la République à la France en abolissant la monarchie présidentielle. »

Difficile de voter ou de demander à voter Emmanuel Macron après cela !!! Et toujours aussi impossible de se rapprocher de Marine Le Pen.

Il faut souhaiter bon courage et bonne chance à monsieur Macron et lui rappeler que son adversaire n'est pas à deux ou trois points derrière lui, mais à 16 points devant !!!

Car son adversaire, c'est celui qui va montrer au peuple français qu'il partage sa colère. C'est un peu la version 2017 du « je vous ai compris » du général de Gaulle et Dieu sait si Jean-Luc Mélenchon excelle dans l'usage de l'empathie électorale.

A contrario, comment faire ressentir au peuple de France que vous aussi vous ressentez cette même colère, même si on se rend « dans une grande brasserie du quartier Montparnasse » (*sic*) dîner avec ses proches soutiens et collaborateurs pour fêter son succès ?

Les trois « premiers » du premier tour sont dans l'ordre :
Emmanuel Macron 24,01 % ;
Marine Le Pen 21,30 % ;
Jean-Luc Mélenchon 19,58 %.

Que demander de mieux : on a gagné ! On est les champions ! Comme chanteraient les « footeux ».

Eh bien non ! Du moins pas encore. On ne peut chanter que « on est en finale ». Peut-être même n'est-on pas aussi bien placé que cela ; car la vérité chiffrée est plutôt : 21,30 % + 19,58 % = 40,88 %.

Donc 40,88 % d'opposition à Macron vs 24,01 % pro-Macron. C'est plus que juste ! C'est presque perdu d'avance, la « chimère » a toutes les chances de l'emporter, en bonne représentante qu'elle est de la colère du peuple.

Votre vrai adversaire, candidat Macron, n'est donc pas Marine Le Pen, mais bien la *chimère Lepenenchon* ; même si elle n'est représentée que par une de ses têtes. Elle comptabilise de fait 71 % plus de voix que vous car cette seule tête bénéficie du fait que désormais, le clivage en France ne semble plus être un clivage « droite-gauche », mais plutôt un clivage

---

Christine Bierre, elle, tout en rappelant de façon extrêmement précise la nature de cette querelle, nous montre que ce conflit éclaire de façon spectaculaire les problèmes politiques d'aujourd'hui (notamment la dynamique de Jean-Luc Mélenchon et beaucoup d'autres réalités aussi). Cette querelle, vieille de 2 500 ans, est bel et bien une grille de lecture indispensable (incontournable) à l'analyse et la compréhension de la réalité actuelle ; et au-delà de la simple analyse, nous conduit à la formulation de moyens d'action et d'intervention sur cette réalité.
On peut également illustrer ce point en se référant au livre de Régine de La Gorce *De l'humanité à l'œuvre* (L'Harmattan, 2020). Madame de La Gorce y aborde ces thèmes à partir de deux organes de presse : *L'Humanité clandestine* et en contre-point un organe collaborationniste : *L'œuvre* de Marcel Déat.

« peuple » vs « élite de ce peuple »[59]. Et même si Mélenchon, devant ce choix impossible de soutien du fascisme ou de l'oligarchie, refusait de se prononcer : dans l'esprit des électeurs, tous deux sont dans le même sac...

3) Coup de théâtre ! « *Deus ex machina* » : explosion en vol de la chimère[60]

De façon tout à fait surprenante et inattendue, Marine Le Pen semble avoir totalement raté le débat du 4 mai avec Emmanuel Macron. Elle prétend le contraire, mais il apparaît qu'elle est bien la seule de cet avis et les sondages sont sans pitié.

Bref, la *chimère* « Lepenenchon » explose en plein vol. Mais, bien évidemment, ce qui était à la base de l'existence de cette chimère (la colère du peuple) n'en disparaît pas pour autant. Simplement, elle ne peut plus s'exprimer sur Marine Le Pen.

Dès lors, il n'y a pas besoin d'être Madame Soleil pour prédire une victoire assez large d'Emmanuel Macron, la colère des 40 % se réfugiant très vraisemblablement dans l'abstention et le vote blanc ou nul. Je parierai donc pour du 60-40.

Mais gare à la suite : comment *Laos* va-t-il pouvoir exprimer sa colère ? Qu'est-ce qu'il va en faire ? Est-ce que les élections législatives qui vont suivre vont permettre à cette colère de s'exprimer suffisamment et pourra-t-on la traiter, sachant que ces élections législatives arrivant désormais dans la foulée des présidentielles, ont toute chance de n'être que leur reflet ?

Lundi 8 mai : la victoire électorale masque-t-elle une colère refoulée qui explosera un an et demi plus tard avec les « Gilets jaunes » ?

---

[59] Voir, entre autres, comment ce thème est magistralement traité par Michel Bakounine : *Dieu et l'État* (imprimerie Jurassienne-Genève 1882). Contrairement au Siècle des Lumières, la liberté (clé de voûte de son analyse) n'est pas une question individuelle, mais une problématique collective qui doit lutter contre l'élite du peuple qui, en confisquant le pouvoir, détruit la liberté individuelle. Bakounine va en ce sens être un socialiste libertaire. Il rejoint ainsi, dans un premier temps du moins, Jean-Jacques Rousseau qui, dans *Le contrat social* (1762), dit, en substance que le peuple ne peut pas être représenté, car ses représentants, fussent-ils élus, de par leur mission, vont être amenés, peut-être même malgré eux, contre leur gré, à confisquer la liberté du peuple qu'ils représentent. Rousseau sur ce point est anarchiste. Robespierre se définissait comme son disciple, l'appelait l'« homme divin », le « grand exemple ». C'est en cela d'ailleurs que, si au point de départ Bakounine rejoint Rousseau, ils divergent totalement à l'arrivée : le libertaire d'un côté, l'anarchiste de l'autre. Quant à Robespierre, il « récupère » l'analyse de Rousseau pour la mettre à sa sauce, du moins me semble-t-il. Pour creuser cela et vous faire votre propre opinion, un extrait de la revue *XVIIIe siècle* dans son numéro 17 de 1985 (publiée par les PUF) pages 351-365, qui est un excellent travail signé Tanguy l'Aminot et intitulé « Bakounine, critique de Rousseau » (disponible sur Internet).

[60] Ce passage a été écrit entre les deux tours et diffusé en partie sur les sites « The Conversation » et en partie « Forbes ».

Les résultats sont effectivement conformes aux faciles prédictions qu'on pouvait faire. Ceci dit, ils sont encore plus nets que prévu puisque ce n'est pas 60 %-40 % en faveur d'Emmanuel Macron, mais 66 %-34 % !

Ceci posé, le succès d'Emmanuel Macron est entaché d'une grosse interrogation (pour ne pas dire inquiétude), du fait de la masse des électeurs qui ont refusé de faire un choix, rejetant ainsi les deux candidats. Ces électeurs non représentés qui incarnent une colère qui n'a pas pu s'exprimer et qui donc, pour l'instant, ne peut plus être que refoulée. **Comme de plus les législatives ont une chance d'être gagnées par le parti du président (c'est l'habitude de la victoire « dans la foulée »), la colère rentrée du peuple va être une véritable bombe à retardement d'autant que la prochaine élection à portée nationale n'aura lieu que dans cinq ans…**

Il en résulte que la vraie lecture de ces résultats devrait être (par rapport au nombre d'inscrits) :
Emmanuel Macron : 43,6 % ;
Refus des 2 candidats : 33 % ;
Marine Le Pen : 23,4 %.

Nous avions montré dans notre échantillon de 2 141 équipes gagnantes, que dans 68 % des cas, le pouvoir était réparti entre un leader (G*M*) et un manager (R*O*).

Le président Macron est le seul désormais à avoir clairement cette image de GM (G, le guide, + M, le mobilisateur). Reste à ce que son Premier ministre soit le O, l'organisateur. Quant au R (l'expertise, la capacité d'action hors du commun : Obélix), c'est le gouvernement du Premier ministre qui l'investit collectivement et fort bien d'ailleurs si l'on en croit les propos de Luc Ferry sur LCI (le 19 mai 2017 à 20 h 45) : « Le gouvernement est très habilement composé » ; « C'est le meilleur gouvernement qu'ait pu avoir la France. »

Là, on commence à y voir clair et l'équipe peut être gagnante : elle prend la configuration que nous venons de décrire : M, le mobilisateur : le président Emmanuel Macron ; Panoramix (cohésion du peuple de France + « idée de la France »). O, l'organisateur : le Premier ministre Édouard Philippe ; Abraracourcix. R, le réalisateur : le collectif gouvernemental ; Obélix.

G, le guide : le couple exécutif : président + Premier ministre : Astérix, ce qui veut dire que le G est partagé :

½ G pour le président : c'est l'« idée de la France », son identité profonde, celle qui fait dire : « C'est beau, c'est grand, la France. »

½ G pour le Premier ministre, c'est la *stratégie* pour tendre vers cette identité ; cette identité qui, comme pour un individu, ne sera jamais totalement atteinte, mais vers laquelle on tend à l'infini, étant ainsi en permanence sur le bon chemin : c'est l'équivalent du « Va vers toi » (« *Lekh Lekha* ») d'Abraham, tel que nous l'avons très rapidement évoqué, et sur lequel nous reviendrons de façon détaillée dans quelques pages (chapitre 3 ; sous-chapitre C).

Pour l'instant, armés de cette réflexion sur le fonctionnement gouvernemental, revenons à cette bombe à retardement de la colère souterraine qui peut amener une zizanie sans nom.

Au moment où je relis ce contenu pour l'inclure dans ce livre (2019), j'ajoute que, bien évidemment, cette zizanie qui couvait et que l'on annonçait s'est incarnée et combien fortement dans la crise des « Gilets jaunes ». Mais revenons à notre analyse de la *Zizanie* telle que nous l'évoquions le 8 mai 2017 pour tenter de dégager quelques idées-repères sur le « comment traiter une telle crise ». Et, pour ce faire, regardons comment le village gaulois s'en est sorti : nous verrons, une fois de plus, que cela recoupe bien des résultats de recherche ; dès lors, ça a toutes chances de nous aider…

Comment le village gaulois s'est-il sorti de cette zizanie ?

Tout semblait perdu et ils avaient touché le fond (ceci est dessiné page 20, planche 9 et page 21, planche 6).

Alors, pour faire renaître le village gaulois, il faut retrouver la dynamique de base de l'équipe gagnante. La leçon tirée de notre recherche de base sur le modèle RGOM est sans appel : réussite = leader + manager.

1/ *G*M (Astérix, le guide + Panoramix, le mobilisateur) : le leader ;
2/ R*O* (Obélix le réalisateur + Abraracourcix, l'organisateur) : le manager.

Au total, RGOM.

Le RGOM est ainsi complet, réparti sur deux acteurs.

Problème : pour un « GM », un « RO » est un « lourdingue » : R, Obélix, c'est l'action pour le plaisir de l'action, avec une grosse difficulté à passer à une action nouvelle : ce serait quitter le fort plaisir actuel au profit d'un éventuel, incertain nouveau plaisir. R n'aime pas : forte inertie au changement.

Première pesanteur !

Quant à O, Abraracourcix le chef debout sur son bouclier : les méthodes et outils d'organisation peuvent vite frôler le « phénomène bureaucratique » à la Crozier.

Deuxième pesanteur !

Le dessin évoque bien cette pesanteur (voir ce dessin des cinq personnages clés des aventures d'Astérix au début, page 4, de chaque épisode).

Si pour un GM, un RO est lourd, pour un RO, un GM est un « fou » : faible inertie au changement du G toujours à l'affût des opportunités pouvant lui permettre de nouvelles aventures, quitte à abandonner les actions en cours. Pas de « prédictivité ».

Quant au M et ses potions magiques, symbole du jeu de maniement de l'affectif avec des moyens peu compréhensibles puisqu'ils sont émotionnels, donc irrationnels. Et quand ça ne marche pas, ce M, le mobilisateur, le druide Panoramix, est très proche du M-, le mobilisateur négatif, le barde Assurancetourix : on est en plein en dehors du rationnel (les mêmes dessins de la page 4 de chaque épisode évoquent bien G, Astérix : faible inertie, donc instable, donc irrationnel, + M, Panoramix, le druide : pouvoir affectif n° 1 donc irrationnel auquel s'ajoute M- : Assurancetourix, le barde, pouvoir affectif n° 2 donc également irrationnel ; au total G + M ou M- = FOU).

Oui, réussite = fou + lourdingue ou en termes plus distingués LEADER + MANAGER.

Dans l'entre-deux-tours, il faudrait donc très clairement que le candidat Macron qui a déjà revêtu la tunique du G s'empare également de celle du M : c'est d'ailleurs très compatible avec l'enjeu électoral qui implique qu'on parle à « *Laos* » (voir nos réflexions sur « victimiser pour déifier » supra). Et avec la prise en compte de la colère du peuple, le pouvoir de type M a pour fondement le charisme par l'empathie du « je vous ai compris » (surtout que, de plus, cette composante M doit devenir par la suite la caractéristique fondamentale du président, le G étant partagé entre lui et son Premier ministre comme nous venons de le montrer).

Donc, il nous faut après ce rappel sur le « fou + lourdingue », comprendre comment le village peut renaître. Ils n'y vont pas par quatre chemins : ils vont créer le manque.

Sous la conduite du druide, lui-même (M), accompagné d'Astérix (G), et d'Obélix (R), tous les trois quittent carrément le village. De Gaulle à Baden-Baden… (ce départ provocateur est dessiné page 29, planches 5 et 6).

« O » est abandonné, le chef est seul, et tombe des nues, en tout cas du bouclier, comme d'habitude (le chef déconfit abattu et résigné est dessiné page 29, planches 8, 9 et 10).

Panoramix, Astérix et Obélix en moins, ça crée un sacré manque. Pour tout arranger, le chef est par terre : disparition de tous les pouvoirs.

Manque. Affolement.

Mais G et R sont ensemble, une action réussie peut être possible : M se substitue sans problème à O (comme c'est son boulot quand O est par terre) pour, sans aucune difficulté, créer une bonne cohésion entre G et R. Dès lors, le succès est là, les Romains remis à leur place, la potion magique à nouveau active et un maniement réussi de la pagaille retournent l'action de Tullius Détritus contre lui-même.

Dès lors, les trois peuvent revenir. Prendront-ils le pouvoir ? (Le dessin de la page 48, planches 1, 2, 3 semble le montrer : Astérix y figure debout sur le bouclier du chef porté à bout de bras par Obélix. Oui, mais pour le rendre aussitôt. Obélix pose le bouclier à terre pour qu'Astérix puisse le quitter, dessin de la même page planche 4.)

Et tout repart comme d'habitude. Avec le discours du chef Abraracourcix pour son anniversaire (tel que dessiné page 48, planche 6).

Mais notre « village réel », lui, n'est pas allé jusqu'à la zizanie complète. Loin de là. Et le début de l'action en éloigne (définitivement ?) la perspective. Gardons en tête deux choses :

- S'il devait se produire, le jeu sur l'absence de pouvoir, tel qu'Astérix nous le décrit, pourrait tout faire rentrer dans l'ordre (une fois de plus : de Gaulle, Baden-Baden) ;
- Attention ! Il ne faut pas que le président (« M » + « demi G ») empiète sur le Premier ministre (« O » + « demi G »). Surtout pas d'« hyper-président » (notons que, dans ce cas spécifique, la nécessité de partager le « G » accroît, de fait, le risque de cet empiètement). Mais pas trop d'inquiétude non plus : Emmanuel Macron déclarait d'ailleurs (*Le Monde* du 07/04) qu'il voulait revenir à la lettre et à l'esprit de la Ve République en retrouvant les fondements de sa Constitution (décidément, Michel Debré avait dû lire Goscinny et Uderzo !).

Ce qui est sûr, c'est que le bouclier du chef va tanguer car le président a été élu avec moins de la moitié des voix des Français et la colère des 40 % est grande (certains médias, de plus, ne se gênent pas pour l'attiser).

Bref, Tullius Détritus est toujours là, ce n'est plus exactement le Lepenenchon de l'entre-deux-tours, c'est « la colère des 40 % + certains médias ». Décidément, la crise des « Gilets jaunes » s'annonçait bel et bien, d'autant que le risque de maladresses existait de plus en plus à l'époque.

Rappelons-nous : par exemple, les accusations portées contre Richard Ferrand : cela doit rester le problème de O exclusivement, il ne faut pas que GM s'en mêle.

Autre exemple : dans les discussions avec les partenaires sociaux, GM ne doit intervenir que pour amorcer la pompe, puis il doit laisser O mener la totalité de l'action. M ne doit intervenir dans ces domaines que si le chef O « Abraracourcix – Édouard Philippe » est trop secoué, si le bouclier tangue très fort ou s'il tombe. Là, et seulement là, le « M » de GM doit intervenir pour le remettre en selle et dès que c'est fait, « M » doit rentrer dans le silence de son palais.

Ceci posé, si M ne parvient pas à remettre « O » en selle, peut-être devra-t-il jouer la dernière carte. Celle du mobilisateur négatif « M- », le druide n'ayant pas pu faire l'unanimité « autour de lui », on va être obligé de rechercher une unanimité « contre ».

Contre qui ?

Contre le barde – le rôle (souvent ingrat) du Premier ministre comprend également le rôle de fusible. C'est en cela que le barde est toujours l'assurance contre tout danger. Encore une fois, ce n'est pas pour rien qu'il est appelé « assurance-tout-risque ».

Même chose en ce qui concerne certaines rues qui seraient « interdites » aux femmes dans le quartier La Chapelle-Pajol (voir *Le Monde* daté du 23 mai 2017, page 16). C'est à « O » d'agir, vérifier, établir, imaginer des solutions. Et les faire mettre en œuvre par son gouvernement « R » (collectif).

« M » (donc ici « GM ») veille au grain en restant soigneusement au-dessus de la mêlée ; et en s'investissant massivement dans les seules fonctions régaliennes : il n'y a rien de mieux que de s'investir dans les domaines de politique extérieure pour faire sentir à *Laos* que « c'est beau, c'est grand, c'est généreux, la France » ; cela apporte à *Laos* le rêve dont il est si gourmand.

Donc « M » ne bouge pas, sauf si « O » est très secoué et tombe du bouclier. Alors « M » prend la parole, joue de son charisme – de sa « potion magique ». S'il réussit, c'est doublement gagné, le problème est réglé et le peuple qui a assisté au psychodrame de « O » et « R » (collectif) en ressort plus que jamais uni autour du « GM ». La cohérence encore plus forte de la population n'est pas le moins important.

Et si « M » échouait, le fusible peut jouer. Mais je ferais personnellement le pari que ça n'ira pas jusque-là.

En attendant, c'est à « O » de conduire la campagne électorale, car il faut que tous les autres le reconnaissent comme chef et, pour la gagner, il devra appliquer les règles clairement définies. Le rôle de Jean-Paul Delevoye au moment de cette campagne fut fondamental sur ce point : il met les mains dans le cambouis, répond aux questions des auditeurs à la radio et mène la réforme du Code du travail voulue par le président.

Quant à « M », qu'il continue son travail régalien pendant ce temps – à l'image du *Make Our Planet Great Again* », prononcé suite à l'annonce de Donald Trump de retirer les États-Unis des Accords de Paris sur le climat – : c'est la meilleure façon de donner aux Français l'envie de l'appuyer par leurs votes. Et dans le même temps, que le chef soit bien le chef, et certainement pas le collaborateur d'un « hyper-président ».

Oui, même Astérix reconnaît Abraracourcix comme chef.

Mais, grosse consolation (si Astérix en avait besoin), ça ne s'appellera jamais les aventures d'Abraracourcix le Gaulois, comme la femme du chef s'applique à le lui rappeler dans un remontage de bretelles particulièrement vigoureux (voir le dessin page 14, planche 10). Ça restera toujours les aventures d'Astérix.

(Tout ce point 4 a été écrit et diffusé le 28 mai 2017 ; quelques remarques ont été rajoutées en après-coup ; on les a clairement différenciées du texte original.)

*
*   *

Post-scriptum : les Gilets jaunes étaient-ils déjà inscrits en filigrane dans la situation de 2017 ?

Les différents événements de l'été 2018 semblent renforcer notre analyse : le président Macron semble avoir quitté sa stricte position de « GM » pour monter en première ligne à la place du Premier ministre « O ». Le débordement pourrait l'amener à son tour à jouer à l'« hyper-président », position que nous venions de dénoncer comme très dangereuse : le druide ne peut pas être directement l'organisateur. Le risque est d'autant plus fort que le « fusible » dans cette situation n'existe plus.

Alors, attention à la colère rentrée du peuple *Laos*. Si Marine Le Pen a disparu au deuxième tour (le « *Deus ex Machina* » que nous venons de décrire), il n'y a plus de représentant de la colère de *Laos* ; il n'y a plus de fusible non plus…

La colère va peut-être somnoler quelque temps, mais la « cocotte-minute » est sur le feu, la pression ne cesse de monter : il y a donc tout lieu de croire que dans un avenir proche, Abraracourcix va tomber du bouclier.

Et, « hélas, hélas, hélas », on peut craindre que le « M » n'ait pas gardé soigneusement ses distances : si c'est bien le cas : O, M et M- se cumulent sur une même tête qui sera complètement désarmée lorsque tôt ou tard la « cocotte-minute » explosera.

Relisant ces lignes deux ans après, on ne peut pas être surpris que les « Gilets jaunes » aient fait tant de bruit ; ils avaient le pouvoir de leur colère commune. Que demandaient-ils « rationnellement » ? Ils ne le savaient pas très bien eux-mêmes… Disons : « Tout et son contraire »...

En revanche, ils sentaient très bien que, tous, ils partageaient la même très forte émotion. Ils étaient en colère et leur colère s'exprimait par des actes : le peuple *Laos* ne réfléchit pas, il crie ses émotions. Et si on tente de calmer ces émotions par des propositions rationnelles – même très bien construites –, on ne peut pas être entendu : c'est *Laos* qui hurle, mais si, à tort, on parle la langue de *Démos* plutôt que de lui faire sentir qu'on l'a parfaitement compris, on ne fera qu'exacerber sa colère. Cela ne fait que jeter de l'huile sur le feu…

Ce que l'on observe alors, c'est que le feu va être de plus en plus fort, et que *Laos* va finir par détruire *Démos*.

Que faire ? Jouer le « pourrissement », la lassitude, et, dès que celle-ci sera optimum, donner la parole aux électeurs, en les préparant par une attitude systématique de « je vous ai compris » ; en prenant soin de ne pas confondre ce « je vous ai compris » avec un « je vous ai parlé » (ils sont totalement antinomiques) ; pourquoi pas ? Ça peut permettre au druide de reprendre ses distances et donc à la zizanie de cesser…

Ce faisant, d'ailleurs, on ne ferait que pallier les dérives de la Constitution de la Ve République, dérives que Yves de Gaulle dénonçait si bien sur un plateau de télévision à propos du livre qu'il venait de publier, en janvier 2019. Il disait en substance qu'en ayant ramené le septennat à un quinquennat, on avait effacé la différence entre président et Premier ministre, conduisant à considérer que le Premier ministre n'était que le collaborateur du président qui, lui, perdait la dimension sacrée de « président de tous les Français », au-dessus de la mêlée. De plus, le fait de faire coïncider l'élection présidentielle avec les élections législatives diminuait encore un peu plus la séparation des pouvoirs (exécutif et législatif, en l'occurrence). Enfin, tout ceci faisait que les Français, pour ce qui concernait les questions nationales, n'étaient consultés qu'une fois tous les cinq ans. Un éventuel mécontentement, ne pouvant s'exprimer par les urnes, a toutes les chances de s'exprimer dans la rue et/ou en contaminant les autres types d'élections (municipales, régionales, européennes). Un nombre en fait foi : en 2012, les Français ont été consultés pour l'élection présidentielle avec les législatives dans la foulée ; on peut considérer que, les choses n'ayant pas beaucoup évolué dans la courte période où tout cela s'est déroulé, les Français ont été consultés une fois. La consultation suivante, pour des questions nationales, ce fut les présidentielles et les législatives, selon le même dispositif, cinq ans après. En un mot, pour des questions d'ordre national, les Français sont consultés une fois tous les cinq ans ; entre les deux, ils se taisent et s'ils veulent exprimer un mécontentement, ce n'est pas très facile. Donc descendre dans la rue pour l'exprimer devient une démarche très logique.

Cinquante ans plus tôt, de 1962 à 1967, les Français avaient été consultés onze fois, dans la même durée ; ça se passe de commentaires.

*
* *

Chapitre III

Qui es-tu, toi qu'on appelle « leader » ?

> « Tout ce qui est simple est faux. Tout ce qui est vrai est tellement compliqué qu'on ne peut que dire et faire des erreurs, à moins de se contenter de contempler passivement l'impossible » et, si on veut tenter de sauver la face, « feindre d'être l'instigateur de ces mystères qui nous dépassent. »
>
> (Cocteau)

Eh bien, malgré tout, les leaders existent, qui vont relever cet impossible défi, en réussissant pleinement ce combat : se confronter au *compliqué* sans faire d'erreurs ; ils ont leur propre façon de passer outre le compliqué ; et ceci, en choisissant une méthode d'action très particulière : ils savent utiliser le pouvoir du druide (« M », le mobilisateur Panoramix) juste quand il le faut, toujours à bon escient, avec un respect scrupuleux de la posologie.

Cela donne envie de connaître leur personnalité, non ?

Alors oui, qui es-tu, toi qui va réussir, malgré tous les obstacles, à « changer les couleurs du temps », en articulant rationnel et émotionnel, *Laos* et *Démos*, en faisant appel à *Kairos* pour éviter que *Chronos* dévore ses enfants ? Toi qui sais dire « suivez-moi » plutôt que « allez-y », toi qui préfères l'être à l'avoir, toi qui sais utiliser, voire créer une symbolique pour constituer l'identité collective du « nous », toi qui vas savoir utiliser le feu qui nourrit et chauffe en te gardant du feu de l'incendie destructeur, toi qui sais répandre la lumière sans jamais te prendre pour elle…

Oui, qui peux-tu bien être ?

Partons d'une observation qui dénonce un « trompe-l'œil » conduisant à un échec. Ceci, dans une situation microsociale ; pour commencer, celle d'une entreprise de 250 personnes.

A. Cas « Jacques » : la lumière qui éblouit

« En feignant d'être l'instigateur de ces mystères qui nous dépassent, je crée l'illusion que, donc, je peux les maîtriser ces mystères : je brille, je convaincs… jusqu'au moment où le décor s'écroule. »

« Heureusement, il y a des moments où le décor s'écroule » (Camus).
En attendant, quand une lumière nous éblouit, on ne peut plus bénéficier de cette ombre qui nous éclaire. L'éblouissement est une forme de cécité.

*
* *

Tout d'abord, nous allons décrire la situation de l'entreprise qui va conduire au recrutement de Jacques.

Puis, pour « le cas » à proprement parler à partir de la prise en main par Jacques, l'idée est de lire attentivement la relation scrupuleusement précise qui va en être faite, de nous imprégner soigneusement de tous les ressentis des personnes qui vont être au contact de Jacques, de toutes les phrases qu'il va prononcer afin de sentir pleinement comment on ne peut qu'être happé par une telle dynamique, embarqué dans une pente vertigineuse où l'irrésistible glissade ne peut que s'accélérer sans cesse plus, jusqu'au crash final ; chacune des phrases utilisées joue pleinement son rôle d'accélérateur ; essayons de sentir qu'à la place de n'importe quelle personne au contact de Jacques, nous aurions été absorbés, happés par le vertigineux tourbillon que Jacques crée, hypnotisés, sans aucune aspérité à laquelle s'accrocher pour arrêter la chute ; sans même en avoir la moindre envie ; bien au contraire ; on pourrait traduire ainsi le ressenti des personnes embarquées dans cette dynamique : « Oui, oui, encore, plus vite, plus fort, encore... »

Sentons que chaque mot prononcé par Jacques va dans ce sens. Chaque mot, chaque phrase, et même chaque élément de mise en scène va dans ce sens.

Stupéfiant, à couper le souffle.

DESCRIPTION DE LA SITUATION :

La division ne fonctionne pas très bien. C'est le moins qu'on puisse dire. De dix à quinze pour cent en-dessous des objectifs en volume depuis trois ans. Quant à la rentabilité : c'est bien simple, c'est la seule division du groupe qui ne soit pas rentable et notamment, les chiffres qui viennent de sortir, chiffres finaux du dernier exercice, sont accablants : dix-sept pour cent de perte par rapport au chiffre d'affaires. Pas moins. Les excuses du responsable de division ? Concurrence accrue, marché difficile. Ni plus ni moins que pour les autres divisions, songe le directeur général. Mais surtout et cela a le don de l'exaspérer, il vient de s'entendre dire par ce même responsable ou prétendu tel : « Que voulez-vous, le contrôle de gestion m'impute n'importe quoi avec des clés de répartition de plus en plus débiles. En marge sur coût variable, je suis équilibré et même légèrement bénéficiaire, si vous supprimiez ma division cela vous coûterait donc encore plus d'argent. C'est dommage, vous devriez travailler en coût direct évolué, on y verrait plus clair ; je crois d'ailleurs qu'il faudrait changer l'équipe de contrôle de gestion ; leur méthode, leur façon de présenter les résultats, c'est tout ce qu'il y a de plus démotivant pour mes subordonnés ; c'est d'ailleurs pour cela qu'ils échappent de plus en plus à mon autorité. »

« Cette fois c'est le bouquet » nous disait le directeur général. Il avoue froidement son manque d'autorité :

« Alors, bien sûr, dans un moment ce sera de ma faute ; essayez donc de faire comme lui : simplement d'appeler "subordonnés" vos collaborateurs et vous allez voir ce qu'elle devient, votre autorité. Pourquoi pas "inférieurs", pendant qu'il y est. Et puis sa suggestion de changer l'équipe de contrôle de gestion, là il se surpasse. Il ne voudrait pas me changer moi aussi, pendant qu'il y est ? Non, mais sans blague.

C'est vrai qu'on va faire évoluer les clés de répartition. Peut-être même les supprimer pour effectivement travailler en coût direct. Mais n'allez pas croire que c'est lui qui en a eu l'initiative ; il ne fait que répéter ce qu'il entend dans les comités de direction. En attendant, se rabattre sur de telles excuses, c'est lamentable, et si tout le monde raisonnait comme lui, je n'aurais plus qu'à déposer le bilan… Vous n'auriez pas dans vos histoires d'Astérix un centurion romain bête, prétentieux et impuissant[61]. Cela le représenterait très bien. En attendant, il va falloir que j'explique tout ça au conseil d'administration ; ça ne va pas être simple. Quant à changer le contrôleur de gestion, il va voir qui je vais changer. D'ailleurs, il vaut mieux que j'annonce une décision ferme au conseil. »

On l'a compris, les jours du directeur de division étaient comptés ; il considérait lui-même que sa position n'était plus tenable et un accord fut rapidement trouvé autour d'une rupture contractuelle.

Son successeur fut choisi à partir d'une recherche faite par un cabinet de « chasseur de têtes ». Nous relevons sur la fiche de synthèse le présentant à l'entreprise, notamment les phrases suivantes : « Le candidat est un très bon meneur d'hommes : il faut parfois le freiner pour qu'il ne devienne pas un authentique baroudeur ; il sait faire partager son enthousiasme aux autres qui croient immédiatement en lui ; il est convaincant, persuasif, d'une sensibilité un peu trop forte : il n'aime pas faire de la peine et souhaite que ses collaborateurs l'aiment et l'apprécient en permanence. Pour maintenir cette relation très positive, il est capable de beaucoup d'énergie intelligente. Attention à ce que cela n'aille pas jusqu'à de la démagogie. De plus, il sait mieux faire monter les autres au parapet que d'y monter soi-même, mais donne à tous l'impression qu'il est devant. Enfin, s'il sait mener un groupe, il ne sait pas toujours où le mener, il faut lui fixer des cibles à atteindre. Il ne les discute pratiquement pas. Son plaisir commence – de son propre aveu – quand il dit à ses collaborateurs : "Allez, on y va." Il répète aussi fréquemment que tout ce qui est procédure "ne l'intéresse pas franchement, qu'il faut les 'subir', mais que ce n'est pas à coups de procédure qu'on anime une équipe". » Le reste de la fiche de synthèse précisait la formation

---

[61] D'abord, ce ne sont pas « mes histoires » (hélas). Ensuite, ça doit pouvoir se trouver.

de cet homme de trente-cinq ans (grande école de gestion et MBA américain, Capitaine de cavalerie de réserve) et ses deux précédents postes dont il était dans les deux cas parti volontairement « pour voir autre chose » en laissant à chaque fois l'image de quelqu'un surtout capable d'apporter de « la chaleur humaine ». La fiche précisait ensuite que ce profil aurait été établi à partir de tests, entretiens, graphologie, et aussi interviews des précédents supérieurs hiérarchiques du candidat, ce qui avait été proposé par lui et qu'il avait lui-même organisés en totalité spontanément.

Le directeur général devait, un an après, commenter ainsi sa décision de recrutement : « J'étais particulièrement agacé par son prédécesseur et sa flagrante nullité à motiver ses troupes. J'ai été, en réaction, séduit par son charisme, son ouverture, son enthousiasme, sa joie de vivre, sa façon un peu gouailleuse de dire "on va se les faire" ou "on les aura", son sang-froid tranquille quand je lui décrivais, sans faux-semblants, les nombreuses difficultés auxquelles il se trouverait confronté. Rien qu'à le voir sourire, on avait déjà l'impression que ces difficultés allaient fondre comme neige au soleil. Il donnait l'image de quelqu'un qui est largement au-dessus de la mêlée et qui, quoi qu'il arrive, y croira, y fera croire les autres. Sa formation et son expérience – y compris l'armée – devaient, selon moi, faire le reste. Je l'embauchai donc. »

Dès son premier jour d'embauche, le nouveau venu surprend en bien : au pot d'accueil où il est présenté collectivement, il ne fait aucun des habituels discours, mais se contente de dire : « Je ne vous connais pas, je n'ai donc rien à vous dire pour l'instant. Je vais tous venir vous voir les uns après les autres et vous allez m'expliquer tout ce qui se passe ici. Après quoi je déciderai ce que nous allons faire ensemble. »

Même attitude lors des présentations individuelles. Et il commence immédiatement ce qu'il appelle lui-même ouvertement sa « tournée des popotes ».

Écoutons la façon dont le numéro deux de la division commente cette tournée, lui qui allait être son collaborateur direct et privilégié : « D'emblée, on était séduit par l'attention que Jacques[62] nous portait. Il savait nous regarder d'une manière à la fois pénétrée et chaleureuse, sérieuse et amicale, nous écouter avec tellement d'intensité et une telle visible volonté de bien tout comprendre qu'on se sentait tous exister, importants, indispensables. Quel changement par rapport à son prédécesseur ! D'emblée d'ailleurs, il y avait eu des signes clairs : vous l'avez remarqué, dans chaque porte de bureau une petite vitre est aménagée pour qu'on puisse facilement y jeter un œil de l'extérieur ; c'est pratique, ça permet de voir si quelqu'un est occupé et de ne pas le déranger n'importe quand. Son prédécesseur s'était empressé de découper un morceau de carton pour boucher la vitre ; il s'enfermait volontiers dans son bureau, c'était la croix et la bannière pour le voir. Là, changement radical : non seulement plus de carton, mais porte

---

[62] Prénom d'emprunt, bien entendu (comme tous les noms et prénoms de ce cas).

systématiquement grande ouverte. On peut entrer à tout moment, il est disponible, affable, arrive avant nous tous les matins, part toujours en dernier.

Je me souviens de mon premier entretien avec Jacques. Quand il prenait la parole, c'était toujours pour dire : "Laissez-moi vérifier que j'ai bien compris ce que vous dites" ou des phrases de ce type : "Donc vous pensez que", "il semble que vous suggérez", "vous avez l'impression de", etc. Le tout avec force hochements de tête approbateurs. Ça, on ressortait tous avec la certitude d'avoir pu dire tout ce qu'on avait à dire, tout ce qu'on avait sur le cœur et d'avoir été plus qu'écoutés : entendus et compris[63]. Plusieurs d'entre nous – pas moi d'ailleurs – n'ont pas pu résister à la tentation et lui demandaient : "Et vous, qu'est-ce que vous en pensez de tout ça ?" Ils restaient souvent sur leur faim avec une réponse de type : "Je vous dirai tout cela en temps voulu." Mais c'était dit d'une manière tellement rassurante avec un sourire quasi complice qu'on en n'était que plus enthousiastes : il allait se passer de grandes choses avec lui, nous allions redevenir la division fer de lance que nous avions été au début et sans doute jouerait-il très rapidement un rôle important auprès de la direction générale, auprès de laquelle nous serions enfin dignement représentés. L'un d'entre nous avait eu un jour à table, pendant un déjeuner commun, en dehors de la présence de Jacques, une réflexion un peu plus sceptique : "Vous êtes sûrs qu'il a vraiment quelque chose à dire ? ..." La réaction avait été immédiate et unanime avec un ton vis-à-vis de notre collègue allant de l'agressivité à l'éclat de rire en passant par un haussement d'épaule : "T'inquiète pas pour lui..." Le collègue en question était vite rentré dans le rang. Et puis on avait tous plus ou moins profité de nos entretiens pour lui souligner quelques problèmes personnels, y compris de promotion ou d'augmentation ; et là aussi il avait su nous donner confiance en lui. Nous avions tous eu la certitude que, dès que ce serait possible, il ferait immédiatement ce qu'il fallait. Au bout de quinze jours, sa réputation était faite et s'était étendue à d'autres secteurs de l'entreprise : on était dans les mains d'un battant, d'un gagneur, on avait de la chance. »

C'est à ce moment-là que Jacques avait décidé – enfin, diront certains – de parler à son tour. Regardons comment un autre de ses collaborateurs décrit la scène et retranscrivons son discours tel que fidèlement pris en sténo par sa secrétaire.

« Il nous avait fait savoir à nous tous par sa secrétaire le vendredi après-midi qu'il nous convoquait le lundi et qu'il valait mieux être à l'heure. Dès 7 h 30, la plupart d'entre nous arrive, les neuf responsables du secteur[64] et les vingt-quatre chefs de service, tous ses "lieutenants" comme il nous appelait volontiers ; il faut dire que ça nous changeait : quand son prédécesseur

---

[63] Reformulation et support : base de « M », équivalent parfait du « je vous ai compris », illustré par le discours de De Gaulle.
[64] Ses collaborateurs directs.

arrivait à 10 heures, c'est qu'il avait eu des insomnies. Surprise : aucune chaise, et l'immense table de réunion a été tant bien que mal poussée contre le mur du fond ; croissants et café y trônent ; personne n'y touche. Sept heures quarante-cinq précises, il entre dans la pièce, flanqué de sa secrétaire, avec l'air chaleureux et ironique de quelqu'un qui va nous jouer un bon tour et s'en réjouit d'avance. Croyez-moi, face à un tel homme, tout de suite on se sent bien, en pleine forme ; il est lui-même dans une forme "olympique".

Il nous serre la main à tous, énergiquement, en nous appelant par nos noms de famille : "Bonjour monsieur Costa."

La secrétaire a, elle, amené sa chaise et repousse les croissants pour s'installer sur un bout de la table. Le silence se fait : pour un peu, on se mettrait au garde-à-vous, et dire que certains d'entre nous avaient quinze ans au moins de plus que lui, en avaient vu de toutes les couleurs dans notre entreprise et ailleurs, pensaient être blasés : et en fait ce sont eux qui furent presque les premiers à marcher comme des *boy-scouts* ! ... »

(Ce qui suit est la retranscription mot à mot de la sténo prise par la secrétaire.)

« Je suis heureux que nous soyons tous réunis car c'est le début d'une nouvelle et grande étape, telle que notre division n'en avait pas connue depuis longtemps. Et cette étape nous allons la gagner haut la main et en profiter pour reprendre et de loin le maillot jaune. Nous ne sommes pas assis ; mais a-t-on le temps de s'asseoir ? Vous ne prenez pas de notes. Il vaut bien mieux avoir les idées clés en tête plutôt que de les griffonner sur un bout de papier qu'on perd. J'ai écouté chacun d'entre vous, vous tous ; et notre direction générale ; je sais ce que vous attendez tous de moi et j'ai bien l'intention de ne décevoir personne et surtout pas mes "lieutenants" ici présents. Vous pouvez et devez tous compter sur moi[65]. Notre entreprise a une tradition déjà ancienne.

C'est épatant ça, vous savez. C'est la garantie que nous sommes portés par une bonne vague et que, presque à notre insu, cette vague nous rend gagnants à tous les coups ; rentabilité, développement, gain de part de marché, qualité, solidité, chaude ambiance d'un joyeux travail en commun. Tout cela s'impose à nous d'entrée de jeu sans même que nous ayons à lever le petit doigt. On va donc tous s'engouffrer dans ce mouvement pour l'accélérer encore et en être l'avant-garde. Que sont nos petites difficultés personnelles face à une telle perspective ?[66] J'ai compris ce que vous ressentiez tous, ce que nous ressentons tous. Nous partageons unanimement tous ici ces sentiments. C'est pourquoi je n'ai pas besoin de rappeler ce que nous avons à faire, chacun d'entre nous, puisque notre division est notre division et que notre succès sera notre succès[67].

---

[65] Abstraction du « M » et « je vous ai compris ».
[66] Prise de recul du « M » (vue panoramique).
[67] Redondance : « La France est la France. »

Alors, pour chaque secteur et pour chaque service, un seul mot d'ordre : même action que pour le passé, exactement les mêmes moyens ; 15 % de volume en plus cette année avec 10 % de bénéfices par rapport à notre chiffre d'affaires dans les méthodes de calcul du groupe. Pourquoi je vous le demande ? Tout simplement parce que c'est ce que nous allons faire. Quand ils découvriront nos résultats, ils crieront au miracle. Mais nous, ce miracle-là, on va le savourer jour après jour. Ma porte, vous le savez, est grande ouverte pour tous ceux qui sont dans cette pièce aujourd'hui ; et si vous y êtes, c'est parce que je sais – vous me l'avez dit – ce que vous voulez, ce que vous attendez, ce qui vous réjouit, ce qui vous attriste ; et c'est tout ce que j'ai ainsi compris de vous qui m'amène, aujourd'hui, après la période de réflexion que je m'étais donné, à choisir, à avoir envie, à décider de travailler avec vous. Alors venez aussi souvent que vous le voulez me parler de vos résultats, de vos "+ 15", "+ 10", de vos succès. Vous êtes la meilleure équipe que j'aie jamais dirigée. Allons-y tous. »

Un autre de ses collaborateurs se souvient : « Il a terminé son discours par un joyeux éclat de rire. Nous avons applaudi chaleureusement, spontanément ; il était déjà en train d'engouffrer, littéralement, deux croissants et un café. Il respirait la force, la confiance, la certitude de la réussite, la bonne humeur, semblait invulnérable à toutes les mesquineries, à tous les coups-bas, les rivalités, les jalousies féroces, méchantes, agressives, destructrices qui jusque-là avaient empoisonné notre travail quotidien. D'un seul coup, il nous faisait prendre mille mètres d'altitude : nous étions au-dessus de tout cela ; totalement. Nous étions unis, soudés autour de lui, "sur un nuage" d'où nous regardions les autres divisions continuer à tenter de se dépêtrer de leur boue. Nous étions enviés. Un jour, où je parlais avec un collègue d'une autre division de nos succès avec le nouvel enthousiasme que désormais nous affichions tous systématiquement, sans même y penser, il m'a répondu, avec un ton ironique : "Dis donc, tu te prends pour lui ?" Peut-être bien. Mais j'avais surtout l'impression de me prendre pour moi-même[68] ; d'être enfin ce que j'étais et qu'il me suffisait d'agir pour pulvériser les difficultés. Et de fait, les difficultés n'existaient plus[69]. »

Un autre : « J'avais l'impression qu'on ne me regardait plus de la même façon ; ni au boulot, ni chez moi ; peut-être cela venait de ce que moi-même je regardais les autres différemment : je faisais partie de la meilleure équipe qu'il ait jamais dirigée ! C'est qu'on y croyait vous savez, on avait tellement l'impression qu'on était en permanence sur la même longueur d'onde que lui. Même celui d'entre nous qui était chargé du contrôle de gestion de la division ; et pourtant, on aurait pu dire que Jacques ne lui facilitait pas la tâche : nous étions tenus de lui fournir des "Rapports mensuels d'activité". Les fameux "RMA", c'était notre pensum mensuel que j'avais toujours connu depuis 12 ans – c'était mon ancienneté à l'époque. Simplement

---

[68] Identification.
[69] Le mythe devient réalité : la potion magique fonctionne.

d'année en année, les RMA se compliquaient. Au moment de l'arrivée de Jacques, la simple page que nous avions à remplir quand j'étais entré dans l'entreprise était devenue un véritable livret de huit pages pleines. Ce n'était pas d'ailleurs Michel (le contrôleur de gestion de la division) qui était personnellement responsable de cette complication ; il n'était, sur ce point précis, que la simple boîte à lettres du contrôle de gestion central. En retour nous recevions mensuellement, avec un décalage de deux mois environ, une bonne trentaine de tableaux avec des indices, des ratios, des écarts dans tous les sens ; on n'y comprenait pas grand-chose et d'ailleurs on ne les regardait pas beaucoup. Un tableau s'intitulait gravement "pseudo-compte de résultat simplifié provisoire". Je pensais aux hectares de forêt qui disparaissent dans des bêtises pareilles. Bref, inutile de vous dire que Michel avait les plus grandes difficultés à obtenir en temps voulu nos RMA. »

« Un jour, il s'est décidé à aller s'en plaindre à Jacques. C'était d'ailleurs le premier d'entre nous à aller se plaindre à lui directement ; non pas que nous en ayons eu peur, mais nous n'aimions plus décevoir qui que ce soit, et surtout pas lui, et surtout pas nous-mêmes. Si bien que le plus souvent, nous gardions nos difficultés pour nous et nous nous débrouillions tous seuls pour les résoudre. Je ne sais pas vraiment ce qui s'est passé entre eux, mais quinze jours après, nous recevions une note de direction signée de Jacques avec en bas la mention "copie à la direction générale". Une note de Jacques, c'était un événement ; il n'en faisait qu'exceptionnellement, la voici[70] : "À compter d'aujourd'hui, les RMA sont supprimés dans leur forme actuelle. Seule la première page dite de données simplifiées est maintenue dans les six informations de base qu'elle demande. On ne peut pas marcher et écrire en même temps, et j'ai choisi de marcher. Peu m'importe de savoir à quel endroit de la chaîne que nous formons se situent les maillons forts et les maillons faibles pour une raison simple, c'est qu'il n'y a pas de maillons faibles. Je ne veux pas connaître les différences de performances entre nous pour une raison simple : il n'y a pas de différences entre nous[71], je ne veux voir que ce qui rentre et ce qui sort au niveau de l'ensemble de la division pour une raison encore plus simple que les précédentes : c'est la division qui gagne. Vous devrez désormais prendre le quart d'heure nécessaire pour remplir ce tableau simplifié une fois par mois et me le remettre personnellement le premier lundi de chaque mois à 12 heures très précises. Je vous donnerai en retour le lundi suivant à 12 heures le tableau de marche de la division, volume et résultats comparés aux '+ 15 + 10'." On croyait rêver et on n'en était que plus décidés à nous surpasser. Mais je me demande toujours comment il a fait par rapport aux services centraux et à la direction générale ! »

Comment il avait fait ? C'était très simple. Le directeur général raconte : « Jacques est rentré dans mon bureau un beau matin ; le mot colère est un

---

[70] Nous en reproduisons le texte intégral.
[71] La note que nous venons de reproduire.

mot faible. Il démarre sec : "J'ai fait une erreur, je n'ai pas regardé assez toute la paperasserie sous laquelle mes troupes croulent ; je n'en étais pas vraiment conscient." (Je me demandais finalement souvent à quoi Jacques passait son temps si au bout de trois mois et demi il n'avait toujours repéré nos RMA.) "Heureusement que Michel vient d'attirer mon attention dessus. Alors je veux dire quelque chose de parfaitement clair. Je veux être à la tête d'une équipe de course, de pur-sang, ne me demandez pas de leur appliquer des méthodes dignes d'une écurie de chevaux de labour. Voici la note que je compte envoyer[72]. Si je n'avais pas votre approbation, je considérerais que je n'ai pas les moyens de mener à bien la mission que vous m'avez confiée et je demanderais d'y mettre fin en acceptant ma démission." Voilà tels que je m'en souviens les propos de Jacques. J'ai accepté sa décision vous vous en doutez, sans bien comprendre pourquoi d'ailleurs. C'est vrai qu'on sentait déjà la situation se retourner ; des premiers résultats spectaculaires et bien visibles – Jacques savait faire le tapage nécessaire – étaient là. C'est vrai qu'il apportait un sang neuf à l'ensemble de l'entreprise ; non seulement il secouait sa division, mais commençait à secouer aussi les autres par contamination. C'est vrai que j'aurais hésité beaucoup à voir Jacques partir si rapidement après son arrivée à un moment où tout le monde regardait ses résultats avec une certaine admiration – et un bon début de jalousie, aussi... Mais je crois surtout, en fin de compte, qu'on lui résistait très difficilement. Tout simplement. »

Quant à l'entretien avec Michel, ce dernier l'évoque de la façon suivante : « Vous savez, ça a été rapide et simple. Je lui ai exposé les difficultés à avoir les RMA en temps voulu. "Faites-moi voir ces trucs", m'avait-il répondu. Depuis trois mois, je lui en avais souvent parlé. Il m'avait comme d'habitude écouté soigneusement, mais ne s'était jamais réellement penché dessus. Il regarde. Je commente. "Ce qui m'étonne, ce n'est pas que vous les obteniez en retard, c'est que vous les obteniez. C'est incroyable ces trucs. Ne vous en faites pas, ça ne va pas faire long feu. Dites-moi, il me semble bien que vous m'aviez dit qu'il n'y avait pas que le contrôle de gestion qui vous intéressait ?"

C'est vrai je suis technicien d'origine, n'ai jamais voulu faire de la technique pure et ai toujours cherché, soit "technique + gestion", soit "technique + vente". Et depuis plus d'un an, je tournais à la gestion tout court et avais l'impression d'être en passe de devenir un rond de cuir. Je m'en étais ouvert à lui dès nos premiers entretiens : cela ne lui avait pas échappé et il s'en souvenait parfaitement ; il faut dire que l'acte de vente de produits industriels très sophistiqués est une vente fascinante pour moi. Simplement, je n'avais pas encore fait mes preuves dans ce domaine et s'y mettre à plus de quarante ans... Bref, je ne me faisais plus vraiment confiance.

"Vous êtes toujours intéressé par la vente ?"

Je lui rappelle ma motivation, mais aussi mes doutes. "Puisque je vous dis que vous en êtes capable : vous allez voir, on va tellement simplifier le

---

[72] Fusion des identités par identification au même « chef » et absence de « O ».

contrôle de gestion au sein de la division que ce ne sera plus qu'un travail de bonne secrétaire. Et nous en avons une. Quant à vous, vous allez rejoindre l'équipe de vente et croyez-moi, vous allez pouvoir très sérieusement les épauler et grâce à vous, nous allons marquer beaucoup de points supplémentaires." Il avait une telle façon de nous dire cela, qu'on se croyait soudainement capable de tout faire[73] : et peut-être que grâce à cela, on le devenait quelque part... En tout cas, ce qui fut dit fut fait. Et je dois dire que je "m'éclate" dans ma nouvelle activité et que la simplification des RMA (pour ainsi dire leur disparition) a encore augmenté la cote de Jacques ; surtout le fait qu'il ait réussi à en convaincre la direction générale : on était vraiment entre de bonnes mains. Ça changeait ! »

À lire ce début d'observation, on peut penser qu'il y a là l'exemple du leader parfait ; oui. Oui, mais... :

Je faisais relire ces notes et en particulier le discours introductif de Jacques trois ans après à l'un de ses collaborateurs qui me faisait les commentaires suivants : « À relire cela, maintenant, je trouve ça ridicule. Quelle farce ; c'est grotesque à bien y réfléchir. Et je crois que dans la bouche de n'importe qui d'autre, le grotesque nous aurait tout de suite sauté aux yeux. Mais vous comprenez, il avait tellement bien préparé le terrain, on était tellement prêt à tout accepter de sa part comme étant parole d'évangile : quand il nous parlait, je croyais m'entendre et ça faisait un peu cela à tous[74]. Mais quel cirque, quand on y réfléchit après coup. On se demande vraiment comment ça peut marcher chez des personnes dont la moyenne d'âge était supérieure à son âge et qui se croyaient vaccinées face à de telles prises en main.

Au fond, Jacques frisait toujours le ridicule. Il s'en fallait d'un poil pour que tout bascule dans le grotesque, que tout s'effondre. Il n'y avait pas de demi-teintes possibles : soit on adhérait totalement, soit on le rejetait non moins brutalement[75]. Avec ces gens-là, c'est toujours du tout ou rien. Là, c'était du tout bon. »

Tout bon, certes, mais de courte durée. Bon gros feu de paille qui devait durer un peu moins de trois ans. Son succès rapide et prodigieux avait été réel : au bout de trois ans, la division avait augmenté son chiffre d'affaires de 52 % et son bénéfice (dans le système de coût global de l'entreprise) atteignait 11 % la troisième année après avoir fait 7 % la première année et 8,5 % la deuxième.

Redonnons la parole au directeur général de l'entreprise :

« Toute sa troupe, c'était son expression favorite, était enthousiaste, Ailleurs, il faut le dire, beaucoup de jalousie, ce qui lui avait valu beaucoup de coups-bas. On le "débinait" en permanence ; on cherchait à lui nuire et tout y passait : calomnies sur sa vie privée, accusation de passer son temps à

---

[73] L'énergie de la potion magique.
[74] L'identification due au « je vous ai compris ».
[75] Druide ou barde.

ne rien faire et à tout faire faire aux autres – "il ne fait strictement rien, mais brillamment", m'avait-on dit un jour. Plus d'une fois, des responsables d'autres divisions sont venus me trouver, mi-figue mi-raisin, pour me dire explicitement ou par sous-entendus, selon leur caractère, que Jacques était le favori, le protégé, le "chouchou", qu'il avait droit à tout et eux à rien, qu'on lui imposait beaucoup moins de contraintes qu'à eux, que ce n'était pas juste... Il faut bien admettre que tout cela, de plus, était en partie vrai : le meilleur exemple était les RMA ultra-simplifiés de sa division, alors que nous avions maintenu les RMA partout ailleurs. Non sans raison au demeurant : là où ça ne marche pas à l'enthousiasme et "à marches forcées librement consenties", mais petits pas par petits pas, il faut bien vérifier que chaque petit pas est bien fait au bon moment... Il n'empêche que "deux poids, deux mesures", ce n'est pas la chose la plus facile à faire admettre. Je vous ai vu tiquer quand je disais "marches forcées libres". C'est pourtant tout à fait l'impression que ça donnait. Il m'arrive souvent après un dîner professionnel de repasser quelques minutes à mon bureau. Combien de fois alors ne suis-je pas tombé sur une partie de son équipe, avec ou sans lui, en train de travailler dans une ambiance qui donnait envie de se joindre à eux ! Peut-être que Jacques ne faisait rien, mais en tout cas il savait diablement bien "faire faire" : je lui donnais des objectifs, il ne discutait pas, parlait à sa "troupe" qui, comme en jouant, pulvérisait lesdits objectifs. Franchement, qu'est-ce qu'on peut attendre de mieux et ne peut-on pas admettre qu'à comportement exceptionnel il faille une règle du jeu elle-même exceptionnelle ? Mais personne n'admet vraiment jamais cela et on venait de plus en plus souvent me dire que Jacques manœuvrait pour avoir ma place. En tout cas, ces personnages-là sont insaisissables comme me l'avait dit un jour, avec admiration d'ailleurs, Michel – peu de temps après qu'il ait été muté au technico-commercial. Même quand Jacques n'est pas là, on a l'impression qu'il est là[76]. Honnêtement, je ne saurais plus vous dire parfois si à telle réunion il était ou non présent, et je me souviens encore de sa formule exacte : "On avait l'impression qu'il avait quelque chose d'abstrait et ça le rendait omniprésent en quelque sorte." Jacques était un brillant électron libre qui ne pouvait intégrer aucune structure, sauf peut-être s'il la dirigeait lui-même. C'était un homme de commando, à cent à l'heure dans une direction, n'importe laquelle d'ailleurs, c'est ça son plaisir. Quand l'équipe est lancée, ça ne l'intéresse plus. Quant aux objectifs, à la direction du mouvement : celle-là ou une autre, ces objectifs-là ou des objectifs opposés, peu lui importe, ce n'est pas son affaire, ce n'est pas un homme qui a un projet[77], c'est un aventurier qui sait lancer les autres devant lui plutôt que d'y aller lui-même....

Au bout de deux ans, on sentit qu'il commençait à s'ennuyer et dès lors, il s'est mis à entendre toutes les critiques qu'on faisait à son égard, à y être

---

[76] L'omniprésence due à l'abstraction et à l'identification.
[77] Pas de « G ».

vulnérable alors qu'il était passé au travers joyeusement insouciant pendant si longtemps. Il s'en est irrité plusieurs fois violemment et pas toujours à juste titre, bien sûr, et une ou deux fois j'ai été obligé de dire publiquement qu'il avait fait une erreur, qu'il s'était trompé, qu'il avait tort. Jacques avait besoin d'être admiré, et une fois son équipe lancée à pleine vitesse sur les rails, l'admiration qu'elle lui portait ne lui suffisait plus. Il lui fallait être admiré par les autres, tous les autres.

Il avait un narcissisme tyrannique. Alors, il a commencé à demander plus de responsabilités, une promotion, plus de pouvoirs. Mais aucune fonction au-dessus de la sienne n'était disponible et ne le serait avant longtemps ; et puis il y avait les autres chefs de division. Le drame avec ce type de personnes, c'est qu'on ne peut pas les fidéliser car, au bout d'un moment, on ne peut plus les valoriser suffisamment, sauf à tout leur donner et encore. Ils ont un narcissisme insatiable.

Et de cela, il se rendait bien compte. Comme il se rendait bien compte qu'il se grillait vite. Certes, il savait enthousiasmer les autres, mais au fond il ne savait faire que cela, il n'avait pas une technique assez pointue pour faire quoi que ce soit par lui-même ; ce n'était pas non plus un homme de stratégie : combien de fois ne s'est-il pas ridiculisé quand, invité au comité de direction générale, il s'avérait incapable ne serait-ce que de décrire correctement l'environnement de son unité, son marché ?

Et puis surtout, tout ce qui était administration, gestion, l'ennuyait au plus haut point, il ne se gênait pas pour le dire en ridiculisant ceux qui travaillaient dans ce domaine[78]. »

FIN DE LA TORNADE BLANCHE ; APRÈS L'OURAGAN :

« Alors il est parti, assez brutalement d'ailleurs : il avait réussi à me faire admettre de réduire son préavis au strict minimum : "Ou je suis là, ou je ne suis pas là ; dès que mon départ sera connu, il vaut mieux que je disparaisse immédiatement, ce sera plus clair pour tout le monde." Je lui ai donc cherché un successeur tout en assurant l'intérim. Quelle panique ! D'abord sur l'intérim ; aucune fiche d'objectifs, aucune fiche de contrôle, aucun entretien d'évaluation, les définitions de fonction datant d'avant la période de Jacques n'avaient plus rien à voir avec ce qui se faisait et bien sûr il n'avait fait aucune nouvelle définition. Ses ex-collaborateurs avaient pris les habitudes les plus fantaisistes : il leur arrivait de travailler jusqu'à trois heures du matin puis d'être tout simplement introuvables pendant 48 heures. Je lui avais accordé une assez forte enveloppe de primes dont il faisait usage selon sa seule discrétion ; il en résultait des rémunérations fondées sur aucune base logique, des fonctions qui ne correspondaient plus au statut, titre, de leurs

---

[78] Pas de « R », pas de « G », pas de « O ».

responsables... à l'infini[79]. Ses "troupes" travaillaient pour lui, par lui, avec lui, au travers de lui, comme lui.

Et ils oubliaient tout le reste. Mais une fois parti, ce ne fut plus la même chanson. Les problèmes qu'ils avaient si allègrement oubliés, une fois Jacques parti, ils les retrouvaient souvent aggravés : dire que le prédécesseur de Jacques avait eu du mal à faire face à une fronde sur des déséquilibres de rémunération... Ce qu'ils redécouvraient maintenant n'était plus de l'ordre du déséquilibre, mais de l'ordre de l'anarchie. Quant à leurs habitudes fantaisistes, c'était devenu de tels faux-plis (il y en a même un qui m'a parlé d'"avantages acquis") que reprendre tout cela en main tenait du miracle. Et je vous passe les détails. Quant à la succession, là aussi, je tombais sur un bec. Rien de possible hélas à l'intérieur, non pas parce que ça manquait de candidats, tous voulaient la succession et tous s'en croyaient capables : Jacques n'arrêtait pas de leur dire qu'ils étaient les meilleurs. Ce n'était pas vraiment le vide, mais bel et bien le "trop-plein".

Et la belle cohésion, l'unanimité du temps de Jacques avaient cédé la place à une effroyable rivalité et à une lutte à couteaux tirés pour sa succession. Je n'avais pas le choix, je devais choisir quelqu'un de l'extérieur et les aligner tous... J'ai trouvé un premier successeur, il n'a même pas terminé sa période d'essai. Homme de grande qualité pourtant. Mais déjà que Jacques était hyper-valorisé quand il était présent, une fois parti, il était complètement idéalisé et le successeur ne faisait pas le poids : il n'a réussi qu'une seule chose : se mettre tous ses collaborateurs à dos ; au moins ils étaient à nouveau d'accord, mais pour le descendre en flammes. Ça a d'ailleurs redonné un semblant de réussite à l'équipe ; pendant un bon mois ils ont remarché ensemble, contre lui... Et puis il est parti : "Qu'est-ce que c'est que ce nid de fous", m'a-t-il dit en me quittant.

Le deuxième a tenu un an. Il a essayé, mais n'a pu qu'assister à la décomposition de l'équipe et à un véritable effondrement de la productivité. À la fin de son passage, la division était à nouveau déficitaire – il avait dû céder sur tellement de moyens qui s'avéraient soudain indispensables alors que Jacques savait les convaincre qu'ils n'en avaient pas besoin ou même leur faire oublier qu'ils ne les avaient pas – et on recommençait à perdre de bonnes parts de marché.

Le troisième a l'air de s'en sortir ; Jacques est un peu oublié ; il y a eu quelques changements dans l'équipe : et puis le deuxième avait payé les pots cassés et fait le ménage. Alors ça repart doucement. Oh, ce ne sont plus les envolées lyriques de Jacques. Mais c'est peut-être plus solide.

Au fond, tout cela est de ma faute. Moi aussi j'ai cédé à l'enthousiasme, au pouvoir de séduction de Jacques : je l'ai laissé faire : ça marchait tellement bien et j'avais tellement d'autres choses à faire. Au fond, tout cela n'était qu'un feu de paille et il aurait fallu en profiter pour mettre de bonnes grosses bûches au feu tant que le feu de paille marchait à plein. Lui ne savait

---

[79] « M » détruit les fonctions « O ».

pas le faire ; c'était à moi de le faire à sa place ; peut-être tout simplement en lui imposant les mêmes règles du jeu qu'aux autres ; en maintenant Michel dans son rôle de contrôleur de gestion. »

Laissons ici ce cas malgré l'envie de citer bien d'autres entretiens, notes de services, retranscription de discours, tous surprenants et clairs.

B. FAUT-IL SE PASSER DU POUVOIR CHARISMATIQUE : LE « M » ?

Astérix nous dirait que nous avons suffisamment de détails maintenant pour sentir la réalité en entreprise de ces pouvoirs émotionnels « M » et « M- », de leur force et de leur danger pendant et après coup, de la facilité de l'effondrement dans un symptôme : leurre trop brillant de la chaleureuse cohésion, ivresse de la réussite époustouflante, lumière éblouissante, satisfaction enfin totale du narcissisme du « M » et de ses collaborateurs : une telle réussite n'est-elle pas accompagnée d'un sentiment de toute-puissance et de totale admiration donnée et reçue ? Comme « O » paraît terne et besogneux à ses côtés, et comme on va avoir tendance à l'oublier en le trouvant toujours particulièrement ennuyeux. Et « M » donnera le tout premier son de cloche. Plus encore qu'entre « G » et « R », il y a incompatibilité et en même temps indispensable complémentarité entre « M » et « O ».

Dès lors, si l'on combine les antagonistes « MG » et « OR », cela devient une gageure de les faire travailler ensemble, ce « leader » et ce « manager », mais c'est bien l'indispensable synergie à créer, véritable construction symbolique à laquelle nous devons nous livrer en renonçant à la facilité du feu de paille unique : leurre, symptôme de pathologie.

Jacques était trop près du feu ; et il y avait entraîné ses collaborateurs ; tous trop près du feu. Tous allaient s'y brûler les ailes. Icare.

Jacques portait la Lumière. Mais, hélas, il avait fini par se prendre pour la Lumière avec la confirmation par tous ceux qui le côtoyait qu'il l'était bel et bien (on ne peut qu'évoquer le cri du prophète Isaïe contemplant la chute de « l'Ange préféré de Dieu », celui qui portait la Lumière, littéralement « Lucifer », et qui avait fini par se prendre pour elle : « Mais pourquoi es-tu tombé du ciel, Fils de l'Aurore ? »).

En tout état de cause, dans le cas de Jacques, l'ombre n'éclairait plus la route d'aucun des acteurs.

N'oublions pas non plus la fonction clé dont nous étions partis et dont nous voyions l'expression claire dans le nom même de « Panoramix » : la prise de distance, le fait de voir les problèmes de haut, de loin, dans leur ensemble. Bref, le point de vue panorami(que)x. Cela ne permet pas, hélas, de les résoudre, mais seulement de diminuer leur visibilité et, dans les cas extrêmes, de les faire oublier : ça calme et facilite le jeu ; et puisqu'on pense moins à ses problèmes, on pense du même coup moins aux problèmes qui, éventuellement, nous opposaient à notre voisin : renforcement, en conséquence, de la cohésion. Des discours sont restés célèbres, qui renforçaient cette prise de distance pour calmer le jeu. Bien sûr, si on profite du temps ainsi acheté pour réellement résoudre les problèmes, on aura tout compris... et tout gagné ; sinon, gare à leur retour en force !

Sans compter que : « La France vient du fond des âges... », c'est fabuleux lorsque ça marche, mais pas donné à tout le monde (peu de responsables d'entreprise parviendraient à calmer d'éventuels légitimes mécontentements par un « ne vous inquiétez pas : notre entreprise vient du fond des âges... »).

Jacques et tous ses semblables ne savent pas changer réellement les couleurs du temps ni le sens de la ronde. Ils ne savent que le faire croire. Qu'illusionner.

Ceci d'ailleurs est utile, voire indispensable : au fond, Jacques, comme tous ses semblables, de fait, achète du temps et crée les conditions nécessaires pour que d'autres, par derrière, fassent un réel travail de changement.

Décidément, Jacques n'est que l'exemple d'un ratage spectaculaire : « M » (le mobilisateur, le druide, Panoramix), lorsqu'il est tout seul, c'est tôt ou tard le grave accident.

Un mélange « M » + « O » (l'organisateur, le chef du village, Abraracourcix) est impossible : l'image de l'un détruit l'image de l'autre.

En revanche, « M » + « G » (le guide, Astérix) peut tenir la route. Le charisme au service d'un vrai projet tel que « G » sait les identifier, là, on tient le bon bout : les effets de séduction sont toujours les mêmes, mais ils deviennent plus qu'utiles si, grâce à cela, le vrai projet d'un vrai « G » peut se réaliser sans risque que les freins de la discorde ne le bloquent.

C'est le « G » d'une personne qui supprime les dangers de son « M », le rendant ainsi utile, voire indispensable. « M » doit être impérativement au service de « G ». Au même titre d'ailleurs que « R » et « O » : tout doit être mis au service d'un projet... simple bon sens, non ? Ce doit toujours être les aventures du « G ». Et c'est bien pour cela que cela s'appelle les « aventures d'Astérix ».

Si on repasse un court instant au macro-social, le fait de confier le « G » au couple exécutif facilite cette perception du « M » au service du « G », supprimant de ce fait les dangers du « M » seul.

La synthèse suivante résume schématiquement notre analyse :

I. Trois fonctions dans la création du pouvoir de type « M » :
a) La prise de distance ;
b) La reformulation-miroir ;
c) L'abstraction.

II. Résultats de ces trois fonctions clés :
a) La prise de distance conduit à l'oubli des problèmes, à la négation des difficultés réelles : on s'élève au-dessus de la mêlée : tout devient plus facile : « mécanisme de défense » de déni de la réalité. Pour ne pas dire de déni de réalité (voir note technique n° I) ;

b) La reformulation-miroir : on se reconnaît dans l'autre auquel on s'identifie : cohésion, fusion, dépendance affective : « mécanisme de défense » d'identification (même note technique) ;

c) L'abstraction : on y met ce que l'on veut : on idéalise et son leader et soi-même dans un mécanisme de défense de type projection (valorisation réciproque ; toujours la même note technique).

III. Fonction et résultat complémentaires : présence du « M- » (le « mobilisateur négatif », le barde, Assurancetourix) pour se décharger de la responsabilité d'éventuelles difficultés et/ou échecs en les lui attribuant (mécanismes de défense, de rationalisation et de projection) et pour faire abcès de fixation de l'agressivité : plaisir de l'investissement pulsionnel complet, positif sur « M », négatif sur « M- », clivage du transfert ; stabilisation de « M » qui, sinon, se brûle vite les ailes.

IV. Cinq grands risques principaux que « M » encourt et/ou fait encourir à l'entreprise :

a) « M » est un naufrageur : il s'entoure d'un mur d'approbation admirative et se coupe de toute critique constructive de la part de son entourage ;

b) « M » est déboulonné par des réactions agressives, véritables passages à l'acte, sauf si un « M- » à ses côtés prend les attaques à sa place ;

c) « M » déçoit au moindre faux-pas visible (heureusement pour lui, on est souvent aveugle à ses échecs) et s'il ne peut pas se défausser en attribuant l'échec à un « M- », il le devient alors lui-même : le leurre a disparu ;

d) Il a fait oublier les problèmes, mais on ne les a pas résolus pour autant, et quand ils réapparaissent ils se sont compliqués (sauf si d'autres ont, entre-temps, résolu les problèmes par derrière) ;

e) « M » pose toujours un problème de succession : il a fait le vide autour de lui : personne ne fait le poids tant qu'il est là. Réaction de « trop-plein » à son départ. Dévalorisation et paralysie du successeur vécu comme « M- ». Ce qui amène beaucoup de leaders de type « M » à retarder le plus longtemps possible leur succession. Notamment s'il est « GM » – échappant au risque d'être naufrageur par son côté « G », il pourra durer très longtemps, comme en témoignent de nombreux grands « leaders » – au sens où nous parlons de leaders – encore brillamment aux commandes à plus de quatre-vingts ans ;

f) Rappelons-nous aussi les stupéfiants résultats de l'expérience de Milgram (voir sur Internet en saisissant « Milgram » ; on peut aussi se référer à l'analyse fouillée que nous en faisions dans notre *Précis de gestion sociale, op. cit.*, en ce qui concerne la perte de discernement face à un leader charismatique : que ne ferait-on pas pour garder son regard positif sur nous ?). Dans l'expérience, Milgram montre que les 2/3 des personnes acceptent d'infliger de prétendues décharges électriques très douloureuses, dangereuses, potentiellement mortelles à une personne qui ne leur a rien fait, qui supplie qu'on arrête... tout simplement pour ne pas décevoir le prétendu « scientifique » qui leur a donné cette mission : « Hors de question que je déçoive une personne qui m'a fait l'honneur de m'associer à ses travaux et me confirme dans mon sentiment d'existence. Si je la décevais, je n'existerais tout simplement plus : hors de question ! » (voir aussi notre note technique n° 2).

Bien sûr, les décharges sont fictives, mais la pseudo-victime joue parfaitement bien son rôle et tous les candidats participants à ce test sont persuadés que ces décharges électriques sont réelles : une kyrielle de mécanismes de défense va se mettre en place, permettant à la personne de minimiser à ses propres yeux les conséquences de ses actes...

En conclusion, disons que « M » est indispensable, mais qu'il doit être impérativement complété par un « G », un « O » et un « R ». Au « M » l'émotionnel ; aux « R », « G », « O » le rationnel. On retrouve bien sûr le fait qu'une équipe gagnante c'est la globalité du « RGOM » : Astérix, Obélix, Abraracourcix, Panoramix avec le filet de sécurité – au cas où – Assurancetourix M-. L'illusion, le rêve, doivent impérativement exister, mais, tout aussi impérativement, n'être qu'un point de départ. Ce n'est, une fois de plus, que l'articulation émotionnel-rationnel (que nous retrouvons dans le macrosocial par l'articulation « *Laos-Démos* »).

« M », seul, est l'opposé de l'ombre qui éclaire, c'est la lumière qui éblouit. Ce n'est pas le « maître » qui dit : « Va vers toi », mais le « guru » qui dit : « Viens vers moi. »

En revanche et par contraste, on commence à mieux sentir ce qui fait le vrai « chef » à qui on peut faire confiance pour « changer le sens de la ronde », ce maître qui dit « va vers toi » et qui conclue un pacte de collaboration pour organiser l'action commune, et donc à qui on peut faire confiance.

Ou plutôt : à qui **il faut** faire confiance !

Faire confiance... C'est tout de même un sacré pari ; pour ne pas dire un foutu risque. Alors, on s'est posé la question de savoir quels sont, dans notre culture, les éventuels éléments, s'il y en a, qui pourraient limiter ce risque, nous rassurant ainsi dans cette obligation de faire confiance, notamment en maintenant malgré tout chez chacun d'entre nous un discernement suffisant pour ne pas se faire piéger. D'entrée de jeu, cette question semblait décourageante, désespérée. Et puis... finalement...

Mais n'anticipons pas.

C. LES ÉVENTUELLES BASES CULTURELLES LIMITANT LE RISQUE

Limiter le risque, sans, pour autant, diminuer la confiance et l'enthousiasme… Vaste programme !

Scrutons les textes sacrés : parole divine pour un croyant ; fascinante expression de la sagesse humaine pour un non-croyant, ils sont pour nous tous les fondements de notre culture et donc les déterminants de comportements parfois conscients (dans les préceptes et interdits de comportements énoncés), parfois inconscients par la mythologie qui s'y exprime.

Ceci est à coup sûr le cas du personnage d'Abraham, qui se trouve au centre des trois religions révélées (judaïsme, christianisme, islam – « par ordre d'entrée en scène »), les trois « religions du Livre ».

LE « *LEKH LEKHA* » COMME BASE DE LA CONFIANCE ?

Nous l'avons évoqué en quelques trop courtes lignes dans notre introduction. Il convient d'y revenir maintenant de façon approfondie afin d'en recevoir la richesse.

Ce qui suit m'a été inspiré par le livre de Marie Balmary *Le sacrifice interdit* (voir bibliographie), notamment dans son chapitre « En Éden ». Je ne fais ici que citer ces thèmes. Je renvoie le lecteur au livre de Marie Balmary pour y trouver une fabuleuse analyse et un magnifique développement.

Marie Balmary cite notamment l'appel d'Abraham tel qu'il est décrit dans la Genèse (chapitre 12) : Dieu dit à celui qui pour l'instant ne s'appelle (pas encore Abraham), mais Abram : « *Lekh Lekha*… » ; « Va vers toi, va de ta terre de ton enfantement, de la maison de ton père, vers la terre que je te montrerai. » *Lekh Lekha* : « Va vers toi » ou « va pour toi » ou « va en toi » selon les traductions. En tout cas, quitte la terre de ton enfantement, la maison de ton père…

Au fond, « quitte tes enveloppes protectrices ». Et tout cela pour aller où ? Pas de réponse immédiate, sinon « va vers la terre que je te montrerai ».

Le futur est important : en temps voulu, je te dirai où tu dois aller. Mais je ne te le dirai que lorsque tu seras parti, c'est-à-dire quand tu seras « parti pour partir ».

Et que ce sera *pour toi et pour toi seul* que tu l'as fait : nécessité absolue de faire œuvre de liberté dans l'unique but de faire œuvre de liberté (c'est le prix à payer, prix inévitable). Et dès lors, si tu fais cet acte de liberté, ce cheminement que tu auras entamé te conduira vers toi-même (après « le prix », voilà « la promesse »). **Il semblerait bien que cet appel à tout quitter pour devenir soi-même soit le déterminant de comportement fondamental,** sans doute inconscient (en partie du moins), qui structurera nos choix, nos décisions, nos façons d'être, nos relations. Bref : se centrer sur soi-même plutôt que de choisir d'être au service des autres. Du moins en apparence. Si tel était bien le cas, le monde ne serait fait que d'égocentriques, prêts en permanence à tout quitter pour poursuivre leurs propres chemins. Il semble bien d'ailleurs qu'on laisse notre langue française glisser sur cette même dangereuse pente. Un exemple : entrez sur le site d'informations gouvernementales (info.gouv.fr) et ouvrez la fenêtre bleue (covid 19, informations essentielles). On vous laisse le choix entre trois langues, à savoir : français, *english* et... « français simplifié ». *Sic transit...*

> Ce nouveau français mérite d'être découvert, d'autant que, proposé par des instances gouvernementales, il est en quelque sorte « officialisé ». Vocabulaire restreint, tournures de phrase ramenées à une sécheresse ne laissant aucune place à la réflexion, donc ne permettant aucune pédagogie. Certes, c'est clair, autant que la « novlangue » et... avec les mêmes dangers. Sans compter que le « nous » français est quelque peu malmené, la symbolique du langage commun disparaissant au profit d'un clivage qui pourrait paraître insultant : il y aurait d'un côté les vrais Français qui parlent le vrai français. Des Français « à part entière » en quelque sorte. Mais les autres, comment les qualifier sans être péjoratif ? Surtout à une époque où on dénonce de façon quasi obsessionnelle et où on condamne, violence à l'appui, tout ce qui pourrait (peut-être) ressembler (vu de loin, de nuit et par temps de brouillard) à une possible petite discrimination ? Faudra-t-il que l'Éducation nationale enseigne uniquement le français simplifié ? (les mauvaises langues diront peut-être que c'est déjà ce qui se passe...).
>
> Comme nous le disions plus haut, l'*international english* peut être un très utile système de signes pour transmettre une information... mais sans plus : la réflexion, la pensée qu'on peut avoir avec moins de 1 000 mots n'aura jamais la richesse de celles que l'on peut développer avec les 50 000 mots de l'adolescent de 17 ans...
>
> Ceci posé, reconnaissons que, sur une question de sécurité publique, on ait le devoir de faire en sorte d'être sûr que tout un chacun a clairement compris le message en se rabattant sur ce même très utile « système de signe », en l'appliquant à notre langue dans une démarche qui est la même que celle de l'*international english*. Mais il suffirait sans doute de le faire pour tous sans qu'on soit obligé de demander au lecteur de choisir une « sous-catégorie ». J'en ai d'ailleurs besoin moi aussi de ce français simple.
>
> Et si on réfléchit calmement deux minutes, il ne devrait y avoir que du français, non pas simplifié, mais « tout simplement simple », au sens vrai du terme... celui de Boileau : « Ce que l'on comprend bien s'énonce clairement, et les mots pour le dire arrivent aisément. »
>
> (NB : armé de cette réflexion, j'ai regardé à nouveau le site gouvernemental ; finalement, le français dit simplifié m'apparaît comme une option pour un Français, option claire et simple correspondant très bien à l'indispensable transmission de consignes impérieuses. Et, si j'ai eu cette réaction de rejet, c'est peut-être tout simplement à cause de l'étiquette pour moi irritante de proposer d'être classé dans une catégorie

> « incapable de comprendre le vrai bon français ». Ce serait plutôt l'option « français » que je questionnerais désormais ; difficile à comprendre cette option-là. Difficile à cause de l'utilisation qui en est faite du français.
>
> En caricaturant à peine, je pense qu'il aurait été plus exact de proposer le choix suivant : « français », « *english* », « français compliqué »...)
>
> En fait, j'avais tout faux dans ma critique : la langue n'a rien à voir dans cette difficulté. Il suffirait de ne mentionner que deux langues : « français » et « *english* », et, dans les deux cas, de proposer deux choix : « consignes détaillées » et « consignes simplifiées ».
>
> Ce sont les consignes qui posent problème ; et non pas la langue !
>
> Et nous pouvons, nous tous, continuer à utiliser notre langue. Nous tous Français, sans aucune trace d'un clivage dû au fait d'avoir utilisé une formulation qui pouvait être entendue comme l'expression d'une discrimination dévalorisante. Le « nous » français ne sera pas, une fois de plus, ébranlé. Il l'est suffisamment comme ça par ailleurs... Ceci posé, l'expression « français simplifié » reste maladroitement dangereuse, puisque porteuse du potentiel malentendu que je viens de décrire.

Mais reprenons notre analyse. Le *Lekh Lekha* semble conduire à une centration sur soi-même. Donc à une forme d'égocentrisme. Et « faudrait-il faire confiance » à de pareils lascars ??? D'autant qu'ils ont toute chance, ayant fait ce premier pas dehors, d'y prendre goût et de continuer : c'est d'ailleurs ce qui va se passer : tout un chemin est amorcé ; il va se prolonger pour toute une descendance !

La Bible nous le dit en clair ; une fois libre par ce premier pas, l'identité d'Abram change : Abram – fils du père – devient Abraham – père de la multitude. Sa femme Saraï, « ma princesse », devient Sarah, « princesse » tout court. Le génitif a disparu ; la possession qu'il signifiait s'efface ; Saraï devient Sarah et ainsi gagne aussi sa liberté, semblable à celle que vient de gagner Abraham. Cerise sur le gâteau, Sarah était stérile, Sarah ne l'est plus, Sarah et Abraham vont engendrer une lignée.

Et quelle lignée ! Victor Hugo la comparait à un arbre et la décrivait en disant : « Un roi chantait en bas, en haut mourait un Dieu. »

On se rassure : la confiance commence à montrer le bout de son nez : si « aller vers soi-même » permet d'engendrer une telle lignée, on est de fait à l'opposé d'un égocentrisme stérile.

Le « *Lekh Lekha* » devient donc l'élément fondateur d'après le texte sacré. Il fonde l'identité, fait disparaître le blocage de la stérilité, et donc fonde l'identité de toute une lignée.

Il rend l'histoire possible, il l'initie.

Le texte sacré, de plus, nous évite un malentendu : « La confiance, ce n'est pas dire à l'autre : ne vous inquiétez pas, je serai toujours là et vous pourrez toujours compter sur moi pour vous aider, vous servir » (même à mon détriment).

Non. Pour les textes sacrés, la confiance est une rupture des enveloppes protectrices en un cheminement particulièrement exigeant.

Mais le jeu en vaut la chandelle : rompre ses enveloppes protectrices signifie dominer sa peur ; peur qui est à la base de tout comportement agressif, de toute traîtrise, de toute attitude défensive, de tout repli sur soi. Et la peur d'une personne déclenche la réponse agressive de l'autre ; de plus, la peur est contagieuse.

Tout cela peut se résumer en disant que la peur est la mère de toutes les violences.

« N'ayez pas peur ! » : le cri de Jean-Paul II pour inaugurer son pontificat le 22 octobre 1978 place Saint-Pierre est plus que jamais d'actualité ; ça reste le fondement permanent et atemporel de toute action collective ; la base du « nous ».

Le « *Lekh Lekha* » passe ainsi du « va vers toi » au « allons vers nous ».

Bien sûr, si tous les membres d'un même groupe ont fait le même chemin de la même façon, la confiance peut s'instaurer sans difficultés. Mais, que je sache, Abraham est assez unique en son genre, même s'il est censé nous représenter tous dans ce devenir personnel, cet accouchement de soi-même. Comment donc faire ce même chemin ?

La psycho-sociologie n'apporte pas de réponse claire ; elle est de plus parfois décourageante dans ses observations.

Notamment le très connu « dilemme du prisonnier »[80]. La théorie des jeux nous amène à nous soumettre à l'évident constat que le point d'équilibre stable dans une prise de décision collective est un rapport réciproque fondé sur la défiance (plutôt que de prendre le risque de se faire réciproquement confiance).

Précisons que cette simulation est construite sur une situation où la confiance réciproque serait la seule porte de sortie constructive, et de plus « gagnant-gagnant » pour les deux parties. Mais tout se passe comme si nos comportements étaient fondés sur « mieux vaut être très sûr de perdre tous les deux plutôt que de prendre le risque de "se faire avoir" en ayant fait une confiance naïve à l'autre ».

Et pourtant, si on jette honnêtement un œil sur les expériences de la vie, on aurait envie de dire qu'au total, mieux vaut faire confiance à tort que de ne pas faire confiance à tort. On perd moins…

Une lumière d'espoir néanmoins. Si on répète plusieurs fois la simulation du « dilemme du prisonnier », on observe que peu à peu (lentement), la confiance va avoir tendance à s'installer et va finir par prendre le pas sur la défiance. La peur finit par être dépassée. On n'en espérait plus tant ! En tout cas, ce n'est pas impossible… et donc la confiance réciproque peut se construire, on va s'y atteler.

---

[80] Formulé dès 1950 par W. Tucker, les lecteurs qui ne connaîtraient pas cette simulation peuvent la trouver décrite sur Internet.

Tout repose sur la base suivante : CONSTRUCTION D'UNE SYMBOLIQUE COMMUNE.

Toute relation interpersonnelle, quelle qu'elle soit, comporte nécessairement des « affects », et positifs, et négatifs, le tout soigneusement mélangé, c'est-à-dire que s'y investissent les deux pulsions de base qui structurent notre façon d'être, la pulsion « libidinale » et la pulsion « agressive » (voir note technique n° 1).

Toute action humaine, quelle qu'elle soit, est toujours un mélange de ces deux forces fondamentales, la première qui est responsable du développement individuel, du développement de l'espèce, porteuse des relations positives, constructives entre personnes, créatrice de la cohésion, de l'homogénéité des groupes (pulsions libidinales). Et la deuxième, « symétrique » en quelque sorte de la première, qui vise à la destruction de l'autre – parfois de soi-même –, à la lutte pour la survie, qui a conduit aux tensions et conflits, véritable « instinct de mort » menant à l'anéantissement. Toute action humaine est la résultante d'une fusion de ces deux pulsions fondamentales, plus ou moins teintée d'agressivité ou de libido selon les cas (voir fiche technique n° 1).

Une constatation toutefois. Cet « investissement pulsionnel » n'a rien d'une logique objective :

Toute situation psychologique dans laquelle se trouve une personne comporte nécessairement une charge affective. N'importe quelle chose, objet, animal, personne, idée, situation, fait, relation, image, etc., dès qu'elle est regardée ou simplement évoquée, se voit attribuer une charge affective. On dit, techniquement, qu'à toute « représentation » est liée un « affect ». Pas toujours nécessairement l'affect dont on pourrait dire qu'il est logiquement lié à la représentation (tel l'affect « peur » qui serait naturellement et logiquement lié à une situation objective de danger). Le plus souvent, pour ne pas dire « toujours », une représentation se voit attribuer un affect « qui ne la concerne pas » ou en partie seulement.

Au fond, le regard objectif rationnel, pur, n'existe pas : une personne est toujours aimée ou haïe (les deux à la fois d'ailleurs), beaucoup plus qu'elle ne le mérite objectivement – elle ne mérite, au sens strict du terme, d'ailleurs, rien du tout –, une représentation sera considérée comme attirante ou repoussante en tout illogisme (ou plutôt selon une logique qui échappe à la conscience).

Ceci est à la fois dramatique et porteur d'une immense possibilité de maniement d'une situation.

On parlera de la « dissociabilité » du fait psychique pour désigner la dynamique suivante : à partir d'un fait psychique initial réputé « logique » (c'est-à-dire où l'affect est « logiquement » lié à la représentation), si ce fait psychique initial est trop difficile, trop douloureux à assumer, l'affect va glisser vers des représentations substitutives plus faciles à regarder en face, contaminant de fait ces représentations par un affect qui, en toute logique, ne les concerne aucunement.

Dynamique fondamentale, omniprésente, qu'il faut bien sentir si l'on veut décoder valablement nos observations. Éclairons-la par un exemple précis :

Nous citons dans un de nos travaux l'exemple d'une personne souffrant d'un lourd symptôme d'anorexie. Cette personne – comme nous tous – avait, dans son développement personnel, traversé le tumulte de la crise œdipienne (extrême attirance pour le parent du sexe opposé au sien, forte agressivité pour le parent du même sexe vécu comme rival, obstacle). En tant que jeune garçon (vers 5-6 ans), cette personne avait été confrontée au fait psychique suivant :

$$\frac{\text{Agressivité (affect)}}{\text{Père (représentation)}}$$

Fait psychique parfaitement insupportable : exprimer son agressivité, et l'agir dans un rapport de force aussi défavorable est quasi impossible. On se sent très faible pour une telle empoignade (au sens strict des mots : on ne « fait pas le poids »). La peur est là. Et puis ce père tant haï, il a malgré tout de bons côtés : il protège et enseigne. Pour un peu, on craindrait presque de le perdre. Après la peur, c'est l'angoisse qui s'installe. Et puis je commence aussi à savoir que « ça ne se fait pas, que c'est "défendu" et que si je le faisais quand même, il m'arriverait de gros ennuis » (que je ne sais d'ailleurs pas par quels mots exprimer). Cette fois-ci, c'est la culpabilité qui se fait sentir.

Peur, angoisse et culpabilité combinées, ça n'arrange pas les choses, et pourtant l'agressivité – très forte – est là. Et bien là. Et elle pousse sacrément. Comment s'en sortir ?

En l'occurrence, et par le hasard des choses, cette personne s'en était « sortie » en développant un symptôme d'anorexie : il se trouvait que cette personne était de langue maternelle allemande et que son père était anglais et avait pour prénom Richard. Il se faisait appeler par le diminutif habituel de Richard, à savoir « Dick ». « *Dick* » en allemand signifie « gros ». La clé de l'énigme (du symptôme) nous apparaît : par l'anorexie, cette personne tuait le gros qui était en lui. Il tuait « gros », il tuait donc « *dick* », c'est-à-dire Dick, c'est-à-dire Richard, c'est-à-dire son père. L'agressivité avait ainsi glissé sur une représentation substitutive.

Elle pouvait s'exprimer sans blocage :

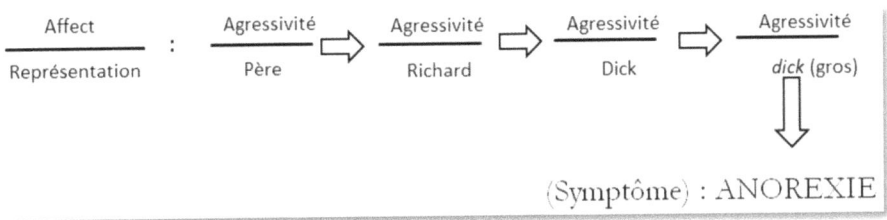

Ce symptôme résolvait donc l'insupportable déchirement du conflit intra psychique. Le prix à payer, l'anorexie, paraît bien faible pour sortir de ce déchirement si douloureux.

Nous appellerons « chaîne associative » cette suite de glissements de l'affect d'une représentation à une autre.

En fait, l'anorexie est devenue le symbole de l'image paternelle (symbole et symptôme, même « combat » et peut-être convient-il de ne différencier ces deux termes qu'en fonction d'une dimension pathologique et donc de souffrance qu'on lie au deuxième et dont le premier serait exempt).

Dissociabilité du fait psychique ; dynamique, à bien sentir et à bien retenir, qui nous conduit **tout naturellement aux concepts de symptôme et de symbole**[81].

Nous nous préoccupons ici du symbole et nous pouvons donc constater qu'un groupe de personnes partageant les mêmes symboles, c'est-à-dire les **mêmes chaînes associatives** les amenant à attribuer les mêmes affects aux mêmes représentations, auraient un vécu émotionnel suffisamment identique pour qu'elles **se sentent membres d'un même corps**, et que, de ce fait, **la confiance aille de soi.**

En effet, ceci, à tort ou à raison, les amène à penser qu'un autre membre du même corps ne se retournera jamais contre eux puisque cela reviendrait, pour le membre en question, à se retourner contre lui-même. Chacun des membres du groupe devient alors persuadé qu'un autre membre du même groupe ne le trahira jamais, ne lui fera pas de « coups bas », ne le jugera pas, l'acceptera tel qu'il est. La confiance s'instaure avec une retombée positive d'une très grande richesse. Puisque chacun pense qu'il est accepté pour ce qu'il est, sans réticence et sans jugement négatif, chaque membre du groupe peut (enfin !) avoir le culot d'être soi-même en apportant toute la richesse de son unicité.

Le groupe est donc soudé et formé d'individus qui gardent chacun leur originalité, leur spécificité, leur unicité. Donc leur richesse créative : c'est parce qu'ils ont confiance, qu'ils restent tous soigneusement différents les uns des autres.

On sort ainsi du faux dilemme dans lequel on s'était cru enfermé : non seulement l'originalité personnelle n'est pas incompatible avec la cohésion d'un groupe ; bien au contraire, elle y contribue, elle en est la base. On s'enrichit de ces différences sans jamais abdiquer sa personnalité devant celle d'un autre et en se réjouissant de cette confiance qui nous permet de nous élever et d'élever les autres vers plus de créativité, plus

---

[81] Une précision : il est évident que l'anorexie est une situation extrêmement complexe et qui peut se compliquer de manière potentiellement très dangereuse pour la personne concernée. Nous ne saurions la ramener au schéma simpliste que nous venons d'évoquer qui, de plus, ne se déroule pas en une série d'étapes claires articulées mécaniquement entre elles comme ce schéma pourrait, de par sa présentation graphique, le suggérer : il s'agit plutôt d'une dynamique floue et inconsciente. Nous l'avons utilisé dans le seul but de montrer la « dissociabilité du fait psychique » introduisant les concepts de symptôme et de symbole.

d'investissement, plus de projets, plus d'actions, plus de réussites collectives et individuelles.

On voit toute l'importance de créer la confiance par l'établissement d'une symbolique commune[82].

Tout ceci crée un espace réellement « sacré » où le « bruit et la fureur » restent à l'extérieur et où la joyeuse performance de la réussite développe, et les individus, et le groupe qu'ils forment, et les actions qu'ils mènent.

Peut-être même que cela nous permettrait d'atteindre une « sagesse » de groupe venant réguler les déterminants de comportement restés dans l'ombre ?

Notre ombre nous éclaire. On n'y peut rien.

On a montré qu'une symbolique commune pouvait en résulter : base du « nous ». Tout cela bien sûr est inconscient, reste dans l'ombre ; mais détermine nos attitudes, nos décisions, nos comportements. C'est, comme toujours, une ombre qui éclaire le chemin ; ce qui est très fort, certes, mais parfois très inquiétant : serions-nous condamnés à ne pas savoir pourquoi nous agissons de telle ou telle façon ? Que devient, dès lors, notre responsabilité ? De fait, celle-ci est toujours présente : on est seulement passé de la responsabilité individuelle à la responsabilité collective : ce n'est pas pour cela plus rassurant ; peut-être même est-ce pire ? Regardons-le, en tous cas.

Il faut limiter les dégâts : une règle du jeu contraignante peut le faire. En complément de la symbolique commune, le partage d'une même règle du jeu consolide l'édifice, la loi est la réponse collective incontournable.

Témoin, *L'Esprit des lois* : « [les lois] ces rapports nécessaires qui dérivent de la nature des choses », pour citer Montesquieu, tous ses travaux (et plus généralement ceux de la « philosophie politique ») sont le mode d'approche permettant, en plus de la symbolique commune, de mieux utiliser cette ombre qui nous éclaire.

Parfois, on a envie de se déresponsabiliser : cette ombre qui ressemble trop à ce qu'on pourrait appeler le destin. « Que voulez-vous que j'y fasse : c'est mon destin ! … »

Il nous appartient donc d'éclairer ce concept de destin pour montrer que nous pouvons garder une entière liberté. Liberté encombrante, certes : elle est totalement responsabilisante !

---

[82] C'est bien pour cela que notre démarche sur « Entreprise et Sacré » avait choisi en 2015 le thème clé de *La confiance* (livre paru en 2016) aux éditions EMS pour le décliner comme elle l'a fait ou va le faire sur les thèmes de la transmission, l'engagement, la laïcité, la négociation, l'identité…

D. LE DESTIN

Là, à nouveau, comme pour le mot « peuple », on tombe sur un problème de traduction.

Trois mots peuvent nous servir de point de départ : tous trois pouvant être traduits en français par le mot destin ; sont-ils vraiment identiques ? (ou bien nous refait-on le coup du mot « peuple » qui, renvoyant aux mots *Laos* et *Démos*, recouvrait deux réalités totalement distinctes même si elles sont complémentaires ?).

Pour « destin », c'est à trois mots cette fois que nous sommes renvoyés :
– *Moïra* en grec ;
– *Fatum* en latin ;
– *Schicksal* en saxon et en allemand.

La *Moïra* évoque le « jeu » que nous avons dans la main pour mener notre vie : « Il y a du bon, il y a du mauvais. »

Il y a des cartes fortes et des cartes faibles, de la lumière et de l'ombre, du bonheur et du malheur.

C'est comme ça ; personne n'y peut rien et l'obligation pour chaque individu de se soumettre à cet état de choses qui lui a été donné est absolue et sans appel : il ne peut jouer qu'avec les cartes qu'il a. C'est une loi fondamentale. Et si on transgresse, « comme on triche à la belote », on commet la faute absolue (*hybris*) qui est sanctionnée par le châtiment des Dieux (*némesis*).

Tous les hommes sont soumis à cette *Moïra* et selon l'Illiade, les Dieux aussi.

Est-ce la trace de la tyrannie des ancêtres de Zeus qui ne veulent rien partager même avec leurs enfants : plutôt les dévorer que de leur donner ce qui leur appartient ?

Néanmoins, à partir du XVe livre, les choses se rationalisent un peu et dépassent ce chaos tyrannique : de Chronos et de Rhéa naissent trois fils ; Zeus, Poséidon et Hadès :
– Zeus reçoit le ciel ;
– Poséidon reçoit la mer ;
– Hadès reçoit les ténèbres.

Donc la *Moïra* cesse d'être une « présence » tyrannique au-dessous de tout, même des Dieux, pour devenir une règle du jeu, régissant les trois frères et au travers d'eux, tous les hommes qui doivent s'y soumettre et les Dieux qui acceptent de s'y soumettre.

On s'éloignerait trop de notre sujet en décrivant ici les Moires (Atropos, Clotho et Lachesis), mais le lecteur peut s'y référer s'il veut creuser ce sujet. Notons bien que les hommes DOIVENT alors que les Dieux ACCEPTENT : il faut bien respecter la préséance divine.

Bref, par contrainte ou par acceptation, on se soumet donc à une loi qui est celle du partage ; honte, malheur et mort à celui qui ne la respecte pas en voulant avoir plus que sa part (c'est l'équivalent du « péché capital » de « gourmandise » dans le judéo-christianisme).

Donc, *Moïra* = loi de partage : construction rationnelle en réponse à une situation pour éviter un conflit = la loi, pour encadrer les émotions.

Tout autre est le « *Fatum* » romain.
Là, les Dieux ont choisi ce qui doit arriver aux hommes.
C'est le « Destin », sorte de super Dieu qu'on représentait debout sur le globe terrestre tenant sur l'épaule l'urne d'où se déversait ce qui allait arriver aux hommes, ce qui, littéralement, leur tombait sur la tête.
Les hommes ne pouvaient y échapper et toutes les divinités lui étaient elles aussi soumises, rien ne pouvant changer ce cours des choses décidées par « Destin » : « *Fatum* ».
En dérive en français, des mots de type fatalité, fatalisme…
Là, la soumission au Destin est totale et arbitraire alors qu'en Grèce, c'était l'élaboration rationnelle d'une loi de partage à laquelle même les plus puissants acceptaient de se soumettre.
Quant au « *Schicksal* », je le comprends comme la nécessité d'acquérir une liberté par rapport au jeu de cartes qui nous a été donné ; on retrouve Sartre : « Notre responsabilité est de faire quelque chose de ce que les autres ont fait de nous. » Donc, le mot grec pour désigner le destin (*Moïra*) n'est en fait que la règle du jeu du partage entre les trois enfants de Chronos et Réa (au tout commencement donc selon la mythologie grecque).
Au commencement était une loi.
C'est ce que nous dirons également (dans notre note technique II), sur la phylogenèse de l'esprit de leader, résumant l'approche de Freud dans *Totem et Tabou* : la loi pour effacer symboliquement le meurtre du père.
En tout état de cause, l'impératif incontournable du « *Lekh Lekha* », la symbolique commune et la loi nous ouvrent le champ des possibles pour l'émergence du Nous, tout en gardant aux acteurs leur pleine liberté responsabilisante : la *Moïra*.
C'est déjà ça…

E. Créer la symbolique commune : première esquisse

Soyons clairs sur l'expression « symbolique commune » : nous l'utilisons pour désigner l'ensemble des signes (mots, gestes, attitudes, comportements) que partagent les membres d'un même groupe par opposition à d'autres groupes (qui ne les partagent pas). Ces signes caractérisent la culture spécifique du groupe et renvoient à son identité. Plus la symbolique d'un groupe est riche, plus elle est exclusive à ce groupe, plus le groupe est soudé, à forte cohésion, plus on est « entre nous », plus la confiance est forte. Ces signes communs sont partagés entre les membres de ce groupe, par des rites aux besoins articulés en rituels, plus ou moins formalisés, en tout cas répétitifs.

Les exemples pour les entreprises sont nombreux et vont des « grandes messes » où l'on rabâche à l'envi les (prétendues ?) valeurs présidant à leur gouvernance jusqu'à la machine à café de 11 heures, en passant par les pots d'arrivée, de départ, de remise de médaille du travail ou de médailles internes.

La force du symbole

Bouygues avait créé dès 1963 un « ordre » interne, l'ordre des « compagnons du Minorange », aux couleurs orange de l'entreprise afin de « distinguer, retenir et encadrer une élite d'employés méritants ». Le but était clairement avoué : « Fidéliser et récompenser ses meilleurs ouvriers, ceux pour qui la pérennité d'une entreprise ne se décrète pas, mais se construit jour après jour, ceux qui, par leur comportement, savent montrer leur adhésion aux valeurs de l'entreprise. »[83]

Ou bien, beaucoup plus informellement, on disait chez Renault : « Lui, il a le losange dans le cœur. »

Quant à Jacques Benoit, PDG fondateur de la société Benoit (graines salées et pop-corn) qui s'était fait connaître pour avoir été le seul PDG noté et élu par ses salariés, en bon adepte de l'« Autorité d'adhésion », était allé jusqu'à composer un hymne pour son entreprise[84].

L'approche de « *Model Netics* » telle que l'avait utilisée le groupe AXA dans ses séminaires de formation interne à la fin des années 1980 aboutissait – entre beaucoup d'autres choses – à des codes de communication spécifiques, connus des seuls participants ayant suivi ce séminaire qui ainsi, quelle que soit leur origine professionnelle, se sentaient soudés entre eux par ces éléments de langage commun.

Bref, on parle ici aussi de tous ces voyages ou séminaires résidentiels où on se retrouve entre nous, en « *casual dressing* »[85].

On se demande parfois à quoi ils servent.

À rien, bien sûr, sinon à l'essentiel : créer cette sensation de confiance vis-à-vis de personnes avec qui on a partagé cette expérience commune. Et on ne peut comprendre le fonctionnement réel d'un groupe que par le repérage de ces rites et rituels : la symbolique du groupe. Et on ne peut gagner le pari de la cohésion du groupe, de la confiance, donc de

---

[83] Cité par Haïm Korsia dans sa postface à notre ouvrage *Entreprise et Sacré*.
[84] Voir le site « Jacques Benoit cacahuètes » sur Internet.
[85] « *Casual dressing* » de rigueur, bien sûr, qui donc finirait par avoir des allures d'uniforme, ce qui ne manque pas de piquant à observer…

l'implication et de la richesse de personnes osant être totalement ce qu'elles sont, qu'en mettant en place ces symboliques[86].

En tout état de cause et pour ce qui concerne les symboles, l'étude des rites et rituels est une clé, et naturellement le plus important semble bien être les rites d'entrée dans le groupe qui peuvent (doivent ?) devenir un véritable chemin initiatique.

Certaines grandes écoles (on pense notamment à l'École nationale supérieure des arts et métiers) sont allées très loin dans ces chemins initiatiques, créant ainsi de véritables « fraternités », hymnes, drapeaux (sous forme de « tableaux de promotion »), langage codé, cérémonies de passation d'une année à l'autre – on aurait envie de dire d'un grade à l'autre, chants, folklores, tout y est avec un culte des traditions qui soudent les « gadz'arts » entre eux pendant leurs études et par la suite pendant toute leur vie professionnelle.

Qui « soudent » ou peut-être déjà « qui soudaient » ?

Et s'il est normal et souhaitable de dénoncer les abus occasionnels – lorsqu'ils existent – des bizutages humiliants et dangereux, ne jetons pas le bébé avec l'eau du bain : les rites initiatiques sont indispensables à la cohésion d'un groupe aussi bien micro que macrosocial.

Et on ne saurait trop dénoncer les dégâts que fait l'abandon d'une symbolique commune dans un groupe, abandon parfois mené sciemment au nom de je ne sais quelle idéologie libertaire. C'est en tout cas en comprenant et en utilisant ces symboles que l'on peut créer cet équilibre délicat et incontournable entre deux absolues nécessités :
- Permettre à chaque personne d'être totalement elle-même, apportant ainsi toute la richesse de sa personnalité unique (et la développant) ;
- Créer une cohésion de groupe permettant aux émotions positives de dominer dans des rapports interpersonnels : cela s'appelle la « confiance ». Et les différences deviennent alors des complémentarités.

Ces thèmes se développent autour de plusieurs axes, avec comme point de départ : oser être soi-même.

---

[86] On peut d'ailleurs rappeler que l'opposé étymologique de « sym-bolique » est « dia-bolique ». Le symbolique rassemble ce qui était épars comme le diabolique éparpille ce qui était rassemblé. Et il est intéressant, après avoir identifié et/ou mis en place ces symboles, d'en identifier les « diaboles » pour les combattre.

F. OSER ÊTRE SOI-MÊME

« Il faut aller à la vérité de toute son âme. »
Platon

Oser est un mot que l'on peut appliquer à tous les instants de la vie. L'audace est partout. Plus ou moins explicite, bien sûr, mais partout. Oser vivre est d'ailleurs l'audace suprême et l'audace la plus surprenante.

C'est vrai, quand même. Non, mais, qu'est-ce qui vous prend ? Vous osez vous lever, mettre le nez dehors, croiser des situations, des personnes inconnues, d'autres trop connues, leur tendre la main, leur faire confiance, tenter de construire quelque chose avec elles, supporter leur regard qui peut-être va être critique, anticiper leur réaction, leur comportement, parler, écrire, ce qui peut conduire à être écouté, lu.

Mais qu'est-ce que je suis en train de faire ?

Allez, soyons sérieux : il y a trop de risques à l'évidence. Et puis c'est fatigant, et puis ça ne va jamais comme on voudrait.

Allez, c'est bon, je me retourne, je me rendors. Je trouverai bien quelque chose à grailler et puis les autres, ceux qui ont tout, vont bien m'assister un peu... non ? C'est leur devoir après tout. Alors pourquoi je me casserais la tête, hein ? Je vais m'imaginer que je vis. C'est bien suffisant. Rêve, délire, illusion, jeux-vidéo, télévision, un peu d'alcool, un peu de tabac, voire d'autres drogues. Avachissement, renoncement, c'est tellement confortable de vivre dans l'illusion ; et d'ailleurs, plus la situation est grave, plus on a tendance spontanément à jouer à cache-cache avec soi-même : il n'y a qu'à se laisser aller, ça vient tout seul.

Alors, le « debout », « lève-toi et marche », va vers toi, accouche de toi-même, même si c'est ce que Dieu dit à Abraham : « *Lekh Lekha.* »

« Oser être » : faut être malade ; « oser être soi-même » : faut être fou... ; « Oser être soi-même et en faire quelque chose » : non, mais tu as bu ou quoi ?

Qu'est-ce qui peut bien nous amener à oser agir, à oser nous développer, à innover ? C'est tellement stupéfiant, quand on y pense, qu'on n'a pas véritablement un mot précis dans le langage courant pour « désigner la chose ».

Le professeur Jacques Igalens, sans doute pris de vertige face à cette constatation, est amené carrément à se rabattre sur un mot « greco-byzantin » : le « *rizikon* ». Jacques Igalens nous propose de l'utiliser pour désigner le risque choisi, le « bon risque », par opposition au risque subi.

La grosse différence c'est que, pour ce qu'il en est du risque subi, la réponse c'est tout bêtement la recherche de la suppression de ce risque : « contrat d'assurance », « cocon protecteur » quel qu'il soit.

Le risque choisi, lui, pousse à agir et peut avoir des retombées positives. « Peut avoir ». Ce n'est pas du « certain »[87].

Ceci dit, allons droit au but. Qu'est-ce qui fait que nous nous levons, que nous adoptons une démarche de « *rizikon* » ?

Les neurosciences semblent pouvoir nous apporter une réponse. Réponse, à bien y réfléchir, qui était déjà contenue dans la phénoménologie, du moins dans son pari de départ : ne plus s'interroger sur le « pourquoi », mais s'interroger sur le « comment ». Le « comment », c'est l'*Einfühlung*. On traduit le plus souvent *Einfühlung* par empathie, ce qui nous amène à ces neurones-miroirs chers au professeur Rizzolati ; la reconnaissance des sentiments d'une autre personne amènerait à une projection symbolique dans l'objet tel Narcisse : on dit de Narcisse trop souvent qu'il est tombé amoureux de sa propre image ; c'est un raccourci. Narcisse est tombé amoureux d'une image dont il s'apercevra après-coup que c'était la sienne.

L'empathie conduit effectivement à aimer dans l'autre une image de soi-même que nous y avons projetée (mais nous en prenons rarement conscience !) ; au fond, cette empathie est une prise de possession, mais sans bien savoir qui est le possesseur et le possédé. Je me reconnais dans l'autre donc l'autre me possède puisque cette identification me laisse sans la défense habituelle qui consiste à se méfier de la différence… Mais aussi cela va aboutir au désir mimétique : ce qu'il fait est ce que je veux faire. Et du désir mimétique incontournable peut naître le conflit mimétique. On retrouve René Girard.

En outre, la projection sur l'autre peut déclencher la même projection de l'autre sur vous. Au fond, on se tient par la « barbichette » et le dangereux effacement de la distinction « moi, non-moi » devient inévitable. Bonjour les dégâts. On en a donné des exemples dans notre premier chapitre.

On retrouve à nouveau René Girard, même si Carl Rogers nous présente une vision édulcorée de la chose (pouvant conduire à « tout le monde il est beau, tout le monde il est gentil »), mais aussi à une approche de psychothérapie et de changement, « tout petits pas par tout petits pas » que le regretté professeur André de Peretti désignait par l'approche « colibri » (voir le cas « Floria », chapitre V).

En tout cas, tout ceci souligne une perméabilité entre le monde extérieur et soi, trace sans aucun doute du « moi-tout » des premiers mois de notre vie, trace probablement indélébile, mais contre laquelle il nous faut malgré tout lutter bec et ongles si on veut sauver notre fragile identité sans laquelle nous ne pourrions vivre.

Si ces traces du « moi-tout » sont ainsi dangereuses, elles présentent aussi un avantage : nous « créons le monde à notre image et en retour ce monde nous constitue », selon l'analyse de Pierre Lemarquis[88].

---

[87] Voir la revue *Questions de management*, QDM, mai 2017, page 150, où Jacques Igalens propose le mot *rhyzikon* en en redonnant la définition de L. Magne, 2010, « solde gagné par chance par un soldat de fortune ».

Citons-le : « [quand on écoute de la musique, admire une œuvre ou qu'on lit un livre] notre cerveau se comporte comme si la musique, un tableau ou les personnages d'un roman en avaient pris possession (…) ; dans ce contexte c'est paradoxalement l'esprit qui devient matière, le verbe qui se fait chaire. »

Cela peut aboutir à une permanente rénovation de notre cerveau : décidément les neurones miroir ont du bon. Mais ce processus prend du temps ! « Il faut beaucoup de temps pour devenir jeune » disait Picasso.

Certes.

Mais c'est cette quête qui va nous permettre d'avancer vers nous-mêmes, de devenir soi-même, d'aller vers soi. On est le produit de nos rêves comme le disait Shakespeare :

« We are such stuff
As dreams are made off
And our little life
Is rounded with a sleep. »[89]

(Nous sommes de la même étoffe que les songes et notre vie intime est cernée de sommeil.)

Et aussi le cri d'Aragon dont nous sommes partis dans cet ouvrage ; comme nous l'avions annoncé, profitons-en pour faire une reprise au sens musical du terme ; ce « déjà entendu » peut être réécouté avec plaisir… et intérêt.

(On frappe à la porte.
– « Qui est là ? – Le Rêve. – Ah, très bien ! Faites entrer l'Infini !)

Tout cela revient à dire que si l'on habite un territoire, en retour ce territoire nous habite et les stimuli qui, en sa provenance, pénètrent notre cerveau, le façonnent, le sculptent et nous font en permanence mourir à notre passé pour ressusciter en un homme nouveau.

Continuons dans nos « reprises », en les enrichissant.

On devient soi-même.

Nous avions évoqué, il y a un instant le « *Lekh Lekha…* », « va vers toi », etc., « quitte tes enveloppes protectrices », et tout cela pour aller où ? « On verra plus tard car je ne te le dirai que lorsque tu seras parti, c'est-à-dire quand tu seras parti pour partir. » Transforme-toi en ce « vrai voyageur » cher à Baudelaire[90] :

---

[88] Pierre Lemarquis, *L'empathie esthétique*, Odile Jacob, 2015.
[89] *La Tempête*, acte IV, scène 1.
[90] Baudelaire, « Le voyage » in *Les fleurs du mal*.

« Mais les vrais voyageurs sont ceux-là seuls qui partent
Pour partir ; cœurs légers, semblables aux ballons,
De leur fatalité jamais ils ne s'écartent,
Et sans savoir pourquoi disent toujours : Allons ! »
« Partir pour partir », c'est le déjà vu « *Lekh Lekha* ».

Mais ça ne suffit pas : la présentation qui en est faite dans le texte sacré laisse clairement entendre qu'en plus, tout ceci doit s'accomplir dans l'enthousiasme, l'émerveillement, vibrant tels ces Conquérants chantés par Hérédia :

« Chaque soir espérant des lendemains épiques,
L'azur phosphorescent de la mer des Tropiques,
Enchantait leur sommeil de mirages dorés
Où penchés à l'avant des blanches Caravelles,
Ils regardaient monter en un ciel ignoré,
Du fond de l'océan des étoiles nouvelles. »

Partir pour partir, avec enthousiasme et émerveillement : là et seulement là, on va pouvoir initier notre histoire pour construire notre identité et celle de notre lignée dans ce cheminement.

Pour une promesse, c'est une promesse !

Le « *Lekh Lekha* » devient donc l'élément fondateur d'après le texte sacré. Il fonde l'identité, fait disparaître le blocage symbolisé par la stérilité. Il rend l'histoire possible, il l'initie. Ose partir pour partir. Tu deviendras toi-même (changement d'identité) et tu pourras enfin agir (disparition de la stérilité). Et finalement tu pourras initier une dynamique qui te permet de sortir de l'engrenage d'un temps qui te fait disparaître au profit d'un temps qui te projette dans un infini d'éternité[91].

Par exemple, on pourrait dire que cette appropriation du temps et de ces conséquences identitaires nous dévoile le troisième visage de Janus, celui qui reste dans l'ombre... tout en éclairant notre route.

Ombre qui éclaire... comme nous en avons l'habitude.

« Oui bien sûr, mais ce n'est qu'un mythe. »

Certes, mais, une fois de plus, qu'est-ce qu'une mythologie, sinon un conte imaginaire qui témoigne de la réalité de l'âme humaine ? Un « mensonge qui dit la vérité ».

Parole de Dieu ou sagesse humaine, en tout cas « ose ».

« Ose partir. »

---

[91] Rappelons que nous ne faisons pas ici de prosélytisme : un « croyant » verra dans la Bible la parole de Dieu. Un « non-croyant » y verra une « simple » mythologie qu'il aura soin de mettre sur le même pied que n'importe quelle autre mythologie, gréco-romaine, égyptienne, indo-orientale, etc.

Et puis il y a Gide : *Les nourritures terrestres* vont nous proposer une démarche identique, par un précepteur (« Ménalque ») et son disciple (« Nathanaël »).

Les quatre-vingt-dix pour cent du livre sont constitués des préceptes que Ménalque donne à Nathanaël : « Nathanaël, je t'enseignerai, Nathanaël, je t'enseignerai… »

À l'infini.

S'il n'y avait pas la beauté et la force du texte, on en serait saoulé et on ne peut que repenser à la maxime de La Rochefoucauld que nous avions citée en introduction : « Quand un vieillard donne de bons conseils, c'est pour se consoler de ne plus avoir les moyens de donner le mauvais exemple. »

Et puis, soudaine et totalement inattendue, il y a la dernière page : « Et maintenant, Nathanaël, jette mon livre : dis-toi bien que ce n'est là qu'une des mille postures possibles face à la vie. Cherche la tienne (…). Ne t'attache en toi qu'à ce que tu sens qui n'est nulle part ailleurs qu'en toi-même, et crée de toi, impatiemment ou patiemment, ah ! le plus irremplaçable des êtres. »

Brutal. Percutant.
Pour le moins inattendu.
En tous cas très fort.
Au fond, une démarche en deux temps :
- 1er temps : un cadre.
- Riche à en être touffu.
- Précis à en être obsessionnel.
- Contraignant à en être pénible.
- Beau à en être séducteur.

En tout cas, ça marche, on adhère, on n'est plus soi-même, les repères de Ménalque sont devenus les nôtres. Ça nous a bien été vendu. On a acheté. L'identification marche à plein. On est devenu Ménalque ; un vrai clone. On s'est laissé emprisonner dans ce carcan. Oh ! prison plus que dorée bien sûr. Mais prison quand même.
- 2e temps : sortir du cadre. Comme le docteur Richard Delaye se plaît à le répéter à tout bout de champ (mais avec raison) : « Éduquer c'est *"ex-ducere"*, littéralement, « conduire en dehors de ». Et dans le livre de Gide, c'est sans appel. Brutal. Et aussi beau et fort que les 161 premières pages du livre : « jette mon livre », sors de mes références, de mes repères. Trouve les tiens.

Pour autant, ceci ne revient pas à dire débrouille-toi tout seul : Nathanaël est marqué par l'enseignement de Ménalque, il le gardera en lui. Mais il doit mettre cet enseignement dans une nouvelle perspective, un nouveau regard, une nouvelle interprétation.

On a envie de dire : je t'ai donné le contenu certes, mais à toi d'en trouver le « mode d'emploi » qui te permettra de faire de cet enseignement ce que toi tu veux en faire. Découvre ta façon d'être, celle qui ne peut être que la tienne.

L'acte gratuit du « pars pour partir ». L'indispensable acte de liberté qu'est la transgression. Vas-y. Fonce dans l'inconnu.

Et, qui plus est, avec émerveillement.

Paraphrasons Hérédia : « Nathanaël, penche-toi à l'avant de ta blanche caravelle et dans un ciel certes ignoré, mais qui pour autant n'en est pas moins le tien, regarde monter ces étoiles nouvelles, qui, elles aussi, sont tes étoiles : celles que tu apportes et que personne d'autre que toi ne pouvait apporter. »

Oui Nathanaël, moi, Ménalque, je t'ai donné cette « blanche caravelle » et je t'ai appris à naviguer ; mais ce que tu vas découvrir, ces cieux ignorés et ces étoiles nouvelles étaient en toi, tapis dans ton ombre. Ta navigation t'a permis de les voir, et, si tu le souhaites, de nous les montrer. Elles vont désormais t'éclairer et te guider sans cesse plus vers toi-même. Oh ! pas à la manière d'un projecteur qui détruirait la nuit ; non ; la nuit est respectée ; même pas polluée par l'électricité des hommes : « Les astres émaillaient le ciel profond et sombre… » comme le chante si bien Victor Hugo. On est bel et bien dans l'ombre de cette nuit qui nous éclaire.

C'est « l'obscure clarté » qui éclaire notre chemin vers nous-mêmes : Ménalque n'est pas le gourou qui dit « viens vers moi », mais le maître qui dit « va vers toi ». Ose sortir du cadre. Ose en garder le contenu, mais ose sortir, prendre l'air, ose aller vers l'inconnu, fonce.

Avec émerveillement : « Chaque soir espérant des lendemains épiques… »

Il faut transgresser (du latin *transgressio* : « marcher au travers, passer au-delà »). (Transgresser, ce n'est donc pas désobéir.) Sortir du cadre (et pour cela il fallait bien en avoir un).

Maintenant que l'on peut envisager d'avoir osé être soi-même et que l'on a pu ainsi traiter de l'individu « aux prises » avec d'autres individus isolés ou en petits groupes plus ou moins structurés, tentons de transformer l'essai !

Il convient donc de structurer une véritable approche du microsocial telle que nous le rencontrons en entreprise : là aussi, l'écoute active du « je vous ai compris » doit être utilisée. Pour cela, on s'appuie sur une démarche très codifiée que nous nommons « Analyseur », démarche issue des techniques de « *Survey-Feedback* ».

Pour ne pas alourdir trop notre texte, nous l'exposons en note technique n° III. Et surtout, cela permettra de compléter dès maintenant nos grilles de lecture, le microsocial se trouvant « coincé » entre l'*individuel* et le *macrosocial*.

En creusant ces deux domaines et, étonnamment, les nombreux points qui les rapprochent, nous comprendrons mieux ces techniques d'*Analyseur*.

Passons donc au *macrosocial*.

Chapitre IV

Qui es-tu, toi qu'on appelle « le peuple » ?

> « Contempler l'éternel dialogue
> des métamorphoses et des résurrections. »

A. Reprise : rappel... sous un nouveau regard

Démos et *Laos*. « *Laos* » renvoie à l'idée de peuple comme masse indifférenciée, non organisée, sorte de ramassis d'individus sans liens forts les uns avec les autres.

Démos, de son côté, renvoie à l'idée de peuple organisé en force politique.

Démos doit être au service du *Laos*, il est là pour satisfaire les besoins, les désirs de cette chimère aux contours plus ou moins flous.

Nous employons à dessin le mot de chimère. *Laos* est une chimère et doit le rester. Toute tentative pour mieux le définir en des termes réels, pour structurer ses attentes en ensembles cohérents faciliterait certes le travail *Démos,* mais en fausserait complètement le sens : plusieurs sous-groupes ayant chacun leur cohérence propre détruisent par définition la nécessité de la cohérence, de la cohésion de tout un peuple pris dans sa diversité la plus grande. De Gaulle s'en était bien gardé, comme nous l'avons souligné dans nos commentaires de son discours de juin 1958.

Bien sûr, si, d'entrée de jeu, préexistent une doctrine et une morale universellement partagées par tous, les besoins et les désirs se simplifient : conformes à cette doctrine et à cette morale, ils sont d'emblée moins exigeants, plus « raisonnables ». De plus, le risque que certains soient antinomiques se réduit.

Simplification, certes. Mais en apparence seulement, ça peut n'être qu'un « non-dit » : il peut exister un grand nombre de désirs et de besoins forts et totalement insatisfaits, qui ont été refoulés. Dans ce cas, les tensions et les pressions s'accumulent.

Le *Laos* ou le retour du refoulé démocratique

Et à ne satisfaire qu'une représentation simplifiée de *Laos*, on s'expose à des risques d'explosions graves. Puisque nombre de désirs et de besoins restent insatisfaits, ils seront tout simplement refoulés avec les tensions et pressions qui s'accumulent jusqu'au moment où la pression étant devenue trop forte, la « cocotte-minute » explose.

Donc, pas trop de nostalgie du passé qui aurait été une période plus simple, plus facile. Temps béni où un ordre social, clair et simple existait. Où la famille, l'école, l'Église, l'armée, formataient les comportements, les expressions, la pensée, les besoins et les désirs au point où ils devenaient très faciles à satisfaire. Et puis, de toute façon, faisait partie de la morale le fait de rester à la place que Dieu nous avait donnée, et de se contenter totalement de ce qu'on avait reçu sans « envie d'avoir plus que sa part » (diabolique gourmandise encore renforcée par le dangereux « désir mimétique » que René Girard dénonce si bien)[92].

Le reposant ordre social pouvait régner en toute quiétude avec une surveillance des enfants et adolescents par le curé, la famille, l'enseignant, l'adjudant, le patron… la concierge, le voisin… Et de plus, puisque cet ordre établi s'était profondément enraciné dans toutes les couches de la population et en tous lieux, la surveillance était exercée par tout un chacun dans le village ou le quartier.

Si on ajoute que toutes ces personnes étaient des autorités instituées, affichant cette appartenance institutionnelle on ne peut plus clairement (le curé ne pouvait qu'être en soutane, le militaire en uniforme jusqu'à l'instituteur en redingote, etc.) et que ces institutions étaient dûment respectées, l'obéissance était quasiment automatique, on savait très tôt et on assimilait définitivement ce qui se fait et ce qui ne se fait pas. On n'y pensait même plus. Tout cela était passé dans nos réflexes conditionnés, pour ne pas dire dans nos gênes.

Écouter, entendre *Laos* semblait relativement simple ; les désirs et besoins de tous étaient quasi similaires de par l'action de ce formatage éducatif et, cerise sur le gâteau, très peu importants. Il n'y avait vraiment pas le feu.

Grave illusion : ça mijotait par en-dessous. Oui, le comportement social de tous était tellement cadré que des frustrations individuelles et collectives étaient nombreuses et profondes. Mais on les supportait, soumis que nous étions par le système.

Pour les entendre et en faire miroir, il aurait fallu pouvoir entendre ce silence, en être l'archéologue ; ceci d'ailleurs n'aurait pas servi à grand-chose : comment reformuler un silence ?!

---

[92] René Girard, *Le bouc émissaire*, Paris, PUF, 1963.

Alors, ces frustrations étaient traitées par des névroses et quelques passages à l'acte, quand « ça » poussait trop fort ; et puis, assez régulièrement un « exutoire » : une guerre ça défoule tout à fait la colère et l'agressivité et ça saigne à blanc les classes d'âge jeunes : les plus potentiellement remuantes. La « cocotte-minute » ne peut plus exploser ; on l'a vidée de sa vapeur. Plutôt horrible, tout ça.

Ceci dit, il y avait régulièrement aussi des conflits sociaux, aux conséquences moins tragiques, mais qui, eux aussi, étaient de bons défouloirs permettant après-coup de rasseoir l'ordre social un peu plus fermement. Quelques bonnes grèves insurrectionnelles (type 1934) pouvaient également y contribuer… avec quelques risques quand même.

Soigneusement organisé, *Démos* régnait en maître et quelque part *Laos* avait quasiment disparu, se fondant en lui de par l'éducation et de par la culture et ses rituels, dûment institués eux aussi selon la trame essentielle qu'étaient les fêtes religieuses.

Noël ou Pâques marquaient tous les esprits et tous y participaient, croyants ou non : là n'était pas le problème. On était bien loin d'un « Ikea », supprimant le mot « Noël » dans sa communication pour les « fêtes de fin d'année » (tel que ce fut fait pour Noël 2019… Pardon, je voulais dire : « Pour les fêtes de fin d'année 2019 »).

Et l'enfance et l'adolescence étaient profondément marquées par les rites initiatiques des religions auxquels toute la famille et tous les amis participaient.

Les fêtes patriotiques et nationales n'étaient pas de reste, bien évidemment. Qu'on songe un instant à tout ce que cela voulait dire en termes de comportement social de soumission.

Et bien sûr, de plus on s'attaquait directement à la frustration en organisant des défouloirs quasi permanents : compétitions sportives, 1er Mai, carnavals, maisons closes…

Bref, le poids des traditions était là, réduisant d'autant la diversité, la complexité de *Laos*.

Oui… mais, quel prix il fallait payer ! Des grèves insurrectionnelles pouvaient conduire à des révolutions, sans parler des drames absolus de deux épouvantables guerres mondiales, n'en déplaise aux nostalgiques de cette « belle » époque ; ça veut bien dire que *Laos* n'a pas été simplifié et ainsi ramené à quantité négligeable, mais qu'il est simplement refoulé et que l'autocuiseur étant sur le feu, il allait finir par exploser dans un terrifiant « retour du refoulé ».

Démos et le risque de la catastrophe

Décidément, *Démos* seul conduit à des catastrophes (*Laos*, seul, n'est pas mieux).

Mais, en bon disciple de Kairos, attendons soigneusement le moment opportun ; tôt ou tard, la pression va faire exploser la cocotte-minute ; c'est le bon moment : c'est là que *Laos* va pouvoir être entendu et là qu'un leader peut émerger, avec ses « je vous ai compris ». Il ne faudra pas qu'il se gêne !

*
* *

Pour illustrer et développer ces repères, retournons à Thèbes.

Le roi Créon a de gros ennuis dont Sophocle a tiré la tragédie « Antigone » : disons que Créon est pour le moins tiraillé entre deux exigences contradictoires. Et tout ça, toujours à cause d'Œdipe.

Lui, Œdipe, est toujours en exil à Colonne.

Il a deux filles (Ismène et Antigone) et deux fils (Polynice et Étéocle). Tous deux aimeraient bien devenir roi de Thèbes : ils décident de se partager le trône un an chacun à tour de rôle, « jusqu'à plus soif ».

Étéocle commence. À la fin de son année de règne, ayant pris goût à la chose, il refuse de céder la place. Du coup, Polynice prend les armes contre son frère Étéocle pour le foutre dehors. Dans ce combat, les deux frères se tuent mutuellement.

C'est malin.

C'était bien la peine.

Du coup, l'oncle de tout ce petit monde, Créon, redevient (pour la 3e fois) roi de Thèbes. Il veut voir ce qu'il vient de se passer de manière strictement factuelle : quel que soit son bon droit, s'il y en a un, Polynice est mort en attaquant la cité, Étéocle est mort en la défendant. Polynice est donc (dans ce qui sert d'analyse à Créon) le traître à sa patrie. Étéocle est le héros qui est mort pour la patrie.

La décision s'impose donc à Créon. Étéocle sera enterré, avec tous les honneurs dus à son rang et à son sacrifice suprême, selon les rites funéraires prescrits. Polynice, lui, ne sera pas enterré. Sa dépouille restera sur place livrée aux charognes.

Bien fait.

Et puis, c'est la loi. C'est comme ça.

Certes, mais ça ne plaît pas à tout le monde, cette affaire-là. Notamment à Antigone : elle se rebiffe et annonce à son bon oncle Créon qu'elle va elle-même enterrer son frère. Créon, qui trouve qu'il y a déjà assez de drames comme ça depuis quelque temps dans la famille, tente de dissuader sa nièce : si elle enterre son frère « traître à la patrie », Antigone sera condamnée à mort. Créon n'y tient vraiment pas, d'autant qu'il vient de fiancer Antigone à son fils Hémon. Alors, il voudrait vraiment sauver sa nièce.

Rien à faire, la nièce Antigone est plus que butée. Et à défaut d'avoir une belle vie, elle rêve d'une belle et grande mort. Elle fera donc ce que sa conscience lui dicte : respecter les prescriptions sacrées.

Elle va donc aller répandre de la terre sur le corps de Polynice.

Créon est bien ennuyé. S'il laisse passer, il instaure une ère de trouble dans une cité qui tient debout parce qu'une loi rigoureuse est là. Mais d'un autre côté, Créon comprend Antigone et considère que ses motifs sont loin d'être bas et qu'il serait injuste d'être à ce point sévère.

En ce sens, le vrai héros grec, c'est bien Créon dans cette tragédie parce que, lui, Créon, il a la cité sur les bras et que, donc, il n'a pas le choix et est obligé de se dire qu'une « petite injustice vaut mieux qu'un gros désordre ».

Révoltant sans doute comme phrase[93].

Bref, Créon fait emmurer Antigone vivante, malgré l'avis du peuple, contre l'avis de Tirésias (devin de Thèbes) et contre le souhait de son fils Hémon, fiancé d'Antigone : la loi est la loi (« *Dura lex, sed lex* »).

Créon prendra vite conscience de son erreur et fera ouvrir le tombeau dans lequel il avait fait emmurer Antigone.

Trop tard : Antigone s'est suicidée en se pendant avec sa ceinture, ce qui entraînera le suicide à son tour d'Hémon (son fiancé et fils de Créon) et de sa mère Eurydice (femme de Créon). Eh oui, quand un Grec écrit une tragédie, c'est vraiment du tragique garanti…

Que d'interprétations on trouve de la position de Créon.

J'en évoquerai trois.
1. Celle qui ressort surtout de la réécriture d'Antigone par Anouilh (2 500 ans plus tard) : la pureté de l'adolescence face à la compromission de l'adulte ;
2. La loi des Dieux contre la loi des hommes. La « morale » au-dessus de la « justice » ;
3. L'arbitraire d'une loi face à la coutume d'une cité.

Mais je n'en retiendrai qu'une, la troisième, qui met fin à la discussion en nous ramenant à la laïcité. Et je citerais volontiers le professeur Henri Peña Ruiz quand il écrit : « La démocratie elle-même comme pouvoir du *"Démos"* s'enracine (…) dans le respect du *"Laos"* entendu comme multitude humaine indivise dont l'unité se fonde sur l'égalité de ses membres reconnus comme majeurs et libres. »

---

[93] Mais qu'on réfléchisse bien au nombre de fois où, dans les décisions professionnelles qu'on a été amené à prendre, combien de fois on a été, à notre échelle, Créon… « bien obligé… ».

Antigone n'a pas à se défendre en parlant de la loi de(s) Dieu(x) qui serait censée l'appuyer (elle ne le fera d'ailleurs pas).

Créon n'a pas non plus à s'opposer à la pratique d'une religion ou d'un devoir sacré. Il est là pour faire en sorte que les lois et la façon de les appliquer soient conformes au bien public et le servent. Le guide, c'est l'écoute de *Laos* et son « service ».

Et comme le remarque le professeur Jean-Pascal Chazal[94] : « ... la loi de Créon est le pur produit de sa volonté (...) (alors que) les lois non écrites puisent à la source des rapports sociaux, des traditions. »

On retrouve une bonne définition de *Laos* qui est bel et bien cette source des rapports sociaux et des traditions. Dans la tragédie de Sophocle, le Coryphée dénoncera fortement le fait que Créon n'en fait qu'à sa tête en imposant « sa » loi. Il en a certes le pouvoir ; et même le pouvoir légitime.

Cela ne lui donne pas nécessairement le droit.
Écoutons le Coryphée : « Il te plaît d'agir ainsi, Créon, fils de Ménécée, envers l'ennemi de cette ville et envers son ami. Tous, tant que nous sommes, vivants ou morts, nous sommes soumis à ta loi quelle qu'elle soit » (les vers 211-214).

Puis, le Coryphée insistera sur les vraies lois non écrites dont la source est *Laos*. C'est ce que Hémon hurle à son père (les vers 690 *sqq.*) : « Je sais naturellement avant que tu le saches ce que chacun fait, dit, ou blâme, car ton aspect frappe le peuple de terreur, et il tait ce que tu n'entendrais pas volontiers. Mais il m'est donné d'entendre ce qu'on dit en secret et de savoir combien la ville plaint la destinée de cette jeune fille, digne des plus grandes louanges pour ce qu'elle a fait et qui, de toutes les femmes, a le moins mérité de mourir misérablement. Celle qui n'a point voulu que son frère tué dans le combat et non enseveli, servît de pâture aux chiens mangeurs de chaire crue et aux oiseaux carnassiers, n'est-elle pas digne d'un prix d'or ? Telle est la rumeur qui court dans l'ombre (...) Apaise-toi donc et change de résolution. »

Et lorsque Créon tente de dire à son fils qu'Antigone a été atteinte par le mal qui est la désobéissance à la loi, la répartie d'Hémon cingle sans appel : « Le peuple de Thèbes est unanime à le nier. »
Pour reprendre le thème clé du cas Fillon (C page 70), il y a là une indéniable « émotion fondamentale » s'il en est, à laquelle Créon, loin de

---

[94] Jean-Pascal Chazal, « Antigone, Busiris et Portia, trois images spéculaires de la doctrine », in *Revue interdisciplinaire d'études juridiques*, 2002.

montrer l'indispensable « empathie », reste totalement sourd : il va tout droit dans le mur...

Et Tirésias, le devin, en remet une couche : « Il arrive à tous de faillir, mais celui qui a failli, n'est ni privé de sens, ni malheureux, si étant tombé dans l'erreur, il s'en guérit au lieu d'y persister. L'opiniâtreté est une preuve d'ineptie.
Pardonne à un mort, ne frappe pas un cadavre... quelle vaillance y a-t-il à tuer un mort ? (...)
Il est très doux d'écouter un bon conseiller car il enseigne ce qui est utile (...) C'est par ta faute Créon que la ville est malade. »

Et le chœur reprendra tous ces points dans ces strophes et antistrophes finales : « Bientôt comme avant et pour toujours prévaudra cette loi qu'aucun excès n'entre dans la vie d'un homme sans perdition », décodant le sens de ce que leur « chef » (le Coryphée) avait dit précédemment.

Et c'est pour cela qu'Antigone choisit de mourir.

Pas parce que c'est une idéaliste qui rêve de faire un pied-de-nez aux vieux barbons de réalistes.

Pas parce que c'est une moraliste faisant la leçon aux juristes au nom des principes prétendus sacrés.

Mais parce que c'est une « laïque » qui veut exprimer qu'une démocratie qui n'est pas fondée sur l'écoute de « *Laos* » – et son service – n'est qu'une dictature (à peine) masquée.

Le « non » de l'Antigone de Sophocle est bel et bien un « non » politique.

Et Créon n'avait pas à imposer une loi qui n'était « que » la sienne. Mais « il y a une rumeur qui court dans l'ombre », vient de dire le Coryphée. Alors, peut-être Créon n'a-t-il pas suffisamment senti l'éclairage que lui donnait son ***Ombre*** incarnée par le Coryphée, le chœur, Hémon, et, plus que tout autre, le devin Tirésias, puisqu'étant aveugle, incarne très bien cette ombre.

Mais Créon, à l'inverse, est trop resté dans la lumière, cette lumière qui, trop forte, n'éclaire plus, mais éblouit.

Mettons donc fin définitivement au prétendu dilemme de Créon. S'il se recentre sur sa vraie mission qui est le bien public (i.e. la satisfaction de *Laos*), il doit commencer par l'écouter. Et le respecter. Et le servir. **Qu'il écoute donc le Coryphée, le chœur, Tirésias, Hémon : cette ombre qui éclaire sa route.**

Il le fera d'ailleurs, mais trop tard : *Laos* s'est retrouvé seul, abandonné. La mort est donc passée.

Si *Démos* est seul, par définition, *Laos* le sera aussi et vice-versa.

Citons à nouveau le professeur Peña-Ruiz : « Si la référence à l'État de droit a un sens, c'est bien en ce qu'elle permet de juger de la conformité d'une organisation politique à certaines exigences. La démocratie elle-même, comme pouvoir du *Démos*, s'enracine alors dans le respect du *Laos*, entendu comme multitude humaine indivise dont l'unité se fonde sur l'égalité de ses membres reconnus comme majeurs et libres. »[95]

B. LE MYTHE DU CHEF ET LE MYTHE DU PEUPLE « INEXACT ET VRAI »

Nous avons vu comment le « chef » s'adressait au peuple dans sa version « *Laos* ». On a montré comment ce chef savait jouer sur les ressorts du comportement du peuple.

On vient de décrypter les conséquences d'un mauvais enracinement de *Démos* dans *Laos*.

Quant au fait de savoir jouer sur des ressorts, cela présuppose que ces ressorts existent. Donc de les définir, de les identifier et au besoin de les renforcer, voire de les créer pour qu'ils puissent être utilisés.

Ces « ressorts » sont, en fait, l'identité d'un peuple et il faut que cette identité, le peuple la sente pleinement, donc qu'elle existe totalement, notamment dans l'imaginaire – inconscient qui plus est – de *Laos*.

Commençons par nous poser une question qui pourrait paraître désespérante et sans réponse possible. On parle sans arrêt de l'Europe, donc naturellement on doit poser le problème du *Laos* européen.

Existe-t-il ? Et s'il n'existe pas, y a-t-il une possibilité d'utiliser des mythes pour « créer » un peuple, inventer un « *Laos* », un « peuple européen » qui serait la porte ouverte à une nation européenne, donc à une véritable « Europe politique » ? Où peut-on trouver une base mythologique solide pour l'Europe ? Comment l'utiliser ?

Introduisons ce thème en reproduisant partiellement l'analyse que nous avions faite dans la revue *Epistémé* en septembre 2017.

Constatons que pour chacun des pays constituant l'Europe, le « *Laos* » existe ; ainsi on a vu, dans notre premier chapitre, comment le général de Gaulle s'adressait à « *Laos* » en juin 1958. Cela s'appuyait sur une

---

[95] Henri Peña-Ruiz : *Dieu et Marianne*, Paris, PUF, 1999, p. 120.

« identité » de la France. Et il faut que nous la sentions, cette identité ; c'est-à-dire qu'elle existe pleinement dans l'imaginaire de *Laos*.

Rappelons aussi que l'affirmation de notre identité est nécessaire pour assumer notre destin et pour pouvoir accueillir généreusement et totalement l'« autre », l'« étranger », le faire entrer dans notre « chaîne d'union », en traitant les questions matérielles que cela pose, sans que celles-ci se compliquent de fantasmes d'agressivité terrifiants.

Pour que cette identité existe pleinement dans l'imaginaire (inconscient) de *Laos*, nous avons besoin d'avoir à l'esprit une mythologie : nous l'avons pour la France : quelque part, nous avons tous les mêmes histoires en tête (ce que nous avions appelé le « récit de la France »), qui s'appuient sur des clichés. Vrais ou faux, peu importe : ils nous sont indispensables : oui, il faut traiter l'histoire de France non seulement avec la rigueur du scientifique, mais aussi comme un récit mythologique qui structure le groupe, même si cette mythologie ne respecte pas la vérité historique.

En quelque sorte, il faut que tôt ou tard, on se rallie tous « au panache blanc d'Henri IV ». Certes, au regard de la « vérité historique factuelle », ce mythe apparaît bel et bien comme une enjolivure, pour ne pas dire un mensonge créé de toutes pièces.

Éric Jauffret – grand spécialiste s'il en est de la pensée de René Girard, également « pétri » des travaux de Marie Balmary et qui allie dans ses propres travaux créativité et rigueur scientifique – avait « commis » un ouvrage assez fascinant dès 1986, ouvrage intitulé *Révolution et sacrifice au Mexique*. Outre l'intérêt spécifique d'une étude très exhaustive du contenu de la Révolution mexicaine de 1910, ce livre a pour nous l'avantage de nous montrer un exemple précis et fouillé du rôle du mythe et du sacré, ce qui va pouvoir nous guider dans l'élaboration du récit de l'Europe. Dans son introduction, il fait quelques citations que nous allons lui emprunter ainsi que quelques-unes de ses idées personnelles.

*
* *

Le professeur Jauffret se penche sur le mythe et cite M. Eliade[96] : « La nouvelle valeur sémantique accordée au vocable "mythe" rend son emploi dans le langage courant assez équivoque. En effet, ce mot est utilisé aujourd'hui aussi bien dans le sens de "fiction" ou d'"illusion" que dans le sens familier surtout aux ethnologues, aux sociologues, et aux historiens des religions, de "tradition sacrée, révélation primordiale, modèle exemplaire" »[97]

---

[96] Mircéa Eliade, *Aspects du mythe*, Paris, Gallimard, 1963, p. 9, cité par E. Jauffret, p. 18, *op. cit.*
[97] *Idem.*

(…) Le mythe est considéré comme une histoire sacrée, et donc une histoire vraie, parce qu'il se réfère toujours à des réalités. »[98]

Nous reproduisons cette citation pour souligner combien on pourrait croire, à tort, que nous allons nous éloigner de cette définition dans nos propres travaux sur le mythe et dans notre élaboration du « Récit de l'Europe ».

Certes, « le mythe est un mensonge qui dit la vérité » ; nous l'écrivions en analysant la campagne de François Fillon dès notre premier chapitre (page 56) et en affirmant une constatation, à savoir que « la vérité profonde et la vérité factuelle n'ont rien à voir ».

J'aimerais ajouter que les mythes peuvent encore aller plus loin en disant que « ce sont des mensonges qui peuvent aller jusqu'à créer une vérité ».

Et c'est là que nous rejoignons Mircéa Eliade : c'est, dans notre lecture, ce qu'il veut nous dire dans la dernière phrase de notre citation en utilisant les mots « considéré », « histoire sacrée », « histoire vraie », « réalités ».

Cela est d'une force extrême.

Pour le meilleur parfois ; c'est, je l'espère, ce que vous penserez de notre utilisation au service du *Laos européen*.

Mais pour le pire bien souvent aussi, tel que Georges Orwell le montre dans sa fiction *1984*, et, hélas, comme on peut l'observer dans l'action des dictatures les plus inhumaines. Et parfois aussi, les collectivités démocratiques ne sont pas en reste…

Nous ne pouvons développer ce point ici. Si votre gourmandise est en éveil, vous pouvez vous régaler de la synthèse qu'en présente Pierre Tourev sur Internet, « La manipulation de l'opinion publique ».

Pour en revenir à notre sujet : qui croira à l'exactitude historique de la « poule au pot » du dimanche qu'auraient initiée Henri IV et Sully ? À Bayard, le chevalier « sans peur et sans reproche » ? À une jeune bergère de 18 ans capable en quelques mois de restaurer le trône de France et de bouter les Anglais hors du royaume ? À Roland sonnant de son olifant ? Qui ne serait pas conscient que la réalité historique de Napoléon Ier a été enjolivée et transformée au point de devenir une véritable légende de gloire, gommant les aspects plus questionnables de l'homme et de l'époque ? Aidé en cela par Victor Hugo qui a mis tout son talent au service de « Napoléon Le Grand » construisant cette « magnifique page d'histoire »[99].

On pourrait multiplier les exemples[100] ; on se doit de constater que tout ceci forme un récit inexact, mais vrai de cet imaginaire commun à tous les Français, ce qui leur permet de partager des signes de reconnaissance et donc de se sentir entre eux. **On retrouve, bien sûr, la dynamique émotionnelle (chapitre 2, C1, page 70) décrite à propos du cas Fillon : « l'émotion**

---

[98] *Ibid.*, pages 15-16, toujours cité par E. Jauffret, *ibid.*, p. 9.
[99] Le même Victor Hugo refusera d'ailleurs de rendre le même service à Napoléon III qu'il descendra en flamme magistralement : « Napoléon le Petit ».
[100] Le lecteur éventuellement gourmand de cette approche lira avec beaucoup de plaisir et d'intérêt *L'âme française* de Denis Tillinac (Albin Michel, 2016).

fondamentale » traitée par « l'empathie ». C'est l'hypothèse clé de cet « essai » que nous argumentons à nouveau par le cas : que ce soit l'identité individuelle, l'identité microsociale ou l'identité macrosociale, on retrouve toujours le même ressort sur lequel il convient de jouer avec empathie.

« Inexact, mais vrai » doit être le repère qui nous guidera dans l'élaboration d'un imaginaire commun à tout un peuple. Prenons conscience dès maintenant que ces deux termes ne sont pas nécessairement contradictoires : seule cette cohabitation permet de gérer nos contradictions.

Et oui, on en revient à Shakespeare : « Nous sommes constitués de la même matière que nos rêves et notre petite vie est noyée dans le sommeil qui l'entoure. » C'est autour de ce sommeil, de ce rêve, de cet imaginaire que se crée le « récit de la France », dans son *Laos*, donc son peuple. Et s'il ne faut plus faire appel au divin pour consolider un peuple, on ne peut pas faire l'économie d'un imaginaire commun, faute de quoi *Laos* disparaît.

Imaginons donc le récit de l'Europe, pour qu'on puisse rêver de l'Europe. Parce qu'elle parlera à notre imaginaire.

À nos rêves.

Parce qu'elle répondra à nos contradictions en les harmonisant, peut-être même à notre insu : vous pouvez reprendre sur internet l'affiche de Jacques Séguéla sur « la Force tranquille » dans la campagne de 1981 telle que nous l'avons analysée dans notre chapitre 2 et méditer dessus : elle condense admirablement la dynamique d'harmonisation des contraires que nous sommes en train d'évoquer.

Les décisions sur les équilibres budgétaires des pays membres, les aides économiques en tant que telles, ce sont des réalités que bien sûr, il faut traiter. Mais elles ne suffisent pas, étant incapables de « faire rêver ». Si on se contente de cela, *Démos* ne dialogue plus avec *Laos* et l'Europe politique n'existera jamais.

Quant à l'Europe économique et sociale, elle aurait beaucoup de mal à exister sans l'Europe politique. Elle ne pourrait marcher qu'en boitant (ce qui se passe actuellement).

Heureusement, les échanges culturels existent, qui préparent le terrain pour construire notre *Laos*.

Tout cela annonce et prépare le jour où nous parviendrons à écrire une « histoire mythologique » de l'Europe. Mieux, on peut d'ores et déjà en choisir le point de départ : Charlemagne, que je sache, a été l'empereur commun à un cœur de l'Europe[101].

---

[101] À ne pas confondre avec ce qui a été une apparente Europe unie, mais qui n'était que le résultat de conquêtes sans lendemain : de l'hégémonie de l'Empire français de Napoléon Ier à

Que la « Saint Charlemagne » (eh oui, « saint ») devienne la fête nationale européenne pourrait consolider ce point de départ ; après quoi, il faudra créer quelques « mensonges qui disent la vérité », ces mythes, cette mythologie, ce rêve de l'Europe qui la feront exister. Pour nous, le mythe est contraint de falsifier la réalité historique s'il veut jouer son rôle d'unificateur du *Laos* : il doit devenir ce « mensonge qui dit la vérité » et ne peut donc en aucun cas coller à la « réalité factuelle, objective et constatable ». Tout au plus, aura-t-il un rapport très indirect avec cette réalité. Une fois de plus : inexact **et** vrai (je suis presque tenté de dire : **inexact donc vrai ; c'est le principe même du *storytelling* qui rencontre un grand succès aussi bien dans le monde du marketing des entreprises que dans celui de la communication politique**).

Exemple de traitement indispensable : le cas de la Révolution française.

Les horreurs l'ont peuplée et objectivement, si on observe le traitement réservé aux (très jeunes) enfants royaux et plus globalement, la « Terreur » et de façon plus personnalisée, ce psychopathe sanguinaire qu'était Robespierre, on a envie de partir en courant, en jetant définitivement l'opprobre la plus absolue sur cette page sinistre de notre histoire.

Oui, bien sûr.

Mais on ne doit pas gommer Danton et Robespierre : cette page a existé et si la France veut survivre, elle doit avoir un *Laos* uni, indivis, qui servira de base à *Démos*, comme nous l'avons déjà démontré. Alors, on va construire un mythe. Au moins tenter de le construire.

On va en résumer la trame ainsi : « Dans leurs combats, Danton et Robespierre se sacrifient et c'est ce sacrifice qui les amène à nous donner la Déclaration des droits de l'Homme et du citoyen. »

Quelque part, ce n'est pas totalement faux. Mais c'est quand même « tiré par les cheveux ». En tous cas, encore une fois, le mythe n'est pas l'histoire. Le problème n'est donc pas qu'il soit vrai ou faux. Ce qu'on lui demande, c'est d'être utile. Utile par rapport à la cohésion du *Laos*.

Laissons la vérité objective à l'histoire. Et faisons vivre ces mythes pour traiter les incontournables réalités politiques.

Donc Danton sera là « par la volonté du peuple et n'en sortira que par la force des baïonnettes ». Bravo. Il est prêt à se sacrifier, on le sent. Et il va se battre jusqu'au bout, y compris en s'empoignant avec Robespierre « le pur et dur, le juste, celui qui est prêt à tout endurer pour servir le peuple. Celui qui ne croit qu'aux idées de Jean-Jacques Rousseau et dont l'unique préoccupation est de les mettre en œuvre sans discernement : il faut que je souffre pour que le peuple de France soit heureux et exporte vers l'étranger son noble idéal de liberté, d'égalité et de fraternité. »

---

celle du IIIe Reich – sans non plus considérer que ces deux conquêtes s'appuyaient sur les mêmes ressorts !

Ça vaut bien quelques milliers de têtes, non ? (y compris, d'ailleurs, celles de Danton et de Robespierre).

C'est ça le mythe et... les peuples en ont besoin.

Troublant, voire scandaleux, horrible, c'est vrai. Mais il semble bien que ce soit indispensable ; nous aurons l'occasion d'y revenir.

Longuement.

*
* *

Nouvelle citation que j'emprunte au professeur Jauffret, le propos de Carl Gustav Jung sur le mythe : « <u>Je commençais à comprendre ce que cela signifie de vivre avec ou sans mythe</u>. Le mythe, c'est ce dont un père de l'Église dit : "Ce qui est cru toujours, partout et par tous" (*Quod semper, quod ubique, quod ab omnibus creditur*), de sorte que celui qui croit vivre sans mythe ou en dehors de lui, est une exception. Bien plus, il est déraciné, sans relation véritable avec le passé, avec la vie contemporaine[102] (…) Le mythe religieux nous apparaît donc comme une des acquisitions les plus hautes et les plus importantes qui donne aux hommes sécurité et force pour qu'ils ne soient pas submergés par la monstruosité de l'Univers. »[103]

Et Jauffret conclut en citant Pierre Chaunu : « Aucune société ne peut faire l'économie du sacré. Le passé, c'est l'histoire et le mythe, le temps de l'histoire et le temps du mythe, dans l'histoire et en dehors de l'histoire. Et le mythe est langage (…), le mythe fait partie intégrante de la langue ; c'est par la parole qu'on le connaît, il relève du discours. »[104]

Ceci posé, qu'on se centre sur la France, l'Europe, une entreprise ou une famille, n'en simplifions pas artificiellement le récit.

C'est le piège dans lequel on a tous tendance à tomber. Or, comme on vient de le dire, il s'agit de « langage », et l'ennemi mortel du langage, c'est le non-dit.

Si le mythe est là pour mettre un masque sur les visages dans le cadre de cette nécessaire falsification de l'embellissement, il n'est pas là pour supprimer des visages. Seulement pour les masquer. Seulement, mais impérativement.

Exemple de simplification artificielle condamnable : faire deux récits. C'est typiquement le cas du récit de la France quand on parle comme s'il y avait deux entités : une France de droite et une France de gauche.

---

[102] C.G. Jung, *Métamorphose de l'âme et ses symboles*, Genève, Georg & Cie SA éditeurs, 1978, p. 35, cité par Eric Jauffret, *op. cit.*, p. 19.
[103] *Ibid.*, p. 385, cité par E.J., *op. cit.*, p. 19.
[104] P. Chaunu, *La mémoire et le sacré*, Paris, Calmann-Lévy, 1978, p. 350, cité par Éric Jauffret, *op. cit.*, p. 19. L'expression « le mythe est un langage » est due à Claude Lévi-Strauss, *Anthropologie structurale*, Paris, Plon, 1958-1974, tome 1, p. 232.

Laos est, et doit continuer à être, **un et indivisible**. Unificateur et rassembleur comme le dit fort bien Denis Tillinac dans un entretien au *Figaro* (daté du 7-8 mai 2016) :

« De Gaulle avait l'air raide, mais il sentait les choses. Il a voulu une synthèse de la tripe républicaine (il avait lu Barrès), de la mémoire monarchique (il avait lu Bainville) et de la grandeur bonapartiste (il avait lu Stendhal). »

Si nous poussons cette logique jusqu'au bout, il faudrait que le « récit de la France » soit une synthèse encore plus large. Car ce n'est pas la France qui serait coupée en deux, mais chacun d'entre nous.

Oui à Barrès, Bainville, Stendhal.

Mais on peut vibrer très fort aussi à « cette armée (qui) poussait des profondeurs des fosses une moisson de citoyens dont la semence ferait éclater la terre au grand soleil de *Germinal*… » parce qu'on a lu et aimé Zola, frémi au mépris des bourgeois de la Piolaine face aux enfants affamés de la Maheude. Oui, on peut aussi vibrer à la victoire des soldats de Valmy. Oui, on peut être touché par les cartes postales des premiers congés payés de 1936. Oui, on peut refuser d'avoir une étiquette de droite ou de gauche. Mais pas dans l'esprit de « ni l'un, ni l'autre ». Mais dans l'esprit de « les deux, mon capitaine » parce qu'une fois pour toutes, on voudrait bien voir réconciliés l'économique et le social[105].

Il est bon qu'on aime les gagnants, mais aussi ceux qui se sont battus sans obtenir la première place. On rappelait il y a quelques jours au moment du décès de Raymond Poulidor les grands moments des Tours de France cyclistes des années soixante, notamment les duels à la fois fraternels et sans concessions entre Jacques Anquetil et lui. Je veux pouvoir aimer Anquetil tout en idéalisant « l'éternel second » qu'était Poulidor (« Poupou » !).

Le *Laos* français vit des contradictions, mais le « récit de la France » doit les intégrer et non pas rejeter la moitié de ce que nous sommes.

Je dois me reconnaître dans le « récit de la France », y compris dans mes contradictions : oui, je suis les deux Thibault ; la schizophrénie collective fait écho à ma schizophrénie individuelle ; et vice-versa.

Une fois de plus, il faut que nous prenions conscience que nous sommes tous et chacun d'entre nous, la chimère « Antoine-Jacques-Thibault ».

Le « récit de la France » doit nous le montrer et nous le faire sentir, nous le faire vivre : il faut qu'il soit construit scrupuleusement autour de cette préoccupation, car c'est là notre identité qui conduira à un « *Laos* » indivis.

Et bien sûr, le même travail nous attend avec l'Europe. Identifier ses mythes, ses légendes, ses héros. Au besoin, les créer de toutes pièces en n'hésitant pas à leur faire dire des formules lapidaires tout comme l'ont fait

---

[105] Ce à quoi l'Institut de gestion sociale a consacré depuis 40 ans l'essentiel de son énergie et de ses moyens : pas de bonne gestion économique sans bonne gestion sociale : l'implication est insuffisante. Pas de bonne gestion sociale sans bonne gestion économique : il n'y a pas de valeur ajoutée à partager équitablement.

allègrement les historiens du XIXe siècle qui, pour l'histoire de France, ont inventé des citations de type : « Du haut de ces pyramides, quarante siècles vous contemplent. »

Racontons ainsi l'Europe aux Européens pour, tout simplement, la faire exister.

Et pour ce faire, nous partirons de l'histoire réelle bien sûr. Mais on la transformera en mythologie en y faisant entrer le rêve...

Encore et toujours Aragon :
— « Qui est là ?
— Le Rêve.
— Ah ! Très bien ! Faites entrer l'Infini. »[106]

*
* *

La mythologie pour créer l'Europe va s'appuyer sur des éléments déjà décrits dans cet ouvrage et ceci pour prendre en compte les très lourdes incohérences, les très fortes antinomies dont *Laos* est pétri.

On sent que de ce fait, *Laos* est un véritable réservoir d'énergie forte, mais qui peut à tout moment nous sauter à la figure dans une explosion émotionnelle incontrôlable.

C'est que les attentes de *Laos* pour satisfaire ses désirs sont très fortes, mais informulées en tant que telles. Peut-être même informulables par lui. Martelons le fait qu'avec *Laos*, on est en plein dans l'émotionnel instructuré.

Et c'est là que *Démos* intervient, *Démos* est là pour dire à *Laos* : « Je t'ai compris ; je sais te formuler en termes rationnels et concrets ce que tu veux de moi. Toi et moi, on va construire toutes les réponses souhaitables pour satisfaire tes attentes. »

Bref, *Démos* est au service de *Laos*. Il lui faut utiliser l'énergie de *Laos*. Il doit donc trouver la formulation rationnelle des attentes émotionnelles de *Laos*.

Le dialogue « *Démos-Laos* », c'est l'incontournable, l'inévitable, l'éternel dialogue *émotionnel-rationnel*. Le dialogue est difficile, scabreux, à cause (entre autres) de l'horizon-temps.

Laos est dans l'immédiateté de ses émotions. *Démos*, dans la lenteur des élaborations de la réalité. Il est toujours en passe de décevoir *Laos* car, hélas, Rome ne se construit pas en un jour, et c'est pourtant ce que *Laos* aurait bien voulu.

Heureusement, le temps s'appelle aussi Kairos, qui, lui, est capable de nous délivrer de la tyrannie de l'impatience. Une des missions clés du

---
[106] Aragon, *Une vague de rêve*, 1924.

pouvoir politique consiste à saisir toutes les opportunités d'échapper à Chronos au profit de Kairos, comme nous le montrions dans notre introduction à propos de l'incendie de Notre-Dame-de-Paris. « Sa Majesté le Temps » disions-nous : il faut à la fois ne pas perdre de temps et ne pas se laisser bousculer par le temps.

Dans ce dialogue, on est donc en permanence au bord de la rupture et *Démos* a bien raison de serrer les fesses et de parler à *Laos* avec beaucoup de pédagogie. Et surtout, *Démos* n'a pas de temps à perdre. Très intelligemment, la constitution de la Ve République répond à cette problématique : elle prévoit la possibilité pour le gouvernement de prendre des mesures par simple ordonnance[107] ; l'ordonnance étant une mesure prise dans des matières relevant normalement du domaine de la loi, c'est-à-dire du pouvoir législatif (le Parlement) et non de l'exécutif. Mais il s'agit d'aller vite et ces ordonnances ont l'avantage pour l'exécutif d'entrer en vigueur dès leur publication, tout en ne prenant valeur législative qu'après avoir été ratifiées par le Parlement dans un délai fixé.

C'est la forme améliorée actuelle de ce que furent les « décrets-lois » des IIIe et IVe Républiques et l'ultime trace laissée par le principe de l'autorité législative exclusive du roi de France dans l'« Ancien Régime ».

Gros avantage : montrer à *Laos* qu'on s'occupe vraiment de lui sans le faire attendre ; *Démos* prend immédiatement *Laos* en main, dès que le résultat de l'élection a désigné l'exécutif. De toutes façons, suffisamment de contre-pouvoirs existent pour que le risque d'un dérapage vers une dynamique dictatoriale soit quasi inexistant.

Mais si le doute effleure les esprits, souvenons-nous que nous parlons à *Laos* et non à *Démos*. Dès lors, une démonstration rationnelle avec une longue explication ne calmerait pas le jeu ; bien au contraire : il faut soigneusement rester sur le plan émotionnel. Parfaite illustration : la conférence de presse du général de Gaulle le 19 mai 1958 à un journaliste qui avait évoqué ce même risque. Réponse sans appel : « … mais pourquoi voudriez-vous qu'à 67 ans, je commence une carrière de dictateur ??!! » Bien sûr, l'expression orale est au rendez-vous : la voix, le geste, le décor… en un mot, l'affectif provoque une immédiate adhésion, grâce à cette présence qui mélange très adroitement la fermeté, voire la colère et l'humour… (Si vous souhaitez vous en convaincre, tapez cette phrase sur internet, vous aurez l'enregistrement visio ; fascinant : *Laos* est satisfait. Fermez le banc !)

Pour en revenir aux ordonnances, n'oublions pas qu'il s'agit d'aller très vite et l'impatient *Laos* accorde un « état de grâce » finalement très court au regard de la complexité des problèmes à résoudre (exemple : les

---

[107] Article 38 de la Constitution.

ordonnances Juppé de 1996 ayant conduit à une importante modification de la Sécurité sociale française).

Il faut tout de suite marquer le coup en agissant. Les simples promesses ne feraient qu'accentuer l'impatience de *Laos* et renforcer les risques de déception irrécupérable. Et pour cela, appuyons-nous sur ce Dieu de l'opportunité qu'est Kairos : guettons le bon moment de faire les choses.

Au regard de cette dynamique, la seule possibilité de s'en sortir pour *Démos*, afin de prendre *Laos* en main, c'est :
1- « Je vous ai compris » ;
2- L'élection ;
3- Un projet précis ;
4- Une action immédiate concrète grâce aux ordonnances ;
5- Guetter le *temps opportun* (Kairos) pour agir.

N'oublions pas l'irrationalité de *Laos* : si on laisse passer le coche, plus rien ne va, et la même mesure présentée à contretemps exaspère *Laos* qui ne perçoit même pas qu'elle répondait parfaitement à son attente. Alors que présentée au bon moment, elle aurait été ovationnée. (L'augmentation de la taxe sur les produits pétroliers déclenche, fin 2018, le mouvement des Gilets jaunes. Son annulation quelques mois après n'arrêtera en rien ce mouvement.)

Dans ce domaine, les « fenêtres de tir » sont particulièrement étroites et, souvent, ne se représentent pas. Vraiment, Kairos a la clé de l'action.

Un dernier mot sur *Laos* : nous devons nous souvenir que *Laos* est une chimère aux contours plus ou moins flous et qu'il faut traiter cette chimère comme un ensemble indivisible. Et aussi que *Laos* est un *inconscient collectif*, qui détermine, voire surdétermine, les comportements de *Démos*. Comme d'habitude, l'ombre éclaire le chemin...

Pas facile.
La rationalité qui caractérise *Démos* pourrait conduire à de graves erreurs : tenter de segmenter *Laos* en catégories de personnes ayant les mêmes types de besoins, de désirs et d'attentes. Ce faisant, on peut avoir l'illusion de se faciliter le travail, chaque catégorie d'attentes ayant une assez forte cohérence, il est plus facile d'y répondre qu'en s'adressant d'un coup à l'ensemble qu'est *Laos* et les très fortes incohérences, incompatibilités, antinomies, contradictions qui le caractérisent.

Erreur ! On pourra traiter convenablement une première catégorie. Mais les autres n'en deviendraient que plus impatientes : « Et nous ? » Soit. On s'occupera d'une deuxième catégorie. Immédiate réaction des deux catégories : comparer ce qu'elles ont obtenu.

Auquel cas on rentre dans une dynamique de « désir mimétique » avec les drames de violence auxquels il nous expose[108] puisqu'à terme, la comparaison amène l'inquiétude et la frustration de toutes ces catégories, perturbées par ces comparaisons : escalade, frustration, impatience, déception : on finit par se mettre tout le monde à dos et la « cocotte-minute » explose.

Laos doit être traité dans sa totalité indivise[109] et il nous faut faire face aux incohérences émotionnelles qui le caractérisent.

C'est tout pour l'instant sur le mot « peuple ».

Passons maintenant au mot « européen ».

Oui ; tiens, au fait, qu'est-ce qu'on entend quand on parle de l'Europe ?

C. Définition de l'Europe

Là, le problème se complique encore ; la question devient par conséquent : quel socle commun peut-il exister entre les populations de l'Europe pour qu'elles puissent former un peuple au sens *Laos*, c'est-à-dire que toutes ses populations puissent conserver leur talent respectif, s'enrichir de la différence de ces talents tout en ayant une identité commune, solide, et de ce fait jouer tous ensemble une symphonie harmonieuse ?

Interrogeons-nous par conséquent sur l'éventuelle existence d'une symbolique commune (au moins d'un embryon de symbolique commune) à partir de laquelle on pourrait construire, développer une identité commune ressentie par tous : « Oui, nous sommes européens, fiers de l'être et nous pouvons nous regrouper sous le même drapeau, nous battre au besoin pour le défendre en chantant le même hymne. »

Ce n'est pas gagné d'avance, me semble-t-il.

D'abord, nous nous trouvons dans une région du monde où l'on ne peut pas faire cinq cents kilomètres sans changer de langue et de culture. Ça n'aide pas à se sentir semblables.

Et si nous regardons notre passé, c'est tout rempli de guerres entre les différents peuples européens : ça n'aide pas à se sentir un seul et même peuple ; ça vous laisserait plutôt dans une situation de méfiance, de défiance, voire de rejet de l'autre : il est vécu comme dangereux et s'est, de fait, par le passé, comporté plus comme un ennemi que comme un frère.

---

[108] On retrouve là le thème central de l'œuvre de René Girard. On peut notamment se référer à *Celui par qui le scandale arrive*, Paris, Desclée de Brouwer éditeur, 2001.

[109] On n'a aucune chance d'arrêter une grève qui se généralise en segmentant les dialogues par catégorie. La moindre concession faite à une catégorie est un encouragement à tous de rejoindre la grève : on vient de constater que c'était « rentable ».

On a eu plus tendance à dresser des « lignes Maginot » et autres « lignes Siegfried » qu'à ouvrir nos frontières.

Tout cela ne saurait contribuer à la constitution d'une chaîne solide qui unirait les différents peuples de l'Europe. Encore moins une fusion en un seul peuple : le « *Laos* » européen semble bien éloigné.

On ne sait même pas ce qu'est notre nom. Quel Européen se souvient de la princesse phénicienne nommée Europe, fille du roi Tyr, aimée de Zeus qui la séduisit en lui apparaissant sous la forme d'un beau taureau blanc au front orné d'un disque d'argent et qu'elle donna à Zeus trois fils ? Qui se souvient de cette rencontre avec Zeus à l'occasion d'une promenade qu'elle fit pour chasser un rêve qui l'avait troublée, rêve dans lequel deux continents, incarnés, personnifiés, avaient tenté de la séduire ?

Même le nom renvoie à une histoire de fuite : le destin mythologique d'Europe se construit à partir d'un rêve de fuite devant le déchirement de la séduction par deux continents personnifiés. Ça ne commence pas très bien en termes de symbolique commune puisque son premier élément est la fuite par rapport à un choix impossible. Quelque part, d'ailleurs, c'est bien un peu la problématique actuelle de l'Europe !

Hélas ! Il ne manquait plus que cela.

« Oui. D'accord. OK. Bien sûr. Mais a priori on est tous entre chrétiens, non ? Ce n'est pas une base solide pour se souder, ça ??? »

On aurait pu le penser évidemment, sinon que ça me paraît compliquer encore la situation qui n'en avait pas vraiment besoin : nous sommes effectivement, nous, « Européens », entre chrétiens. Mais ce qui est gênant, c'est qu'il s'agit de chrétiens catholiques au sud, de chrétiens orthodoxes à l'est, de chrétiens protestants au nord. Et que les guerres entre chrétiens ont existé et ont été parfois d'une incroyable violence, et d'une cruauté inouïe : la Saint Barthélémy a quand même fait plus de morts que le « Onze septembre ». Et, cerise sur le gâteau, certains pays européens vont de toute façon rejeter cette définition d'eux-mêmes par une référence à une religion, au nom d'une « sacro-sainte » laïcité[110]. À commencer par la France.

Ceci est la porte ouverte à tous les effondrements : en se posant (parfois) en ayatollahs intolérants (pardon pour le pléonasme), on dérape sur un rejet de la religion qui conduit à un rejet de notre culture et s'achève en un éblouissant feu d'artifice : le rejet de notre identité ; on croit se montrer généreux, ouverts, et constructifs en nous effaçant dans notre rapport à

---

[110] Déformant ainsi complètement ce riche concept et nous privant de tout ce qu'il pouvait nous apporter de liberté, de créativité, de vivre-ensemble.

l'autre dans l'illusion de croire que si on met notre identité dans notre poche, cela facilitera le dialogue avec les cultures et identités différentes.

C'est tout l'inverse.

Moins on dit clairement qui on est, qui on veut être, en l'assumant totalement et joyeusement, plus l'anxiété et l'angoisse (individuelles et collectives) prennent le devant de la scène : si on ne sait pas qui on est et si on ne l'affirme pas clairement, l'« étranger » devient automatiquement un danger : il est perçu comme tel puisqu'on s'interdit, devant lui, de dire qui on est. Et cet étranger qui perçoit très bien qu'on n'ose plus s'afficher face à lui pour ce que nous sommes, risque d'être tenté d'en profiter pour confisquer tout l'espace laissé ainsi disponible en y imposant sa propre façon d'être. La peur s'installe.
Lâcheté de dire « je suis » ? De dire « nous sommes » ?
Ou simple incompréhension du fait que dire « nous sommes », loin d'être un rejet de l'« autre », est, au contraire, la seule façon de pouvoir créer la possibilité de l'accueillir pleinement ?
L'unité n'est pas l'uniformité : c'est la transformation des *différences* en *complémentarités*.

L'impérieuse nécessité de construire une symbolique commune avec une population d'immigrés est noble, généreuse et il faut tout faire pour y parvenir.

Mais la symbolique commune ne passe pas par l'oblitération d'une des symboliques en présence. Il faut accueillir l'étranger à bras ouverts en disant : « Nous sommes différents, donc nous allons pouvoir construire ensemble une belle et riche harmonie. » Et bien évidemment, ce que nous venons de dire des populations d'immigrés s'applique aussi – peut-être même en tout premier lieu – aux peuples formant l'Europe, au dialogue intra-européen.

Des ressources de la métaphore orchestrale…

La comparaison qui tient le mieux la route selon moi est celle que l'on peut faire avec un orchestre symphonique : au départ, il n'est qu'un « ramassis » de talents et d'instruments différents. On ne va certainement pas demander aux cuivres, aux bois, aux percussions d'abandonner leur identité et de jouer comme les cordes. On n'y arriverait d'ailleurs pas. Tout au contraire, on va dire à chaque musicien « développe ton propre talent jusqu'à l'excellence dans ton domaine ».

Puis, on va composer une œuvre, c'est-à-dire une partition, où toutes ces excellences, toutes ces expressions se rejoindront pour atteindre la plus parfaite des harmonies. Et le chef d'orchestre sera là pour s'assurer qu'aucun instrument n'écrase l'autre, ni ne s'efface devant lui. Et le génie du compositeur aura été de trouver les règles de constructions pour que tous se retrouvent en cette ineffable harmonie.

L'Europe, pour l'instant, nous apparaît comme un lieu qui a la très grande chance de réunir tous les types de « musiciens » possibles et imaginables. Tous aussi excellents les uns que les autres et, heureusement, tous profondément différents. Contrairement sans doute à d'autres régions du monde. On a donc la chance d'avoir toutes les ressources nécessaires.

Et puis, en prime, il y a d'autres musiciens, non européens, qui eux aussi voudraient bien rejoindre notre orchestre.

Côté « richesse par la diversité », on n'est pas mal du tout.

Et même vraiment très bien servis.

C'est donc un excellent point de départ : il faut que nous utilisions cette chance. Cela s'appelle composer une partition et trouver un chef pour la faire exécuter par son orchestre.

« Comment faites-vous pour composer ? » demanda-t-on un jour à Mozart.

Sa réponse est connue : « Je prends deux notes et fais en sorte qu'elles s'aiment. » Belle réponse qui cependant ne donne pas la recette pour les faire s'aimer... On va y revenir dans quelques pages.

Mais procédons par ordre : qui recrutons-nous dans notre orchestre et pour les pupitres de musiciens et pour l'ensemble des métiers annexes qui font fonctionner l'orchestre ? On va sur ce dernier point retrouver tous les métiers d'une entreprise. Dans les deux cas, il y a sélection.

Quittons un instant l'image de l'orchestre pour raisonner directement sur l'Europe. La question devient : « Qui reconnaissons-nous comme européen ? »

Toute personne née en Europe ? Le « droit du sol » ?

Montesquieu insistait beaucoup sur ce droit du sol en l'expliquant ainsi : « Il n'est français que par sa naissance et par les conséquences qu'elle a eues pour sa formation, sa culture, sa vie : s'il était né ailleurs que dans une province du royaume de France, tout pour lui aurait été différent. »

Certes, toute personne née dans un pays d'Europe est européenne, mais au regard de la transmission culturelle, ça ne veut pas dire grand-chose et la personnalité de ces Européens sera à l'évidence plus marquée par la culture spécifique du pays d'Europe où ils sont nés que par la « culture européenne » qui reste un concept plutôt abstrait.

Là, d'ailleurs, réside tout le problème de l'Europe, à commencer bien sûr par la base de toute symbolique commune : la langue « maternelle ».

Et comme on pense principalement avec des mots articulés entre eux selon une grammaire précise, il faudrait aussi parler de « pensée maternelle », pensée qui va typer les attitudes, comportements, façons d'être et d'agir de l'enfant devenu adulte… jusqu'à sa façon de raisonner elle-même.

De plus, en évoquant ces problèmes de transmission, nous ne pouvons que regarder d'un œil sceptique les pratiques communautaristes de certains immigrés dont les enfants sont nés en France.

Certes, de par leur naissance en France, ils sont légalement français.

Mais est-ce bien l'esprit de Montesquieu quand il parle du droit du sol, tel que nous venons de le citer : les mots importants sont sans aucun doute : « par les conséquences ». Or, pour un certain nombre d'enfants d'immigrés, je dirais qu'ils ne sont nés en France QUE géographiquement et que les conséquences évoquées par Montesquieu (transmission de la langue et de la pensée maternelles, de la façon d'être, des valeurs, des repères historiques, etc.) ne sont pas du tout au rendez-vous.

Il serait plus exact de dire qu'ils sont nés dans une « enclave » du pays d'origine de leurs parents, et que ce qu'ils assimilent, c'est bien ce dans quoi ils sont immergés, en l'occurrence les caractéristiques de la vie de ces enclaves.

D'ailleurs, pour être sûrs que cette transmission n'est pas polluée, certaines familles ont fait jouer une clause de nos lois qui autorise que l'obligation de scolarisation soit totalement prise en charge par la famille de l'enfant. Ils sont ainsi sûrs de transmettre leur façon d'être à leurs descendants… « Et surtout que l'École de la République ne s'en mêle pas ! »

Est-on vraiment sûrs qu'ils sont français par le droit du sol ? Ce serait en tout cas méconnaître les idées de Montesquieu et les tordre jusqu'à l'absurde ; absurde qu'on pourrait décrire par la courte histoire suivante : « Tu es paysan et ta vache va mettre bas ; gros ennui, le toit de l'étable a été emporté dans la nuit et tu as dû transférer ta vache dans l'écurie, le temps des réparations. C'est donc dans l'écurie que ta vache met bas. Puisque c'est dans une écurie, on doit considérer que c'est à l'évidence un poulain qui voit le jour et certainement pas un veau. » Stupide, non ?

Donc comprenons bien le droit du sol : oui, Montesquieu a raison car dans son esprit et à son époque, un lieu **géographiquement** français est, **culturellement,** français. Mais il me semble qu'actuellement, certaines personnes peuvent considérer qu'il existe des lieux géographiquement situés en France… et qui n'ont rien d'autre de français… donc, y naître ne saurait suffire pour être français ; et la vache de mon paysan aura bel et bien mis bas un veau ; pas un poulain…

Ce qui est vrai pour la France est vrai pour de multiples autres pays et risque bien d'être vrai pour l'Europe ; c'est bien pour cela que nous suivrons Paul Valéry dans la définition de l'Europe à partir de valeurs et non à partir des seules frontières géographiques ; c'est autour de lui que nous pourrons suggérer un schéma de construction de notre *Laos européen*.

*
* *

Ceci ne nous empêche pas de souligner dès maintenant quelques éléments simples qui vont nous préparer un beau terrain pour notre schéma de construction.

Dit autrement, avant de nous poser des questions complexes, commençons par le bon sens : il y a des moyens simples pour créer un bon début de symbolique commune : ils doivent nous servir de point de départ, alors que, plus que bizarrement, nous semblons les rejeter.

Jugez-en :

Sur un plateau de télévision, Régis Debray attirait l'attention sur la nullité des coupures de la monnaie européenne. L'euro ressemble un billet à un billet de Monopoly, disait-il en substance : qu'est-ce que c'est que ces pseudos monuments alors que l'Europe possède une infinité de constructions toutes plus belles les unes que les autres ?

C'est vrai ; pourquoi ne pas faire figurer sur nos billets, par exemple, la Fontaine de Trévi, l'Alhambra de Grenade, le Mont-Saint-Michel, un château de Louis II de Bavière… ? Tout ça, c'est l'Europe et on peut en être fiers ; et on peut se rappeler en les voyant tous les jours que nous sommes européens, que tout ça c'est notre Europe !

Qu'est-ce qui nous empêche de reproduire sur nos billets le portrait d'un Mozart ? Et de bien d'autres Européens : des milliers de personnes, (artistes, scientifiques, écrivains, philosophes…) ont marqué leur époque, leur continent, la civilisation occidentale… et sont pour beaucoup connues du monde entier. Sans parler des artisans de l'Europe : les couples de Gaulle-Adenauer, Mitterrand-Kohl ; les grands acteurs individuels : Paul-Henri Spaak, Robert Schuman… les circonstances exceptionnelles : pourquoi pas un billet représentant Rostropovitch jouant Bach sur son violoncelle devant un mur de Berlin en train d'être détruit ?

L'idée que, chaque jour, 340 millions de personnes manient un billet portant la même effigie que le mien, payent leur café avec le même « Mozart » peut renforcer le sentiment d'appartenance à l'Europe et faire sentir l'Europe à tous les visiteurs.

Pourquoi renonçons-nous à ce qui, ainsi, nous renverrait quotidiennement à *Notre Europe* alors que pour l'instant, nous sommes renvoyés à une abstraction sans contenu ?

Suicidaire.

Aurions-nous honte d'être nous-mêmes ???

Aurions-nous peur d'être dépossédés de notre patrimoine national ? Alors que de fait nous nous enrichirions d'un patrimoine commun beaucoup plus large ?

Sans compter que c'est relativement facile à faire… Non, visiblement, nous ne voulons pas affirmer notre Europe.

Triste.

À en pleurer.

(Remarquez, c'est vrai : ça pourrait faire de la peine aux non-européens ; y compris à ceux qui vivent en Europe. Faire de la peine. Ce ne serait pas bien du tout... soyons respectueux. Non, mais, ne serions-nous pas un peu malades ?)

Dans un tout autre domaine, les prochains Jeux olympiques s'approchent. Comme d'habitude, on va comparer le nombre de médailles reçues par chaque pays. Et en conclure par exemple que la France est loin derrière les États-Unis d'Amérique. Bien sûr. Mais si en plus on affichait les résultats de l'ensemble de l'Europe, on s'apercevrait que ce sont les États-Unis qui sont derrière nous. Cela ferait peut-être prendre conscience de la force d'une Europe unie. Pas mal, non ?

Il s'agit là de choses très simples : c'est par ces petits pas successifs qu'on peut créer petit à petit le sentiment de l'Europe.

D'autant que, dès à présent, des dynamiques pro-européennes sont en marche sans que nous en exploitions toutes les retombées symboliques qui pourraient en résulter : il y a ces rencontres formelles et informelles entre les jeunes générations de ces pays qui balaient avec une insouciance victorieuse les barrières de la langue. Car là, oui, ce que nous allons dénoncer très vigoureusement dans quelques pages en ce qui concerne l'« *international english* » – pour les sphères de constructions en commun, de réflexions et de pensée –, cela cesse d'exister quand il s'agit de pouvoir échanger les mots de la vie courante en s'exposant ensemble aux richesses culturelles de notre Europe, là, le « *global english* » peut faire des merveilles.

Il y a aussi ces cérémonies du souvenir de nos drames communs qui ont lieu régulièrement, permettant de commencer à dépasser tant de décennies, de siècles, de ces guerres civiles européennes qu'étaient les conflits inter-nations.

Autre bizarrerie que nous évoquions il y a un instant : l'hymne européen n'a pas de paroles ; on ne peut donc pas le chanter ensemble.

Là, c'est plus difficile.

Alors, ne le traitons pas pour l'instant ; ce ne serait pas « un petit pas » ; donc ça pourrait tout bloquer. Même, le simple fait de poser le problème amènerait aux empoignades traditionnelles entre Europe des nations vs Europe fédérale.

C'est quand même râlant : guettons l'éventuelle idée de génie qui pourrait se pointer à l'horizon. En attendant, réjouissons-nous d'avoir au moins la musique de Beethoven pour nous rassembler et consolons-nous de savoir que nous ne sommes pas les seuls : l'hymne espagnol, la « *Marcha Real* » n'a pas non plus de paroles : bizarrement, ça n'a pas empêché l'Espagne de gagner la Coupe du monde de football en 2010... On finirait par se demander comment les supporters ont pu appuyer leur équipe, puisqu'il semble que ce soit dans de telles occasions que les hymnes nationaux sont le plus chantés et avec le plus d'engouement... « *Sic transit...* »

Bon, ces quelques réflexions ont eu pour but de nous montrer que, pour créer un *Laos* européen, « y a du boulot », mais qu'on peut y arriver.

Si on veut.

Alors, tentons de défricher la voie dans notre prochain chapitre : au moins, nous en arriverons à une définition de l'identité européenne plus précise que celle qui n'a été qu'évoquée trop succinctement quelques paragraphes plus haut.

Nous repartirons, pour ce faire, du mythe et de ses risques. Cela nous amène *ipso facto* à consolider et enrichir nos outils d'intervention ; nous allons le faire en prenant le risque de l'interdisciplinarité au sens que lui donne l'Institut canadien de recherches avancées (ICRA) : « Processus par lequel on développe une capacité d'analyse et de synthèse à partir des perspectives d'une autre discipline. »

Cette autre discipline, nous sommes allés la chercher volontairement dans le domaine qui, selon nous, est celui qui touche de plus près aux « ressorts de l'âme humaine », à savoir la psychothérapie. Voilà un domaine dans lequel les concepts, concepts opératoires, outils, méthodes sont le résultat de tellement de recherches et de tellement de validation par la pratique de tant d'experts qu'on ne peut résister à la curiosité d'aller voir si nous pourrions en « chiper » quelques-uns pour enrichir notre pratique, ou du moins pour la valider un peu plus.

Je vous invite donc à nous pencher maintenant sur un cas réel de psychothérapie ; tout au long de ce cas, nous indiquerons (**en gras**) ceux des éléments que nous utiliserons, en les transférant à la problématique de l'identité macrosociale du *Laos européen*.

Soyons très clair : nous voulons seulement observer si, oui ou non, cette approche nous permet de mieux classer les données de l'observation et d'en articuler entre elles un plus grand nombre. Si oui, nous pourrons en tirer une nouvelle théorie, plus utile que celle que nous utilisions auparavant.

Plus *utile*. Et non *meilleure*. Et non *plus exacte*.

Nous resterons soigneusement à un niveau de « tout se passe comme si », souhaitant que, le plus rapidement possible, une nouvelle théorie balaye la nôtre : même si elle est encore moins exacte, moins « vraie », elle sera plus utile de par le simple fait qu'elle prend en compte un plus grand nombre d'observations.

Chapitre V

Qui es-tu, toi qui ne sais plus qui tu es ?
Les ressorts profonds de l'ombre

A. Cas Floria

(Je remercie le docteur Philippe Thomas, psychiatre et gériatre – CéRès, Poitiers- responsable des cours de psycho-gériatrie à Ivry. Ayant trouvé ce cas « très intéressant » et « rejoignant totalement un certain nombre de ses travaux », il a bien voulu me guider dans son élaboration, puis le commenter. Nous présentons ici ses remarques et observations entre parenthèses et en italiques.)

COMPRENDRE ET SENTIR
Clarifions bien la raison de cette approche par la psychothérapie :

1- C'est dans une situation de pathologie qu'on repère le mieux les ressorts de « l'âme humaine ». Ils sont comme grossis, jusqu'à la caricature, de ce qui se passe dans nos esprits à tous.
2- On dit parfois qu'il n'y a pas de différences entre une personne dite « normale » et une personne dite « pathologique ».

(Commentaire du docteur Philippe Thomas : excellent ; en fait la « maladie » n'est qu'une faiblesse pour se corriger, faiblesse qui vient de la perte d'accès aux catégories sociales et routinières, aux changements.)

Pas de différence de « qualité » ou de « nature ». Mais une simple différence quantitative ; ce qui est en filigrane chez une personne normale occupe le devant de la scène chez une personne souffrant de troubles psychiques.

(Docteur Philippe Thomas : il y a une incapacité à gérer la complexité, dont la personne malade se protège en esquivant le réel ; elle se réfugie dans une citadelle intérieure.)

On dit aussi parfois qu'un trouble psychique, quel qu'il soit, doit être d'abord et avant tout considéré comme un rempart par rapport à un trouble plus grave ; il n'en est que plus respectable, ce qui nous invite à mieux supporter nos petites bizarreries... et celles des autres.

3- De plus, l'exposé aussi détaillé que possible permet, si on se laisse aller, de SENTIR et pas seulement de COMPRENDRE.

(Docteur Philippe Thomas : oui, « se laisser aller à sentir ». Comprendre et expliquer un trouble n'est pas suffisamment thérapeutique.)

Nous vous proposons donc d'en faire la lecture en vous efforçant de sentir ce qui se passe, dans l'esprit de la patiente, dans l'esprit du psychothérapeute et dans leurs échanges.

Si vous le lisez en ce sens, cela éclairera les problèmes de construction d'identité, de détérioration de l'identité, de sa reconstruction ; voire de l'émergence d'une toute nouvelle identité.

(Docteur Philippe Thomas : oui, s'efforcer de sentir ce qui se passe, y compris dans le domaine que vous appelez macrosocial.)

Et cela sera ainsi un véritable « exercice » de ce livre : quelle que soit l'*entité* concernée (qu'il s'agisse d'individus, de microgroupes ou de macrogroupes), pour faire évoluer les situations, il faut, certes, avoir quelques repères techniques, condition nécessaire, mais pas du tout suffisante ! Il faut de plus sentir ce qui se passe et ainsi développer une intuition de ce que peuvent être les conséquences comportementales de nos décisions pour les personnes prises individuellement ou en groupes.

Dit autrement : nous voulons, dans une entité donnée, faire émerger de nouveaux comportements, de nouvelles attitudes, une nouvelle façon d'être, bref une nouvelle identité ; et c'est bien de cela qu'il s'agira quand nous traiterons de l'Europe en fin d'ouvrage.

Quels sont les leviers par lesquels nous pouvons agir en ce sens ?

Ce sont ces leviers d'induction de comportements que l'effet « loupe » de la psychopathologie et de la psychothérapie va nous permettre d'identifier.

À nouveau la richesse... (et aussi les dangers) de la transdisciplinarité.

C'est ainsi que nous allons dans ce chapitre pouvoir repérer la cause des éléments qui manquent à l'Europe pour faire émerger un véritable *Laos* : ce fondement de toute identité collective.

Ils sont cousins germains, pour ne pas dire frères jumeaux de ceux qui ont été détruits chez la patiente dont nous allons étudier le cas ; tout simplement parce que nous touchons là aux fondements mêmes de l'âme humaine.

Dès lors, on pourra faire le pari « causes similaires, rectification de tir identique » ; moyennant une simple traduction pour passer du niveau identité individuelle au niveau identité collective.

Le cas a été juste « déguisé » en ce qui concerne les noms de la patiente ((« Floria ») et du thérapeute.

Charles : tout le reste est parfaitement authentique.

« Lâchez-vous », en essayant de sentir ce qui se passe entre « Floria » et « Charles ».

Au début, le cas vous paraîtra désespéré, la surprise finale incroyable... Mais vous aurez réussi votre coup quand ce passage de l'« impossible » au « réussi » vous paraîtra tout naturel : impossible, incroyable, mais naturellement vrai et finalement « tout simple ».

Et vous en tirerez ainsi une maîtrise des problèmes de développement de l'identité individuelle et collective ; c'est cette démarche que nous allons utiliser ici afin de poser ces jalons conduisant à l'émergence d'un véritable *Laos* européen.

Toute la démarche de ce livre pour cerner la notion d'identité (et tout particulièrement notre préface) peut également nous permettre de redéfinir notre position, notre regard et notre démarche thérapeutique face à des psychopathies de l'extrême, lorsque l'identité du patient est comme « pulvérisée ».

Car c'est bien à cela que nous réfléchissons, sur ce thème-là que nous voulons, dans la spécificité propre de l'« essai », formuler des hypothèses et des arguments.

La voilà, l'hypothèse clé de cet essai : qu'il s'agisse de construction, de reconstruction, de destruction, de changement, d'affirmation, de réparation, etc., les problèmes d'identité individuelle, microsociale ou macrosociale, obéissent aux mêmes ressorts de base et à des techniques d'intervention très voisines, pour ne pas dire similaires ; seules les modalités de mise en œuvre diffèrent... Ce n'est pas rien !

Le cas :

Floria vivait avec sa sœur cadette dont elle était la tutrice dans la même chambre d'un EHPAD. Responsable juridiquement de sa sœur qui souffrait d'une pathologie de type Alzheimer, elle exerçait parfaitement son rôle de tutrice doublée d'un rôle de présence et de réconfort affectif.

Conscience du trouble

Lorsque sa sœur décéda, Floria se trouva face à un deuil très cruel et brutalement privée de sa fonction : désormais, elle se sentait inutile.

Elle lâcha prise et commença à décliner ; en quelques mois, elle s'enferma sur elle-même et en apparence devint de plus en plus indifférente. Il n'en fallait pas plus aux médecins pour la cataloguer « atteinte d'une maladie d'Alzheimer » comme sa sœur.

Ces médecins étaient trois : le praticien de la maison de retraite et deux parents de Floria (cousins et cousines). Tous trois compétents chevronnés et dévoués. Le diagnostic était donc solidement établi.

Charles lui n'était pas médecin et malgré sa longue formation comme psychothérapeute et psychanalyste, il risque de ne pas être très écouté par des personnes qui se défendraient en se drapant dans une attitude de type : « Tout ce que vous dites est très intéressant, mais, contrairement à nous, vous n'êtes pas médecin. »

Or, ce qui le gêne, c'est l'évidente souffrance de Floria ; il va donc confier son embarras à André de Peretti avec qui il avait longuement travaillé dans ces domaines. La position d'André de Peretti est formelle : « S'il y a souffrance, on peut et doit tenter quelque chose ; la demande peut ne pas être loin; la souffrance l'annonce en quelque sorte. Mais, ne jouez pas au médecin, vous ne l'êtes pas » ; « Et même, ne jouez ni au psychologue ni au psychothérapeute, même si vous l'êtes : ça ne pourrait que conduire à un conflit avec le médecin traitant qui ne manquerait pas de vous répondre : "Je suis médecin", pour vous signifier que votre point de vue ne fait pas le poids pour lui. Et puis de toutes façons, la situation dans laquelle vous vous trouvez vous empêcherait totalement d'avoir l'attitude de neutralité bienveillante propre à la psychothérapie. En revanche, il y a un rôle que vous pouvez jouer et dans lequel vous devriez vous engouffrer. C'est le rôle d'aidant, rôle qui a très bien été décrit, voire codifié par le docteur Pierre Charazac » (dans un de ses livres : *Comment soigner la maladie d'Alzheimer*, voir bibliographie). Donc : « Allez-y et restez avec moi pour que je puisse être dans une position de "contrôle" de votre démarche. »

(Docteur Philippe Thomas : quand des soignants cataloguent un malade comme « incurable », cela revient à accentuer l'incurabilité, voire à la créer. Il y a aujourd'hui trop peu d'éléments médicaux objectifs pour le diagnostic, ce qui fait que selon moi, plus de la moitié des cas diagnostiqués Alzheimer ne sont que des erreurs de diagnostic ; pour ne pas dire qu'on cède à une mode, je parlerai de « normose ». Donc je préférerais qu'on dise diagnostic « médicalement » établi et certainement pas « solidement ».)

André de Peretti insistait beaucoup sur ce qu'il appelait la reconstruction de l'identité par « l'écoute de dialogue ». Tout ceci pour éviter ou du moins diminuer la souffrance.

(Docteur Philippe Thomas : la souffrance témoigne toujours d'une conscience du trouble, pouvant conduire à une demande d'aide. Si on n'y répond pas, non seulement on perd une belle occasion thérapeutique, mais pire, on va aggraver la situation en accroissant le lâcher-prise de la personne : elle a besoin de chaleur affective ; elle se soumet donc au médecin pour lui faire plaisir et donc pour éviter de se faire rabrouer, ce qui accroît encore la diminution du sens critique ; on partait d'une situation qui n'avait rien à voir avec un syndrome d'Alzheimer, d'autant que, on vient de

le remarquer, la symbolique du langage n'était pas détruite totalement ; mais si on se fige par ce diagnostic sans doute inexact, à tout le moins prématuré, on va finir par passer complètement à côté du cas. Pire, on risque d'accélérer son lâcher-prise, ce qui la conduirait à une véritable dégénérescence ! Alors qu'il se peut que ce lâcher-prise puisse être stoppé par une écoute empathique de ce que dit la patiente, lui montrant qu'on comprend et qu'on valorise ce qu'elle dit : dès lors, ce début de détérioration de son identité pourrait être stoppé, et les premiers dégâts vite réparés. Peut-être, de plus, faut-il remarquer qu'un médecin peut se faire enfermer dans un code déontologique et cognitif aboutissant, en une « normose » à un diagnostic « fourre-tout » alors que le malade doit être écouté au travers de codes affectifs, émotionnels, conduisant à des procédures pratiques résiduelles encore accessibles. L'éveil manifesté est l'écho chez Floria de la prise de la relation « je-tu » qui assoit son identité, comme le dirait Martin Buber[111].)

(Nous nous permettons de placer ici un commentaire sur l'utilisation possible pour le « macrosocial » : écouter la symbolique, valoriser ce qui est ainsi exprimé pour faire réapparaître l'identité semble bien être la problématique de l'entité européenne ; le fait-on aujourd'hui et, si oui, peut-on le faire différemment, mieux ? Ce premier ressort de l'âme humaine que nous fait découvrir Floria : l'écoute et la valorisation de la symbolique d'une entité, nous l'examinerons soigneusement dans la dernière partie de cet ouvrage consacrée à l'entité européenne. Pour l'instant, continuons à examiner le cas Floria pour voir quelles sont les autres pistes que nous pourrions utiliser pour traiter de cette entité européenne.)

Revenons donc au cas Floria : comment a-t-on réussi cette écoute de son discours et sa valorisation ? Des études très précises nous ont permis d'y parvenir.

À commencer par « l'écoute de dialogue ».

L'écoute de dialogue et le rôle du mimétisme

Le développement de la personne passe par un processus d'apprentissage, processus cognitif qui s'appuie essentiellement sur le fait de copier l'autre, de faire comme lui. En un mot, c'est du mimétisme. Mimétisme rendu possible par les échanges interpersonnels de qualité, c'est-à-dire fondés sur une écoute valorisante des discours désignée par l'expression « écoute de dialogue ». On parle d'une « inter-individualité humaine empathique ». À l'inverse, si un tel processus est en panne, de graves troubles psychologiques peuvent apparaître. La thérapie consistera alors à rétablir ce processus, cette « écoute de dialogue ».

---

[111] Voir bibliographie.

Le docteur Henri Grivois, psychiatre de renom (voir sa biographie sur Internet) nous ouvre des pistes pour créer une telle écoute. La clé pour ouvrir la porte semble s'appeler « prendre au sérieux les choses qui comptent pour le patient ». Citons-le :

« Dans la psychose le rôle du mimétisme est spécifique (…) la psychose est un dysfonctionnement de l'inter-individualité humaine. C'est un dis-mimétisme. » (…) Il faut savoir partir du patient, entrer en contact avec lui, le comprendre, « ce qui est essentiel (…) c'est de parler avec ses patients, non pas dans un esprit de compassion ou de réconfort, mais bien davantage pour prendre au sérieux les choses qui comptent pour eux ».

(Docteur Philippe Thomas : « dis-mimétisme » qui proviendrait d'un déficit de la symbolisation par morcellement du « moi ». On a intérêt à considérer qu'ici le « moi » est intact et que seule la symbolisation est défaillante : ce qui revient à dire qu'il ne s'agirait que d'un mauvais fonctionnement du processus cognitif initié très précocement dans l'histoire de la vie ; la construction se fait mal, mais la fondation est solide.)

(Nous plaçons ici notre commentaire sur l'utilisation pour le macrosocial, en ce qui concerne l'EUROPE. Ce terme de « dis-mimétisme » est à soigneusement garder en tête : il va nous apparaître central dans notre démarche macrosociale de l'aide à la création du *Laos européen* : l'ossature de l'Europe est sans doute solide, mais par une utilisation défaillante de la symbolique, l'Europe n'apprend pas à être elle-même : mauvais fonctionnement du « processus cognitif ». Par quel « mimétisme » peut-on stopper ce morcellement de l'Europe ?)

Continuons à creuser ces termes avec Henri Grivois ; en parlant des psychoses naissantes au moment de l'adolescence, il écrit : « On peut parler de techniques conversationnelles où l'autre est partenaire à 100 % » (on est très proche de l'écoute de dialogue et de l'empathie psychanalytique) ; « C'est un pari : celui de dire "ce que vous dîtes est cohérent, je prends votre folie apparente au sérieux". » Pourquoi se priverait-on d'une transposition de cette approche au cas Floria puisqu'il s'agit bien là aussi d'une personne avec qui on veut dialoguer ? Tentons-le ; et puis n'oublions pas que dans ce cas, nous sommes uniquement un « aidant », au sens du docteur Pierre Charazac ; c'est donc sans risque ; donc on peut toujours essayer, on verra bien : au pire, cela ne servira à rien ; au mieux, cela aidera Floria et cela prouvera que les transpositions peuvent constituer une piste intéressante.

Alors, suivons Henri Grivois, en revenant à ce qu'il désigne comme étant la base de ces dysfonctionnements : la disparition du mimétisme.

Tentons de le rétablir par un jeu.

C'est ainsi que Charles va proposer à Floria le jeu suivant : « Tu vas faire les mêmes gestes que moi. » Il s'agissait de deux gestes très simples que Charles faisait à la fin de chaque phrase ; charge à Floria de les répéter. Après une petite demi-heure d'entraînement, Floria parvient très bien à les faire. Charles décide alors de faire la même chose qu'elle systématiquement. De la même façon que Floria avait imité Charles, c'est maintenant Charles qui imite Floria. Imitations croisées.

Toutes les dix minutes environ, Charles fait deux minutes de pause pendant lesquelles il passe un fond sonore : vieilles chansons d'autrefois ou extraits de musique classique tels que sa sœur les interprétait au violon. Au bout de deux heures, la dynamique devient parfaitement intégrée et le jeu va se transformer en compétition : si l'un des deux oublie ses gestes, l'autre marque un point...

Charles va vite constater que la communication existe entre eux deux. À son grand étonnement, d'ailleurs : « C'était stupéfiant, j'avais du mal à y croire : j'avais l'impression que Floria se réveillait. »

Étonnant ou non, une communication existe bel et bien : Charles va l'utiliser pour amener Floria à s'identifier à lui, donc à se prendre pour lui, reconstruisant par ce biais sa propre identité.

Emprunt de l'identité

En quelque sorte, Charles va prêter son identité à Floria.

Qu'est-ce qui peut amorcer la pompe ? En étudiant l'histoire objective de Floria avec ses cousins médecins traitants, Charles avait repéré un élément qui rapprochait de fait Floria de lui : le père de Floria était décédé quand celle-ci avait six ans (bonjour Œdipe !), Charles, lui, avait été séparé de sa mère à l'âge de quatre ans. Depuis ces âges respectifs, Floria n'avait plus jamais pu dire « papa », Charles n'avait plus jamais pu dire « maman ».

Charles parla donc à Floria de cet événement de vie à lui ; le déclic fut immédiat, Floria l'interrompant : « C'est comme pour moi... », etc.

Charles n'avait plus qu'à tirer sur la ficelle et tout venait ; ils étaient partis ensemble pour un bon bout de route ; et même très bien partis.

Charles et Floria cheminent ensemble ; « ils y vont », revivant ensemble leurs émotions ; intensément ; des larmes aux rires. Ils sont devenus « partenaires à 100 % » pour reprendre l'expression d'Henri Grivois.

(Docteur Philippe Thomas : Floria va à nouveau pouvoir dire « je », donc le processus de re-singularisation réapparaît ; Floria va pouvoir retrouver son récit personnel tel qu'elle l'a construit (et qui l'a construite). Il s'agit bel et bien d'une démarche de réappropriation de soi ; la thérapie fonctionne. Il faudra guetter quatre repères dans cette réappropriation et ne pas les laisser passer s'ils apparaissent :
- *Le corps comme source de désirs pour ce qu'il en reste (la mémoire du corps) ;*
- *Les mots pour le dire : on en revient à la source et à l'éveil des désirs ;*
- *La structure de la personnalité antérieure ;*
- *Le système de valeurs : centres d'intérêt et croyances personnelles.)*

(Transposition de cette démarche pour l'Europe : soulignons que notre pari devient la formulation de l'équivalent de cette approche afin de faire apparaître le « je » ou le « nous » du *Laos*, trouvant ou retrouvant ainsi son récit collectif.)

Le tableau est finalement assez clair : Floria revit pleinement l'ensemble de son récit personnel. Et, qui plus est, elle sait mettre des mots dessus ; avec parfois, il est vrai, l'aide de Charles lorsque sa symbolique s'avère déficiente (dans un petit quart des cas – seulement !).

(Nous aurons exactement la même difficulté pour l'Europe en ce qui concerne la symbolique défaillante : nous l'avons déjà abordée dans le chapitre 4 : pourquoi renonçons-nous à utiliser les coupures d'euros pour vouloir construire et afficher la symbolique de cette nouvelle nation que nous prétendons???)

Ceci posé, quelque chose va frapper – le mot est faible – Charles : c'est l'extrême précision avec laquelle Floria raconte ses souvenirs (dates, faits, ressentis, regrets…), et dire qu'on avait catalogué cette personne comme Alzheimer ! On ne peut que repenser à la dénonciation faite par Philippe Thomas (la « normose ») ; il n'est d'ailleurs pas le seul[112].

Charles prend également conscience que dans ce cheminement à deux, il y a une grande réciprocité thérapeutique : de fait, lui-même n'avait pas pu soigner son traumatisme de la séparation d'avec sa « maman » à l'âge de quatre ans. On ne peut qu'accepter l'idée que, malgré tout son parcours, il continue à être aussi « malade » que Floria avec un pronostic de guérison très pessimiste.

Au fond, l'objectif n'est peut-être pas l'effacement d'un traumatisme, mais plutôt : « Qu'est-ce qu'on peut en faire ? » On retrouve Sartre : « Notre responsabilité est de faire quelque chose de ce que les autres ont fait de nous. »

(Docteur Philippe Thomas : la relation « je-tu », ce partenariat à 100 % conduit à une réciprocité du don identitaire sans bien savoir qui mène le jeu : on finirait par bien adhérer à la position de Carl Rogers quand il dit : « C'est le malade qui est l'expert, le maître, même à travers les mots prononcés par le thérapeute. » C'est finalement la porte ouverte à une vraie thérapie autour du triptyque « coopération – réciprocité – pardon » cher à Anatol Rapoport[113].)

---

[112] Ceci fait penser aux critiques qui s'élèvent parfois contre le diagnostic d'Alzheimer qui peut apparaître comme un « fourre-tout » bien trop commode. Dès l'an 2000, on peut trouver dans l'anale médico-psychologique volume 158, page 175 : « La maladie d'Alzheimer, vaste synthèse des Américains curieusement suivis par quelques dévots, est une mystification, une blague, peut-être une erreur. Elle englobe tout. » Plus généralement, voir les travaux du professeur Peter Whitehouse, notamment *Le mythe de la maladie d'Alzheimer*, en collaboration avec Daniel Georges (De Boeck, Solal, 2009).

[113] Voir Internet (entrer sur son nom).

(Voici un autre commentaire pour le macrosocial : revenons à l'Europe : à coup sûr, l'idée d'effacer les traumatismes passés n'a, bien évidemment, absolument aucun sens ! En revanche, l'idée d'en faire quelque chose va nous ouvrir beaucoup de portes : là aussi, nous pourrons identifier un traumatisme de départ et en faire un traumatisme « fondateur » par emprunt d'identité.)

Resingularisation ; le cycle identitaire

Finalement, on voit apparaître une « chimère », Charles + Floria, « Charflo ». Et c'est Charflo qui va revivre l'imaginaire et ses fantasmes, en faire un rêve, l'exprimer avec ses mots : bref, redémarrer le cycle identitaire que nous décrivions dans notre chapitre sur la construction d'identité. À ce moment précis, les étapes de ce cycle qui restent à franchir sont : transformer le rêve en projet – d'où ressortira « l'idéal du moi » – puis transformer le projet en action, ce qui permettra à Floria de réamorcer le parcours du « moi » vers le « je » et à Charles de renforcer son propre parcours vers lui-même, ce qui n'est ni aisé, ni assuré de réussir. Eh bien, la partie est loin d'être gagnée !

Parler de projets et d'action pour Floria compte tenu de son âge (entre 86 et 91 ans pour cette démarche qui a duré cinq ans), c'est proprement délirant... pour ne pas dire insultant !

L'illusion

Charles et son équipe en arrivent à la conclusion qu'il faut se rabattre sur l'équivalent des soins palliatifs comme le feraient les médecins dans la phase terminale d'une maladie incurable, pour qu'au moins la souffrance soit atténuée, voire supprimée.

Un déni de réalité

Dans ce cas, cela va s'appeler « travailler dans l'illusion ». Mettre en place un projet illusoire, un simulacre d'action, un montage de résultats.

(Docteur Philippe Thomas : illusion est un terme qui sous-entend un déni de réalité ; je préférerais le terme simulacre à condition qu'on puisse lui retirer sa connotation péjorative ; c'est pour cela que pour ma part mon équipe a choisi le néologisme : « analogon »)

Charles en est donc arrivé à la conclusion qu'avec Floria, on allait faire resurgir le « moi-idéal », avec son sentiment de « toute-puissance » au détriment de « l'idéal du moi » qu'on aurait pu reconstruire comme repère réparateur de l'action si tout cela avait eu lieu... 50 ans plus tôt.

(Est-ce que cela veut dire que nous sommes amenés à « re-narcissiser » plutôt que de « re-singulariser » ou bien est-il possible de jouer sur les deux

tableaux ? *Je n'ai pas de réponse définitive sur ce plan théorique dont j'aimerais débattre.)*

(Pour la définition de tous ces concepts, le lecteur peut se reporter à la note technique n° 2 et/ou au glossaire.)

Y a-t-il un risque dans cette démarche ? On pourrait effectivement croire que le narcissisme du moi idéal, avec son incontournable sentiment de toute-puissance, pourrait conduire à des comportements dangereux : la santé de Floria et son âge éliminent ce risque.

(Docteur Philippe Thomas : dans cette situation, il ressortira plus vraisemblablement une volonté de maîtrise du thérapeute par le malade.)

De plus, apparemment en totale contradiction avec le diagnostic médical, la symbolique semble se consolider.

Pierre Charazac apporte une réponse à cette apparente contradiction : dans son livre *Soigner la maladie d'Alzheimer* (*op. cit.*), le docteur Charazac écrit à propos de l'écoute de dialogue : « Sous couvert du contenu verbal et de sa partie cognitive, c'est sur l'affect que repose en priorité l'échange. »

C'est l'apparition de l'identité du « je-tu » et la dignité de l'entre-deux qui est clairement le moteur de la thérapie.

*(**Notre commentaire sur le macrosocial : comment se présente ce jeu sur l'affect pour l'Europe et comment maîtriser ce point fondamental du « je-tu » ? Qui pourra dire « je » à un « tu » qui sera l'Europe ?)***

Mais la pensée symbolique n'est pas pour autant exclue comme le montre Le Gouès (1991) en défendant l'idée d'une relance possible chez le dément de la pensée par l'affect. D'ailleurs, Charazac cite Le Gouès : « L'important consiste à suivre, pas à pas, le fonctionnement spontané du patient pour le relancer à chaque défaillance par de simples reprises. Au fur et à mesure que l'activité spontanée se réveille, le patient retrouve un plaisir perdu depuis qu'il s'est déshabitué à fonctionner mentalement. Comme le thérapeute s'intéresse à son fonctionnement mental, il s'y intéresse aussi. Le patient se réinvestit en tant que personne (*op. cit.*, page 90).

(Commentaire macrosocial : on a là un début de réponse à la question posée il y a quelques lignes : retrouver le plaisir perdu de fonctionner mentalement comme un Européen.)

Ces deux réponses permettent à Charles de penser qu'il n'y a aucun danger, donc « il y va ! »

(Docteur Philippe Thomas : on peut d'ailleurs ajouter cette réflexion de Martin Buber : « L'esprit n'est pas dans le "je", il est dans la relation du "je" au "tu" » [op. cit., page 73].)

Quid du médecin traitant ?

Comme nous l'avons mentionné plus haut, Floria a des crises de colère très fortes, régulièrement, contre lui. Alors que la relation avec Charles est toujours empreinte d'une atmosphère très positive.

Charles décide de traiter cela en considérant que « tout se passe comme si nous avions affaire à un "clivage de transfert" » (voir glossaire pour cette expression).

De ce point de vue, ce clivage doit être pris comme un élément moteur de la dynamique thérapeutique en ce qui concerne le rôle de l'aidant. Charles décide donc de ne rien lui dire ; on lui expliquera après ; il ne pourra que comprendre et se réjouir de la complémentarité de nos rôles respectifs, d'autant que Charles bénéficie d'une forte confiance réciproque qui les lie lui, le médecin traitant et son épouse (c).

(Docteur Philippe Thomas : très juste : le malade est coincé dans la « normose » de tiers externes : le choix de ce silence est la seule porte de sortie.)

Et puis, encore une fois nous n'avons rien à perdre : soit ça échoue et on reste dans la situation où Floria se trouve ; soit ça réussit et on diminue voire on supprime la souffrance de Floria. De toute façon, il n'y a rien d'autre à faire… alors faut tenter le coup.

(Docteur Philippe Thomas : le réel, ce n'est rien d'autre que le vécu du malade dans l'ici et maintenant du « je-tu ».)

Redonnons la parole à Charles :
« Malheureusement, je ne peux pas détailler ce qui va suivre : l'idéal aurait été de pouvoir reproduire l'intégralité du dialogue entre Floria et moi en le commentant au fur et à mesure… quelques centaines de pages ! Et puis il aurait fallu l'enregistrer, ce qui représentait un risque de fausser le discours de Floria, voire de le bloquer totalement. »

On va donc ici se contenter de présenter et de définir les étapes qui ont été franchies.

Prise de conscience de l'effacement

1) Prise de conscience par Floria que sa vie a été dominée par l'effacement.

Il ne s'agit pas à proprement parler d'une prise de conscience ; elle le savait bien, mais, enfin, elle va oser se le dire, le dire à l'autre (Charles) et trouver les mots pour le dire, les mots pour dire ses ratés et donc ses regrets.

Exemple : un jour avec une voix plus que poignante, elle bredouille : « Je voulais tant avoir des enfants, mais ma famille m'a toujours empêché de me marier : on me surveillait de très près… »

(Docteur Philippe Thomas : prise de conscience par Floria bien sûr, mais aussi par des tiers extérieurs : c'est le premier temps de la « Validation » telle que la définit la psychosociologue américaine Naomi Feil dans sa structuration du dialogue avec les personnes âgées désorientées [notamment dans son livre The Validation Breakthrough: simple techniques for communicating with People with Alzheimer's-type Dementia, Health Professional Press, 1993*].)*

Puis, l'émotion devient colère : « Je sais très bien que j'aurais dû les envoyer promener... Et que j'aurais pu le faire. Suivent des injures qui expriment très bien l'envie d'être libre et indépendante.

(Docteur Philippe Thomas : donc vous choisissez bien l'option de l'idéal du moi : « Si tu ne peux maîtriser le vent, ajuste ta voile »...)

Mais c'est bien tard pour elle. Il va donc falloir trouver un moyen symbolique de vivre cette liberté. Cela va passer par le relais de l'imaginaire. D'où l'étape 2.

2) Apparition de ce désir de liberté dans l'imaginaire.

(Docteur Philippe Thomas : on ne peut que penser à Ricœur et à sa notion de « récit de soi » qui découle de sa conception de l'identité personnelle inscrite dans le temps.)

Là, Charles va avancer à pas minuscules, d'autant plus que, à cause de la distance géographique, ses rencontres avec Floria sont très (trop ?) espacées.

Heureusement, le médecin traitant est là ; et ce que nous avons décidé de désigner par l'expression de « transfert négatif » sur ce médecin traitant permet à la relation avec Charles, par réaction, de se maintenir : en quelque sorte réactivation du transfert positif, très utile pour Charles quand il reviendra.

(Commentaire macrosocial : l'Europe a-t-elle pris conscience de son effacement ? Quand et comment ?)

Imaginer l'identité

Donc, tout petits pas par tout petits pas, menée par Charles, Floria va essayer d'imaginer sa liberté. Et en imaginant sa liberté, imaginer son identité. Charles et Floria continuent à cheminer ensemble vers ce but.

Assez rapidement, ils en arrivent à la conclusion que la liberté, donc l'identité, passe par une certaine puissance par rapport aux autres.

(Docteur Philippe Thomas : pour aider le cheminement à ce stade-là, Charles aurait pu proposer un jeu en demandant à Floria de jouer le rôle

d'un personnage imaginaire de son choix : cela aide toujours l'expression de l'imaginaire. Volonté de puissance [moi-idéal] ou recherche d'un leadership pour retrouver une singularité [idéal du moi].)

Identité par une volonté de puissance imaginaire

Cette étape va être décisive et en deux rencontres, Floria imagine peu à peu des solutions à ce besoin de puissance ; et sa recherche, visiblement, se poursuit pendant la (trop ?) longue intersession.

Ceci jusqu'au jour où Floria prononce une phrase clé : « Je n'ai même pas beaucoup d'argent dans ma succession ; on m'oubliera vite ; si j'avais une grosse fortune, là, on garderait bel et bien mon souvenir ; vous auriez mis mon portrait dans vos salons. »

Charles insiste sur cette expression « mon portrait » dans « vos salons ».

(Docteur Philippe Thomas : délocalisation de l'identité et dans l'espace, et dans le temps certes, mais la sensation d'exister, d'avoir une identité est très présente : il va seulement falloir la remettre à sa bonne place, et dans l'espace et dans le temps.)

Charles, à ce moment, est fasciné par ce qu'il sentait plus ou moins obscurément dans les deux rencontres que nous venons d'évoquer : cette fascination, on peut la résumer en soulignant l'apparition soudaine d'une capacité d'expression dans le discours de Floria. Et, qui plus est, d'une expression de grande qualité : confirmation s'il en était besoin, de ce que nous nous venons de dire de Pierre Charazac et de Le Gouès : le partage d'émotions fait tout redémarrer (et ce n'est pas le docteur Henry Grivois qui nous dirait le contraire !). En tout cas, c'est le moment de passer à la troisième étape : reconstruction du symbolique.

(Macrosocial : bien évidemment, au niveau macrosocial, les problèmes d'âge, de souffrance à traiter par une approche « soins palliatifs » ne se posent pas ; mais, et on le devine de par les premiers chapitres de ce livre, « le partage d'émotions pour tout faire redémarrer », ça, ça va être la pierre angulaire du dispositif.) On retrouve, bien sûr, la dynamique émotionnelle (chapitre 2, C1, page 70) décrite à propos du cas Fillon : « l'émotion fondamentale » traitée par « l'empathie ». C'est l'hypothèse clé de cet « essai » que nous argumentons à nouveau par le cas : que ce soit l'identité individuelle, l'identité microsociale, ou l'identité macrosociale, on retrouve toujours les mêmes ressorts sur lesquels il convient de jouer avec empathie.)

(Docteur Philippe Thomas : cela souligne à nouveau le rôle fondamental du socle émotionnel dans tout processus thérapeutique. On en retrouve une autre expression dans les recherches sur la musicothérapie et nous mentionnions déjà qu'une personne qui ne pourrait apprendre une poésie y

parviendra très bien si elle est mise en musique, musique qui renforce le support émotionnel.)

La symbolique

Resituons-nous sur le chemin que Charles parcourt avec Floria.

a) Point de départ : Floria = silence, repli sur soi, mutisme, endormissement.
Diagnostic médical : Alzheimer (ce qui avait bien été le cas de sa sœur décédée).
Donc arrêt de toute tentative de communication avec Floria.
Détresse, souffrance.

b) Écoute de dialogue : on se remet à l'écouter et à lui parler : partage des émotions, écoute empathique et valorisation positive de ses émotions ; régression au niveau des facteurs constituant un terrain propice au développement de sa pathologie ; à savoir : éducation centrée sur l'effacement, la soumission aux autres. L'écoute de dialogue va l'amener au désir d'échapper à tout cela et à exprimer le désir de transgresser pour être libre.

c) Passage à l'imaginaire : toujours grâce à l'écoute de dialogue, elle imagine la façon de devenir libre selon la série suivante : soumission → désir de liberté → arrêt de la soumission à l'autre → pouvoir sur l'autre → « si je laissais un héritage conséquent, je serais enfin reconnue et appréciée, je serais enfin quelqu'un ».
En caricaturant à peine, Floria se dit : « Quand je serai morte, enfin je serai moi-même et j'aurai enfin réussi à vivre et à devenir ce que j'ai toujours été. »
Après sa mort, certes, mais par-delà le paradoxe, cela va lui permettre, dès à présent, de vivre dans l'imaginaire. C'est bien le but de ces soins palliatifs : on retombe sur le « deviens ce que tu es » de Nietzsche et sur le « *Lekh Lekha* » de Dieu à Abraham.
Il reste à consolider l'étape à laquelle Charles vient d'arriver : millimètre par millimètre, Charles, guidé par André de Peretti, tire Floria tout doucement vers l'illusion du gain ; minuscules petites touches du colibri, sans jamais insister, « doucement je suis pressé ».
C'est Floria qui, la première, prononcera le mot de « loto » avec une phrase de type : « Dire qu'il y a une personne qui vient de gagner plus de 100 millions ; tu te rends compte ! »

(Docteur Philippe Thomas : il y a chez Floria soit une volonté de puissance représentée par l'argent (le présent), soit le regret de ce qu'elle n'a pas eu en termes de richesses (le passé), soit le fantasme de liberté pour

l'avenir que permettrait l'argent (le futur) : les trois dimensions du temps sont réunies. On est vraiment à la clé de voûte du processus thérapeutique. Donc c'est là que ça passe ou que ça craque.)

(Il ne faut pas se rater : les trois dimensions de Chronos, lorsqu'ainsi elles se combinent, créent le moment idéal pour l'action : Chronos cède la place à Kairos.)

Charles la laissera répéter cette phrase dans les deux rencontres qui suivirent, la reformulant à chaque fois avec ses mots à lui (ceci serait une erreur si on travaillait dans la réalité, mais pour travailler dans l'illusion il faut faire avancer Floria, pas à pas, dans la sémantique : Floria n'était pas du tout joueuse de tempérament. Les mots de Charles sur le fantasme de Floria donnaient, mot après mot, sans cesse plus de densité à ce fantasme).

Reste maintenant la mise en œuvre de cette symbolique : comment en arriver au réel ?

Du symbolique au réel

À la troisième rencontre, six mois après le début de l'étape (1), Floria ose enfin prononcer la phrase libératrice ; elle n'osait pas. Eh oui, toute son éducation et toute sa vie s'y opposent ; Charles regarde Floria : « Repliée sur elle-même, la tête pendante, elle bredouille en levant les yeux après chaque mot, pour vérifier que je n'ai pas une attitude hostile – et je me contrôle au maximum pour donner l'impression à Floria que, quoi qu'elle dise, mon attitude bienveillante reste strictement la même : on est à la merci d'un très léger froncement de sourcils ou d'un sourire qui pourrait être interprété par Floria comme ironique, moqueur : jugement négatif qui aurait tout bloqué chez Floria (qui n'aurait pas manqué d'accompagner ce blocage d'un « Pardon ! Excuse-moi ! »).

Là, je joue très gros. Mais la patience et la lenteur parviennent à transformer l'essai et Floria plonge en disant : "Je ne sais pas, mais qu'est-ce que tu en penses, si j'essayais de jouer au loto ?" »

Charles constate qu'elle va mettre plus de cinq minutes pour lâcher cette phrase ! ...

Deux autres « séances » auront lieu pendant lesquelles Floria ne reviendra pas sur cette idée.

Et, à nouveau, six mois après l'étape (2), soit un an après l'étape (1), dès l'arrivée de Charles, Floria franchit son Rubicon : après les salutations d'usage, Floria se redresse sur son fauteuil et, littéralement, explose : « Tu n'as pas voulu m'en reparler, je sais que personne n'est d'accord avec moi, mais j'ai décidé de jouer mon argent au loto. »

(Docteur Philippe Thomas : elle a fait le choix du risque ; même si ce n'est qu'au travers d'un fantasme, cela montre un net progrès thérapeutique.)

Redonnons la parole à Charles :

« En relisant mes notes, je finis par ne plus comprendre qu'on ait pu cataloguer Floria en "Alzheimer". Mais comme c'est le cas, de manière indiscutable, je suis ramené une fois de plus aux travaux de Ph. et C. Thomas, Charazac, Grivois et autre Peretti.

J'aimerais d'ailleurs paraphraser Henri Grivois quand il écrivait : "Que reste-t-il aux psychiatres quand la famille à la maison aura commencé par dire que le patient tient des propos incohérents ?" »

(Docteur Philippe Thomas : j'en reviens à l'idée que selon moi, il y a plus de 50 % des diagnostics d'Alzheimer qui sont posés à tort ; c'est ce que j'avais appelé la « normose », normose qui envahit le domaine médical comme la mode envahit le domaine social.)

Je dirais volontiers la même chose en transformant la fin de la phrase : « Alors qu'ils ont commencé par déclarer que le patient était un cas Alzheimer irréversible ! » Et je reprendrais intégralement la fin du paragraphe d'Henri Grivois sans en changer une virgule : « Ils (les psychiatres traditionnels) multiplient les entretiens brefs, prescrivent dans la tradition de la visite au lit du malade, mais renoncent à l'effort de conversation. Ce que je remets en cause est le côté conventionnel de ce remue-ménage initial au sein duquel le patient surchargé d'assistance et de soins est paradoxalement oublié. »

Au fond, Charles a su créer un lieu illusoire où les deux personnes, Floria et lui, pouvaient parler, s'exprimer dans le partenariat à 100 %, fondements de la technique conversationnelle qu'Henri Grivois a si bien développée et qui, finalement, rejoint, et l'empathie rogérienne, et ce que Philippe Voyer désigne sous le vocable de « thérapie par la validation ».

Celle-ci consiste à « entrer dans la réalité de la personne pour comprendre les émotions et les inquiétudes qu'elle exprime ».

J'ajouterais volontiers : « Et lui faire sentir qu'on les a comprises, voire approuvées. »

Citons Philippe Voyer[114] : « Lorsqu'une personne de 95 ans cherche sa mère, il est donc plus utile de la laisser parler de sa mère pour que celle-ci devienne réelle dans son esprit, plutôt que de lui dire qu'elle est morte depuis longtemps, ce qui ne ferait que perturber la patiente et l'attrister. »

Philippe Voyer ajoutera en substance que ceci est en totale opposition avec la « stratégie thérapeutique » qui régnait en maître dans les années 1990. Puis, il conclura que « l'écoute adaptée favorise les échanges » allant jusqu'à affirmer que les « réponses – du thérapeute – doivent être totalement

---

[114] Philippe Voyer, Ph. D., professeur titulaire à la faculté des sciences infirmières de l'université de Laval et chercheur au centre d'excellence sur le vieillissement à Québec. On trouvera aisément sur Internet un excellent résumé de ses travaux.

positives : "c'est vrai !", "tout à fait", "je suis d'accord avec vous", et ce, chaque fois que le patient cesse de parler ».

(Docteur Ph. Thomas : cela n'empêche pas de dire quelque chose du type : « *Ta mère te manque beaucoup, elle était (oui, à l'imparfait) une femme très gentille.* »*)*

Puis, Philippe Voyer précisera l'importance du comportement non verbal du thérapeute : « Il en dit souvent plus long au patient que nos paroles » (c'est ce que j'avais utilisé pour réamorcer le mimétisme ; voir supra).

Nous sommes loin des cours de psychiatrie d'il y a 30 ans qui misaient tout sur « l'importance de dire la vérité aux malades » pour les aider à « faire la distinction entre ce qui est réel et ce qui ne l'est pas ». Il est plutôt fondé sur le « plaisir » éprouvé par le patient et son « estime de soi » qui est renforcée, nous dit ce professeur titulaire de la chaire de « Soins infirmiers gériatriques ». Avec lui on est en plein, une fois de plus, sur la longueur d'onde de Ph. et C. Thomas, Peretti, Grivois, Charazac... Il y a là un consensus qui impose de prendre très au sérieux le traitement du rationnel par l'émotionnel.

(Nous allons faire la même chose pour construire le *Laos* européen.) Toujours le même ressort : « l'émotion fondamentale » traitée par l'« empathie » (chapitre 2, C1, page 70).

Au fond, Charles allait conduire Floria dans un « simulacre » qui allait se substituer à la réalité ou, plus exactement, dans un « simulacre » qui porte sa part de réalité acceptable par elle.

(Docteur Philippe Thomas : ça c'est vrai : la vérité, la réalité sont des notions très complexes et donc, bien souvent, des mots-valises.)

(J'ajouterai personnellement qu'ils avaient réussi tous les deux à « trouver le territoire commun » dans lequel ils pouvaient exister tous les deux de manière égalitaire en parlant clairement la même langue, restituant du même coup, partiellement du moins, la symbolique du langage chez Floria.)

Revenons pour finir sur la distinction que fait Pierre Charazac entre « *cure* » et « *care* » (« administrer des soins » et « prendre soin de »), ce qui montre bien la complémentarité des médecins et des aidants.

Quoi qu'il en soit, Floria a franchi son Rubicon en déclarant qu'elle avait décidé de jouer son argent.

(Docteur Philippe Thomas : affirmation de soi, première conquête de la reconnaissance de soi par l'autre, après l'assurance de soi, avant l'estime de soi.)

Charles précise : « À ce moment-là, pour la première fois de sa vie, sans doute, elle ose dire "merde". »

(Docteur Philippe Thomas : enfin une transgression !)

En fait, elle avait dans sa « vraie » vie désobéi une fois : elle avait rencontré un homme et avait décidé de vivre avec lui, en disant « je veux ». Malheureusement, cette personne se révèlera peu recommandable et au cours d'une dispute, une explosion agressive eut lieu : il la « tabassa », l'envoyant à l'hôpital...

Une fois physiquement rétablie, elle revint dans le cocon familial qui se referma définitivement sur elle à l'occasion d'un « conseil de famille » où elle « demanda pardon » (!!!). La culpabilité et la peur de l'abandon par la seule chose qui lui restait, à savoir sa famille, atteignirent leur paroxysme jusqu'à ce nouveau « merde »... soixante-huit ans plus tard !

(Docteur Philippe Thomas : si je comprends bien, ce fut la seule fois qu'elle transgressa ses normes ou celle des autres... dans ce cas, ce que, pour Floria, on a appelé « Alzheimer » pourrait être considéré comme une simple revanche sur la vie...)

Charles nous confesse avoir eu une même tentative de désobéissance infructueuse quand il avait 13 ans, ce qui lui permettait d'être en totale empathie avec Floria, et bien sûr de le lui montrer :
« C'est comme moi... »

(Macrosocial : hâtons-nous lentement, je suis pressé ! De plus, le mot « revanche » prend toute sa valeur ; on regardera si c'est aussi le cas pour l'Europe, auquel cas on aurait un terrain d'intervention très favorable...)

Du coup, les choses vont aller très vite, d'autant que Floria a peur que son « médecin traitant » apprenne ce parcours et fasse tout pour l'arrêter : « Il serait capable de me faire interner chez les fous. »

Donc, maintenant elle se libère, elle devient une tout autre personne : les mots qui suivent en sont très révélateurs.

Tout d'abord, elle fait à nouveau « jurer » à Charles qu'il ne dira rien au « méchant » – tu parles d'un mot ! (il s'agit bien sûr de son cousin médecin traitant, et ceci malgré tout le temps, la compétence, le dévouement qu'il lui montrait. Il serait d'ailleurs intéressant, le moment venu, que ce cousin accepte d'apporter ses propres commentaires à la démarche de Charles et à ses analyses).

Puis, se sentant libérée de sa prison, Floria est désormais très impatiente et s'agacera avec une colère subite et très violente parce qu'elle a l'impression que Charles, qui avance petit pas par petit pas, traîne un peu, freine le cheminement : elle voudrait bien brûler les étapes : l'indispensable « doucement, je suis pressé », ça ne lui convient pas du tout.

(De la même façon qu'en macrosocial, lorsque l'équivalent de cette démarche sera enfin entamé pour l'Europe, il ne faudra pas céder à l'impatience : on risquerait de mettre la charrue avant les bœufs, ce qui ruinerait toute l'opération.)

Ces colères, nous précise Charles, n'ont rien de bien nouveau pour lui : de tout temps, Floria avait eu de telles explosions ; son interprétation était que Floria attendait une récompense de son abnégation, de son effacement, de sa soumission ; mais, lorsque loin de conduire à une récompense, ce comportement finissait par faire qu'on l'oubliait dans son coin et qu'elle s'en rendait compte, alors là, elle partait en vrille dans des explosions de colère qui laissaient son entourage pantois.

C'est donc avec beaucoup de satisfaction que Charles va revoir Floria se mettre en colère comme au bon vieux temps.

(Docteur Philippe Thomas : bon résultat thérapeutique !)

Surtout, précise Charles, que c'est en fait beaucoup mieux que cela : la colère cette fois est d'une tout autre nature ; ce n'est pas la simple réaction à une prise de conscience qu'on la laisse dans son coin, mais bel et bien le constat d'une lenteur dans l'exécution de la décision qu'elle avait prise. Charles va jusqu'à dire « qu'il avait vécu cela comme le comportement d'un chef autoritaire qui ne supporte pas le moindre délai dans l'exécution de l'ordre qu'il a donné ».

Rien à voir donc avec les colères d'antan. Beaucoup plus sain : Floria s'affirme, elle existe : « Je suis, je décide, je commande. »

(Décidément, cette approche par l'écoute de dialogue, l'empathie psychanalytique, la validation, bref par le traitement des émotions, ouvre des perspectives thérapeutiques fascinantes.)

(L'équivalent macrosocial est finalement tout aussi fascinant... [voir infra]. Fascinant, également, de retrouver notre sempiternel moteur à deux temps : « l'émotion fondamentale » traitée par « l'empathie » [chapitre 2, C1, page 70].)

Au fond, Floria était de nature très autoritaire, mais son éducation avait bloqué l'expression de cette autorité.

(Docteur Philippe Thomas : ce côté très autoritaire l'avait sans doute complètement bloquée dans un rigoureux cadre normatif.)

(Notons, dès maintenant, que sous bien des aspects, on peut dire, qu'à sa façon, l'Europe a été aussi « muselée » que Floria...)

Son éducation certes, mais, plus généralement, son histoire dans le début de sa vie dont bien sûr le deuil à un moment clé de ses stades de développement (période œdipienne). Et ceci est très clairement explicité dans le dialogue Floria-Charles.

Mais alors, tout devient possible. Et comme le constate Charles, Floria va d'ailleurs reprendre une capacité de raisonnement.

Tout cela part d'un plongeon dans l'illusion.

(Nous observerons ce même point de départ dans le domaine macrosocial, tout à l'heure.)

Plongeon de Floria avec un bon coup de pouce de Charles.

Au fond, beaucoup plus qu'un coup de pouce : on devrait plutôt dire que Charles a pris Floria par la main pour la conduire dans ce pays de l'illusion et c'est la chimère Charles-Floria, « Charflo » qui plonge.

Floria en est arrivée à être à nouveau capable de raisonnement.

Raisonnement scabreux, voire erroné bien sûr, mais raisonnement quand même : Floria réarticule des idées entre elles. C'est ainsi qu'ayant parlé de loto, quand cela revenait sur la table, Charles écoutait Floria se lancer dans une approche de type « calculs de probabilités » (calculs totalement erronés, mais calculs quand même…).

(Docteur Philippe Thomas : même si le raisonnement est faux, il reste que c'est un raisonnement, c'est-à-dire une activité totalement rationnelle.)

Quand le médecin traitant venait la voir, le transfert négatif bloquait tout : Floria replongeait (sans efforts pour se construire un masque) dans son attitude hébétée tout à fait digne d'une Alzheimer. Ça arrangeait bien Charles.

Plus étonnant encore, non seulement elle se bloquait par rapport à son médecin traitant, mais aussi par rapport à l'ensemble du personnel de la maison de retraite. En témoigne Charles :

« Un jour où, pendant la "séance", un membre du personnel était venu dans sa chambre, automatiquement, Floria avait repris son air hébété, bloqué, absent. Elle était très consciente de tout cela, et devait lors d'une autre de nos rencontres me dire en parlant du personnel : "Ils sont tous très gentils, ils nettoient et rangent la chambre. Ils font la même chose avec moi : ils me lavent et me rangent. Je ne suis plus une personne." »

Prendre l'initiative et la direction de la démarche

Et, cette même fois, dès que Floria se fut retrouvée en tête-à-tête avec Charles, celle-ci prit une initiative.

Charles nous en parle en ces termes :

« Prendre une initiative » : fascinant ! Elle se prend en main et décide du cheminement qu'elle va suivre, alors que jusque-là, c'était moi, Charles, qui étais le pilote !

Et quelle initiative ! Puisque ce que Floria va me proposer n'est rien moins qu'un travail de mémoire. En effet, Floria me suggéra de me transmettre tout ce qu'elle savait sur leur famille ; avec une grande précision, elle re-décrivit les membres de la famille, remontant jusqu'à ses arrièregrands-parents... Cela me donna à moi, Charles, l'idée d'aller sur un site internet dédié à ces recherches généalogiques ; on ne peut les reproduire ici puisqu'on a fait le choix de respecter l'anonymat ; citons simplement le cas d'un de leurs ancêtres communs, portant le même nom de famille que Floria et qui était « Zouave pontifical » (*sic*) dans la paroisse de Quimper... Ceci déclencha une sorte de « fou-rire » chez Floria ; c'était bien la première fois que j'entendais un vrai rire chez Floria ; habituellement, elle ne riait qu'en même temps que les autres, et pour faire comme eux...

(Docteur Philippe Thomas : travail réussi de re-singularisation : on tente de remettre son identité à sa place dans l'espace et le temps. La question de la mémoire est posée. Les registres amnésiques sont présents, mais jusqu'alors inaccessibles. Ils vont redevenir accessibles dès que l'identité est restaurée et que les processus bloquants sont contournés. Ils remontent parfois très loin dans le temps, avant même l'installation de la maladie.)

« Fou-rire » en fait n'est pas la bonne expression : il n'avait pas ce côté nerveux, compulsif insurmontable, tendu, redémarrant à chaque fois que la personne essaie de le surmonter. C'était un rire très étrange ; il venait de loin et nous surprenait tous les deux, Floria la première. On avait l'impression que c'était la toute première fois que Floria riait réellement. Un vrai rire apparaissait et Floria visiblement s'en régalait.

L'émotion fondatrice de l'identité

Le rire. Ce rire qui fait dire à Rabelais : « Pour ce que rire est le propre de l'homme » : rire soutenu, fort, mais aussi calme, mélodieux, harmonieux, prolongé, communicatif (je me mettais à la rejoindre et riais moi aussi et de la même façon qu'elle). C'était une sorte d'« émotion suprême » toute emplie de sérénité, de bonheur, de joie.

Je ne peux l'évoquer sans en être à nouveau très ému. L'image qui me vint à l'esprit alors était que Floria avait été jusqu'alors une sorte de ballon qui n'aurait jamais été gonflé et que cette « émotion suprême » était l'air qu'enfin on lui insufflait. Et ceci pour la toute première fois.

Parthénogenèse

Nous nous en régalions ; et j'eus alors la certitude que la vraie Floria allait apparaître, qu'elle allait accoucher d'elle-même ; que son identité était enfin là et donc que désormais ses capacités à raisonner allait atteindre un niveau très satisfaisant.

Cette « émotion suprême » faisait bien plus qu'une simple réparation, était bien plus qu'une thérapie : elle créait une identité, à tout le moins créait les conditions pour que cette identité apparaisse.

(Émotion suprême, émotion fondatrice : encore une fois « l'émotion fondamentale » traitée par « l'empathie » (chapitre 2, C1, page 70).

En tout cas, exemple s'il en est que l'émotionnel tire le rationnel.
(De la même façon, pour le macrosocial, *Laos* tirera *Démos*).
Décidément, Floria avait bien entamé sa seconde vie.

Et Charles, en nous racontant cela, fut repris d'un remords : « Pourquoi n'ai-je pas fait cette démarche vis-à-vis d'elle ne serait-ce que 10 ans plus tôt ??? On aurait pu découvrir la vraie Floria, celle dont on ne soupçonnait même pas l'existence. » Là, on la découvre par le biais, la « tricherie » d'une illusion.

Certes ; mais pouvait-on faire mieux ?

(Pour le macrosocial, cette illusion n'est qu'un incontournable point de départ : c'est le rêve qu'on va transformer en projet puis en action. Idem pour un malade plus jeune : le rêve est l'incontournable point de départ de notre « cycle identitaire ».)

À l'âge de Floria, on ne peut pas aller plus loin : le projet et l'action ne sont plus possibles. Donc on va en rester là pour elle : ça s'appelle des « soins palliatifs ».

(Docteur Philippe Thomas : on aurait sans doute pu, à ce moment, lui proposer un jeu de type « on va faire comme si nous avions tous 10 ans de moins... que fais-tu ? », quitte d'ailleurs à ce quelle redéfinisse elle-même cette durée : 10 ans ou 20, 30...)

Et puis, ajoutera Charles, « j'ai fait le chemin avec elle ». « Soigner quelqu'un dans notre domaine, c'est aller jusqu'au bout de l'empathie, en quelque sorte devenir aussi malade que lui » (« elle » en l'occurrence). « Et dans un deuxième temps, c'est avoir la force de se sortir avec lui (elle) des sables mouvants dans lesquels on est allé le (la) chercher. C'est ce que j'ai fait en parcourant toutes les étapes de sa vie et en vivant aussi intensément que possible toutes les émotions qui étaient liées à ces étapes, les revivant avec elle.

Curieusement, dans cette écoute de dialogue, je sentais, rencontre après rencontre, que ceci me faisait à moi aussi, beaucoup de bien, le bien-être s'installait en moi. Bref, tout cela fut le parcours de Floria, bien sûr ; mais ce fut aussi le mien. Et cet accroissement de bien-être finit peu à peu par traiter mon "traumatisme de quatre ans" qui, jusqu'alors, avait résisté à toutes les formes de thérapie : désormais, pour la première fois et de façon jusqu'à présent durable, la petite musique dépressive que j'avais en permanence en tête s'est estompée peu à peu jusqu'à disparaître totalement... remplacée par une musique très joyeuse ! »

Ce fut le parcours de Floria, ce fut aussi celui de Charles ; qui soigne qui ?? En tout cas, comme nous l'avions dit : une « chimère » – « Charflo » – était apparue. Cette chimère s'est soignée, après quoi les deux personnes la formant se sont séparées, chacune avec le constat d'un bénéfice : l'illusion diminuant la souffrance pour Floria ; un dépassement de traumatisme pour Bruno.

(Docteur Philippe Thomas : coévolution de Charles et Floria : le malade s'assied dans son identité quand il comprend que son interlocuteur est comme lui... qu'il a les mêmes problèmes que lui.)

(On s'inspirera très directement de cette démarche de coévolution, dans la dernière partie de notre ouvrage, pour traiter de la construction de l'identité européenne : le leader qui pourrait apparaître parce qu'il a les mêmes ressentis que le peuple européen et que ce qu'il va apporter servira l'Europe... et lui-même : là aussi, c'est la même approche... et il n'y en a pas d'autres, puisqu'au fond on retrouve toute l'école du « si un acteur social émerge c'est pour régler par le théâtre extérieur les difficultés *personnelles* qu'il n'a pas su résoudre dans son théâtre intérieur » : oui, la coévolution existe également pour le « macrosocial ». Intrigant...)

Concluons sur le cas Floria en disant que dans le déroulement de ce protocole, la crainte de Charles, naturellement, était qu'un jour l'illusion ne s'effondre. Et qu'ainsi on revienne à la case départ pour les deux : Floria à nouveau toute nue dans le froid et la nuit, et Charles ratant le dépassement de sa propre pathologie.

Mais bizarrement, la redécouverte par Floria de sa capacité à raisonner la protégeait de cela : quand on est à nouveau capable de raisonner, on retrouve la protection de mécanismes de défense de type rationalisation. Et ça marche très bien : on se trouve toujours de bonnes raisons pour justifier à ses propres yeux son comportement, quel qu'il soit.

Peut-être d'ailleurs faut-il souligner le fait que c'est grâce à l'empathie, à l'écoute des émotions de Floria que la capacité à raisonner est réapparue ; peut-on aller jusqu'à dire que c'est en montrant à une personne qu'on a compris ses émotions qu'on fait repartir la machine à raisonner ? L'émotionnel au service du rationnel, et vice-versa ?

Ce serait en tant que tel un thème clé dans l'approche thérapeutique de certaines maladies dégénératives[115].

(Ce serait d'ailleurs très curieux car cet « émotionnel au service du rationnel », nous l'avons clairement démonté et démontré dans la partie « macrosociale » des premiers chapitres de cet ouvrage ; cette fois ce serait le « macrosocial » qui aiderait la démarche « individuelle » de la thérapie ; beau renvoi d'ascenseur de ce que nous allons faire dans la dernière partie de cet ouvrage en utilisant les ressorts de « l'individuel » au service du « macrosocial ». En tout cas, une confirmation que « tout se passe comme si » ces approches jouaient sur les mêmes ressorts de l'« âme humaine » !)

En tout cas, une confirmation que « tout se passe comme si » ces approches jouaient sur les mêmes ressorts de l'« âme humaine » :

---

[115] Je n'ai pas connaissance d'études autres que celles que j'ai citées ici. Mais ce n'est pas non plus ma spécialité.

toujours le couple « émotion fondamentale » – « empathie » (chapitre 2, C1, page 70) une fois de plus !

De toutes façons, nous avons un puissant allié qui nous aidera dans ce maintien dans l'illusion ; c'est le réflexe que nous avons tous (hélas ?) : « Plus ça va mal, plus on se réfugie dans le rêve. »

(Docteur Philippe Thomas : exact ; on pourrait aussi parler de la « présentisation » de Husserl : il y a toujours en nous l'enfant que nous avons été et, donc, que nous sommes : une enfance qui veut revivre et qui pour cela se rêve...

Baudelaire le résume très bien :

« Chaque îlot signalé par l'homme de vigie
Est un eldorado promis par le destin :
L'imagination qui dresse son orgie
Ne trouve qu'un récif aux clartés du matin.

Oh le pauvre amoureux des pays chimériques !
Faut-il le mettre aux fers, le jeter à la mer,
Ce matelot ivrogne inventeur d'Amériques,
Dont le mirage rend le gouffre plus amer ?

Tel le vieux vagabond piétinant dans la boue
Rêve le nez en l'air de brillants paradis,
Son œil ensorcelé découvre une capoue,
Partout où la chandelle illumine un taudis. »[116]

Donc, pas d'inquiétude, Charles, Floria est un « vieux vagabond qui rêve de brillants paradis » et l'illusion devient une réalité indéboulonnable. Alors Floria ne se réveillera pas, tu l'as mise et enfermée à double tour dans l'illusion.

Et l'illusion va même gagner du terrain : Floria lui dira : « Tu sais, j'en parle régulièrement avec maman et ma sœur : elles sont bien d'accord avec moi »... « D'ailleurs, si tu veux voir ma sœur, monte au 4ᵉ, elle est dans la chambre de madame C... et pas du tout morte et enterrée comme ils voudraient tous me le faire croire. »

Oui, et le professeur Philippe Voyer serait le premier à ne pas détromper Floria : ses morts vivent avec elle.

Et plus ça va aller, plus ses morts seront vivants près d'elle. Peu à peu, elle les retrouve tous et elle en est de plus en plus heureuse.

---

[116] « Le voyage » in *Les fleurs du mal*.

*
* *

Et si on tentait de généraliser notre analyse dans un but de prévention ?

N'avons-nous pas eu l'occasion de repérer des personnes qui semblent tout faire pour développer par la suite une pathologie qui a toutes les chances de les amener à ce qu'on diagnostiquera comme Alzheimer ?

Disons qu'elles préparent (soigneusement) le terrain.

Ce sont des personnes qui n'ont jamais entrepris la démarche du « va vers toi » « deviens ce que tu es », le « *Lekh Lekha* » de la parole divine tel que nous l'avions décrit dans notre chapitre identité.

(Docteur Philippe Thomas : je ne me presse jamais pour affirmer un diagnostic : il enferme toujours le malade dans la démarche que ce diagnostic lui dicte... – voir supra.)

Ces personnes qui n'ont jamais eu le culot de dire : « Je veux, je décide, je suis. »

Ces personnes qui n'ont pas pu échapper ou pas voulu échapper à la soumission à l'autre.

Terrifiante absence de transgression conduisant tout droit à l'impossibilité de dire « JE ».

Trop dangereux ? En tout cas la peur est là, assaisonnée de culpabilité et d'angoisse avec, de ce fait, un « moi » qui ne se transformera jamais en « je » et qui tôt ou tard explosera en plein vol.

Si, en revanche, on passe sa vie à se battre joyeusement pour tenter de devenir soi-même (même si on n'y arrive jamais), le terrain, c'est le moins que l'on puisse dire, ne sera pas favorable à l'épanouissement de maladies dégénératives en fin de vie. Ça ne veut pas dire, hélas, qu'elles n'apparaîtront pas, mais on n'aura pas été leur allié de l'intérieur : l'hygiène psychologique existe bel et bien ; elle ne peut pas tout, mais c'est une arme très puissante pour limiter les dégâts.

(Et curieusement, il nous apparaît que pour le micro et macrosocial, la même dynamique est à l'œuvre. « *Lekh Lekha* » appliqué également à l'identité collective : « allons vers nous » peut-être sans jamais l'atteindre, mais en tendant vers ce « nous » à l'infini et de toute notre âme.)

*
* *

C'est pour cela que les « aidants » sont un atout incontournable pour parvenir à ces « soins palliatifs ».

Et ces aidants pourraient ainsi à nouveau dialoguer avec leurs proches en difficulté, supprimant ainsi les souffrances ou, du moins, les diminuant considérablement.

Et aussi en tentant de changer la couleur du temps pour une autre entité, individuelle ou sociale (de par ce que nous avons dit : quand on joue sur le théâtre extérieur, c'est pour pallier les insuffisances de notre théâtre intérieur).

Aider l'autre, c'est s'aider soi-même : cela s'appelle la coévolution.

*
* *

André de Peretti est décédé le 6 septembre 2017 à plus de 101 ans (voir sa biographie sur Internet).

À ce moment-là, Floria avait beaucoup chuté,

(Docteur Philippe Thomas : disons plutôt « décliné ».)

Mais elle restait très lucide sur son état : comme elle nous le dit un jour où j'étais venu la voir avec mon épouse : « Mon esprit s'en va... »

(Docteur Philippe Thomas : toujours consciente du trouble.)

Très troublante lucidité qui, mieux que tout, résume qui elle était réellement ; et, peut-être pour diminuer son remords de n'avoir pas entamé ce cheminement plus tôt, Charles nous avoua qu'il souhaitait que ceci puisse être publié pour que tous ceux qui avaient connu Floria, et qui la reconnaîtront dans ce cas malgré la dissimulation de l'anonymat, puissent se dire : c'était donc cela, la vraie Floria ??? Fascinant et bouleversant ; « chapeau l'artiste ».

Oui, « son esprit partait »... en toute lucidité.

Et étrangement, dans le même temps, elle parlait de plus en plus avec ses morts. On aurait fini par croire qu'ils étaient réellement vivants.

Vivants ou morts ???

(Docteur Philippe Thomas : ils sont peut-être présents à elle « dans son cœur » à condition qu'elle soit maintenant libre de dialoguer avec eux, ce que le travail avec Charles a permis de faire.)

L'illusion devenue délire, rejoignait la foi dans laquelle elle avait été élevée. Et qu'elle avait toujours pratiquée. Charles fut d'ailleurs très bien épaulé à partir de juin 2017 par l'aumônier qui vint voir Floria : tous deux partageaient la croyance dans le fait que nos morts sont vivants dans l'au-delà. Tous deux sentaient la vie de ces morts.

Morts ou vivants ???

Délire ou mystère ???
Et d'ailleurs, elle, Floria, était-elle encore vivante ou déjà morte ?

(Docteur Philippe Thomas : qui se pose la question ? Et quelle réponse ? Selon qui répond, d'ailleurs.)

En tout cas, ces morts-vivants et cette vivante-morte s'entendaient fort bien et à certains moments, Floria « riait avec eux » ; le rire avait vraiment remplacé les pleurs de la souffrance.
Ce fut d'ailleurs, ajouta Charles, ce rire qui fut pour moi la vraie récompense.
Floria décédera « officiellement » le 20 octobre 2017.
Lorsqu'il apprit son décès, Bruno se surprit à pleurer avec des larmes…

(Docteur Philippe Thomas : réelle empathie qui aurait été une vraie validation des émotions de Floria – au sens de Néomie Feil ou Ph. Voyer – ; mais bien sûr elle n'était plus là pour en bénéficier.)

… qui étaient l'homothétie exacte de ce qui avait été le « rire fondateur » de Floria ; calmes, fortes, harmonieuses, mélodieuses.
Et Charles de conclure : « Si j'avais la foi du charbonnier, qui consiste à croire qu'on se retrouve tous là-haut après notre mort, je croirais qu'ils ont bien rigolé tous les deux, André de Peretti et Floria, et qu'ils préparent joyeusement mon arrivée. »

*
* *

Le maniement des émotions jusqu'à l'illusion, et par cette démarche rétablir au moins partiellement la capacité de raisonnement.
Philippe et Cyril Thomas, Peretti, Charazac, Grivois, Voyer, Néomie Feil, leurs recherches et leurs publications donnent un cadre scientifique qui étaye fort à propos cette démarche.

L'illusion !
Au fond, tout n'est peut-être qu'illusion au niveau personnel comme au niveau micro ou macrosocial. Ainsi, du temps où Benito Mussolini était considéré comme le premier « communiste » européen de l'époque, il écrivait dans le journal *Avanti!* du 10 juillet 1912 : « En quoi importe-t-il au prolétariat de comprendre le socialisme comme on comprend un théorème ? Le socialisme peut-il être réduit à un théorème ? Non, nous voulons le « croire », l'humanité a besoin d'un « credo » (…) l'illusion est peut-être l'unique réalité de la vie. »[117] Il avait tout compris, même si ce qu'il en a fait peut et doit être questionné !

---
[117] Page 47 du livre *Mussolini* cité en bibliographie ; la page 46 explique pourquoi on doit le considérer comme le « premier marxiste européen de l'époque » (1912). J'ai volontairement

Cette illusion, on la retrouve partout avec toute la très grande force et aussi tous les graves dangers auxquels elle nous expose si on joue son jeu qui revient à diminuer le discernement ; on peut à nouveau revenir à l'expérience de Milgram.

Le cas Floria nous le montre sur le plan individuel, risque annulé par le fait qu'il n'y avait plus rien à perdre et qu'il s'agissait uniquement de soins palliatifs.

Mais de là à le faire en dehors de cette situation palliative, il y a un risque que les travaux d'Henri Grivois, tels que nous les avons cités, permet de limiter : là, le jeu sur l'illusion n'est qu'un point de départ et pour le reste nous avons suffisamment dénoncé dans ce livre les dangers de la soumission à l'autorité et la nécessaire transgression pour les éviter.

Nous avons également insisté sur les risques du pourtant incontournable maniement de l'émotionnel par le druide (le pouvoir de type « M » dans notre grille de lecture des situations microsociales) et du tout aussi incontournable jeu sur « *Laos* » pour le macrosocial. Et là encore, nous avons indiqué les moyens de pallier ces risques.

Revenons-y une dernière fois en disant, de façon synthétique que, pour le domaine du social – micro et macro –, il faut se souvenir du constat de départ suivant : si on habite un territoire, en retour ce territoire nous habite tout autant, en nous imprégnant de toute une série de repères : traces des fortes émotions de la première enfance qui nous marquent à jamais ; nous sommes ce que ce territoire originel a fait de nous et cela s'exprime par une symbolique commune à tous ceux qui ont vécu dans ce même territoire (ce qui justifie pleinement le « droit du sol » en ce qui concerne les questions de nationalité ; voir Montesquieu !). Mais attention aux « enclaves » décrites dans le chapitre précédent !

Symbolique commune, à commencer par ce qui en est l'essentiel : la langue que nous parlons et aussi tous les rituels qui marquent la vie d'une communauté. C'est grâce à cette symbolique commune que l'on peut vivre ensemble : on a, qu'on le veuille ou non, les mêmes émotions, exprimées par les mêmes mots et vécues au travers des mêmes rituels. Convoquons de nouveau le philosophe Paul Ricœur.

Une mise en garde fondamentale en ce qui concerne la langue : la tentation d'établir une « langue commune », je ne sais quel esperanto, volapuk… Dangereux leurre, pour ne pas dire désespérante sornette !

Une langue est un phénomène social, qui apparaît peu à peu au hasard des populations qui se regroupent entre elles, en fonction des aléas de l'histoire. Et chaque signifiant est le résultat de cette lente et longue évolution spontanée des groupes, et, en retour les consolide : on finit par donner le

---

mis le mot communiste, bien qu'un tel parti n'existât pas encore officiellement sous ce nom en Italie à l'époque ; je l'ai fait pour montrer que Mussolini était à cette époque le leader de la branche la plus radicale du parti socialiste, celle qui, précisément, allait par la suite donner naissance au parti communiste italien.

même signifié à chaque signifiant. À peu près du moins. Et on pense collectivement avec ces signifiants communs.

L'esperanto ou le volapuk ne serait qu'un apprentissage superficiel supplémentaire, une forme de simple codage (au demeurant complexe) et ne pourrait accéder au rang de langue au mieux qu'après quelques siècles pendant lesquels cette façon de parler serait transmise aux enfants naturellement par un environnement parental qui la parlerait en permanence !

Là alors et seulement, cette « façon de parler » pourrait éventuellement être considérée (peut-être) comme une langue… Autant dire que ça n'arrivera jamais. Et en attendant, j'aurais envie de demander aux personnes qui ont mis au point cette « façon de parler » si elles rêvent en esperanto, si elles jurent en volapuk. Au fait, en quelle langue pensent-elles ? Quels sont les recueils de poèmes en ces langues qui les font vibrer ? Y a-t-il (y aura-t-il) un jour l'équivalent d'un Racine, d'un Goethe, d'un Cervantes, d'un Dante, d'un Shakespeare… en ces langues ?

À quand un bon jeu de mots, à la Raymond Devos, en volapuk, un glissement sémantique, une dissociation du fait psychique avec glissement d'un *affect* d'une *représentation* à l'autre en esperanto ?

En tout cas, on est ce que sa langue maternelle et sa pensée maternelle nous font être.

On pensera selon la rigueur grammaticale de cette langue maternelle qui nous donnera la rigueur logique de nos raisonnements.

On percevra selon la richesse du vocabulaire de cette langue.

On créera selon la flexibilité du maniement des signifiants.

On convaincra selon la précision dans l'utilisation commune de ces signifiants puisque communiquer, c'est franchir quatre étapes :

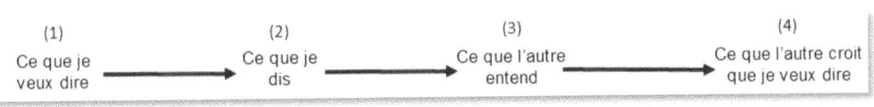

La « compréhension » doit se définir comme l'identité totale entre l'étape (1) (ce que je veux dire) et l'étape (4), (ce que l'autre croit que je veux dire).

Désespérant « *international english* » (*so called*), une de ses versions formalisées, appelée « *basic global english* » ramène la langue de Shakespeare à 20 règles de grammaire élémentaire (passe encore) et un total de 750 mots de vocabulaire avec la suggestion d'en apprendre 250 de plus à son choix. Un vocabulaire de 750 mots, au mieux de 1 000.

À titre de comparaison, un enfant de 24 à 30 mois en France possède un vocabulaire (français bien sûr) d'environ 500 à 600 mots, puis l'enfant apprendra 10 nouveaux mots par jour pour atteindre un vocabulaire d'environ 14 000 mots à l'âge de 6 ans[118] après quoi, 3 000 nouveaux mots par an jusqu'à l'âge de 17 ans, soit un total voisin de 50 000 mots.

Quatorze mille mots à 6 ans. Versus 750 à 1 000 mots de « *basic global english* » !!!

On veut jouer à la « novlangue » telle que l'imagine Georges Orwell dans son roman *1984* ? Et ce que décrit Orwell pourrait se résumer par : « Moins on a de mots pour penser, moins on pense, plus on est écrasable par un pouvoir totalitaire. » D'où la « Novlangue » du roman.

Comme nous le disions plus haut, l'*international english* peut être un très utile système de signes pour transmettre une information... mais sans plus : on ne peut pas penser avec moins de 1 000 mots...

La langue, berceau de l'identité nationale

La « vraie » langue est celle qui bâtit notre identité et notre « identité commune » (pardon pour ce pléonasme : le mot identité procède de « idem » ; l'identité, c'est ce qui est identique dans ce qui est commun ; il nous faudra donc articuler notre identité avec notre personnalité qui, elle, est porteuse de l'indispensable unicité de la personne).

Transformer une organisation c'est, avant tout, poser et reposer sans cesse la question du « nous » : qu'est-ce qui constitue ce « nous » et comment le faire évoluer ? Quels sont les symboles que nous partageons ? Quelles sont les émotions que nous revivons ensemble grâce aux rituels ? Comment enrichir ces rituels ?

« Qui suis-je, moi qui dis "je" ? » demandait Paul Ricœur. Nous pouvons, de la même façon, nous demander : « Qui sommes-nous, nous qui disons "nous" ? » Cela revient à dire qu'il faut aborder une organisation avec une approche similaire à celle que nous utilisons lorsqu'on étudie un peuple, une entreprise ou... une personne.

Micropeuple d'une entreprise.

Macropeuple de la cité.

Les deux posent le même problème de l'articulation « *Laos-Démos* » (qui est la même problématique que l'articulation « rationnel-émotionnel » pour un individu).

Tout cela n'est au fond que l'énergie des émotions cadrées par l'exigence de la raison : on retrouve la « témérité dirigée » chère au philosophe Alain.

C'est donc à partir de ces repères qu'on peut décrire, voire maîtriser et infléchir, l'évolution de l'identité individuelle ou collective :

---

[118] Carey & Bartlett, 1978, *Fast Mapping and Slow Mapping in Children's World learning* (University of Pennsylvania Press). Voir aussi *Conceptual change in childhood* (MIT Press, 1985) et *The origin of concepts* (Oxford University Press, 2009).

Territoire (réel ou imaginaire) → symbolique → rituels → identité → donc possibilité d'un nouveau territoire → donc nouvelles symboliques → nouveaux rituels → nouvelle identité → etc., à l'infini.

On ne peut qu'évoquer la conclusion des *Voix du silence* lorsque Malraux contemple « l'éternel dialogue des métamorphoses et des résurrections ». Et ceci pour toute société, toute organisation, tout individu. Il est d'ailleurs intéressant de souligner que parallèlement aux travaux de Rogers et pratiquement à la même époque (les années 1950), Floyd Mann travaillait sur les techniques d'« *action research* ».

Notamment le « *survey feedback* », qui n'est rien d'autre que la démarche d'écoute active appliquée au champ microsocial de l'entreprise (voir la note technique n° III qui traite du « *survey feedback* » selon la forme adaptée et mise à jour : « l'Analyseur »). Et, une fois de plus, on se rendra compte de la démarche en deux temps : 1) expression de l'émotionnel, au sens d'une « émotion fondamentale » ; puis 2) traitement de cette « émotion fondamentale » par l'« empathie » **(toujours ce que nous avions défini au chapitre 2, C1, page 70 : cela devient une ritournelle, décidément…).**

Il nous reste donc maintenant à utiliser ces correspondances, voire ces similitudes entre les trois domaines (individuel, microsocial et macrosocial) pour tenter de jeter les bases de la (re-)construction de l'Europe.

Chapitre VI

Qui es-tu, toi qu'on appelle « le peuple européen » ?
Les risques du mythe. L'Europe : état des lieux

A. Georges Clémenceau « Père la Victoire » ou « Père la Défaite » ?

En novembre 2018, au moment du centenaire de la fin de la Première Guerre mondiale, grande fut la tentation de louer plus ardemment encore qu'à l'habitude la victoire du 11 novembre 1918. Les plus fervents patriotes pourront dire : la « der des ders » on l'a gagnée ; avec nos alliés bien sûr, mais enfin c'est quand même nous qui avons joué le rôle principal. Le maréchal Foch n'était-il pas le généralissime, celui qui prend les décisions finales (tant stratégiques que tactiques) avec l'appui du maréchal Joffre et tout le pouvoir politique soudé autour du « Tigre » : Georges Clémenceau, le « Père la Victoire » ?

Pourtant, à y regarder d'un peu plus près, la victoire apparaît toute relative et nous pouvons envisager d'évoquer Clémenceau comme étant le « Père la Défaite ». Nous allons détailler cela, pour mieux situer encore la difficulté du pari de l'Europe.

Gagner une guerre impose de gagner la paix qui va suivre, faute de quoi le vaincu n'aura qu'une idée en tête : prendre sa revanche. Et il la prendra.

Clémenceau, Père la Victoire pour la guerre ; mais Père la Défaite pour la paix.

Donc, défaite pour l'Europe ? Du moins je le pense sincèrement.

L'histoire de la Première Guerre mondiale : une ombre qui éclaire ?

Cette page de notre histoire est, de fait, une ombre qui éclaire le chemin que nous devons prendre pour construire l'Europe. Cela reviendrait bel et bien à « changer les couleurs du temps ». Un changement important.

Examinons donc la dynamique dans laquelle nous nous trouvons en novembre 1918, puis nous verrons où cette dynamique a mené l'Europe.

Et où elle continue à la mener.

Tout cela nous permettra de faire une série de réflexions, voire des recommandations pour consolider ce « nous » européen.

1) Les relations internationales entre 1870 et 1945

Pour commencer, une impression que je peux résumer en disant que selon moi, dans quelques siècles, les historiens parleront de la « Guerre de Soixante-Quinze ans » pour désigner la période 1870-1945. Guerre de Soixante-Quinze ans, de la même façon que l'on parle de la « Guerre de Cent Ans » actuellement.

Il y eut la guerre de 1870 : la Prusse écrase la France et Napoléon III abdique. Cela a pour conséquence la perte de l'Alsace-Lorraine et 50 millions de francs-or de réparation. La France est humiliée par le défilé de l'armée prussienne sur les Champs-Élysées et la proclamation de l'Empire allemand à Versailles. Écrasée, humiliée, la France va rêver de revanche.

1914. La voilà la revanche. La guerre, « on l'a gagnée ». Joffre, Foch et Clémenceau ont mis une sacrée dérouillée à l'Allemagne. Bien sûr, il y a l'horreur des tranchées, les millions de victimes, de drames tous plus horribles les uns que les autres, mais « on a gagné ! ». C'est l'essentiel.

Cette fois, c'est nous qui allons humilier l'Allemagne après l'avoir vaincue. L'humilier et l'écraser.

On va construire la paix entre nous, sans « les boches » : on leur imposera nos conditions. Ainsi, l'Allemagne est soigneusement écartée de toutes les discussions qui ont lieu en 1919 et 1920.

On assiste à la chute des empires centraux et l'Allemagne est mise au ban des nations. On a gagné, on peut donc tout faire. Quelle terrible façon d'envisager les choses !

Une victoire de chaque côté, il va bien falloir, comme aux cartes, « faire la belle » : expression on ne peut plus odieusement déplacée quand on pense que cela va désigner toutes les horreurs de la Deuxième Guerre mondiale. La France va s'en sortir en étant, de justesse, dans le camp des vainqueurs.

Heureusement, en 1945, on va poser le problème autrement, évitant d'attiser une nouvelle fois les rancœurs : on a détruit non pas l'Allemagne, mais le régime nazi qui s'était emparé de l'Allemagne. On l'a en quelque sorte libérée, comme on a libéré le reste de l'Europe. Un (légitime) procès de Nuremberg va nous ancrer dans cette position.

Et cela ouvre de nouvelles perspectives : les criminels de guerre sont les nazis. La « vraie Allemagne », reconstruite avec l'aide de tous, peut, la tête haute, être considérée comme partenaire. On rend l'Allemagne à Goethe, Schiller, Beethoven, Einstein, Hannah Arendt, etc.

Le moteur de l'Europe devient l'axe France-Allemagne, symbolisé par le couple « de Gaulle et Adenauer ».

Mais revenons plus précisément à ce qu'il s'est passé pendant la Grande Guerre.

D'abord, il y a eu l'usure : 1915-16-17 n'aboutissant à aucun résultat décisif sur le front de l'Ouest, même si 1916 est l'année de Verdun avec sa bataille de cinq mois de février à juillet : tout au plus, on a arrêté les Allemands.

Mais dès 1917, on reprend une dynamique de revers sanglants pour les Alliés : le défaitisme s'installe avec des mutineries qui éclatent dans l'armée.

Pétain et Clémenceau réussissent à rétablir la confiance. Mais à l'Est, le Front russe s'effondre définitivement.

Donc, 1918 va être très difficile au point qu'en mars, la bataille de la Somme tourne très mal malgré les 3 000 obus tirés... par minute. Soit plus de 4 millions d'obus par 24 heures. 40 000 morts Allemands, 38 000 morts Alliés, un million de tonnes de munitions par jour... (260 000 soldats « neutralisés » en deux mois). Au 5e jour, les Allemands sont à 60 kilomètres de Paris qui est bombardé par les canons de longue portée des Allemands (la célèbre « Grosse Bertha »). Clémenceau envisage de quitter Paris avec l'ensemble du gouvernement et des principaux ministères.

La défaite semble inéluctable... et le « miracle » est arrivé... sous la forme d'un million de soldats américains accompagnés d'un matériel stupéfiant (chars, avions, artillerie), et ils attaquent le 1er juin au Bois-Belleau – à 50 kilomètres de Paris.

Lüdendorff est en très nette infériorité. Sa ligne est enfoncée ; et la Bataille d'Amiens, le 8 août, sonne le glas de l'armée allemande, désormais elle ne pourra plus que ralentir l'avancée des Alliés (même si la « grippe espagnole » apparaît, qui neutralise une grande partie de leur effort).

Il n'échappe à personne que ce sont les Américains qui ont renversé la vapeur ; et d'ailleurs c'est aux Américains que l'empereur d'Allemagne envoie son chancelier pour proposer un armistice. Woodrow Wilson le refuse : il veut détruire l'Allemagne. Le « jusqu'au-boutisme » règne en maître une fois de plus.

Déjà, en 1917, Clémenceau avait bloqué l'élaboration d'un projet de paix séparée entre la France et l'Empire austro-hongrois tel qu'il était en cours d'élaboration entre le nouvel (et dernier) empereur d'Autriche (Charles I) par l'intermédiaire de la nouvelle (et dernière) impératrice d'Autriche (Zita de Habsbourg) et la famille royale française (à laquelle elle appartenait, étant née Zita de Bourbon-Parme).

Non, il faut les écraser : on ne pense (légitimement ?) qu'à ça : ils nous en ont trop fait voir !

Oui, bien sûr. Mais qui avait commencé ?

On reproche beaucoup de choses aux Allemands : notamment de nous avoir humilié en ayant proclamé l'empire et l'empereur d'Allemagne dans la Galerie des Glaces à Versailles. Insupportable insulte gratuite, non ? Eh bien, je n'en suis pas si sûr : Guillaume II a été proclamé empereur juste sous une série de fresques du plafond de cette galerie représentant Louis XIV à la tête des armées de la France en plein combat contre le Saint Empire romain germanique, le sac du Palatinat, le traité d'Utrecht (1678) renforçant et consolidant le pré-carré français en ces terres...

(Quelques 130 ans plus tard, Napoléon ne s'était pas trop gêné non plus...) Au fond, nous étions très modestes en parlant de la guerre de Soixante-Quinze ans : on aurait pu, sans difficultés, remonter à la succession de Charlemagne au IXe siècle. Tout se passe comme si Charlemagne leur avait dit : « Débrouillez-vous entre vous ! »

Ils ne se sont pas vraiment débrouillés.

Mais plutôt embrouillés. En tout cas brouillés.

Avant Charlemagne, ça n'allait déjà pas très bien dans cette région d'Europe. Charlemagne y avait vigoureusement mis de l'ordre et avait stabilisé la situation en se faisant, lui qui était roi des Francs, couronner « empereur d'Occident » le jour de Noël de l'an 800 par le pape Léon III. Ceci semblait devoir permettre de stabiliser la région définitivement. L'Europe aurait pu commencer sous forme d'un empire stable et puissant ; mais, il y a eu de grosses difficultés en ce qui concerne sa succession... qui condamnèrent l'Europe à peine née à retomber dans ses dures luttes dès l'an 843, plus de 11 siècles avant la poignée de main « de Gaulle-Adenauer ».

Devrait-on dire, non pas la guerre de 75 ans, mais la guerre de 11 siècles ?

L'encadré qui suit présente la succession de Charlemagne telle que la décrit, dans un bon vieux livre d'histoire de la classe de 5e, André Alba, alors professeur agrégé d'histoire à Henri IV (*Cours d'histoire Jules Isaac*, Classiques Hachette, Paris, 1955).

> (*op. cit.*, page 64)
>
> *« Le successeur de Charlemagne, Louis le Pieux (814-840) se montra inférieur à sa tâche : très dévot, il se laissa trop souvent diriger par les prélats de son entourage : d'autre part, il fut sans cesse en lutte avec ses fils qui osèrent même le déposer et l'enfermer dans un couvent.*
>
> *À sa mort, ses trois fils Lothaire, Charles, plus tard appelé "le Chauve" et Louis, dit le "Germanique", se querellèrent. Les deux derniers, réunis à Strasbourg, jurèrent de s'aider mutuellement contre Lothaire : nous possédons encore le texte de ces deux Serments de Strasbourg (842). L'année suivante les trois frères se partagèrent l'empire au traité de Verdun (843). Charles, la partie occidentale limitée à peu près par l'Escaut, la Saône et le Rhône. Louis, la partie orientale à l'est du Rhin et au nord des Alpes. Lothaire garda le titre d'empereur et reçut la longue bande de terres, sans unité, qui s'étendait entre les parts de ses frères de la mer du Nord au sud de l'Italie.*
>
> *Le traité de Verdun a une importance immense dans l'histoire de l'Europe : la France et l'Allemagne ont désormais leur existence propre mais, jusqu'à nos jours, elles se disputeront la région qui les sépare. »*
>
> Nous ajoutons à ce texte que le titre d'empereur dont hérite Lothaire est dérisoire. Il peut presque s'en sentir insulté : il n'hérite « que » d'un tiers de l'Empire franc, n'a aucune autorité sur les deux royaumes qui l'encadrent et très peu d'autorité également dans sa « bande » du fait de l'immense diversité des peuples qui la composent et du régime de la « Recommandation » que Charlemagne avait mis en place dans tout l'Empire franc, régime que André Alba décrivait ainsi :
>
> (*op. cit.*, page 55)
>
> *« Se recommander consistait à se mettre sous la protection des plus puissants. Le protecteur était le seigneur, le protégé le vassal. Pour le*

prix de la protection qui lui était accordée, le vassal est détenu à diverses obligations : par exemple à travailler sur le champ de son seigneur ou bien le suivre à la guerre comme soldat. Charlemagne, qui avait lui-même ses propres vassaux, ordonna aux petites gens de se choisir un seigneur parmi les grands propriétaires de voisinage. Il y voyait un moyen commode pour transmettre ses ordres à tous ses sujets en passant par l'intermédiaire des seigneurs. Ce régime de la recommandation semblait en effet n'avoir que des avantages parce que l'autorité de Charlemagne était partout obéie. Mais il n'était pas sans danger. En effet, sous un prince faible, chacun serait tenté de n'obéir qu'à son seigneur et non plus au souverain. Celui-ci perdrait alors toute autorité sur ses sujets ; c'est ce qui arriva moins d'un siècle après la mort de Charlemagne. »

Nous ajoutons à ce texte que cette perte d'autorité affecta Lothaire le tout premier.

Seule l'expérience du grand-duché de Bourgogne réussit à redonner un minimum d'autorité dans cette « bande » ; la mort de Charles le Téméraire (lors de la défaite de la Bourgogne à la bataille de Nancy en 1477) y mit fin.

Nous décrivons cette belle expérience pages 225 *sqq.* de ce livre. Mais ce ne fut qu'une parenthèse de quelques décennies; si elle avait réussi, ce grand-duché de Bourgogne aurait pu être un État-tampon évitant peut-être le pire, mais ne résolvant pas pour autant les différends entre les deux blocs.

Cela n'a pas été le cas et donc les conflits franco-allemands ont duré jusqu'à la poignée de main entre de Gaulle et Adenauer.

Incorrigible Europe.

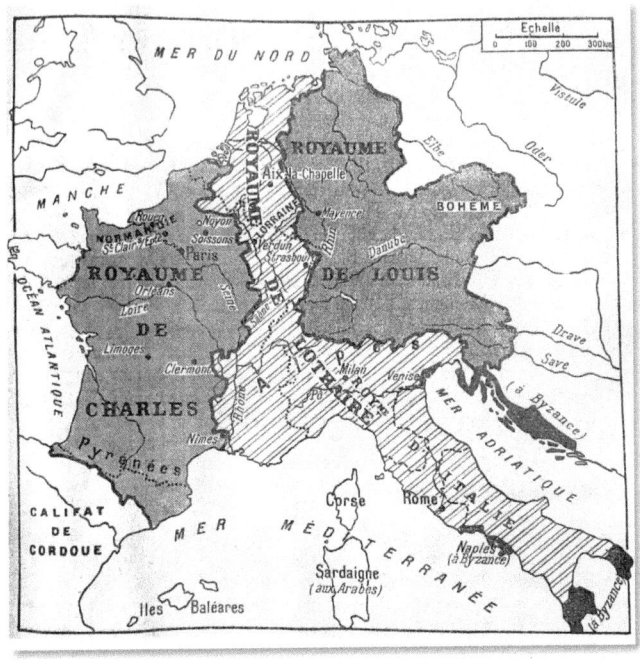

Revenons au XXᵉ siècle : le 9 novembre 1918, l'empereur Guillaume II abdique et l'armistice est signé avec l'accord qu'il entrera en vigueur le 11 novembre à 11 h (11/11, onze heures) : tout un symbole qui fera 11 000 victimes de plus[119]. Le dernier à avoir été tué, à 10 h 59, fut le fils d'un immigré allemand aux États-Unis : Henry Gunther (23 ans). Nous sommes sûrs que sa famille aura compris que c'était un sacrifice nécessaire : ça vaut quand même le coup, non ? 11/11, 11 heures, 11 000 victimes de plus.

Trop belle coïncidence ; à ne pas laisser passer.

Mais, hélas, on sait bien que dans les dernières heures précédant les « cessez-le-feu » ou les armistices, chacun des protagonistes, cherchant à être dans la meilleure position dans les négociations qui vont suivre, redouble de combativité…

Ceci posé, ne crions pas trop fort « victoire » en 1918. Pour qu'une guerre soit gagnée, il faut que la paix qui la suit soit également gagnée. On l'a rappelé précédemment, 1918 n'est qu'une étape qui va vite déboucher sur la reprise du conflit vingt ans après.

Incorrigible Europe ; qui fait tout son possible pour ne pas s'entendre.

Par ailleurs, si la France fait partie du camp des vainqueurs, peut-elle vraiment se targuer d'y avoir « gagné » quelque chose ?

Pas vraiment.

Nous allons voir que les Américains, arrivés « en sauveurs », mènent le bal des relations internationales, et en tirent un bien bon profit.

Au détriment de l'Europe.

2) L'influence considérable des États-Unis

70 délégations représentant 27 nations se retrouvent à Versailles le 18 janvier 1919. Les « vaincus » ne participeront pas à cette « conférence de la Paix » : on décidera sans eux de leur sort, histoire que l'humiliation subie soit totale…

Woodrow Wilson, président de ces États-Unis qui ont su tout sauver quand tout était perdu, va s'imposer en « patron » de cette conférence de la paix.

Il y a bien une sorte de « triumvirat » : Woodrow Wilson est effectivement accompagné du Premier ministre du Royaume-Uni (Lloyd George) et du chef du gouvernement français (Georges Clémenceau), mais c'est bien lui le patron. Regardons ce qu'est cette conférence de Versailles et les autres traités qui l'ont prolongée :

---

[119] Soit plus que le débarquement du 6 juin 1944. Il est curieux de noter que dans une commune du Pas-de-Calais, Verchoq, la célébration de l'armistice a lieu le 10 novembre et non le 11, dans le château de Pierre de La Gorce, là même où Winston Churchill avait installé son État-Major. Son descendant et le petit-fils de Winston Churchill y avaient organisé une célébration particulièrement solennelle pour le centenaire le 11 novembre 2018. Voir le lien suivant : https://france3-regions.francetvinfo.fr/hauts-de-france/pas-calais/verchocq-arriere-petit-fils-winston-churchill-celebre-armistice-1572712.html (page consultée le 18/11/18).

1) Alors que le français était la seule langue officielle (depuis le XVIIIe siècle) de la diplomatie occidentale, l'anglais fut accepté comme autre langue de travail et seconde langue officielle du traité : pour la première fois, l'anglais met en concurrence le français sur la scène internationale. Bien sûr, on trouva cela normal. Dans le triumvirat, c'était la langue maternelle de Woodrow Wilson et de Lloyd George. Et puis Clémenceau la parlait couramment. Mais on a mis le doigt dans l'engrenage et le recul du français au profit de l'anglais a commencé sa marche inexorable.

2) Les participants européens à cette conférence sont tous ruinés : le montant des dépenses militaires est estimé à 186 milliards de dollars, 25 milliards de dollars pour la France, c'est-à-dire 125 milliards de francs-or, en gros 30 milliards par an, c'est-à-dire six fois le budget de l'État d'avant 1914 ![120] Les déficits budgétaires cumulés engendrèrent une dette publique qui fut traitée par la création monétaire et l'emprunt (national et international). Conséquences : les monnaies d'or et d'argent disparaissent, remplacées par la « monnaie de papier », et la « planche à billets » fut la solution à la fois facile et suicidaire conduisant des États à une complète faillite (Allemagne, Autriche, Russie), les autres dévaluant leur monnaie (franc, livre sterling), portant ainsi un coup très grave au commerce international. L'Europe se retrouve épuisée, saignée à blanc, endettée, en grande partie détruite en ce qui concerne ses moyens de production, de transports, l'habitat, l'agriculture ; notamment le nord-est de la France : 2 millions d'hectares de terres cultivables non exploitables, 450 000 maisons à reconstruire totalement ; 60 000 km de routes à refaire entièrement. De plus, la génération des 20-25 ans est presque anéantie. Les États-Unis, n'ont, eux, subi aucune destruction, et même se sont enrichis par l'effort de guerre pour soutenir les Alliés. De plus, poussée par la guerre, l'innovation technologique bat son plein.

On n'a jamais tant produit… sauf que la panne du commerce international due à la détérioration monétaire, et à des clients européens qui ne peuvent plus rien acheter, tout cela va conduire à une surproduction, donc à terme la fermeture des usines et le chômage. Dès 1918, la crise de 1929 est en gestation.

Alors, il faudra bien que l'État s'en mêle : on passera de l'économie libérale à l'économie dirigée.

Mais surtout et avant tout, il faut en Europe avoir les moyens de relancer la machine. En France notamment, car en plus des destructions que nous venons de mentionner, il y a la fameuse dette publique : résumons-la[121].

Quatre emprunts nationaux pour un total de 67 milliards de francs-or ; emprunts dits « perpétuels » : on ne les rembourse pas, on paye environ 5 % d'intérêts.

---

[120] *Le Monde* du 11 avril 2014 d'après les travaux de Jean-Jacques Becker, *Dictionnaire de la Grande Guerre*, André Versailles éditeur, 2008.
[121] Jean-Jacques Becker, *op. cit.*

Et puis l'État va racheter l'or des « bas de laine » en le payant avec de la monnaie papier qui va vite se dévaluer… ruinant ainsi beaucoup de « ces bons Français » qui avaient en toute confiance vendu leur or… Le trop célèbre « Emprunt russe » non reconnu, après la Révolution de 1917, par le nouveau gouvernement de la Russie avait, lui aussi, ponctionné drastiquement ces « bas de laine »… Ce n'est pas la panacée.

On va à la catastrophe ?

Mais non, voyons : « l'Allemand paiera ! » (on se demande bien comment et avec quoi l'Allemagne aurait pu le faire…).

Les Américains exigent le remboursement de leurs prêts, ce qui est quasi impossible : un dollar valait cinq francs au début des hostilités. En 1918, il faut donner vingt-cinq francs pour obtenir un dollar. En d'autres termes, la dette a quintuplé !

L'Allemagne était théoriquement contrainte par le traité de Versailles à verser 132 milliards de marks (deux fois et demi son PIB de 1913 !).

Au total, l'Allemagne paiera 20 milliards de marks en tout et pour tout.

Pour résumer, le continent européen est ruiné.

3) L'Europe est émiettée, ainsi que le Moyen-Orient.

L'Europe de 1914 était structurée par de grands empires. Les Romanov en Russie, les Hohenzollern en Allemagne, les Habsbourg en Autriche plus les empires coloniaux de la Grande-Bretagne et de la France. Les trois premiers disparaissent : l'Allemagne va perdre un tiers de son territoire, l'Autriche-Hongrie va exploser en une multitude d'États rivaux indépendants. Si on y ajoute l'Empire ottoman qui lui aussi explose, on a réussi à éparpiller ce qui était rassemblé alors que la sagesse consiste plutôt à rassembler ce qui est épars…

Et puis, un des points clés de la note de Woodrow Wilson stipule explicitement le droit à l'autodétermination des peuples : les États-Unis se souviennent d'avoir été une colonie britannique et continuent à lutter contre le « colonisateur ». La Société des Nations (SDN) qui va voir le jour à l'issue de cette conférence dite « de la paix », comportera comme membre fondateur l'Inde, qui pourtant est toujours un vice royaume de l'Empire britannique. Gandhi va apparaître, de la même façon que Ho Chi Minh pour l'Indochine française.

Bref, on s'applique à battre en brèche la puissance européenne. Méthodiquement. Consciencieusement.

De tout cela, l'Europe comme le Moyen-Orient vont sortir détruits dans leur stabilité et leur puissance : que de guerres à venir ! Détruits, ruinés.

Les États-Unis vont se mettre en position de force comme gendarme du monde ; quant à la Russie, elle n'explosera pas : « l'empire » demeurera de fait, sous la forme du bloc communiste : on sent déjà qu'ainsi, tôt ou tard, deux superpuissances vont dominer le monde (États-Unis-URSS).

Et en attendant, l'Allemagne, qui jusqu'alors était un empire construit sur la suprématie de l'État (énormes forces armées et fonction publique en général), va être submergée par la volonté des militaires de retrouver leur statut et leur rôle ; un boulevard pour les futurs nazis…

4) La démobilisation brutale va créer autant de chômeurs qu'il y avait de soldats survivants, d'autant que les femmes ont pris leur place dans les usines et les travaux agricoles : comment relancer la machine économique sans argent et avec des chômeurs qui commencent à manifester leur impatience ? Il y a même du soulèvement dans l'air avec, en plus, des exodes massifs de populations vers des pays prospères (500 000 Écossais vont partir au Canada et en Australie pour fuir un taux de chômage atteignant 75 % dans leur pays) et puis un tiers des 20-25 ans sont morts : quid de la natalité à venir ? Certaines villes ont une population inférieure à un quart de ce qu'elles étaient en 1914 (par exemple, Saint-Pétersbourg).

*
* *

On peut considérer que le « jusqu'au-boutisme » est la cause de tout.

Fin 1916, une paix séparée avec l'Autriche-Hongrie aurait pu arrêter tout le conflit. Non ! dit Clémenceau : jusqu'au bout !

Le traité de Versailles et les traités annexes sont sans pitié pour les vaincus. Ils nous en ont assez fait voir : qu'on les écrase, c'est tout ce qu'ils méritent. Achevons-les : jusqu'au bout, sous l'impulsion cette fois de Woodrow Wilson.

(Et puis cela abondait dans le sens des affaires des États-Unis qui se retrouvent enrichis, stables, première puissance économique, financière, politique, industrielle du monde. Il s'agit d'une bonne opération, finalement.)

Qui a gagné ? Les États-Unis.

Qui a perdu ? L'Europe. Clémenceau « Père la Victoire » ? C'est un mythe.

Mais les nations ont besoin de mythes : ce sont eux qui soudent émotionnellement le peuple. Alors il est bon de les créer en enjolivant un peu la réalité, en ne retenant que les aspects positifs.

Et même parfois, en créant ces mythes de toutes pièces.

De Jeanne d'Arc à Robin des Bois, de Guillaume Tell à Charlemagne, de Napoléon à Clémenceau : retenons-en ce qui convient pour qu'on soit fiers d'appartenir à une patrie qui a su accoucher de tels héros.

Et oui, Clémenceau a gagné la guerre ; oublions donc qu'au total, la perte a été bien supérieure aux gains !

Parallèlement à « La Madelon » que nous connaissons tous, en 1918, pour la « Victoire », une « Madelon de la Victoire » fut composée dont le refrain était :

« Madelon, remplis mon verre,
Et chante avec les poilus,
Nous avons gagné la guerre,
Hein ! Crois-tu ! On les a eus...
Madelon, ah ! Verse à boire,
Et surtout, n'y mets pas d'eau :
C'est pour fêter la victoire,
Joffre, Foch et Clémenceau ! »

Longue vie au mythe du « Père la Victoire ». Et sa statue peut tranquillement rester en face de celle du général de Gaulle sur les Champs-Élysées, malgré le fait de se centrer sur ce mythe on ne peut plus « franco-français », ça n'aide pas à dépasser ces « guerres civiles européennes » ; ça exacerberait plutôt les conflits intra-européens.

Définitivement, il est plus que jamais indispensable de rechercher – voire de créer – des mythes authentiquement européens.

Indispensable.

Urgent.

D'où notre recherche[122].

3) Épilogue

L'influence des États-Unis s'est encore réaffirmée par la Deuxième Guerre mondiale. Cette fois, c'est bien eux qui ont mené le combat, le général Eisenhower étant le généralissime de toutes les armées alliées.

Et puis, il y a eu le plan Marshall, l'OTAN, l'ONU : décidemment, les États-Unis, une fois de plus, ont ramassé la mise.

Sauf que... le général de Gaulle permit de limiter les dégâts. Dès son retour au pouvoir en mai 1958, le général de Gaulle invita le chancelier Adenauer qui se rendit à Colombey-les-Deux-Églises le 14 septembre de cette même année. Et puis le 7 mars 1966, de Gaulle annonce le retrait de la France de la structure militaire de l'OTAN. Et déjà le 10 septembre 1960, de Gaulle déclarait publiquement : « Le machin que l'on appelle ONU. » De Gaulle d'ailleurs refusera de financer l'expédition des Casques bleus au Congo car il ne supporte pas que l'ONU se mêle de la décolonisation et s'insère dans le dossier algérien.

---

[122] Les chiffres cités proviennent de plusieurs sources qui ont été utilisées au moment du centenaire (2018) pour les multiples articles, émissions, publications diverses dont ici nous avons eu l'ambition de faire la synthèse. On peut également lire avec grand intérêt le dernier chapitre de *L'histoire de France* de Jacques Bainville : « La guerre et la paix, les travaux et les jours » qui donne une vue plus qu'enrichissante de cette période, y compris par les idées et la façon de les présenter, un bon miroir de ce qu'était la droite en France dans les années 1920. Le décalage par rapport à ce qui s'écrit un siècle plus tard permet une confrontation à notre avis très riche (voir bibliographie).

(On ne peut qu'être sensible au parallèle qui se dessine dans les rapports Macron-Trump. Il y a de fait actuellement une prise de distance de la France, voire de l'Europe, par rapport aux États-Unis et la réaffirmation du couple franco-allemand autour duquel pourrait se consolider l'Europe politique, ce qui n'a jamais réellement existé depuis le IXe siècle. Serait-ce un début de rattrapage des erreurs du « Père la défaite » ? Et si on ne peut rien réparer réellement, doit-on accepter de seulement se consoler en se disant que c'est de toute façon une langue européenne, l'anglais, qui devient une langue à prétention internationale et que les Américains sont de fait des Européens qui ont réussi sur un autre territoire géographique que celui de leur « vieille Europe » ? D'ailleurs, que je sache, si un Américain a été le premier homme à marcher sur la Lune, c'est bien grâce au programme « Saturne V », développé par Werner von Braun, bel et bien européen – allemand.)

Mais poursuivons notre réflexion sur l'Europe : existe-t-il déjà une « mythologie » de l'Europe qu'il conviendrait seulement de toiletter, de renforcer, de compléter ?

Ou bien faut-il considérer que l'on part de zéro et qu'il faut tout créer ?

Et, par conséquent, voyons ce qui peut servir de base à un « imaginaire commun ».

B. LE RÉCIT DE L'EUROPE

Le drame des sauveteurs en mer qui perdent la vie pour porter secours le 14 juin 2019 au large des Sables d'Olonne.

Une polémique démarre : pourquoi risquer sa vie pour porter secours à un imprudent ? Le président de la SNSM, Xavier de La Gorce y met immédiatement fin par une déclaration brève claire et sans appel : « On ne peut pas interdire à un sauveteur en mer de sortir pour porter secours à une personne en danger. C'est contraire à la culture des gens de mer » (*Paris Match* n° 3658 du 20 au 26 juin 2019). La polémique cesse immédiatement.

Ceci semble presque miraculeux tant les polémiques s'éternisent quasi systématiquement dans notre pays. De fait, l'intervention du président de la SNSM s'appuie sur une vraie et profonde culture qu'évoque, on ne peut mieux, la citation suivante : « Il y a trois sortes d'hommes : les vivants, les morts, et ceux qui vont en mer. » Citation apocryphe attribuée souvent à Aristote, parfois à Platon, plus rarement à Socrate. « Les gens qui vont en mer » : en affichant clairement leur culture, leur identité et donc leurs valeurs, ces valeurs qui font leur vie-même, le président de la SNSM nous renvoie à une contemplation qui nous dépasse, et qu'ainsi on ne peut plus qu'approuver, qu'applaudir.

Cela n'est pas sans rappeler ce qu'écrivait Sylvain Tesson à propos de la culture grecque : « Il y a la lumière, le brouillard et puis viennent les îles. Chacune est un monde. Elles flottent, glissent, disparaissent, éparses. (…)

quel est leur trait d'union ? La navigation » (*Un été avec Homère,* Éditions des Équateurs, Paris, *France Inter,* 2018).

Il semblerait en effet que pour Homère, les îles ne communiquent pas ; la diversité souhaitée impose la singularité. Seuls les navigateurs vont créer ce lien qui permet de faire émerger un « nous » capable d'harmoniser ces différences volontairement maintenues. C'est ainsi qu'Ulysse incarne la culture grecque : il est son odyssée. Nous sommes tous nos odyssées respectives. D'ailleurs en grec, le mot « odyssée » est construit à partir du nom d'Ulysse.

D'où l'efficacité de la déclaration du président de la SNSM.

Mais cette odyssée n'est pas sans danger et si Ulysse s'en sort, c'est parce qu'il sait clairement qui il est, d'où il vient : son royaume d'Ithaque, royaume dans lequel il a la volonté inébranlable de revenir. « Heureux qui comme Ulysse… »

On peut retenir deux éléments clés :
1) Construire une culture impose de savoir d'où l'on vient ; impose de vouloir y retourner contre vents et marées : Ulysse a l'obsession de retrouver Ithaque et son royaume ;
2) Naviguer entre des îles qui resteront profondément elles-mêmes, sans aucun souci d'unification, mais dans un souci d'harmonisation de rapprochement, grâce au navigateur, reliées – presque malgré elles – dans une harmonie qui crée un « nous ».

Que de leçons à tirer pour la construction de l'Europe : l'Europe, c'est tout un groupe d'îles bien ancrées dans leur identité spécifique que seul un navigateur peut amener à s'harmoniser en créant un « nous ».

Et ces leçons, on doit pouvoir s'en inspirer sans trop de difficultés puisqu'elles sont présentes dans cette base éternelle de la culture européenne que constituent les deux œuvres clés d'Homère, l'Iliade et l'Odyssée, chacune d'entre elles formant un miroir de l'autre. C'est bien là l'ossature de cette ombre qui éclaire le chemin vers l'Europe.

1) Il faut du rêve à l'Europe

Dans le numéro 17 d'*Épistémè*, j'avais fait paraître un article sur le « peuple européen », article que je présentais comme le premier volet d'une réflexion et qui annonçait un second épisode, le « récit » de l'Europe.

J'entendais par « récit » une mythologie. Et un mythe est à la fois inexact et vrai… comme nous l'avons développé plus haut. C'est en cela qu'il crée la vérité.

Nous avions aussi cité Shakespeare : « Nous sommes constitués de la même matière que nos rêves et notre petite vie est noyée dans le sommeil qui l'entoure »[123] (*La tempête*, acte IV, scène I).

---

[123] We are such stuff as dreams are made on, and our little life is surrounded with a sleep.

C'est autour de ce sommeil, de ce rêve, de cet imaginaire que s'est créé le « récit de la France ».

C'est autour de ces mêmes thèmes que doit se créer le « récit de l'Europe » : seul un imaginaire commun peut faire rêver de l'Europe, donc constituer un « *Laos européen* »...

Et voyons donc maintenant ce qui peut servir de base à cet « imaginaire commun ».

Pour ce faire, j'avais entrepris, il y a un an, une recherche visant à rassembler tous les éléments potentiellement constitutifs d'un imaginaire commun européen : histoire, géographie, littérature, archéologie, musique, théâtre, peintures, sculptures, etc. Où diable pouvait bien se constituer l'Europe ?

Dominique Venner va m'ouvrir une porte par un rappel historique qu'il fait au début de son livre *Histoire et tradition des Européens – 3000 ans d'identité*.

En sa page 17, Dominique Venner évoque l'anecdote suivante : le général Putnic, commandant en chef de l'armée serbe, était en cure dans une ville d'eau de l'Empire austro-hongrois quand la guerre fut sur le point d'être déclarée entre les deux pays en juillet 1914.

Bien évidemment, le général se précipita aussitôt pour regagner son pays.

Mais également bien évidemment l'occasion était trop belle pour les Austro-Hongrois de désorganiser l'organisation ennemie : ils arrêtèrent donc son généralissime.

L'empereur François-Joseph l'apprit. Aussitôt, il fit libérer le général Putnic et le fit reconduire à la frontière avec tous les honneurs protocolaires qui lui étaient dus.

Dominique Venner conclut :

« François-Joseph Ier avait estimé qu'il y avait une valeur supérieure à l'utilité : préserver l'esprit de chevalerie, l'esprit même de l'Europe, était la priorité. »

Cette anecdote est-elle exacte ? Les motivations de « Sa Majesté impériale et royale » étaient-elles bien celles-là ?

Peu importe, il y a là un bon exemple de ce qui, peut-être, pourrait sous-tendre l'identité européenne.

Au fond, l'esprit de la chevalerie peut sans doute être considéré comme une des composantes de cette « ombre qui éclaire notre route ».

Souvenons-nous ; les Chevaliers de la Table ronde, le roi Arthur, Merlin l'Enchanteur, la Fée Mélusine, le Château de Camelot, Lancelot... le premier ordre de chevalerie.

Rêve fondateur s'il en est.

Mais évidemment, on peut se faire piéger...

Quand on vit avec de telles aventures plein la tête, tout en baignant dans la cité actuelle, l'écart peut être gigantesque et, de ce fait, conduire soit à l'action violente : on va faire table rase de toutes ces personnes qui insultent l'idéal arthurien et si cette violence n'aboutit pas, il ne nous restera plus qu'à quitter la cité actuelle pour rejoindre les « gentils », les « seuls vrais », à la Table ronde du roi Arthur.

La mort est au bout. Mort de l'Autre. Et/ou mort de soi.

Comme il est parfois tentant de rejoindre d'autres personnes qui ont les mêmes rêves d'absolu que soi et combien se sont fait piéger en transformant ce rêve en délire.

Et lorsqu'en plus, une de ces personnes cherche à prendre le pouvoir dans la cité et y parvient, elle exporte son délire sur tout le peuple et dès lors, tout sera fait pour vivre ce délire jusqu'au bout dans une forme d'hystérie collective ; plus aucun garde-fou n'existe qui pourrait éviter la catastrophe. Ces garde-fous sont pulvérisés... et ceci quelle que soit la culture du pays : le délire est capable de tout récupérer, à son service...

On finirait par comprendre comment et pourquoi, il y a 84 ans, l'Allemagne a « plongé ». Et pourtant, comme nous l'avons déjà mentionné, c'était la patrie de Goethe, Schiller, Beethoven, etc. Je ne les re-cite pas tous.

On comprend aussi pourquoi il était inévitable que Wagner et Nietzsche soient plus que tous les autres récupérés, la confusion avec Siegfried ou le « surhomme » est très facile à faire (sauf à s'astreindre à une lecture particulièrement fine, précise et détaillée, qui seule permettrait de dépasser la superficialité de l'émotionnel dans lequel, précisément, on est plongé).

Et là encore, bien sûr, la mort est au bout. Et quelle mort !

Individuelle, évidemment, mais aussi collective et par millions avec des atrocités qui montrent qu'il n'y a pas besoin de chercher où se trouve l'enfer.

Est-ce à dire que le projet d'écrire le « récit d'un peuple » est trop dangereux pour qu'on y mette un doigt ?

Est-ce à dire que, pour se consoler, la civilisation actuelle ne peut plus, en aucun cas, entendre de façon positive, constructive, l'esprit de chevalerie ? L'intégrer et ainsi se sauver ?

Ce serait un gouffre inévitable, si on prenait un point de vue d'exclusion de type : cet esprit de chevalerie, base de notre culture, fait que cette culture est la seule possibilité de civilisation.

C'est donc « ma culture ou rien ». On aboutit alors inévitablement à une guerre des cultures : « C'est moi OU l'autre. » Un peu désespérant[124].

Certes (tout comme Dominique Venner d'ailleurs), je suis un fervent partisan d'une identité personnelle et d'une culture (personnelle et collective) fortes et clairement affirmées.

C'est l'incontournable point de départ.

---

[124] Désespéré, d'ailleurs, il l'était : il ne voyait pas la possibilité, pour la cité actuelle, d'évoluer dans le sens de ses idées, et le 21 mai 2013, il se suicidera devant le maître-autel de Notre-Dame-de-Paris avec une arme-à-feu, après avoir expliqué qu'il « se sacrifiait pour rompre la léthargie qui accable la France ».

Et c'est cela qui va me permettre de dialoguer avec des personnes dont l'identité et la culture sont différentes en harmonisant ces deux cultures qui deviennent complémentaires.

L'image d'un orchestre symphonique que nous avons déjà évoquée s'impose à nouveau : c'est l'harmonisation des différences qui crée la beauté, cette beauté qui, précisément comme le dit si bien Dostoïevski, « sauvera le monde ».

Là où je recherche la complémentarité enrichissante, Dominique Venner, lui, semble plutôt choisir le combat contre les autres cultures pour sauver la nôtre. Ce n'est pas le même jeu… et ce n'est pas conciliable, puisqu'encore une fois il choisit « l'un ou l'autre », là où, non seulement je choisis « l'un et l'autre », mais je pense que c'est une incontournable condition de survie pour la civilisation. Oui, mon combat, si je dois continuer à en avoir un, c'est « l'un ET l'autre » : rien à voir avec celui de Dominique Venner, qui est à des années-lumière du mien.

D'ailleurs, c'est grâce à cette énorme distance que d'autres visions de l'Europe vont m'apparaître, me permettant ainsi de tirer de ces travaux un certain nombre de repères clés pour notre propre démarche.

Si on y réfléchit bien, l'Europe n'a pas réellement commencé à exister ; ou plus exactement elle repart à zéro.

Il suffit pour s'en convaincre de s'avouer que, *Laos* étant, comme on l'a montré dans le précédent chapitre, uniquement émotionnel, on ne fait pas vibrer les foules avec des discussions et des « résolutions » sur les déficits budgétaires.

Il faut du rêve à *Laos* ; il faut du rêve à l'Europe.

2) Rêve ou délire ?

Mais il ne faut pas rêver de n'importe quoi. Et ne pas partir dans le délire… Car si les aventures de chevalerie peuvent faire rêver, elles peuvent conduire au délire d'un Don Quichotte combattant des moulins à vent.

Et puis on peut avoir une réticence, souvent évoquée d'ailleurs : « Vos histoires de chevalerie, ça n'intéresse plus personne ! »

Il est vrai que, dans un premier temps, on pourrait penser qu'on va nous dire : « Allez donc raconter vos histoires d'Arthur à des jeunes de "banlieues défavorisées" ! Au pire, ils vous éconduiront avec pertes et fracas ; au mieux, ils en riront et s'en moqueront ! »

Je n'en suis pas si sûr :

Le roi Arthur, Lancelot et autres enchanteurs Merlin, si on les change de nom, peuvent s'appeler facilement et sans trop modifier leur profil : « Luke Skywalker » ou les « Jedi ». Et là, comme nous l'avons tous remarqué, Lancelot-Skywalker et Merlin-le-Jedi, cela attire des foules. De très grandes foules : Star Wars, La guerre des étoiles…

Au fond, de la « Table ronde » à Star Wars, mêmes combats, mêmes attentes, mêmes rêves, mêmes passions. J'apercevais il y a quelques jours un spot publicitaire télévisé sur les « produits dérivés » de Star Wars pour cadeaux de Noël, spot qui se terminait par une voix d'enfant disant textuellement : « Star Wars, ça parle de moi ! » C'est tout dire...

On peut encore remonter plus loin dans le temps : Ulysse-Skywalker, ce n'est pas difficile à imaginer. En tout cas, Arthur est toujours là ; seul le masque a changé ; le combat, lui aussi, est toujours là, même s'ils ne s'appellent plus les « rebelles » ou les « saxons » : ce sont toujours les mêmes ennemis : les miens. Simplement, mes ennemis sont déguisés autrement.

Mais ce sont toujours mes ennemis qui sont combattus par les « gentils » : donc ça parle toujours de moi[125].

Mais venons-en à un deuxième point d'appui, inspiré par Dominique Venner dans ce même livre, point d'appui qui montre qu'on peut remonter plus loin encore. Ce serait très utile, si c'est le cas, car cela nous confirmerait que ces repères sont vraiment atemporels, qu'ils sont bien des composantes profondes et permanentes de l'âme humaine.

De même que nous avions dans un chapitre précédent centré notre attention sur Sophocle (-495 – -406), on va reculer encore le curseur en nous repenchant sur Homère (VIIIe siècle avant J.-C.) que nous n'avions que cité rapidement en évoquant, il y a quelques pages, le président de la SNSM.

*
* *

Sylvain Tesson, dans son livre *Un été avec Homère* (voir bibliographie), montre la très grande actualité des textes homériques et conclut sa démonstration en écrivant : « Toujours se souvenir d'Homère à la lecture du journal, le matin » (*op. cit.,* page 58).

Quant à Dominique Venner, il considère l'Illiade comme un « poème fondateur », « premier livre de chevalerie » dont il souligne l'étroite parenté avec la « Chanson de Roland » (IXe siècle de notre ère, c'est-à-dire quelques 2 000 ans après Homère) et aussi avec les romans du cycle arthurien et les sagas scandinaves :

« L'héroïsme tragique de Roland n'ignorant rien de son destin, c'est celui d'Achille. Et les courses initiatiques de Lancelot et Perceval s'apparentent à celles d'Ulysse » (*op. cit.,* page 71).

---

[125] Alors, Dominique Venner, pourquoi ce suicide ? Découragement ? Fatigue ? Désir irrésistible de retrouver les siens dans je ne sais quel au-delà ? Pathologie ? On s'est approché trop de la vérité et de sa (trop ?) grande lumière, « Icare-bis » ? Sans doute un mélange de tout ça ; mélange auquel nous sommes tous conviés d'ailleurs. Et en permanence... Avec des pondérations spécifiques de chaque élément selon la personne concernée... Bien curieuse aventure... qui peut tourner au sinistre.

Et donc, onze siècles plus tard, c'est-à-dire à notre époque, les mêmes aventures vont nous être contées dans « Star Wars »…

*
* *

Que retenir de toute cette dynamique, de toutes ces « adaptations » de l'Iliade ?

Sans doute l'entremêlement des actions des hommes et de celles des Dieux, ce qui explique qu'au fond on ne maîtrise rien : nous sommes tous face à notre destin. Et les Dieux semblent être exigeants, comme en témoignent ces vers de l'Iliade :

« Ne vois-tu pas que les Achéens aux longues crinières

Ont, pour leurs nefs, construit un rempart et creusé une fosse,

Sans offrir aux Dieux la moindre hécatombe glorieuse ? » (chant 7, vers 448-449-450).

Au fond, les Dieux jouent avec les hommes pour leur « bon plaisir » : du sang, du sang !

Donc, à bien y réfléchir, tout est perdu. Et la seule porte de sortie pour les hommes est de se dire : « Certes, tout est foutu ; mais aucune importance si nous restons fidèles à notre idéal de chevalier. »

Oui… pas très…

Pas très quoi ? Je ne sais pas le dire, en tout cas « pas très ».

Heureusement, la *Moïra* n'est pas le *Fatum*, (voir chapitre III, D, Le destin), ce qui ouvre à nouveau un espace de liberté.

La *Moïra* est au fond une règle de partage, règle à laquelle les hommes *doivent* se soumettre et à laquelle les Dieux *acceptent* de se soumettre.

En rappelant que ces Dieux des religions païennes et ces demi-Dieux que sont les héros doivent être considérés comme l'expression déguisée de nos inconscients collectifs, donc de cette *ombre collective* qui peut être la base du **« nous »** européen.

Les Moires vont donc veiller à ce que cette règle commune existant, les Dieux et les hommes puissent trouver un terrain de rencontre, les amenant à équilibrer leurs relations ; les hommes peuvent ainsi avoir une chance d'échapper à cette position de jouet dans les mains des Dieux (autrement dit, les hommes peuvent parvenir à une harmonisation de l'ensemble des éléments différents, voire contradictoires, qui les constituent).

Cela crée donc une possibilité de changer, ou, à tout le moins, de nuancer les « couleurs du temps »…

Finalement, la *Moïra* conduit au *Schicksal* (chapitre III, D) qui nous rend la liberté, notre ligne de conduite et donc notre responsabilité, étant de « faire quelque chose de ce que les autres ont fait de nous ».

*
* *

Homère nous livre encore bien d'autres choses sur l'âme humaine, qui ont de curieuses résonances on ne peut plus actuelles. Un exemple ?

Sylvain Tesson, dans son livre *Un été avec Homère* (voir bibliographie), nous met en garde contre ces sirènes qui veulent « arracher l'homme […] à sa ligne de vie ».

Comment y parviendront-elles ? Par un savoir que Sylvain Tesson rapproche à l'évidence du « *big data* de nos vies […] archivé dans le *cloud* planétaire ». Il cite l'Odyssée (XII, 191) ; ce sont bien sûr les sirènes qui parlent : « Nous savons tout ce qui advient sur la terre féconde… » Puisqu'elles savent tout de nous, elles peuvent faire de nous tout ce qu'elles veulent. Comme ceux qui se servent des *big data* archivées dans un *cloud* planétaire ? Bonne réflexion en tout cas et… indispensable mise en garde d'Homère pour notre vie près de trois millénaires plus tard.

Sylvain Tesson nous donne 250 pages magnifiques où culture et poésie règnent en maîtres. À ne pas rater ; « ça vaut le détour » (si je peux dire en parlant de l'Odyssée).

Gardons en tête les bases que nous venons d'énoncer grâce à Dominique Venner avec les commentaires et les compléments que nous nous sommes permis d'y ajouter, et le renvoi aux travaux de Sylvain Tesson que nous venons de mentionner. Munis de ces réflexions, voyons comment nous pouvons maintenant créer ce récit de l'Europe.

C. Rêver l'Europe pour « FAIRE L'EUROPE »

1) Pour une définition de l'Europe

a) Point de départ

Paul Valéry disait :

« Il y a Europe là où :
– les influences de Rome sur l'administration ;
– de la Grèce sur la pensée ;
– et du christianisme sur la vie intérieure se font sentir tous les trois. »[126]

Grâce à lui, donc, on peut échapper à une définition géographique de l'Europe, du moins dans un premier temps ; ça évite de se perdre dans une multitude d'arguments pour les différents tracés de frontières possibles, arguments tous très riches, tout à fait vrais et… parfaitement contradictoires… Ouf !

Et, de plus, nous avions évoqué ce que nous appelons le problème des « enclaves » : on peut se trouver géographiquement en France sans pour autant être imprégné de sa culture. Et cette difficulté des enclaves se retrouve aussi dans les autres pays européens.

---

[126] *La crise de l'Esprit*, 1919, œuvres complètes de Paul Valéry, tome I, dans la Pléiade.

Valéry donc va définir l'Europe comme une culture. On verra ce qui en résulte en termes géographiques plus tard, si besoin est. Or, besoin ne sera peut-être plus[127].

Il nous faut donc raconter les héritages grec, romain et chrétien, pour identifier les éléments constitutifs des mythes de base à ce récit de l'Europe, ces mythes qui vont être chargés de faire l'articulation « émotionnel-rationnel », devenue, pour le macrosocial, « *Laos-Démos* ».

Floria nous donne le point de départ.

Soit ! Et rassurez-vous… avec suffisamment de précisions et de modalités de mise en œuvre. Mais si nous commencions par cela, nous prendrions le risque d'être aussi ennuyeux qu'une notice pharmaceutique quand elle nous explique la composition pharmaco-chimique d'un médicament.

Donc, vous fermeriez aussi sec ce livre – si ce n'est déjà fait – en vous disant que son auteur a, pendant une bonne centaine de pages, voulu montrer l'articulation « rationnel-émotionnel » disant que l'un sans l'autre, ils ne sont rien et que le point de départ reste l'émotionnel et son pendant macrosocial, *Laos*. Et lui, l'auteur, il ne serait pas en train d'oublier d'appliquer ce qu'il dit en écrivant son texte ? Et puis il y a Floria qui renforce de façon on ne peut plus claire cette nécessité de prendre en main les problématiques individuelles comme collectives par cette incontournable nécessité qui vient d'un des ressorts clés de l'âme humaine : l'émotionnel.

« Et bien sûr, nous l'avons souligné de multiples fois, traiter un problème d'identité, c'est jouer "émotion fondamentale"-"empathie" » (l'habituel chapitre 2, C1, p. 70).

b) Conscience du trouble

Dès le début de l'exposé de son cas, nous citions les travaux du psychiatre Henri Grivois sur le dis-mimétisme et la réponse à lui donner par « l'écoute de dialogue » et « l'empathie psychanalytique ». En français : « Écouter et valoriser la souffrance du patient. ».

(« Émotion fondamentale »-« empathie ».)

Peut-on parler de souffrance européenne ? Si oui, on peut dire que, déjà il existe, au moins symboliquement, une « personne » appelée Europe, personne qui, dans la mythologie grecque, est déchirée, tiraillée et en souffre.

Qui est-elle, cette personne ? Comment exprime-t-elle sa souffrance ? Que dit-elle ? Comment le dit-elle ?

---

[127] Simone Manon dans un article sur « Google » du 15 juillet 2008. « Mais qui est donc européen ? » propose une belle réflexion sur cette définition culturelle de l'Europe.

Depuis la fin de la « Guerre de Soixante-Quinze ans », (ou de 12 siècles…), sous l'impulsion du général de Gaulle et du chancelier Adenauer, s'est créé un « couple franco-allemand » aboutissant à une première rencontre à Colombey le 14 septembre 1958.

Certes, des rapprochements économiques avaient eu lieu avant : France, Allemagne, Italie et Benelux avaient dès 1951 créé la « Communauté européenne du charbon et de l'acier » (CECA) devenue « Communauté économique européenne » (CEE) en 1957 : c'est le traité de Rome, signé dans la capitale italienne le 25 mars de cette année-là.

Et puis de grands noms apparaissaient : Alcide de Gasperi, Jean Monnet, Robert Schuman, Paul-Henri Spaak…

Tout cela aboutit à cette première formulation d'une tentative de création de l'Europe de « l'ère moderne » avec comme moteur clé le couple franco-allemand à la portée symbolique fascinante, qui, avec l'Italie de surcroît (alliée de l'Allemagne pendant la Deuxième Guerre mondiale) répare tant de « guerres civiles européennes », treize ans seulement après la libération ! Spectaculaire. Donc encore plus symbolique. Encore plus forte par conséquent.

À ce moment précis, oui, l'Europe existe. On le sait, et mieux, on le sent.

Qui n'a pas eu, à cette époque, le sentiment de fierté d'être européen, ne serait-ce que quelques heures ? Et ne serait-ce que dans les six pays directement concernés ?

L'Europe vient d'être portée sur les fonts baptismaux. Énorme espoir.

On n'avait pas vu cela depuis Charlemagne au IXe siècle ! (comme nous venons de le décrire – chapitre 6, sous-chapitre A-1, page 196).

c) Écoute de dialogue ; rôle du mimétisme

Alors, qu'est-ce qui a cloché depuis, pour que cette naissance, si pleine de promesses, conduise à l'état actuel ?

Et là, nous en revenons aux propos du docteur Thomas sur le dis-mimétisme de Floria ; rappelons en substance ce commentaire : il proviendrait « d'un déficit de la symbolisation par morcellement du "moi". On a intérêt à considérer qu'ici le « moi » est intact et que seule la symbolisation est défaillante : ce qui revient à dire qu'il ne s'agirait que d'un mauvais fonctionnement du processus cognitif initié très précocement dans l'histoire de vie (voir page 166) : « La construction se fait mal, mais la fondation est solide. »

Le docteur Thomas parle, en ce qui concerne Floria, de : « moi intact » ; « symbolisation défaillante » ; « mauvais fonctionnement du processus cognitif ».

On est en plein dans ce qui est arrivé à l'Europe ; somptueuse fondation, comme on vient de le décrire. Et une réalité économique qu'on ne peut nier et que la fondation Robert Schuman claironne en quatrième de couverture de son rapport annuel (édition de 2019) : « L'union européenne, avec ses 28

États-membres et ses 512 millions d'habitants, est la première puissance économique mondiale. Et pourtant on ne parle d'elle qu'à propos des difficultés de sa construction et elle demeure largement méconnue. »

Le « moi » de l'Europe est là, bel et bien intact.

La « fondation » est donc solide ; mais le « processus cognitif », en tant qu'indispensable moteur de la construction… ça laisserait plutôt à désirer. **Où est la réactivation de l'« émotion fondamentale » (du chapitre 2, C1) ?**

Oui, l'engouement de départ s'est essoufflé, au point de traiter le problème européen comme une série de difficultés sans cesse plus ennuyeuses à comprendre, et toujours plus complexes à résoudre.

Au point de voir se créer de nombreux courants qui s'interrogent : « Est-ce que ce ne serait pas mieux d'en sortir ? » Et si des États en prennent la décision, les paramètres qui vont jouer sont tellement contradictoires qu'on va en arriver à rechercher des solutions de type : « Oui on quitte l'Europe, mais on va faire toute une série de traités de remplacement pour éviter les conséquences désastreuses d'une telle rupture. »

Voir le « Brexit ».

Désormais, le jeu s'appelle : « Comment quitter l'Europe tout en y restant ? »

Oui, la souffrance est là. Elle s'appelle lassitude, ennui, lourdeur ; et puis on n'y comprend plus rien ; trop compliqué tout ça. Autant abandonner.

Oublions, oublions, oublions. Où est l'enthousiasme du commencement ? Le rêve des débuts ? En résumé : « Oui, j'ai mal à mon Europe. » Et ma réponse à cette souffrance est l'oubli ; l'amnésie.

Oui, le *moi* est solide, mais la *construction se fait mal.*

Peut-être, tout simplement, parce que la croissance a été très rapide et sans les tuteurs nécessaires ; ceci est sans doute dû à un raisonnement trop keynésien de type : « Tant plus qu'on est nombreux, tant plus que la demande globale est forte, tant plus qu'on se porte bien. »

Nous étions six pays en 1957 ; 60 ans après on est 28 (27 depuis le « Brexit »).

512 millions d'habitants.

2e PIB mondial : plus de 19 000 milliards de… dollars.

(Oui, pour tout arranger, non seulement le travail sur la symbolique ne progresse pas, mais en plus il lui arrive de régresser : ici l'euro cède sa place au « roi dollar » pour mesurer son PIB… Un comble, à un moment où on aurait besoin d'une symbolique très forte pour renforcer le « processus cognitif », seul capable de pallier les obstacles qui se trouvent sur le chemin « de cette première puissance économique mondiale ».)

Nommons-les clairement, ces obstacles :
– 24 langues officielles ;
– Très gros écarts économiques entre les pays : le PIB du Luxembourg est près de 8 fois celui de la Bulgarie ;

- Des règles du jeu disparates : on ne peut en aucun cas parler d'un « droit européen » abouti : en cours d'élaboration tout au plus ; les médias rappellent plus que fréquemment les dégâts causés à l'Europe notamment par ces disparités (fiscalités, droit du travail, politiques sociales en général...).

On peut, sans trop de craintes d'erreurs, dire que la croissance a été très rapide ; sans trop se soucier de l'harmonie de l'ensemble : oui, la construction peut laisser à désirer[128].

Une façon de pallier les effets de cette croissance rapide aurait pu être de « mettre des tuteurs ». Cela aurait consisté à forcer sur la « symbolique » : beaucoup de choses ont déjà été faites bien sûr, drapeau, hymne (sans paroles) ; journée de l'Europe le 9 mai, passeports européens, la devise européenne (« *In Varietate Concordia* » – « Unis dans la diversité »). Mais bizarrement, sur des points relativement plus simples à traiter : inactions stupéfiantes : exemple que nous avons développé il y a quelques pages, nos billets de banque « Monopoly », pour reprendre l'expression de Régis Debray. Bref, la symbolique est défaillante ; disons que l'on « pourrait mieux faire ». Beaucoup mieux faire.

Croissance très rapide sans tuteur, sans suffisamment de symbolique commune connue et sentie : danger ; gros danger.

Et la symbolique étant l'élément clé du « processus cognitif », on ne peut s'étonner que celui-ci soit en panne ; la connaissance passe toujours par des symboles.

*
* *

Décidément, les troubles de Floria et ceux de l'Europe sont, à tout le moins, homothétiques. Comment Floria s'en sort-elle ?

Il y a en tous cas un socle commun aux difficultés de Floria et de l'Europe ; nous venons de l'observer et nous pouvons résumer techniquement ce socle commun en l'appelant « DIS-MIMÉTISME PAR MORCELLEMENT DU MOI CONDUISANT À L'AMNÉSIE ».

En réexaminant cette question, nous en tirerons quelques jalons supplémentaires pour la construction européenne.

Partons d'une constatation : le point de départ du commentaire du docteur Thomas sur lequel nous nous appuyons, c'est ce dis-mimétisme « qui proviendrait d'un déficit de la symbolisation par morcellement du moi ».

---

[128] Notons que les chiffres cités ici n'ont pas tous été vérifiés par l'auteur, notre but n'étant pas une parfaite certitude économique, mais seulement de faire sentir cette crise de croissance ; ces chiffres sont donc recopiés sur des diffusions par Internet : entrées de type « croissance Europe ».

Certes, au sens strict des concepts, le **morcellement du *moi* européen.**

Ce « *moi* » européen peut être défini comme l'ensemble du peuple formé par les 28 nations européennes, en commençant par le « *Laos* », puis, par la suite, et par la suite seulement, il conviendrait de s'attaquer à l'expression rationnelle de ce « *Laos* », ce qui revient à le structurer en force politique : le « *Démos* ».

Or, actuellement, on est très loin de cette démarche de rassemblement de ce qui est épars... jugez-en, on ne peut pas mieux faire qu'actuellement, en termes d'éparpillement ; on observerait plutôt l'inverse ! L'Italie semble prendre ses distances, plus ou moins « nationalistes », par rapport à l'Europe. Ne parlons pas du « Brexit », ni de ceux qui veulent rentrer dans l'Union, ou de ceux qui veulent en sortir, des « exceptions » de type national, dans la règle du jeu de l'Union au profit de certains de ses membres, d'accords spéciaux avec des non-membres, anticipant ce que serait leur situation en cas d'intégration...

Bref, la frontière « membres/non-membres » s'estompe, telle la frontière « moi/non-moi » chez un enfant perturbé (et ceci très peu de temps après qu'il ait réussi à en définir un tracé presque étanche ! Si on pondère le temps en fonction de la durée de vie des entités concernées : à savoir une vie d'une personne par rapport à une vie d'un continent, on peut dire que la frontière moi/non-moi, membre/non-membre se sera estompée encore beaucoup plus rapidement dans le cas de l'Europe).

C'est bien cela techniquement, la définition du « morcellement du moi ».

Dès lors, telle une défense par rapport à une telle situation qui est porteuse de tant d'anxiété, un **phénomène de type amnésique se met en place** : l'enfant oublie ce qu'il avait amorcé comme apparition de son identité.

Ce que l'on est émerge de ce que l'on n'est pas. Équivalent macrosocial : l'Europe va oublier sa naissance. **Oublier qu'on existe est moins angoissant que de vivre sa déchirure**.

Bref, on laisse tomber ; un coup pour rien ; ce qui vaut le coup d'être gagné vaut le coup d'être perdu, laissons l'Europe mourir tout doucement, ou bien faisons-le en tapant sur la table, quitte à le regretter ensuite.

Et pourtant, il y en a des regrets, du gâchis, de la détresse.

d) Émergence d'un « leader » ?

Est-ce que ce serait possible ? Et quelle devrait en être le profil pour qu'il puisse remédier à cette situation qui n'est tout simplement pas acceptable ?

Pas possible. Et, en plus, on continue à être envahis par des milliers de personnes qui viennent trouver chez nous une chance de survivre. On ne peut même pas le leur reprocher : allez reprocher à quelqu'un d'essayer de sauver sa vie et celle de ses enfants, reprocher à quelqu'un son instinct de survie : n'importe lequel d'entre nous, à sa place, essaierait de faire la même chose.

Beaucoup de souffrance dans tout ça. Là aussi, ça sent l'« émotion fondamentale » à plein nez. Avec une réponse « empathique » qui ira de soi si on trouve une personne qui nous dirait : **« J'ai compris ce que vous vouliez faire face à cette situation : accueillir sans être envahi. Donc nous allons accueillir. C'est normal. Sans être envahi. C'est normal. »**

Qui saurait harmoniser ces deux éléments (accueil sans envahissement) apparemment contradictoires ?

Et qui saurait nous dire cela en nous convainquant, en nous enthousiasmant ?

C'est une personne de cette envergure dont l'Europe a besoin. C'est la prise en charge de l'« émotion fondamentale » par l'« empathie » (toujours le chapitre 2, C1, page 70).

Si l'Europe veut s'en sortir, il faudrait que quelqu'un se lève pour parler au nom de tous en nous disant : « C'est beau, c'est grand, l'Europe. » La souffrance que nous venons d'évoquer fait une place pour une telle personne ; crée l'attente d'une telle personne.

La demande.

Comme d'habitude, la souffrance conduit à une demande.

Et cette personne saura nous dire sur ce point : « J'ai compris votre souffrance, je vois ce que vous avez voulu faire, je vois que la route que vous avez ouverte en Europe c'est celle de la fraternité et du progrès… » tels que l'évoque notre belle devise « Unis dans la diversité », etc.

On pourrait s'amuser à paraphraser le discours de de Gaulle en juin 1958, tel que nous l'avons évoqué dans notre premier chapitre. On serait en plein dans le ton.

Mais qui peut mener à bien une telle mission ???

Les leaders politiques en place ont un discours sur l'Europe qui semble être construit sur ce que cela leur rapportera comme suffrage dans leurs élections nationales. L'authentique préoccupation européenne en tant que telle semble, sauf erreur de ma part… bien lointaine.

e) Un terrain favorable pour ce leader ?

Disons que nous pouvons tenter de préparer le terrain à l'émergence de cette personne dont nous avons tant besoin. Et pour commencer, il suffit de prolonger notre réflexion d'il y a quelques lignes : l'amnésie ne serait qu'un mécanisme de défense pour supprimer l'angoisse de ne pas avoir su « transformer l'essai » de la poignée de main « de Gaulle-Adenauer ».

Alors, prenons le problème à bras le corps : il faut remonter la pente en faisant le chemin inverse ; on répare la mémoire pour surmonter l'angoisse. Si l'angoisse de Floria disparaît, elle n'a plus besoin d'oublier pour ne pas souffrir ; dès lors, l'amnésie disparaît, et la re-construction peut se faire. Peut-on penser à une démarche similaire pour une entité macrosociale comme l'Europe ???

Esquissons une telle démarche :

Rappel de la poignée de main de Gaulle-Adenauer ; comme le dira de Gaulle : « Personne ne peut, mieux que lui, saisir ma main. Mais personne ne peut, mieux que moi, la lui tendre. »

Ces propos très émotionnels témoignent d'un état d'esprit entre les deux hommes qui pouvaient permettre de surmonter bien des différences et d'éviter bien des différends. Ce fut le cas. Poursuite par d'autres acteurs dans la continuité : Pompidou-Brandt, Giscard d'Estaing-Schmidt, Mitterrand-Kohl, Chirac-Schröder, Sarkozy-Angela Merkel (rappelons qu'on est allé jusqu'à parler de « Merkozy »), Hollande-Merkel (?) Macron-Merkel (??)…

Comprenons bien que, conformément à ce que nous montre le cas Floria, il ne s'agit en aucun cas d'un simple rappel de données historiques, mais d'une **réactivation des émotions vécues alors : réactivation de l'« émotion fondamentale »** (chapitre 2, C1) ; il faudrait, en utilisant les médias et leurs équipes de créateurs et de réalisateurs, avoir régulièrement, très fréquemment (tous les soirs ?) la « minute de l'Europe »… vibrante, attirante, nostalgique, drôle ou émouvante, qui nous fasse sentir que « c'est beau, c'est grand, l'Europe » et que son histoire a été pleine de rebondissements, avec des moments inattendus, parfois cocasses… Bref, on vibre : « Il faut absolument que j'arrête ce que j'étais en train de faire ; y a la minute de l'Europe à la télévision ; j'peux pas rater ça ! » (et pas seulement l'Europe de la France et de l'Allemagne).

Le but sera de montrer comment l'Europe s'est développée, le rôle qu'elle peut jouer dans le monde, rôle spécifique que, peut-être, elle seule peut jouer. Et on aura à cœur de « mettre en scène » tous ceux qui furent de « grands Européens », sentir que non seulement « c'est beau, c'est grand l'Europe », mais aussi que c'est « indispensable et irremplaçable ». Et que ça commence par l'axe franco-allemand.

Cet axe n'est pas un but en soi, c'est l'unique et indispensable point de départ pour aller plus loin.

Bref, on en revient à ce point de départ (la « poignée de main ») : bien obligé puisque, la première fois, on a observé que cet épisode avait bel et bien « créé l'émotion fondamentale ».

On ne peut qu'évoquer ce thème dans cet ouvrage ; son auteur n'ayant aucune expertise, et encore moins de moyens, pour le développer. On ne peut que s'adresser aux médias. Il nous appartient de dire que les analyses et réflexions que nous avons présentées dans les chapitres qui précèdent nous conduisent incontournablement à ces suggestions.

Et si parallèlement, on sortait des billets de banque représentant les « couples » que nous venons de rappeler, ça aiderait sans doute, non ?

Tout cela nous amène à dépasser l'amnésie ; comme on a su le faire pour Floria. Quelle personnalité du monde des médias, quelles équipes pourraient plancher sur un tel thème ?

(Nous avons étudié avec sérieux les travaux de la fondation Robert Schuman, notamment son « Rapport sur l'Europe ; l'état de l'Union 2018 » ;

cela s'adresse à des experts et aide sans doute considérablement les instances qui gouvernent l'Europe. Mais pour que ça marche, il faudrait que l'Europe devienne notre Europe, que nous sentions tous que nous sommes européens. Et ce n'est pas un excellent rapport d'experts destiné à d'autres experts, aussi indispensable soit-il, qui peut nous faire vibrer et nous rendre fier d'être européen. Comme d'habitude, il faut créer le « nous » de l'identité européenne, il faut créer le *Laos* européen à qui on saura dire l'habituel « je vous ai compris ». Le rapport Schuman, c'est *Démos* sans *Laos*.)

2) Le cycle identitaire

a) Re-singularisation

Par l'amnésie, beaucoup de non-dits envahissent l'espace.

Et, comme à l'habitude, agir ne démarre pas par le rappel de tout ce qui a été dit, mais par le dévoilement de ce que cachent les non-dits.

L'entame efficace n'est pas « l'histoire d'un discours », mais plutôt « l'archéologie d'un silence » pour paraphraser ce que disait Michel Foucault à propos de la démarche psychanalytique.

Ceci, comme pour Floria, passe par le re-vécu émotionnel ; c'est en ce sens que le docteur Philippe Thomas commentait le cas Floria en écrivant à propos de ce re-vécu émotionnel : « Floria peut à nouveau dire "je", donc le processus de re-singularisation réapparaît : Floria va pouvoir retrouver son récit personnel tel qu'elle l'a construit (et qui l'a construite). Il s'agit bel et bien d'une démarche de réappropriation de soi. »

Pour une identité européenne ?

De la même façon, l'Europe peut, elle aussi, faire cette réappropriation d'elle-même, selon cette même démarche de re-vécu émotionnel. Cela permettra à l'Europe de dire « nous », comme Floria a dit « je ».

Une fois ceci fait, le *Laos* européen commencera à exister suffisamment pour que l'attente d'un leader qui prenne les choses en main soit perceptible : on sera passé de « j'ai mal à mon Europe » à « nous avons mal à notre Europe ».

Jean-Louis Debré disait : « Le pessimisme est un trait de caractère, l'optimisme est un acte de volonté. » Alors, faisons l'acte de volonté : en étant optimiste, faisons donc le pari que si l'attente d'un leader devient perceptible, ça peut susciter quelques vocations…

(J'ai même envie de paraphraser une des répliques célèbres du général de Gaulle : lors d'une de ses conférences de presse, un journaliste l'avait interpelé sur l'« après-de Gaulle », disant en substance : « Ne craignez-vous pas un grand vide à ce moment-là ? » Réplique sans appel : « Ce n'est pas le vide que je crains, c'est le trop-plein ».)

Qui doit-il être, ce leader ? Que devra-t-il faire ?

Avant tout, bien évidemment, le mobilisateur (M+) sachant utiliser la potion magique du charisme, sachant faire sentir qu'il a compris ce qu'on attendait de lui : empathie.

Le thème clé sera d'affirmer qu'à l'évidence « nous tous avons compris que l'Europe est la seule possibilité de se hisser à un niveau équivalent à celui des superpuissances de notre époque : États-Unis, Chine, à l'évidence, vraisemblablement Inde, Russie… ».

« Nous savons tous que si nous menons les combats qui vont être ceux du XXIe siècle uniquement sur la base des nations européennes telles qu'elles existent aujourd'hui, le fait qu'une seule d'entre elles fasse suffisamment le poids pour infléchir le cours des évènements : aucune chance ! Mais unis, tous ensemble et parlant d'une seule voix, là, même ceux qui se boucheront les oreilles nous entendront et nous pourrons jouer pleinement le jeu qui incombe à la vieille Europe et qu'elle seule peut jouer parce que notre force vient de notre diversité et de nos cultures. »

« Seul le partage des émotions peut tout faire re-démarrer », écrivions-nous dans le cas Floria. Le druide européen sera celui qui saura faire sentir qu'à l'évidence, tous nos pays de l'Union ont un ressenti commun sur un bon nombre de questions :

« Je vous ai compris. Je vois ce que vous voulez faire. Je vois que la route que vous voulez ouvrir en Europe, c'est celle de la rénovation et de la fraternité… »

Oui, c'est du copié-collé du discours du général de Gaulle en 1958 à Alger ; relisez nos pages 47 à 53.

À 80 %, ce sont ces mêmes mots qu'il faudra prononcer.

Et c'est à 100 % le même esprit.

Il y a des domaines dans lesquels, en Europe, nous avons avancé : disons haut et fort que, nous tous, nous nous en réjouissons. Il y a des domaines dans lesquels nous avons stagné, fait des erreurs : disons haut et fort que, nous tous, 1) nous en souffrons, 2) nous nous réjouissons d'avoir devant nous ce travail de rectification de tir et que nous allons nous y employer joyeusement tous ensemble. De fait, nous partageons ces mêmes émotions.

b) Un traumatisme de base (répété inconsciemment à l'infini)

Ce partage d'émotions étant fait, l'Europe peut et doit continuer à réparer sa mémoire.

Nous indiquions, dans le cas Floria, qu'en termes macrosociaux, la réparation de la mémoire consiste à identifier les faits du passé dont les difficultés présentes ne sont, au fond, que la répétition. Ainsi, on pourrait développer, à la manière d'un conte, un « il était une fois… Charlemagne » montrant que, comme nous l'avons mentionné page 145, l'Europe, telle que nous la voulons, n'aurait existé qu'une quarantaine d'années…

Les Mérovingiens avaient observé la coutume germanique selon laquelle, à au décès d'un roi, ses fils se partageaient le royaume.

Charlemagne ne pensa pas (?), ne voulut pas (?), ne put pas (?) changer cette coutume, qui, de fait, fut ainsi vécue comme un véritable « *Fatum* » qu'on ne saurait transgresser.

Il n'y a pas de progrès sans transgression.

La transgression…

En fait, elle semble être très familière à ces grands leaders apparus dans des situations de crises et n'hésitant pas longtemps à « y aller » à fond : c'est César qui franchit le Rubicon avec ses légions, transgressant la loi de la République de Rome. C'est Bonaparte au 18 brumaire : non seulement « il y va » sans tergiverser, mais entraîne derrière lui les « convaincus hésitants » : tous ceux qui, bien que partageant sa vue des choses, n'auraient jamais osé. Et, bien sûr, c'est de Gaulle, le 18 juin 1940. Transgression ou trahison ? J'ai envie de dire que ça dépend uniquement du résultat !

Le « régime de Vichy » condamna de Gaulle à mort pour « haute trahison ». Seulement voilà, au final de Gaulle fut le vainqueur.

Pourquoi donc transgressent-ils ?

Surtout que dans le cas de de Gaulle, il était quand même un peu tout seul à Londres, non ?

Jean-Luc Barré, dans son livre *Devenir de Gaulle* (voir bibliographie) donne quelques belles pistes pour comprendre. Il souligne comment depuis longtemps Charles de Gaulle s'imaginait en général de Gaulle. Se vivait dans son imaginaire comme un chef militaire sauvant la patrie, envers et contre tous, imaginaire qui s'exprimait dans ses écrits, ses jeux d'enfant et d'adolescent. Avec, de plus, la certitude que le pouvoir militaire doit être aux ordres du pouvoir civil. Dès lors, certain que ses idées étaient les seules capables de sauver la patrie et de rééquilibrer le monde (excusez du peu…), il se devait de s'affirmer comme le chef suprême par les voies légales de la démocratie.

Il en a rêvé…

Mais il ne s'est pas arrêté à ce rêve, comme bien des gens le font, passant ainsi du rêve au délire mégalomaniaque amenant Don Quichotte à se battre contre des moulins à vent.

Le rêve est l'incontournable point de départ, mais Charles de Gaulle en tirera la certitude absolue qu'il a raison, qu'il peut le faire, que lui seul peut le faire : il guettera donc le moment opportun de Kairos gardant soigneusement intact son rêve.

Il guette, avec toutes ses facultés rationnelles : on est parti du rêve, mais là, on passe au *projet* : ce qui va jouer s'appelle dès lors : connaissances, expériences, sens politique, analyse, courage. Et puis aussi mise en forme écrite de ses idées, de ses futures actions : seule façon pour éviter que ces idées ne s'envolent à tout jamais : il vaut mieux qu'elles soient enfermées dans des pages ; on dit d'ailleurs dans le langage courant que les idées ont été « consignées » (*Discorde chez l'ennemi*, 1924 ; *Au fil de l'épée*, 1932 ; *Vers l'armée de métier*, 1934 ; *La France et son armée*, 1938…).

Et puis le texte écrit a le gros avantage de faire passer les idées de sa tête à la feuille de papier : c'est la seule façon de pouvoir les réexaminer. Presque comme si c'étaient les idées de quelqu'un d'autre : on en devient automatiquement plus objectif par rapport à elles. C'est ainsi que ces idées acquièrent de la densité, du poids, de la consistance, de la clarté.

Et grâce à cela, il discernera immédiatement le « feu vert », dans la seconde où il paraîtra.

Et alors, toutes les conditions étant ainsi réunies, il n'hésite pas un instant, il fonce, pulvérise les obstacles et prend tout le monde de court : il était fin prêt, dans les « *starting blocks* » et démarre dans le dixième de seconde… Avec Kairos, il ne faut jamais laisser passer l'occasion et être le premier à oser la saisir.

De Gaulle l'a rêvé depuis longtemps. Puis… il l'a fait.

Oui, il était objectivement et matériellement très seul en 1940. Mais, un des éléments clés qui lui a fait percevoir que c'était l'occasion à ne pas manquer s'appelle « Winston Churchill ». Winston Churchill partageait le même rêve et avait la même volonté et la même certitude de réussite.

On se sent tout de suite moins seul…

*
* *

On a là un bel exemple de construction d'identité, du « deviens ce que tu es ». Bel exemple de « *Lekh Lekha* ». Je vais vers moi en quittant tout ce qui peut me posséder (oui, de Gaulle a quitté l'identité que lui donnait son rang dans l'armée, son appartenance au gouvernement de son pays, son pays même – il devient apatride…). Et j'agis selon cette ombre qu'est mon rêve, même et surtout s'il frise en apparence le délire. Mais moi, je sais que ce rêve c'est moi.

Je suis par mon rêve et par le projet qui le rend réel. On retrouve d'ailleurs ce que nous écrivions supra : le vrai leader, tel que nous l'avons défini, sait ce qu'il faut faire, qu'il a donc également un projet (c'est le « G », le guide Astérix), ce qu'il laisse entendre de façon suffisamment audible. Le vrai leader c'est « M + G » (voir page 94).

Je suis, par mon rêve et mon projet. Je suis.

Jean-Luc Barré (voir bibliographie : *Devenir de Gaulle*) nous montrera comment Charles de Gaulle a été l'homme providentiel tant attendu : par trois fois il a incarné le héros qui sauve la France : le 18 juin 1940, bien sûr, mais aussi le 26 août 1944 en étant identifié comme le sauveur de la capitale de la France où il déclenche le joyeux enthousiasme vers la victoire de la liberté. Le 13 mai 1958, où l'on sent qu'il va faire des miracles en sortant de l'impasse algérienne et de l'impasse de la crise gouvernementale.

On ne sait pas vraiment comment il va s'y prendre, mais on sent que tout le peuple est prêt à le suivre et qu'il va faire une transformation radicale du pays ; on croit à nouveau que « c'est beau, c'est grand, la France ». Il nous lègue ainsi un ineffaçable sentiment de grandeur qui devient le moteur clé de l'épanouissement d'un peuple et de son rayonnement universel, en particulier sur l'Europe.

*
* *

L'émergence d'un leader européen ?

Il faudrait que l'Europe puisse de la même façon accoucher d'un leader capable de la décision suivante : « Je ne veux plus construire mon avenir politique dans le cadre national qui a été le mien jusqu'alors et dans lequel j'ai réussi ce que je m'étais proposé de faire ; je veux désormais m'identifier comme européen, uniquement et totalement européen, car nous voulons tous être européens ; je quitte tout le reste. » Il faut donc trouver quelqu'un pour qui ce « je quitte tout » signifie bien « pour aller vers moi-même ».

Il ne faut pas que ce soit un renoncement : renoncer peut comprendre un regret, une tristesse, une nostalgie ; mais bel et bien la joie de « quitter pour quitter », d'être ce « vrai voyageur qui part pour partir » ; Baudelaire et Hérédia nous ont déjà fait rêver sur ce thème (chapitre 2, F : « Aller vers soi-même »). Et, il faut qu'il découvre **seulement après** être parti, que ce vers quoi il veut aller, s'appelle l'Europe.

Dès lors, si un cadre trop rigide le gêne, il n'hésitera pas à « transgresser » tout et n'importe quoi pour balayer de toute urgence cette gêne. Alors Panoramix, tu rappliques ou quoi ? Y aura-t-il un vide ou un trop-plein quand on aura préparé le terrain pour son émergence ?

En tout cas, il faudra qu'il ait cette vue « Panoramix » des choses en disant très clairement qu'il a compris que c'est ce que nous tous, voulons et attendons : nouvelle paraphrase du même discours de de Gaulle : « Je dis : la rénovation à tous égards, mais très justement, vous avez voulu que celle-ci commence par le commencement, c'est-à-dire par nos institutions (européennes) et c'est pourquoi me voilà ! »

Pour qu'un tel discours soit entendu, écouté, compris, rassembleur et enthousiasmant, il faut qu'il arrive à point nommé : quand une crise débouche sur une paralysie conduisant à de plus en plus de ratés, donc de lassitude, de peur, d'angoisse, de colère : « Maintenant, ça suffit. » Ces grands leaders ne peuvent donc apparaître que dans des situations de crise. Panoramix se montre quand le chef « aux bras trop courts puisque raccourcis » est tombé de son bouclier.

J'ai presque envie de dire que ça « tombe » bien ; on peut dire sans risque de trop se tromper que l'Europe me semble être en crise, non ?

Et une crise qui fait du bruit : les thèmes de la sécurité, de la détérioration de l'ambiance de la cité qui en résulte avec les drames qui se multiplient, me semblaient déjà suffisants pour créer cet indispensable bruit. Avec le rajout de la pandémie « coronovirale » actuelle, en termes de bruit, on ne pas être mieux servi, d'autant que cette fois c'est l'ensemble de la planète qui connaît une crise sans pareille.

Mais on peut (on doit ?) regarder ces événements de façon positive : témoin Jacques Attali qui écrivait sur son blog du 23 mars 2020 : « … si les pouvoirs en place (…) se révélaient incapables de maitriser la tragédie qui commence, c'est tout le système de pouvoir, tous les fondements idéologiques de l'autorité qui seraient remis en cause, pour être remplacés, après une période sombre, par un nouveau modèle fondé sur une autre identité et la confiance en un autre système de valeurs. » Et là, il n'est pas pessimiste : il montre bien que, dans l'histoire de l'humanité, de telles crises, il y en a eu de semblables par le passé et qu'elles ont toutes abouti, chaque fois, à une toute nouvelle conception de l'homme et de la construction de la cité. Si j'ai bien compris son propos, ces crises sont des points de passage incontournables de la marche du progrès. Et même mieux, ces crises sont les nécessaires déterminants du progrès : sans ces secousses pas de réel progrès possible car pas de réel « nouveau » : le prix à payer est certes lourd, mais le bond en avant que ces crises font faire nous amène à dire, si l'on est honnête, que « ça valait bien le coût ».

Très largement. Donc la période s'y prête bien ; mais attention car c'est aussi une période où des extrémismes apparaissent, menaçant les libertés individuelles et collectives ; on a besoin du « philosophe-roi » cher à Platon (livre V de la *République*) : le philosophe ne désire pas le pouvoir, il n'en fera donc pas un mauvais usage. On doit éviter ceux qui veulent uniquement le pouvoir pour le pouvoir au profit de ceux qui veulent le pouvoir pour « changer la couleur du temps ».

Et autre raison de ne pas perdre de temps, nous sommes aussi dans une période très propice à l'apparition de faux prophètes, ces gurus qui vont se substituer aux maîtres, et nous faire croire qu'ils changent la couleur du temps, alors qu'ils n'auront fait que nous rendre aveugles. Il est vrai qu'une fois devenus aveugles, en ce qui concerne ces « couleurs du temps », nous serons plus facilement abusés par ceux qui prétendent voir… « Élémentaire, mon cher Watson. »

Il va donc nous falloir traiter cette question du leader en urgence. Ce leader peut être considéré comme un « Charles macrosocial » qui va devoir mener l'équivalent du « jeu sur le mimétisme » auquel Charles s'était livré avec Floria.

Un thème peut nous servir : et ceci à condition qu'on le joue au moment précis où le *Laos* européen réapparaît : c'est-à-dire quand la mémoire de Charlemagne a refait surface avec le raté que nous avons décrit : non-prise en main de la succession de l'empereur : ce fut ce que nous appellerons le « traumatisme originel ». Pour le dépasser, il faut que nous puissions partager une même situation émotionnelle, intense et **que nous puissions la contempler en toute conscience ; dans cette « émotion réparatrice », nous retrouvons l'« émotion fondamentale » (du chapitre 2, C1).**

Tout se passe comme si le peuple européen avait traité la souffrance due au traumatisme par son enfouissement dans l'inconscient collectif. Comme pour Floria, c'est l'anesthésie de l'amnésie. Maintenant, tout se passe comme si l'Europe se réveillait de son anesthésie.

Ce traumatisme, on va proposer de le traiter en construisant l'équivalent macrosocial du jeu Floria-Charles sur le mimétisme.

Jeu sur le mimétisme :

Ce jeu macrosocial pourrait s'intituler : « Et si l'Europe mimait le grand-duché de Bourgogne ? »

Le grand-duché a existé entre les IXe et XVe siècles, mais la période qui va nous intéresser débute à la fin du XIVe siècle : l'extension de ses possessions due au mariage entre le grand-duc et Marguerite de Flandres. Les Flandres se fondent dans le grand-duché. Un tel accroissement donne à la Bourgogne une importance telle que le désir d'en faire un État indépendant de pleine souveraineté devient logique, souhaitable et même incontournable.

L'organisation politique qui en résulte a de quoi faire rêver : ce grand-duché est tellement étendu et formé de peuples tellement différents les uns des autres[129] que seule une structure fédérative apparut jouable et fut choisie.

Quid du pouvoir central ? Comment éviter qu'il ne puisse plus jouer son rôle de fédérateur ?

Ce fut une réponse très fortement symbolique qui apparut comme étant la plus idoine.

Le grand-duc Philippe le Bon crée à Bruges en 1430 l'Ordre de la « Toison d'Or » : inspiré par la mythologie grecque (Jason, les Argonautes) et par la Bible (Gédéon), elle exprime l'invincible et incontournable force de l'esprit du grand-maître de l'Ordre. En l'occurrence le grand-duc. Tous les chefs des États fédérés se soumettront, instinctivement, sans même imaginer une quelconque possible discussion, à un tel pouvoir spirituel, d'autant qu'ils auront été faits « chevaliers » de cet ordre par leur « grand-maître – grand-duc ».

Le grand-duc respecte leur autonomie ; leur grand-maître les rassemble, les fédère.

Somptueux. On maintient l'originalité et la singularité de chacun des États tout en harmonisant leurs rapports, tels ces navigateurs que Sylvain Tesson évoquait si bien en citant ces passages de l'Odyssée décrivant le navigateur qui va d'île en île pour créer ce « nous » (voir infra page 204).

Remarquable.

Les Habsbourg ne s'y tromperont d'ailleurs pas : ils en firent quasiment un copié-collé pour l'organisation politique de l'Empire austro-hongrois.

Beau mimétisme s'il en est, non ?

Beau terrain pour construire un jeu, en ce qui concerne le besoin de création d'un *Laos* européen. À en faire pâlir d'envie Charles et Floria.

Quid du jeu lui-même ? Imaginons une trame qui s'appuierait sur une vingtaine d'épisodes de l'histoire du grand-duché, de sa prise d'indépendance (à

---

[129] De Macon à la frontière actuelle du Danemark, et de Calais à Munster : c'est la survivance de la « bande » du milieu dont Lothaire avait hérité.

partir de 1361), jusqu'à la bataille de Nancy, perdue par le grand-duc (Charles le Téméraire, qui y laissera la vie) : fin du grand-duché (1477).

Nous en revenons à une suggestion de demande à adresser aux médias avec un exemple : évocation de la bataille de Nancy entre Charles le Téméraire et le duc de Lorraine. Bourgogne dépecée : son territoire est dispersé entre la France de Louis XI (la plus grosse part), la maison de Habsbourg et les Pays-Bas.

Émotions à faire passer : quel dommage ! Dramatique ! Colère : qu'est-ce que le grand-duc est venu faire dans cette galère ? Comment s'est-il fait piéger ? Quel dommage : à une bataille près, la Bourgogne était en passe de devenir la première nation du continent ! D'autant que l'Ordre de la Toison d'Or avait été attribué à des souverains étrangers à la Bourgogne... Amorce d'une entrée dans l'Union de la fédération bourguignonne ? On ne la saura jamais.

En tout cas, on réparait les erreurs de la succession de Charlemagne : on tenait à nouveau l'Europe, sans compter que la Bourgogne faisait tampon entre le Saint Empire et le royaume de France évitant ainsi des guerres qui se prolongèrent jusqu'en... 1918 pour l'Autriche-Hongrie (qui disparaît à ce moment-là) ! Et jusqu'en... 1945 pour le reste du continent (et du monde) comme nous l'avons montré. Là, il y en a de l'émotion ! L'Europe pouvait se remettre en marche ; eh bien non : on n'a fait que répéter le « traumatisme fondateur » ! Alors, aujourd'hui, « STOP » ! On en a assez ! Ça nous fait trop mal ! On « prend la rage ».

Nous disons « NON » !

On peut se référer à :

1) Laurent Habiot : « Les signes de l'entente. Le rôle des devises et des ordres dans les relations diplomatiques entre les ducs de Bourgogne et les princes étrangers de 1380 à 1477 », in *Revue du Nord*, 2/2002 (n° 345-346), pages 319-341.

2) « Le rôle politique de l'Ordre de la Toison d'Or sous Philippe le Bon et Charles le Téméraire », in *L'Ordre de la Toison d'Or de Ph. le Bon à Ph. le Beau (1430-1505) ; idéal ou reflet d'une société ?*, C. Van den Bergen, Pantem ed., Bruxelles, 1996, page 67.

(Court résumé : Charles VII, roi de France, dispense le duc de Bourgogne, Philippe le Bon, « d'hommage envers le roi ». Ceci fait de Philippe le Bon un véritable souverain, à part entière : le « grand-duc d'Occident ». Il fonde l'Ordre de la Toison d'Or en 1430 à Bruges, à l'occasion de son mariage avec Isabelle de Portugal.

Il donne à l'Ordre – dont il est naturellement le grand-maître – sa devise : « *Ante Ferit Quam Flama Micet* » (« Il frappe avant que la flamme ne brille »). Le grand-duc ajoutera le Luxembourg à ses possessions. Le grand-duché de Bourgogne connaîtra ainsi son apogée en 1469.)

C'est par un jeu émotionnel de ce type que le *Laos* européen peut se sentir exister. Histoire de rêver, revenons à une demande possible à adresser aux médias, demande parfaitement complémentaire de la première, et même comprise en elle. Mais cette fois sous forme de jeu... pour respecter les leçons tirées du cas Floria. Ayons en tête le drame de la fin de la Bourgogne tel que nous venons de le rappeler. Supposons une vingtaine de situations évoquées de cette manière sur des chaînes télévisuelles grand public (de l'ensemble des 28 pays de l'Union à commencer bien sûr par la chaîne germano-française Arte).

À la fin de chaque émission, les téléspectateurs de l'Europe seraient appelés à remplir une « grille émotionnelle » :

« Après avoir vu cette séquence, vous vous sentez :
– en colère (de 1 à 10) ;
– impatient de voir enfin l'Europe exister (de 1 à 10) ;
– furieux d'un tel gâchis (de 1 à 10) ;
– etc. »

Une dizaine de rubriques de ce type.

C'est un projet à construire ; nous ne pouvons que l'évoquer ici ; en précisant qu'il faut garder en tête qu'il est destiné à mobiliser ces affects, ces émotions, à les faire vivre intensément pour que *Laos* se mobilise pleinement et totalement.

Le but est de réveiller l'expression des émotions du peuple européen par rapport à son Europe et dialoguer avec lui sur ces émotions.

La dimension « jeu » peut apparaître sous forme d'un gagnant tous les mois : le téléspectateur qui aura été le plus près de la moyenne des réponses, avec un lot européen à inventer...

Là, le « j'ai mal à mon Europe » peut devenir un « nous avons mal à notre Europe ». Le *Laos européen* commence à vivre ; il serait prêt pour une « écoute de dialogue ».

Ceci nous ramène au premier temps de notre rengaine habituelle du chapitre 2, C1 : « émotion fondamentale ».

En tous cas, on aura installé la possibilité d'un dialogue entre notre leader européen (dès qu'il se sera montré) et son *Laos* : on pourra créer une « écoute de dialogue ».

Ce sera le deuxième temps de ce chapitre 2, C1 : l'« empathie » comme mode de traitement de cette « émotion fondamentale ».

Le gros problème demeure : l'équivalent de Charles pour Floria : dénicher ce leader européen. Reste à le trouver. Reste à ce qu'il émerge. C'est arrivé de multiples fois dans de nombreux pays. Mais ça n'arrive pas toujours... car, à la base, c'est un problème de culture.

« Appel à candidature » : cet appel sera entendu s'il est écouté par une « civilisation » (au sens que lui donne Fernand Braudel) : une culture qui s'y prête.

c) Tremplin pour l'émergence du leader

Toute culture naît d'une assimilation d'autres cultures et doit tirer son identité de la façon dont elle les assimile et les reformule. La « culture européenne » n'échappe pas à la règle. Ainsi, dans le domaine scientifique, quand on parle de géométrie, on pense à Pythagore, à Euclide ; mais ils « n'ont fait que reprendre des travaux des Égyptiens et des Babyloniens ».

« N'ont fait que » veut dire assimiler et reformuler à leur façon qui peut comporter des apports tellement plus nouveaux, plus percutants, plus fins, plus précis que ça peut devenir tout autre chose.

De plus, cette « assimilation » est tout sauf un « copié-collé » : on peut simplement être « imprégnés » d'autres cultures par le fait qu'on les côtoie ; et cette « imprégnation » peut ne pas être seulement consciente.

Se déplacer dans d'autres cultures, s'exposer de par la simple présence géographique dans d'autres civilisations peut suffire à nous « contaminer » par leur vue des choses, leur façon d'être, leur façon de faire, leurs monuments, leur façon de vivre, leurs techniques militaires : si on habite un territoire, en retour, ce territoire, lui aussi nous habite (et si on est « contaminé », on pourra à notre tour « contaminer » d'autres personnes avec la même rapidité « exponentielle » que celle qui nous a été rappelée par la crise sanitaire du « Covid-19 » en 2020… sauf confinement drastique de type fermeture des frontières à la mode « soviétique » de la guerre froide ; chacun sait que les moyens de communications actuels, de type « réseaux sociaux », rendraient la chose plus que difficile…).

Et Dieu sait que beaucoup de ces « déplacements dans d'autres pays » pendant l'Antiquité étaient des « déplacements militaires »[130].

Bref, ces assimilations et ces reformulations « enrichies » font que des jalons apparaissent.

On ne peut parler de culture européenne sans citer Euclide. Et son « axiome ».

Mais pour que ceci soit une base mythologique de l'Europe, condition sine qua non au « récit de l'Europe », il faut en faire une légende, créer un conte. La collection « Contes et légendes », collection centenaire de Nathan, destinée à un public de jeunes (dès 8 ans !) répond à cette préoccupation. Peut-être pourrait-on développer son titre « Les héros de la Grèce antique[131] » par « Il était une fois Euclide ». Mais il ne suffit pas d'écrire le conte. L'écrire est naturellement l'incontournable point de départ. Encore faut-il qu'il soit lu et qu'on puisse en parler collectivement, qu'on puisse le

---

[130] Pas seulement dans l'Antiquité : l'expédition d'Égypte (1798-1801) est un bon exemple qui cette fois était organisée dès le départ avec un volet scientifique : appropriation voulue et déterminée : une foule de scientifiques que Bonaparte emmène sciemment avec lui, Champollion en tête…

[131] Texte de C. Grenier ; illustration de F. Roca ; *Contes et légendes* n°1, Nathan.

vivre ensemble pour que, petit à petit, cela devienne le mythe tant recherché !

Lire n'est peut-être pas le plus sûr pour diffuser un « conte » dans le grand public européen.

Et lorsqu'Olivier Wotling, directeur de « l'unité fiction » d'Arte, déclare que « l'Europe est un terrain de jeu très excitant pour la production de séries » (AFP, 18/04/2018), on a envie de lui répondre en lui suggérant de nous refaire le coup de cette série française de dessin animé créée par Albert Barillé sur FR3, de 26 épisodes d'une trentaine de minutes, diffusée pour la première fois de septembre 1978 à avril 1979 et qui s'intitulait « Il était une fois l'homme ».

Une démarche identique viendrait sublimer toutes les publications faites sur ce thème[132].

« Il était une fois Euclide » pourrait être une émission de cette série.

D'ores et déjà, « Vikidia, l'encyclopédie des 8-13 ans » lui consacre un bel article.

Peut-être devons-nous souligner la « pureté » des écrits d'Euclide (les *Éléments* – 13 livres (!) écrits vers 300 av J.-C.). C'est cette pureté, cette finesse, cette précision qui font d'Euclide – et des scientifiques grecs dans leur ensemble – des repères plus que tout autres incontournables : peut-être, pour la première fois, la science se détache-t-elle de la technique, pour se centrer sur « l'objet géométrique » qui deviendra « objet mathématique » dans la beauté et la richesse créative de l'abstraction. On peut creuser cette idée grâce aux livres de Serge Saint-Michel (1979) et d'Alix Longchamps (1994), tous deux portant le titre *Il était une fois l'Europe* ainsi que le n° 6 des albums de Hatier *Il était une fois* consacré à l'Europe (voir bibliographie).

*
* *

Va pour les sciences.

*
* *

Il en est de même pour la philosophie.

Et, dans le même état d'esprit, il faudrait écrire un conte sur *Il était une fois... Socrate et ses disciples*. Redisons très clairement que ce qu'il faut écrire est un conte ; une légende ; et certainement pas le simple fait historique.

---

[132] Texte de C. Grenier ; illustration de F. Roca.

C'est la seule façon d'aboutir à une « mythologie » européenne, fondement des symboles qui nous feront nous sentir, nous Européens, un vrai peuple, uni dans la cohésion de ce rêve commun qu'est une mythologie partagée.

Il faut qu'on rêve à Socrate et à ses disciples comme à Euclide et à tous ceux que nous allons aborder dans les pages qui suivent. Il faut une dramaturgie dans la présentation.

Socrate s'y prête assez bien, d'ailleurs :

« Il était une fois un homme qui passait son temps à discuter avec ses concitoyens, partant toujours du point de vue du bon sens et n'hésitant pas à aborder n'importe quelle question. Cette attitude fut considérée par certains Athéniens comme un danger pour les traditions de la cité. Accusé de "corrompre la jeunesse et de vouloir introduire de nouveaux Dieux", Socrate fut condamné à boire la cigüe.

Des amis lui procurèrent l'occasion de s'enfuir, mais il refusa par respect pour les lois de son pays et mourut sereinement. »

C'est ce qu'on peut lire dans l'article « Socrate » de la nouvelle encyclopédie Bordas (1985, tome 9, page 5 141).

C'est une très bonne idée de scénario.

Il y a de l'émotion, du courage, de l'honnêteté, du « oser être soi-même ».

Nous, Européens, serions-nous tous un peu Socrate ?

Attention, tout mythe, légende, ou toute « réalité historique à allure de légende », est idéologiquement orienté. C'est sa force.

Créer l'Europe, c'est évidemment faire rêver les Européens de leur Europe.

Mais encore faut-il savoir quels rêves on choisit et ce que l'on met dans ces rêves : il y a sans doute des centaines de rêves d'Europe possibles.

Qui va faire ces choix ? La question peut faire peur tellement ces choix vont surdéterminer les attitudes, comportements, décisions des Européens... bref, tout bonnement CRÉER l'incontournable composant de l'identité européenne : son *Laos*.

Rien que ça !

Et si l'Union européenne mettait en place une commission chargée de répertorier ses personnages et écrire leur vie, leurs actions, de manière théâtrale, on pourrait faire rêver de l'Europe, non ?

Enfin !

Puis, il faudra que l'instance politique arbitre et décide ; de là émergera peut-être un réel pouvoir politique qui pourrait conduire à une Europe fédérale et à un président des « États-Unis d'Europe », le leader que nous attendons.

Plus excitant pour l'opinion publique que les déficits budgétaires. Plus facilement accessible au demeurant.

Rêver de l'Europe ; du moins d'une Europe parmi d'autres possibles puisque le choix de ces thèmes conduit toujours à s'inscrire dans une idéologie, support des choix politiques à venir : quand nous évoquons l'idée d'Europe fédérale et d'un « président des États-Unis d'Europe » (pardon, j'aurai dû dire « *President of the United States of Europa* »), il s'agit bien d'un choix politique, que je sache…

En tout cas, il faut rêver.

On peut prendre exemple sur le XIXe siècle, qui a été épatant dans ce domaine, sachant transformer n'importe quoi en rêve de grandeur. Exemple : Waterloo. Grâce au talent de Victor Hugo, cette épouvantable défaite va participer à la grandeur de la légende napoléonienne. Presqu'autant que la victoire d'Austerlitz. « Pour la première fois, l'aigle baissait la tête. » C'est beau, non ?

Finalement, on peut vibrer positivement à partir de n'importe quelle situation, quand bien même il s'agirait d'une douloureuse catastrophe…

Étonnant, efficace et… dangereux.

d) Légendification

L'histoire existe, mais quand elle se double d'une « légendification » des personnages, cela devient un instrument politique majeur.

Cette « légendification » de l'histoire de France a nourri l'enseignement des « instits », ces « hussards noirs » de la IIIe République française. Ils ont d'ailleurs été considérablement aidés par les historiens du XIXe siècle qui ont fait très fort dans ce domaine : « Du haut de ces pyramides, 40 siècles vous contemplent. » Bonaparte l'a-t-il dit réellement pendant la campagne d'Égypte ?

Allez savoir !

Sans doute pas.

Mais ça vous pose un personnage.

Et qu'on y va avec : « Labourage et pâturage sont les deux mamelles de la France », « Je veux que tous les Français mettent la poule au pot tous les dimanches » (Henri IV et Sully).

Ou encore quand on fait dire à Jeanne d'Arc : « En nom Dieu, je ne crains pas les gens d'armes, car ma voie est ouverte ! Et s'il y en a sur ma route, Dieu Messire me fraiera ma voie jusqu'au gentil Dauphin, car c'est pour cela que je suis née » (quittant Vaucouleurs fin 1429 ; elle a alors 17 ans).

Bien sûr : on pourra dire que peut-être c'est un peu orienté, un peu instrumentalisé.

D'autant que c'est un peu inventé.

Pas mal même !

Et ce n'est pas Michelet qui me contredira lorsqu'il ajoute : « Souvenons-nous toujours, Français, que la patrie, chez nous, est née du cœur d'une femme, de sa tendresse, de ses larmes, du sang qu'elle a donné pour nous » (Michelet, *Jeanne d'Arc*, 1853). Certes, je ne voudrais pas manquer de respect à Jules Michelet. Mais enfin… : une jeune bergère de 17 ans, du fin fond de la Lorraine du tout début du XVᵉ siècle, illettrée et sans contacts, seule, capable de traverser la France pour aller à Chinon[133], reconnaître le Dauphin, l'amener à Reims, le faire sacrer, bouter les Anglais hors de France après avoir levé une armée qu'elle commande ! … réellement ?

Soit on est croyant et, au nom de la foi, on comprend tout : puisqu'elle a eu les « voix » de Saint Michel Archange, Sainte Marguerite d'Antioche et Sainte Catherine d'Alexandrie, tous les trois l'ont prise par la main, l'ont dirigée (mieux qu'un GPS) et lui ont donné leur savoir, leur force et leur protection.

Soit on a ses doutes sur la réalité de cette personne qu'on devait au XVIᵉ siècle appeler la « pucelle d'Orléans » et depuis le XIXᵉ siècle la « mère de la nation française ».

En tout cas, qu'elle ait ou non existé, le Premier ministre d'alors, Édouard Philippe, s'est rendu à Orléans le 8 mai 2018 pour les traditionnelles « fêtes johanniques » et a rendu un vibrant hommage à Jeanne d'Arc, disant qu'elle « appartient à tous » et dressant le portrait de la France et des Français à travers celui de Jeanne d'Arc.

Oui, il y a tout lieu de penser que Jeanne d'Arc est une construction chimérique reflétant la France et les Français, véritable mythe qui a donc une importance fondamentale pour la vie du pays.

On pourrait dire la même chose de Robin des Bois en Angleterre ; s'il a existé vraiment, il avait trouvé une fontaine de Jouvence puisqu'on trouve des traces de lui dès la fin du XIIIᵉ siècle (Adam de La Halle ; *Le jeu de Robin et Marion*, 1283), puis vers 1377 (*Pierre le laboureur* de William Langland) puis vers 1495 (*A Gest of Robin Hoode* de Wynken De Worde).

Idem pour Guillaume Tell, héros s'il en est de l'indépendance de la Suisse, reflet de l'identité suisse dont plus personne aujourd'hui ne conteste le fait qu'il soit un personnage fictif, un héros légendaire : tous les villages suisses ont soit une rue, une place, une statue… une référence à lui : les chimères sont indispensables et donnent leur force à un pays.

Et donnent un pouvoir réel : on ne peut que rappeler ce mot de Roosevelt à propos de de Gaulle : « Comment voulez-vous que je fasse avec un homme qui se prend à la fois pour Jeanne d'Arc et Napoléon ? »

Effectivement !

Ça fait beaucoup…

Alors certes, écrire la légende de l'Europe serait un outil très fort, voire indispensable pour la faire exister dans nos émotions, donc pour créer un réel « *Laos* » européen. Mais le faire de toute pièce en partant de zéro, avant qu'on arrive à une « popularité », consciente et surtout inconsciente, identique à Jeanne d'Arc… il va falloir du temps !

---

[133] Comment d'ailleurs savait-elle que le Dauphin se trouvait à Chinon et comment savait-elle la route pour s'y rendre ???

Et ce temps, nous ne l'avons pas. Il va donc falloir trouver un (ou deux) héros déjà « amorcé » dans l'imaginaire collectif.

Il était une fois... Euclide.

Il était une fois... Socrate et ses disciples.

Sans doute. C'est mieux que rien. Mais je ne peux pas penser que l'ensemble des peuples de l'Europe frissonne beaucoup en entendant leur nom...

Alors, puisqu'il nous faut continuer notre investigation, utilisons le deuxième volet de la trame de Paul Valéry : après « les influences de la Grèce sur la pensée », passons aux « influences de Rome sur l'administration ». Et tentons... le « il était une fois César ».

César, ce n'est pas rien : d'ailleurs, son nom seul continue à être synonyme de pouvoir : César devient « *kayser* » en allemand et « *tsar* » en russe.

César, dont la vie est pleine d'anecdotes en plus de son immense action.

En voici une : quand Sylla arrive au pouvoir, il confisque le patrimoine de César et l'inscrit sur la liste « de ceux qu'il envoyait à la mort... », César s'enfuit et tombe entre les mains d'une bande de pirates qui offrent de le relâcher moyennant 20 talents (environ 80 000 euros). César leur reproche de sous-estimer sa valeur et leur alloue 50 talents[134].

César, qui eut pour maître de latin, de grec et de rhétorique un Gaulois (et oui, la Gaule n'était pas un ramassis de tribus arriérées survivant dans la grande forêt), César qui partageait sa vie entre la politique et l'amour et que ses soldats, par plaisanterie, appelaient « le chauve adultère ». César qui faisait « donner » la citoyenneté romaine aux peuples conquis, transformant ainsi la Méditerranée en « *Mare Nostrum* ». César qui mit en place une administration solide. César qui fut assassiné... Son fils adoptif, Brutus, participant au meurtre : « *Tu quoque mi fili !* »

Il y a là encore de la dramaturgie dans l'air.

Oui, « il était une fois César » peut être un bon chapitre des contes et légendes de l'Europe.

Et puis là, au moins, le nom est connu... ne serait-ce que grâce à Astérix. Et c'est un bien grand service que nous ont rendu Goscinny et Uderzo[135].

Alors oui, allons-y pour « il était une fois César ».

Et puis, il y a le troisième volet de l'analyse de Valéry : l'influence du christianisme sur la vie intérieure.

En rappelant tout d'abord que, là encore, une culture apparaît en assimilant les éléments de culture voisine. C'est le cas de la religion

---

[134] Cité par Will Durant, *Histoire universelle,* tome 7, « Rome, les origines, la République », page 295, éditions Rencontre, 1963.
[135] Y compris dans l'étonnante correspondance avec nos recherches sur l'exercice du pouvoir : notre modèle « RGOM » tel que nous l'avons exposé dans notre *Précis de gestion sociale* (Éditons d'Organisation, 1995).

chrétienne qui a englobé beaucoup de rites et mythes païens, voire des formes de polythéisme populaire.

Et de plus, Saint Augustin, grand « docteur de l'Église » s'il en est, a parfaitement assimilé la lignée platonicienne (revoir « il était une fois Socrate et ses disciples »).

Sans cela, Saint Augustin n'aurait tout simplement pas existé...

Et, bien sûr, le christianisme n'aurait pas existé sans le monothéisme judaïque[136], de la même façon que l'islam n'aurait pu apparaître sans le judaïsme et le christianisme. Au fond, les trois religions révélées se réfèrent toutes trois à Abraham.

Nous tous, juifs, chrétiens, musulmans, sommes tous frères en Abraham... (à qui nous donnons quelques graves soucis...).

Dès lors, « il était une fois... Abraham » doit faire partie de cette base européenne avec le mot-clé de la parole divine adressée à Abraham « *Lekh Lekha* » (va vers toi)[137].

Et puis le signe d'Abraham, ce « sacrifice interdit » pour reprendre le titre du livre de Marie Balmary (1986).

Là encore, émotions, *Laos*, peuple européen.

e) Nécessaire choix politique

Effectivement, de quelle Europe voulons-nous parler ? C'est-à-dire quelle Europe voulons-nous créer ?
- L'Europe chrétienne ? Les « croisés » ;
- L'Europe judéo-chrétienne, méditant avec Victor Hugo sur la lignée de David qu'il compare à un arbre (« Un roi chantait en bas, en haut mourait un Dieu ») ;
- L'Europe judéo-christiano-musulmane[138].

Plus on avance, plus cela paraît complexe !

Rassurez-vous, je propose à la fin de ce chapitre une approche réaliste !... peut-être même inattendue. Et pour y parvenir, on va quitter quelques instants le guide fidèle et riche qu'a été Paul Valéry sur l'Europe des cultures, pour retrouver l'Europe des frontières telle que nous l'avons

---

[136] Monothéisme lui-même inspiré par la tentative égyptienne : le culte d'Aton (XVIe siècle avant J.-C.) développé par le pharaon Amenhotep III, son fils Amenhotep IV qui prendra le nom d'Akhenaton littéralement : « Celui qui sert ATON ».

[137] Voir notre préface du livre, *La confiance*, Caen, éditions EMS, 2016.

[138] En cherchant peut-être l'inspiration dans la ville de Cordoue où la cohabitation entre les trois religions révélées assura l'épanouissement de la ville au XIe siècle. On peut en complément se référer aux travaux d'Averroës, théologien musulman (1126-1198), notamment le livre appelé *Le discours décisif d'Averroës* (Paris, Flammarion, 1999) qui montre qu'il existe un Islam des lumières qui a intégré toute la pensée grecque (notamment Aristote) et qui est très proche de la réflexion chrétienne de Saint Thomas et de la pensée judaïque de Maïmonide.

évoquée en décrivant la « guerre de 75 ans ». Nous en étions à dire : cela va être l'axe France-Allemagne, le couple de Gaulle-Adenhauer.

Alors là oui ! On tient un très beau conte : « Il était une fois les deux pères de l'Europe », complété par « il était une fois Robert Schuman ».

Ceci est d'autant plus important que la tension entre la France et l'Allemagne était infiniment plus ancienne, bien antérieure à 1870. Et, en regardant la période antérieure, on va redécouvrir un certain nombre de repères clés. On pourrait aisément identifier le début de ces tensions à une époque où ni la France ni l'Allemagne n'existaient ! C'est l'époque où l'Empire romain s'empoigne avec les « Barbares » ; Barbares qui, dans un premier temps, avaient infiltré l'empire, se faufilant grâce à la grave diminution de la population apparue en Occident à la fin du IIIe siècle de notre ère (à partir du règne d'Aurélien : 270-275). Mais déjà, dès le règne d'Adrien – début du IIe siècle – et sous les règnes de Marc Aurèle, Valentinien, Aurélien, Probus et Constantin, il y eut une « importation massive » de Barbares dans l'empire ; Marc Aurèle l'avait fait essentiellement pour repeupler son armée. Septime Sévère (193-211) parlera de la « *penuria hominum* ». Tout y contribuait, la limitation des familles par les classes aisées devint une mode et un signe de sagesse respectable.

La même limitation s'observe dans le prolétariat, mais, cette fois, c'est pour cause de pauvreté.

À cette « importation massive » s'ajoute naturellement un envahissement culturel : notamment les coutumes orientales font tâche d'huile dans tout l'empire, Will Durant[139] nous rappelle que : « Si les excès sexuels peuvent avoir réduit la fécondité, l'abstention ou le retard du mariage avait le même effet et l'on faisait de plus en plus d'eunuques à mesure que les coutumes orientales se répandaient en Occident. Plantianus, préfet du prétoire, fit châtrer cent jeunes garçons qu'il donna à sa fille comme cadeau de mariage. » **… Ça ne renforce pas vraiment l'intérêt de sa fille pour la sexualité ; cela l'encouragerait plutôt à penser que l'idéal reste l'abstinence… Ça n'aide pas beaucoup à faire des enfants…**

Et puis il y a les épidémies : à la fin du IIe siècle Dion Cassius, homme politique, consul et historien romain, nous apprend que l'épidémie dite de « peste antonine » a fait 2 000 morts par jour à Rome pendant plus d'un mois ! …

(On a les « Coronavirus » qu'on peut…)

Bien sûr, il y avait eu les guerres, mais elles cessèrent au profit d'une très longue période de paix (la « *pax romana* ») qui fit que la Gaule n'a pas connu de guerre pendant 3 siècles de paix romaine[140]. Il en a résulté une

---

[139] Will Durant, in *Histoire de la civilisation* (voir bibliographie), volume 9, page 353. L'analyse que l'auteur fait de la chute de Rome a des accents extrêmement actuels : « Pourquoi Rome est tombé » ; les 10 dernières pages du 9e volume de cette œuvre gigantesque valent vraiment la lecture…

[140] C'est comme s'il n'y avait pas eu de guerre en France depuis… Louis XIV !!

perte de l'esprit guerrier ; et avec cela le christianisme apparaît avec son cortège de valeurs à relent oriental…

L'Empire romain reposait sur cet esprit guerrier : sa valeur clé était le salut collectif par le dévouement à l'État, dévouement qui allait bien évidemment jusqu'au sacrifice. Pour l'État, bien sûr…

Et voilà que maintenant non seulement il n'y a plus de guerre pour exalter l'esprit de sacrifice pour *le salut collectif du guerrier*, mais voilà qu'en plus, l'esprit du christianisme nous parle de *salut individuel* par l'ascèse et la prière !

De plus, bien sûr, cette prière ne s'adresse pas aux Dieux du Panthéon romain : on voit mal une « cohabitation » entre le Christ et la Vierge Marie d'un côté, Mars et Vénus de l'autre.

Certes, l'Empire romain avait « absorbé » facilement, par le passé, les Dieux de peuples conquis (un ou deux Dieux de plus, qu'est-ce-que ça fait ? Surtout que ce sont souvent les mêmes. Alors « que votre Christ vienne : on lui trouvera bien une place dans notre Panthéon »).

Oui…

Et bien non. Ça, ça ne marche pas…

Le christianisme est une religion monothéiste qui se construit avec des valeurs en de nombreux points opposés au paganisme… Alors.

Alors, nous allons arrêter là – enfin dans quelques dernières pages importantes – ce déjà trop long chapitre.

Chapitre VII

Qui es-tu, toi qui va devenir l'Europe ?

A. Retour au « va vers toi » ?

Comme toute entité vivante, individuelle, micro ou macrosociale, l'Europe, si elle veut exister, doit « aller vers elle-même ».

On retrouve le « *Lekh Lekha* » d'Abraham, qui définitivement est incontournable, quelle que soit l'entité observée.

Le plus difficile est finalement de situer le point de départ, la « naissance » de cette entité. Pour un individu, c'est assez simple : nous avons tous une date de naissance à laquelle l'aventure commence, avec tous les stades de développement que nous avons évoqués ; encore qu'il soit sans doute plus exact de dire que nous avons deux naissances, la deuxième ayant lieu quand toutes les cartes ayant été distribuées, la personne est en position de commencer à se dire : « Qu'est-ce que je vais faire de tout ce que les autres et les circonstances ont fait de moi ? », pour paraphraser Sartre.

Peut-on appeler cette seconde naissance la « naissance d'en haut » selon le sens de cette expression qu'utilise Marie Balmary ? J'en ai envie : vers 6/7 ans, après le tumulte de la phase œdipienne, on entre dans une « période de latence ». Là se situent les premiers rites initiatiques des religions que nous pouvons connaître, là se situe ce que la « sagesse populaire » appelle (appelait ?) l'âge de raison ; là se consolident (se consolidaient ?) les apprentissages de base : lire, écrire, compter, se situer dans le temps et dans l'espace (repères historiques et géographiques), utilisation des émotions (initiations artistiques), maîtrise corporelle (activités sportives), ma place dans un groupe (ne pas écraser, ne pas être écrasé ; prendre conscience qu'on appartient à un groupe auquel il est bon d'apporter sa pierre ; du « microgroupe » : la classe, la famille... au « macrogroupe » : la cité) ; la notion de « règle du jeu » à respecter. Prise de conscience que nous formons tous une chaîne et que la force d'une chaîne, c'est la force de son maillon le plus faible ; prise de conscience que tout travail est noble (fable des trois cantonniers à qui un voyageur demande : « Qu'est-ce que vous faites ? Le premier : « Je casse des cailloux » ; le deuxième : « Je gagne ma vie » ; le troisième : « Je construis la cathédrale que vous voyez là-bas ») ; prise de conscience que dans un groupe, il faut faire des différences, des complémentarités...

Tout cela amène à la « crise de l'adolescence » qui va consister à pouvoir dire « je suis », véritable accouchement de l'identité que nous voulons être la nôtre et vers laquelle on va aller : fin de la « naissance d'en haut », début du « va vers toi » : « Nathanaël, jette mon livre. »

« *Lekh Lekha.* »

*
* *

Ce qui est presque clair pour un personne, l'est à peu près autant pour une structure microsociale ; son « acte de naissance » : le dépôt de ses statuts ; sa naissance d'en haut : lorsque des rituels commencent à exister et des chemins initiatiques en place pour les nouveaux entrants... bref, la construction d'une symbolique commune comme nous l'avons décrit supra (chapitre 3, E, page 125 : « Construire une symbolique commune »). Et cependant, cela devient coton lors des regroupements des fusions : simples juxtapositions ou réelle fusion permettant à la nouvelle identité d'apparaître sans trop de « clans » qui subsisteraient comme expression de l'ancienne culture ? (Voir notre réflexion sur la création du groupe AXA dans ce même chapitre 3, E, page 125.)

Beaucoup plus difficile pour une entité macrosociale ; et ceci pour une raison simple : ces constructions macrosociales s'enchevêtrent les unes dans les autres, et il est bien difficile de dire quand une structure macrosociale cède sa place à une autre. Certes, on va trouver une « date-repère » (chute de l'Empire romain : 476), mais disons que culturellement ça « mijotait » depuis longtemps ; il s'agit d'un processus en continu, l'ancien système s'affaiblit ; le nouveau monte en puissance... alors, allez savoir où se situe réellement le point de rupture !

Et, pour nous, ici, quand peut-on réellement parler de la naissance de l'Europe ? Et de sa « naissance d'en haut » ?

C'est néanmoins ce que nous allons tenter de faire maintenant, en repartant d'ailleurs de Rome.

B. Accouchement de l'Europe ? Rôle des « il était une fois... »

Rome dont (nous venons de le montrer dans le chapitre 6) « l'envahissement par l'intérieur » va subir les attaques de ces mêmes « Barbares » (après avoir miné Rome de l'intérieur et tout en continuant à le faire, on l'attaque ouvertement de l'extérieur : ce n'est pas sans ressembler à certaines situations actuelles).

Bizarrement sans doute, c'est le christianisme qui va « sauver la mise ». La conversion de l'empereur Constantin (280-337) « *In hoc signo vinces* » et son concile de Nicée (325) sont-elles décisives ? Si oui, cela mériterait bien un « il était une fois… l'empereur Constantin ».

Après la chute de Rome (476), les « Barbares », notamment les Francs, vont trouver une organisation et une administration efficaces en place et se rendent compte que les évêques chrétiens en sont tout à la fois la clé de voûte et la cheville ouvrière. Clovis décide donc de jouer leur carte et la réussite du roi des Francs va le conduire à mettre en place un mode très particulier d'Europe.

Si le « baptême » de Clovis par l'évêque de Reims qui le « consacre » le 25 décembre 498 est à ce point déterminant, ça vaut, à coup sûr, un « il était une fois… Clovis ! ».

La loi salique obligeant le partage des biens à part égale entre tous les descendants va à nouveau émietter ce qui était rassemblé. Pour s'en sortir, on va créer la fonction clé de « maires du palais » qui laisseront les rois régner sans rien faire (le « roi fait néant »). Ils sont l'équivalent d'un Premier ministre dans les constitutions italiennes ou espagnoles actuelles, ou du chancelier allemand par rapport à leur président (Allemagne – Italie) ou leur roi (Espagne).

L'un d'entre eux réussira le tour de force de devenir maire du palais de deux rois en même temps (c'est comme si actuellement l'Italie et l'Espagne avaient le même Premier ministre).

Curieux et très efficaces rapprochements qui mériteraient probablement un « il était une fois… Pépin Le Bref et Charles Martel » (oui, c'est bien lui, le Charles Martel de « Poitiers 732 »).

Cela aboutira à une réunification de l'Europe sous les Carolingiens, notamment Charlemagne sacré empereur en 800. Là aussi, un 25 décembre, tout comme Clovis.

Alors ça oui : « Il était une fois… Charlemagne. » Puis, à la mort de Charlemagne, à nouveau une scission : la France d'un côté, l'Allemagne de l'autre. Et plus important encore : le royaume de France d'un côté et le Saint Empire romain germanique de l'autre avec l'apparition de la Bourgogne comme « État-tampon ». Nous l'avons évoquée ci-dessus. « Il était une fois… Charles le Téméraire, la Bourgogne et la Toison d'Or. »

C. L'Europe : matrice d'une culture partagée

Et puis, puisque l'Europe est une culture avant d'être un territoire, il conviendra de regarder le rayonnement de la France pendant les si longues périodes où le français était la langue diplomatique qui, à sa façon, soudait l'Europe, même quand cette soudure se faisait contre la patrie du français.

Nous éviterons de nous perdre en parlant du rayonnement de la France de fait concomitant aux guerres destinées à repousser les frontières jusqu'aux fameuses « frontières naturelles » (exemples : « il était une fois… Louis XIV » ou « il était une fois… Napoléon »). Ceci posé, faire revivre ce que l'on doit considérer comme des « guerres civiles européennes » n'est sans doute pas très malin quand on veut créer un sentiment européen… encore qu'on puisse déclencher une émotion commune de type : « Quel gâchis, c'est pas possible, faut vraiment réparer cela très vite… Nous avons mal à notre Europe » : c'est une bien utile émotion de « colère ».

Mais il existe aussi trois autres types d'émotion : la peur, la joie et la tristesse. Et il semble que nous ayons tout intérêt à équilibrer ces quatre types d'émotions.

Rappelons que, dans tout cela, bien sûr, il faudra « enjoliver » : nous avons mal à notre Europe par exemple, concernant Charlemagne, il faudra « traiter » sa répression des Saxons qui a pris une forme qu'on pourrait bien appeler actuellement « crime de guerre », « génocide » ou « crime contre l'humanité ! ». On retombera bien sûr sur la question éthique : jusqu'où peut-on aller pour créer cette mythologie de l'Europe ???

Mais il faut sans doute s'y résoudre de la même façon qu'on l'a fait en ce qui concerne le récit de la France, pour le « grand Napoléon » : on a un peu gommé un épisode du temps où il n'était que le général Buonaparte : il avait, sur ordre de la convention (Barras), réprimé de la façon la plus odieusement sanguinaire la manifestation de royalistes qui, prétendument, « aurait pu » tourner à la tentative d'insurrection : tirs au canon et mitraillage de la foule ; 300 morts plus un procès avec 69 condamnations à mort… Bonaparte y gagnera sa célébrité et sera surnommé le « général vendémiaire », ceci s'étant passé le 13 vendémiaire de l'an IV (5 octobre 1795).

Début de carrière très « prometteur »… Mais il ne faut pas faire de l'ombre à Napoléon le Grand. Ceci posé, c'est un peu râlant, de renoncer pour l'Europe à ce « il était une fois… Napoléon » : il est vrai que Napoléon le Grand, par-delà ses conquêtes militaires, avait su laisser des traces administratives fortes partout où sa grande armée passa… (On retrouve Paul Valéry en ce qui concerne « les influences de Rome sur l'administration comme facteur de définition de l'Europe ».)

Sept ans après ce vendémiaire de l'an IV, Victor Hugo naissait et devait décrire par la suite cette année 1802 par ces vers trop connus :
« Ce siècle avait deux ans, Rome remplaçait Sparte
Déjà Napoléon perçait sous Bonaparte. »

Mais Rome était bel et bien ressuscitée dans l'influence de son administration sur le peuple européen, rendue possible par ses conquêtes militaires. Finalement, peut-être faudra-t-il se résoudre à faire : « Il était une fois… Napoléon. »

Et puis, n'oublions pas non plus le Siècle des Lumières qui créa une véritable Europe de la pensée… « Il était une fois… Voltaire. »

D. ÉLAGUER LES « IL ÉTAIT UNE FOIS… » ?

Tout ça va faire un travail énorme !

Songez à l'ensemble des « il était une fois » : il était une fois… Euclide. Il était une fois… Socrate et ses disciples. Il était une fois… César. Il était une fois… Abraham. Il était une fois… Averroes (et la confiante coexistence dans l'Andalousie du XIIe siècle entre les trois « frères » en Abraham que sont judaïsme, christianisme et islam). Il était une fois… l'empereur Constantin. Il était une fois… Clovis (avec l'empreinte de l'empereur Auguste). Il était une fois… Charlemagne. Il était une fois… Charles le Téméraire, la Bourgogne et la Toison d'Or. Il était une fois… Louis XIV. Il était une fois… Napoléon. Il était une fois… Voltaire.

Comment parler de l'Europe sans faire une place toute particulière à Érasme, ce « républicain des lettres », lettres qui pour lui s'assimilent à la chrétienté, qui fut sans doute le penseur le plus révolutionnaire du XVIe siècle ; lui qui réconcilie Socrate et le Christ, et dont, hélas on ne connaît généralement que son *Éloge de la folie* (1511). Et encore… Donc :

Il était une fois… Érasme.

Et puis, histoire de ne pas oublier notre point de départ :

Il était une fois… Achille. Il était une fois… Ulysse.

En y ajoutant aussi un :

Il était une fois… la Bourgogne de Charles le Téméraire, avec le traitement sous forme de « jeu » tel que nous l'avons expliqué.

Sans oublier que ce sont des contes et légendes qu'il faut construire par-delà le récit historique que l'on devrait « fausser » pour en faire un mythe ??? (Cette question éthique va nous amener à constater que nous ne devons pas faire appel à une histoire trop récente et à comprendre que seule la présence dans l'imagerie populaire peut permettre la construction de ce récit de l'Europe. Ceci va d'ailleurs simplifier beaucoup notre travail en réduisant le nombre de thèmes traitables.)

Il ne faudra pas oublier non plus que la forme écrite n'est sans doute pas la plus appropriée puisqu'il s'agit de « faire sentir » les choses. Cette mythologie de l'Europe, ce sont les émotions communes (non la compréhension) dont le *Laos* européen a besoin pour exister, donc, dont a besoin l'Europe pour qu'elle puisse devenir notre patrie.

Cette lourde tâche ne peut être entreprise par la seule petite équipe d'un centre de recherche privé (ce qui est le cas de Propédia, même s'il travaille avec d'autres centres de recherche, dont celui de l'Université de Bourgogne avec notre cher professeur Pascal Lardellier). Et puis il y a aussi, comme nous l'avons montré, des choix politiques à faire…

Peut-être donc conviendrait-il de se tourner vers les instances européennes pour qu'elles empoignent à bras-le-corps cette tâche qui consiste à faire accoucher l'Europe d'elle-même. Il faut un obstétricien (costaud !) pour qu'on puisse passer de ces « il était une fois… » à « il est une fois l'Europe ». Mais nous n'avons pas le choix…

Et, bien sûr, il faudra choisir entre tous ces « il était une fois ».

Mettre des priorités ; les ranger par ordre d'importance, récupérer ce qui existe déjà.

Aller par petits pas, certes, mais lancer le mouvement.

Et puis, il y a un élément clé pour parler à *Laos* : il faut que ces « il était une fois » s'appuient sur des personnages qui existent dans l'imagerie populaire. Et cela, ça ne se crée pas par une simple décision.

Or, dans tous les personnages que nous avons cités, j'ai mes doutes sur leur existence dans l'imagerie populaire... Un micro-trottoir serait assez décisif : « Que vous dit le nom d'Euclide ? »

Eh bien... pas grand-chose... Je crois même que l'interviewé commencerait par faire répéter le nom...

Charlemagne, César, Napoléon... ont à coup sûr plus de chances de « dire quelque chose » aux interviewés. Ou même les chevaliers de la Table ronde grâce à la série *Kaamelott* (ou grâce à une « chanson à boire » qui a presque le statut d'un deuxième hymne de la Bourgogne, après le « je suis fier d'être Bourguignon »).

Même si ça ne leur permet pas d'en parler avec détails : « Ils ne savent plus bien quoi ; mais ça leur dit quelque chose. » Ça, c'est suffisant.

Mais c'est indispensable. Alors, choisissons-en un pour commencer.

E. UNE SOLUTION JOUABLE ? PEUT-ÊTRE...

César ? Oui. Merci à Astérix ; ça peut être un point de départ. Bien que la présentation d'Astérix en fasse un candidat un peu trop bizarre et facilement jouable en « moquerie ».

Napoléon ? Oui. Un peu trop récent peut-être. Et parfois remis en cause.

Charlemagne ; ça, ça me tente bien :

« L'empereur à la barbe fleurie. »

« Vous savez bien, celui qui a inventé l'école ? »

« Sacré Charlemagne... »

Alors pourquoi ne pas faire un seul premier pas en « mettant » le paquet : « Il était une fois... Charlemagne. »

En ressuscitant le 28 janvier, jour traditionnel de la Saint Charlemagne. En faire la fête de la nation européenne...

(Remplaçant ainsi l'actuelle « Journée de l'Europe ». Sait-on seulement que c'est le 9 mai ? Et même, sommes-nous sûrs que tous nos concitoyens savent qu'elle existe ?)

Ce serait déjà énorme, et le drapeau européen cesserait d'être un simple fanion pour devenir notre étendard. Presque notre drapeau... Et l'hymne à la joie cesserait d'être abaissé à une sorte de chanson sans paroles pour devenir réellement l'hymne de notre patrie, « montant » Beethoven au niveau de Rouget de l'Isle... pour autant qu'on puisse considérer que ce soit bien une montée !

Si, en plus, comme on le disait plus haut en citant Régis Debray, on se décide à avoir pour nos euros de vrais billets de banque avec de vrais symboles (Charlemagne bien sûr y figurerait en priorité) à la place de nos actuels « billets de Monopoly », on va réaliser qu'on n'est pas aussi loin que nous pouvions le craindre d'un véritable *Laos* européen.

Alors, peut-être vais-je mettre de côté tous ces « il était une fois ». Ceci pour en arriver à un seul véritable « il était une fois Charlemagne » fouillé, détaillé, précis... et bien sûr il conviendra de l'accompagner du jeu construit à partir de la répétition du « traumatisme fondateur ». **On retrouve ainsi, selon notre bonne habitude, l'émotion fondamentale (chapitre 2, C1, page 70), émotion fondamentale** que fut la Bourgogne de Charles le Téméraire. Cela lancera le mouvement : il serait temps que le *Laos européen* existe pleinement.

Et puis, soyons gourmands : pour tous les autres « il était une fois... », faisons une fiche signalétique en une petite dizaine de lignes pour au moins qu'on puisse situer le personnage concerné dans le temps, l'espace, et la caractéristique clé de son action qui fait qu'il apparaît dans cette liste ; cela, en outre, permettrait d'annoncer l'ensemble du programme des « il était une fois... » et des « minutes de l'Europe » qui les accompagnent.

Comme on dit maintenant en « français d'Outre-Manche » : ce serait sans doute un bon « *teasing* » qui faciliterait le passage d'une réalisation à une autre... avec, à nouveau, un ensemble de « minutes de l'Europe » accompagné du « jeu des questions émotionnelles ».

Mais dès le premier pas, « complet » et détaillé, le mouvement sera lancé. Et on pourra aussi parler de tout ce qui entoure le pouvoir politique : littérature, vie artistique en général... tout ce qui donne la force au pouvoir, puisqu'il exprime l'inconscient collectif d'une nation (par exemple, les chansons de geste du Moyen-Âge, notamment l'incontournable « Chanson de Roland »). Cela lancera le mouvement : il serait temps que le *Laos européen* existe pleinement.

F. Retour sur le leader

Alors si notre leader émerge bien, il aura, avec tous ces « il était une fois... », une belle trame commune pour l'éducation des écoliers et étudiants de l'Union, pour ainsi leur donner cette identité européenne. Il va de soi que cette trame devra être complétée, peut-être parfois élaguée, affinée en tout cas.

Certes, il y a tout l'immense problème de l'appauvrissement de l'éducation, de l'abaissement des niveaux de savoir, de l'absence de repères historiques et géographiques. Le tout compliqué par le phénomène des « enclaves » tel que nous l'avons évoqué supra. Donc les « il était une fois... » doivent être soigneusement construits. Ne pas supposer par exemple, que, si l'on devait prononcer le nom de Charles le Téméraire, les élèves et autres étudiants et surtout l'ensemble des peuples européens situeraient immédiatement l'époque, le lieu, et que le nom de Louis XI leur viendrait automatiquement à l'esprit. Non.

Il faut se contraindre à repartir de zéro et, pour accompagner notre démarche, tenter de se faire aider par une modification des programmes de l'Éducation nationale : pour réfléchir, sentir, construire, on a besoin d'une ossature de départ sur laquelle vont s'ordonner les faits et concepts découverts et utilisés.

Un encouragement : le succès des émissions historiques qui existent et se multiplient, riches, précises, vivantes, originales, bien structurées, bien présentées : Stéphane Bern et ses *Secrets d'histoire*, ou bien Christine Bravo *Sous les jupons de l'histoire*... ou encore Frank Ferrand, *L'ombre d'un doute*.

Une ossature de connaissances plus répandues ne pourrait que renforcer leur apport au téléspectateur.

Cette ossature, c'est tout simplement un ensemble de lieux et de dates repères : on en manque cruellement. Souhaitons que nos fiches signalétiques y aident.

Beaucoup d'autres questions ont à être étudiées dans ce domaine ; un exemple : la liste de tous ces « il était une fois » : doit-elle être la même pour tous les pays de l'Union (auquel cas celle que nous avons proposée peut sans doute être adaptée pour jouer ce rôle de passe-partout) ? Ou bien faut-il des listes différentes ? Je souhaite pour ma part la liste unique et commune puisque nous voulons un *Laos* unique et commun...

L'ampleur de la tâche fait que notre discours pourrait être taxé de « délirant ». À tout le moins d'irréel.

Et objectivement il est irréel, pour ne pas dire « naïf » : malgré nos efforts, nous n'avons pas pu trouver dans l'histoire un seul exemple de regroupement qui se soit réalisé de cette manière. Le moteur systématiquement présent est la force ; la lutte armée, la guerre ; la destruction de la force de l'autre pour l'anéantir, à tout le moins le soumettre. Charlemagne lui-même ne procède pas autrement. Il est même parmi les grands champions de la méthode... (voir la soumission des Saxons ; horrible « crime de guerre »). Et ne nous réjouissons pas de croire que la guerre économique va remplacer la « vraie » guerre. Elle va seulement doubler cette vraie guerre, comme ça a d'ailleurs toujours été le cas : combien de places-fortes n'ont-elles pas, dans l'histoire, été conquises par un siège et non par un assaut ?

Peut-être les gènes de l'espèce humaine nous condamnent-ils à la loi du plus fort, celle du « prédateur suprême ». Et ceux qui ne sont pas prédateurs n'ont sans doute aucun autre rôle possible que celui de proie.

D'ailleurs, la vie sur terre repose totalement sur la « chaîne alimentaire » ; cette chaîne alimentaire fait que pour que la vie existe, il n'y a que deux rôles importants : la proie et le prédateur (ajoutons le rôle de reproducteur si on veut que la vie continue). Troublant.

Alors devons-nous nous dire qu'il n'est pas besoin d'espérer pour entreprendre ni de réussir pour persévérer, retrouvant ainsi notre choix volontariste et gratuit de l'optimisme ?

Tout d'abord, dans le contexte de brutalité, d'agressivité que nous sommes en train d'évoquer, un mobilisateur négatif (M-), un barde pourrait bien apparaître...

Allons jusqu'à dire que cela pourrait nous paraître souhaitable : finalement, « Assurancetourix » est bien l'ultime recours du village gaulois quand toutes les autres formes de pouvoir ont échoué : le barde sait refaire l'unité du groupe contre lui, unité totalement émotionnelle : sa voix est tout bonnement insupportable. Est-ce que l'ensemble de tous les peuples européens pourraient vivre la même émotion de rejet d'un même barde qu'ils rejetteraient tous d'une même voix ?

Dans toutes les crises que nous vivons en 2020 (coronavirus compris) n'y aurait-il pas quelqu'un qui pourrait apparaître comme l'idéal bouc émissaire ?

Un bouc émissaire ne se désigne pas ; il apparaît spontanément, c'est ce qui fait sa force.

Dans la courte phase d'unanimité émotionnelle qui en résulterait, un « chef du village » (l'organisateur – O – Abraracourcix) pourrait saisir l'occasion de « remonter sur son bouclier » en proposant des modes d'action spécifique et en les mettant en œuvre : le peuple émotionnel (*Laos*) s'étant retrouvé, c'est le moment d'entraîner le peuple rationnel (*Démos*) dans une démarche constructive ; bref, faire redémarrer le village ; faire redémarrer l'Europe. Disons qu'il y a là un mouvement spontané de grande ampleur sur lequel un chef (O), remonté sur son bouclier, pourrait s'appuyer... Quant au barde, dès qu'il a joué son rôle, le village gaulois sait le faire taire... jusqu'à la crise suivante. Et le druide (« M », Panoramix) peut reprendre son rôle d'apport du minimum de charisme nécessaire... Bref, le « RGOM » se remet en route : l'équipe redevient gagnante. En l'occurrence, l'Europe peut enfin (re)démarrer.

G. Prendre le train en marche

La crise en 2020 est suffisamment forte, tant sur le plan de la santé publique elle-même que sur le plan de ses conséquences économiques pour qu'on puisse au moins espérer que ces drames pourront déboucher sur le rebond que nous venons de décrire. Nous citions, supra, des réflexions de Jacques Attali dans ce sens (page 223).

Nous allons en tout cas guetter cette éventuelle apparition du barde et le (re)démarrage de l'Europe qui pourrait en résulter ; si c'est bien le cas, il sera relativement facile d'aider ce mouvement : nos « il était une fois... » des personnages que nous avons cités, et que nous pourrions compléter par des grands thèmes culturels qui, de fait, depuis longtemps, ont fondé un sentiment européen : « Il était une fois... l'Europe des cathédrales » et aussi, des abbayes, de la musique baroque, de la peinture primitive (flamande et italienne notamment) ; et aussi l'Europe romantique avec tous les échanges qui existaient au XIXe siècle entre musiciens, peintres, architectes, écrivains, poètes... et ceci, malgré les guerres : au fond, par tout cela, l'Europe continuait à exister... même si elle se déchirait.

Donc maintenant, nous n'aurions pas à créer l'Europe, mais simplement à la faire redémarrer, comme les Gaulois ont fait redémarrer leur village.

Et d'ailleurs, beaucoup de faits positifs vont nous apparaître à ce moment-là : les nouvelles générations, pour qui les propos que nous venons de tenir sur l'Europe peuvent paraître saugrenus : eux qui voyagent tant, notamment en Europe avec toutes les aides financières qui leur sont proposées et tous les programmes d'échanges, les programmes de type Erasmus.

Elle est peut-être tout simplement là, l'Europe qui se construit toute seule, sous nos yeux, sans que nous n'y prenions garde.

Ils parlent souvent plusieurs langues et se débrouillent fort bien pour se comprendre entre eux avec des expressions qui deviennent universelles (*fake news*, *prime time*, *casting*, *star*, *fan club*, *fan zone*, *flip chart*, *funding*, *checking*, *meeting*, *booster*... comment dit-on déjà en français ?). Bref, des mots et des tournures de phrases qui, pour la plupart, sont la colonisation par la langue anglaise du français.

Alors, bien sûr, un petit coup de nostalgie pour ceux d'entre nous qui aimions notre bon vieux français ; et ils se manifestent de temps en temps. D'ailleurs : « Il eût fait beau voir qu'ils ne se manifestassent point... » Et c'est vrai pour ma part, car tout ce que je vois en ce domaine fait : « Que j'suis grave vénère et que j'kiffe pas trop » (au moins, là, ce n'est pas de l'anglais).

On pourrait presque dire qu'une nouvelle langue est en train d'apparaître : rien à voir avec le côté artificiel d'un « esperanto » ou d'un « *global english* » : il s'agit d'un mouvement spontané et donc naturel, aidé d'ailleurs par les médias. C'est l'inévitable évolution des choses et des gens.

Disons qu'il y a là un mouvement spontané de grande ampleur sur lequel un chef (O), remonté sur son bouclier, pourrait s'appuyer... Quant au barde, dès qu'il a joué son rôle, le village gaulois sait le faire taire... jusqu'à la crise suivante. Et le druide (« M », Panoramix) peut reprendre son rôle d'apport du minimum de charisme nécessaire... Bref, le « RGOM » se remet en route : l'équipe redevient gagnante. En l'occurrence, l'Europe n'a pas besoin d'être créée, il faut seulement la faire – enfin – redémarrer.

H. Faire redémarrer l'Europe

Un autre exemple de cette existence de l'Europe qui n'aurait jamais cessé d'être : la tradition des « grands tours » qu'organisaient les familles aristocratiques pour que leurs descendances soient connues et reçues dans tous pays européens dans des familles de même rang. Sans compter que, pour les familles régnantes, on était pratiquement entre cousins ou plus près encore : Victoria, reine de Grande-Bretagne, était la grand-mère de Guillaume II, empereur d'Allemagne. Le roi George V de Grande-Bretagne était le cousin du tsar Nicolas II qui, lui-même, épousa une princesse allemande : la tsarine était née Alix de Hesse-Darmstadt ; en 1914 la guerre opposa ces deux pays.

Quant à Son Altesse royale, la princesse Zita de Bourbon-Parme, elle épousa Charles de Habsbourg et devint ainsi, en 1916, en pleine guerre mondiale, Sa Majesté impériale et royale, dernière impératrice d'Autriche, donc dans le camp des ennemis de sa mère-patrie, etc. Au regard de cela, la Première Guerre mondiale apparaîtrait presque comme une simple querelle de famille.

(Querelle furieusement dramatique, abominable et plus qu'horrible, convenons-en.)

Et puis dans cette Europe en permanence déchirée par des guerres, les musiciens, eux aussi, faisaient leur grand tour pour « percer » : dès le XVIIIe siècle, Léopold Mozart fit faire, non sans mal, un grand tour de toute l'Europe à son fils prodige Wolfgang et à sa sœur…

Certes, force est de constater que tous ces facteurs de rapprochement n'ont aucunement empêché les guerres… mais que pour autant, l'Europe n'avait pas disparu : le déchirement est une souffrance, mais pas une mort ; il nous faut donc traiter d'un déchirement et d'une « amnésie » qui, peut-être, n'aurait été qu'une simple réponse à la souffrance (n'est-ce pas, Floria ?). Dès lors, cette souffrance constitue un énorme capital émotionnel commun, et **traiter des « émotions fondamentales », on ne demande que cela : on sait faire ! (notre sempiternel renvoi au chapitre 2, C1, page 70).**

Et puis, il n'y a pas eu que des émotions de souffrance, mais aussi des émotions très positives de réussites européennes : si on prend en compte le commerce entre des pays finalement assez proches géographiquement, et le rôle – que certains assumèrent fort bien – d'aide à ce commerce par la création de supports bancaires facilitant les transactions ; Pays-Bas notamment. Et de fait, une relation commerciale peut créer un rapport « gagnant-gagnant ». Elle doit le créer.

Si on ajoute à tout cela les facilités de transport (et de communication en général) actuelles, constituer une véritable Union européenne doit être finalement plus facile que d'unifier le royaume de France ne l'a été il y a quelques siècles[141].

Alors, toutes ces nouvelles générations accueilleront sans doute avec un scepticisme ironique mes propos… si elles les lisent… Sans doute se demanderont-elles si je ne suis pas en train de poser de façon compliquée un problème qui est en train de se résoudre tout seul. Souhaitons-le ; en tout cas, ces rapprochements spontanés existent bel et bien, et cette spontanéité est toute nouvelle. De ce fait, ces rapprochements ne ressemblent en rien à ceux qui les ont précédés tels que nous les avons évoqués. **Ces « anciens » rapprochements étaient préparés, organisés, voulus dans un but précis, orchestrés, calculés… par une minorité : une classe dirigeante. Au fond, « *Démos* » seul était à l'œuvre.**

Il me semble que désormais « *Laos* » lui donne un bon coup de main : ces nouvelles générations se côtoient, s'entremêlent, se mélangent sans but précis, sans contraintes.

Ils en ont tout simplement envie ; et nous avons suffisamment montré dans cet ouvrage la force des émotions et le rôle (sur)-déterminant de « *Laos* ».

Alors, les choses peuvent se simplifier ; il n'y aurait plus qu'à accompagner un mouvement spontané.

Mouvement qui, d'ailleurs, a ses propres idoles et ses propres héros : tous les personnages que nous avons évoqués peuvent prétendre à un statut de « héros » et, de ce fait, ils nous auront permis de sentir comment le peuple européen vibrait.

Et comment il peut vibrer encore davantage.

Pour autant, c'étaient des personnages du passé.

La démarche que nous ont montré Floria et Charles en termes de « transfert positif » consiste bien à faire vibrer dans le cadre de « l'ici et le maintenant » de leur relation thérapeutique.

Il y a une nécessité d'actualisation.

Faire vibrer, certes, c'est bien là le rôle de ces héros qui nous guident… et nous motivent à les suivre : c'est ainsi qu'on peut prendre conscience des émotions de *Laos* ; grâce à ces personnages historiques. Et qui plus est des personnages historiques « légendifiés » comme nous l'avons analysé supra (chapitre 6, C2-d, page 230) puisqu'il faut en faire de vrais mythes. Au fond, la vérité factuelle n'est pas réellement importante ; ce qui compte c'est de leur faire incarner les émotions d'un peuple, d'en être le miroir.

---

[141] Peut-être même sans avoir recours à la force et par une autre approche que celle des mariages princiers… (le fait d'être de la même famille n'avait jamais suffi à empêcher les guerres –nous l'avons mentionné pour la Première Guerre mondiale, et on aurait pu citer de multiples autres cas, par exemple celui d'Anne d'Autriche – Habsbourg d'Espagne – épouse de Louis XIII, roi de France, n'empêcha nullement le conflit entre les deux nations) sans trop compter non plus sur le fait d'avoir la même religion : cela n'a jamais empêché de s'entretuer, même si on adorait le même Dieu…

Dès lors, vous voyez bien vous tous que moi, le « seigneur-mythe », je vibre comme vous.

Que moi, le « seigneur-mythe », « je vous ai compris ».

Que moi, le « seigneur-mythe », et vous tous, au fond, « c'est la même chose ».

Vous tous et moi nous ne faisons qu'un.

Tout cela, vous allez le ressentir sans même vous en apercevoir.

Vous allez me suivre sans même en être conscients.

Vous aurez l'impression, en me suivant, de n'en faire qu'à votre tête.

C'est comme cela que « vous tous et moi nous ne faisons qu'un » et c'est ainsi que l'identité du « nous » est apparue.

Sans même qu'on s'en rende compte : l'identité apparaît grâce à cette « ombre qui l'éclaire ».

Et si, par hasard, vous en doutiez un peu, ma réponse à moi, le seigneur-mythe, va être de vous rappeler que c'est vrai puisque vous vous appelez Jeanne d'Arc, Napoléon, Charlemagne, de Gaulle, etc.

La réalité historique factuelle est utilisée par un singulier raccourci comme preuve de mon existence. Elle ne sert d'ailleurs qu'à cela et nous la choisirons en fonction des besoins.

*
* *

C'est comme cela que « vous tous et moi nous ne faisons qu'un » et c'est ainsi que ce « un » est devenu notre « nous ».

(La Troisième République avait parfaitement compris ce jeu et son « instruction publique » martelait dans l'école « publique laïque gratuite et obligatoire » ces repères dans le temps et dans l'espace permettant à chaque enfant de savoir où il est, d'où il vient et où il va. Tout cela par des instituteurs [les hussards noirs], figures profondément respectées à fort prestige social, intouchables, conduisant à un solide diplôme : le « Certificat d'études primaires », preuve indiscutable que la personne savait lire, écrire, compter, et aussi se situer géographiquement et historiquement avec des repères moraux inébranlables, rite initiatique en même temps. Le tout assaisonné par une liste de « héros », que les historiens du XIXe siècle avait su habiller de citations toutes plus clinquantes les unes que les autres [voir nos chapitres 4B, page 142 et 6-C2-b, page 219].)

*
* *

I. Rôle des « héros » (et inévitable déboulonnage des statues ?)

Selon cette même logique, on pourrait être tenté d'inverser la mécanique : partons des émotions actuelles que la crise rend encore plus perceptibles, construisons de toute pièce le mythe qui peut le mieux les représenter ; puis allons chercher le personnage historique que tout le monde connaît et qui incarne le mieux ce mythe : ainsi, notre passé nous permettra de construire notre avenir. On n'est certes pas aidé par la faiblesse de l'enseignement de l'histoire et donc un effort pédagogique est à faire (nous avons développé ce point au début de ce chapitre 7, page 237).

Quant aux personnages du passé qui non seulement n'incarnent pas ces émotions, mais pire, incarnent, aux yeux du peuple – et même si c'est factuellement faux –, des émotions opposées : « Déboulonnons leurs statues. »

Tout au moins, posons-nous la question en disant que, peut-être, il serait même logique de dire que « déboulonner les statues » est un indispensable point de départ ; incontournable « transgression de démarrage » : détruire les anciens repères ?

Si on ne le fait pas, comment d'autres repères pourraient-ils apparaître ? En quelque sorte, la place est prise, et avant tout il faut que cette place se libère pour que d'autres puissent venir l'occuper, non ? « Du passé faisons table rase ? »

Mais en même temps, ces anciens repères sont indispensables aux plus anciens de nos compatriotes ; si on les détruit, on ne fait que perdre les anciennes générations pour gagner les nouvelles : le « nous » reste amputé.

Alors, évolution ou révolution ?

Je crois qu'il faut traiter ce problème... comme tous les précédents : harmoniser les contradictions pour en faire des complémentarités. Nous avons déjà longuement évoqué ce point. À nouveau, les mêmes références sur le rôle du traitement émotionnel (chapitre 2, C1, page 70).

De toute façon, gardons en tête que partir des émotions pour en tirer le choix d'un personnage qui incarnera le seigneur-mythe approprié n'est pas sans risquer de dramatiques dérives telles que les évoque dans son roman *1984* Georges Orwell : il va même, dans cette fiction, encore un cran plus loin : « *Big Brother* » changera le passé, en en créant un nouveau à chaque fois qu'il le souhaite, pour que lui, « *Big Brother* », puisse incarner en permanence de nouvelles émotions du présent dès que cela l'arrange. Il devient ainsi, immédiatement, au fur et à mesure de ce qu'il souhaite, l'indispensable « seigneur-mythe » du moment (voir bibliographie). Alors ne jouons pas trop avec le feu.

Et même, on peut se rassurer un peu : souvenons-nous que ces « seigneurs-mythe » d'un moment donné ne sont que des expressions nouvelles d'Ulysse (chapitre 6, B2, page 208).

Le mythe est universel et a-temporel ; simplement il s'habille selon l'époque et le lieu.

« T'inquiète » Ulysse : on t'a reconnu sous ton masque.

Et puis, de plus, une aide très importante, voire indispensable va nous être apportée par ceux que j'appellerais volontiers les héros du quotidien ; moins durablement célèbres certes, mais certainement plus connus sur l'instant, ceux qui qui apparaissent régulièrement dans l'actualité, se relayant les uns les autres.

Ils expriment si bien ces émotions que, tout naturellement, nous pouvons nous identifier à eux : ils nous représentent puisqu'ils ont choisi de tout donner pour nous faire sentir leurs idées, pour nous transmettre leurs valeurs. Et, pour autant, n'ayant rien de particulièrement exceptionnel quant à leur histoire, chacun d'entre nous peut se prendre pour eux.

Ces « héros » qui mènent leurs concitoyens vers un plus grand degré d'existence et font vibrer les peuples auxquels ils appartiennent en soudant « *Laos* » dans un idéal commun.

Certes il y a le : « Entre ici, Jean Moulin, avec ton terrible cortège… »[142] ; cela est profondément émouvant.

Profondément et dramatiquement.

Le devoir de mémoire et le service que ces héros fondamentaux peuvent continuer à nous unir en solidifiant « *Laos* », à condition qu'on s'identifie à eux.

Indispensable processus d'identification.

Et c'est là que ces héros du quotidien apparaissent et jouent sans doute le rôle clé.

Ce sont eux qui nourrissent le feu.

Ceux sans qui l'émotionnel, les vibrations de « *Laos* » risqueraient de s'estomper peu à peu. Ceux qui nous font vibrer tous les jours et renforcent notre choix de l'optimisme et de l'action.

Ceux qui renforcent « *Laos* ».

On oubliera leur nom, puisqu'ils seront remplacés par d'autres et que c'est leur lignée qui incarne le « nous » et qui ainsi le renforce en permanence (pour un peu, on penserait à un tombeau du « héros inconnu »).

Aussi…

… même si nous devions ne jamais en relater l'histoire…

… au moment même où j'écrivais ces lignes,

je m'étais pris pour lui…

… donc, à coup sûr, oui :

« Il était une fois… le colonel Arnaud Beltrame. »[143]

---

[142] Discours d'André Malraux lors du transfert des cendres de Jean Moulin au Panthéon le 19 décembre 1964.
[143] Rappelons que le colonel Arnaud Beltrame est ce gendarme qui a pris la place d'un otage lors de l'attentat du 24 mars 2018 à Trèbes et y perdit la vie, assassiné froidement par un des terroristes, sauvant ainsi la vie de l'otage à laquelle il s'était volontairement substitué.

ULTIME VADE-MECUM

« Gardons notre ombre pour oser entendre les émotions. »

« Il était une fois… un homme qu'on appelait : Peter Schlemihl… »
Je ne vais pas raconter ici cette bien curieuse histoire, pour ne pas trop la dévoiler, vous permettant ainsi d'avoir le plaisir de la découverte de l'inattendu.

Je vais me contenter de simplement évoquer (en décalé, en substance) ce qui arrive à ce personnage ; on pourrait le faire de la façon suivante :
« Peter était désargenté.
Totalement.
Le « Diable », l'ayant appris, vint le trouver :
« Peter, il y a quelque chose que tu possèdes et dont j'ai envie. Si tu le veux, je te l'achète pour la fortune que représente cette barrique pleine d'or.
— Je te reconnais, lui rétorqua Peter, et je sais bien ce que tu veux ; et le prix que tu m'en offres est invraisemblablement élevé. Mais même si tu m'en offrais cent fois plus, je refuserais : mon âme n'est pas à vendre.
— Ce n'est pas ton âme que je veux t'acheter, Peter.
— Alors c'est quoi ?
— Ton ombre… »

Lâcher la proie pour l'ombre
Ce roman *L'étrange histoire de Peter Schlemihl*, écrit en 1814 par Aldebert Von Chamisso (voir bibliographie), tout au long de sa centaine de pages, conte les mésaventures et les catastrophes qui vont tomber sur la tête de cet homme qui a « vendu son ombre au Diable », sans sourciller, sans hésiter… « Mon âme, non ; bien sûr. Mais mon ombre… D'ailleurs, à quoi ça pourrait bien servir une ombre ? S'il la veut, qu'il la prenne ! Et à moi la fortune pour toute ma vie. »

Un bon et passionnant prolongement de notre ouvrage (au même titre que *1984* que nous venons d'évoquer) : nous avons suffisamment insisté sur la nécessité du « sentir ». Pour le coup, une fiction le fait brillamment et réactivera tout ce que vous venez de lire…

On peut aussi évoquer Peter Pan qui court après son ombre et essaie de la coudre à ses pieds pour être sûr de ne pas la perdre, quand il la quitte pour s'envoler vers son « infini », incarné par Wendy.

Perdre son ombre, c'est mettre en cause son identité et quand Gide dit : « Tu feras, Nathanaël comme l'oiseau qui pour s'envoler quitte son ombre », oui, il dit « quitter ». Et non pas « perdre » : quand on a su quitter son ombre (ce qui est indispensable pour s'envoler), il faut ensuite s'empresser de la retrouver pour consolider son identité et, ainsi, continuer à aller vers soi-même en faisant confiance à son intuition. Il faut voler… en se posant de temps en temps. « Comme l'oiseau. »

*
* *

Les textes sacrés disent : « Au commencement était le Verbe… »
Certes, en ce qui concerne ces problèmes de construction, reconstruction, évolution de l'identité individuelle et collective, on aurait plutôt envie de dire : « Au commencement était l'écoute… »
Je crois, tout simplement, que le texte sacré dit les deux : le mot « Verbe » renvoie aussi bien à l'*écoute* qu'à l'*expression*.
Expression sans écoute : pas de communication ; on parle dans le vide.
Écoute sans expression : on n'entend qu'un silence, qu'un vide. Comment, dès lors, pourrait-il y avoir ce « dialogue de partage », fondement de la (re)-construction de l'identité individuelle ? Comment pourrait émerger ce ressenti du « nous », fondement de la (re)-construction de l'identité collective.
Le « Verbe », c'est bien l'ombre qui éclaire notre route.

Au fond, il y a toujours du « je vous ai compris » dans l'air. « Je vous ai compris », ça déclenche tout : adhésion, cohésion, motivation, remplacement de Chronos par Kairos, « Rizikon »…
« Je vous ai compris », potion magique d'un druide qui n'en abuse pas car il laisse le pouvoir au chef du village.
« Je vous ai compris »… cela suppose qu'il y ait quelque chose à comprendre ; et c'est bien le cas, puisqu'il y a toujours, de par la nature humaine, de l'« émotionnel » dans l'air, ce que *Laos* exprime fort bien. Il nous est seulement demandé de ne pas être sourd.
On sait que ce n'est pas toujours facile ; tout simplement parce qu'on a peur d'entendre certaines choses… ou à l'inverse on croit entendre ce qu'on a envie d'entendre…
Osons entendre, surtout si ce n'est que murmuré : c'est le temps « opportun » cher à Kairos.
Osons entendre et osons assumer ce que l'on vient d'entendre.
Osons entendre ce qui est dit.
Osons aussi entendre le silence.

Dès lors, souvenons-nous que la réponse-reine c'est le miroir des « émotions » qui sous-tendent ce qui vient d'être dit.

Dit par des mots, mais aussi dit par le silence : quelle émotion peut-il bien y avoir derrière ? ...

Tout cela nous amène au « je vous ai compris ».

Conclusion

> « J'ai rêvé dans la grotte où nage la sirène. »
> Gérard de Nerval, « El desdichado »

Souhaitons que ce livre vous ait éclairé dans le maniement des concepts et outils tout en redisant que c'est votre intuition qui doit jouer : « Et maintenant, Nathanaël, jette mon livre », comme l'aurait dit Gide, et partons de la contemplation des métamorphoses des résurrections pour sentir (plus que pour comprendre) ce qui se passe sous nos yeux. Puis agissons selon notre intuition.

« Et ainsi, Nathanaël, tu créeras de toi, impatiemment ou patiemment, ah ! Le plus irremplaçable des êtres »… et alors tu joueras pleinement ton rôle de même que la micro ou macrosociété joueront leur irremplaçable « note » dans le destin de la cité des hommes.

Laissons aux sophistes les articulations intellectuelles et la vanité de tout expliquer, de comprendre, de savoir, et le privilège d'agir en appliquant des recettes passe-partout écrites d'avance, en fonction d'un diagnostic qui n'aura fait que caser une personne ou une société dans la boîte qui les arrange : raisonner par catégorie est toujours plus facile, mais, le plus souvent, conduit à l'erreur et à l'échec.

L'ombre, elle, éclaire.

Et cette ombre qui nous éclaire, nous la nommons « intuition ». Grâce à elle, on ne peut que dire une ultime fois : sentons l'« autre ».

Participons pleinement et totalement à ce qu'il ressent et « guettons-nous » ; guettons ce moment magique où notre intuition nous dit « ça y est, tu vibres comme lui ; tu vibres comme le groupe qui est en face de toi ; tu vibres comme le peuple qui te regarde, qui t'attend ».

Kairos vient de te faire cadeau de ce moment unique qui n'appartient qu'à lui.

Et là, c'est l'unique instant où tu peux dire sans tricher : « Je t'ai compris. »

Ne laisse pas passer l'occasion, elle risquerait de ne plus se représenter. Et, pour cela, à toi d'avoir le comportement de « Rizikon », le seul capable de servir « Kairos », par des actes conformes à son esprit.

Ne l'anticipe pas non plus cette occasion : ton « je t'ai compris » sonnerait faux et serait de ce fait totalement contre-productif ; et tu ne t'en remettrais pas ; on ne peut pas tricher dans ce domaine : l'« ombre » doit être une « ombre commune », c'est-à-dire une ombre partagée par toi et la personne, le groupe ou le peuple à qui tu t'adresses.

C'est cette ombre commune qui nous permettra d'avoir un « rêve commun » et, de ce fait, une démarche de « *dream dare do* », également commune.

L'instant magique, c'est celui où nous avons un rêve commun ; nous le savons, nous le sentons, et nous nous disons, avec enthousiasme : « Eh bien... pourquoi pas ? » Puisqu'ensemble nous avons su rêver dans cette « grotte où nage la sirène », tout devient possible.

Rassurez-vous : cet instant magique, vous avez la possibilité de le créer : détachez-vous de tout le reste pour n'avoir qu'une seule chose en tête ; une seule question ; une seule préoccupation, une seule obsession : « Mais qu'est-ce que l'autre est en train de ressentir ? » Dès que vous aurez fait le vide en vous au profit de cette seule et unique interrogation, une réponse vous sautera aux yeux au point que vous en serez ébahi : « Bon sang, mais bien sûr ! D'ailleurs je le savais bien, mais j'avais tellement d'autres sujets en tête, sujets qui faisaient tant de bruit, que je ne pouvais plus entendre cette voix. »

Ceux qui se sont dit : « Je vais faire l'expérience une fois pour voir » se sont tous dit aussitôt après : « Pourquoi ne l'ai-je pas fait plus tôt ? C'est une attitude qui change tout. Pourquoi n'en ai-je pas eu envie plus tôt ? »

*
* *

Puisse ce livre vous avoir donné cette envie. C'est ça, le vrai « je vous ai compris » ; c'est cela que nous avons appelé « cette fille du verbe », « cette ombre qui nous éclaire ».

*
* *

Ce livre aura atteint son objectif, s'il vous a donné envie de « tenter le coup », et si vous sentez ainsi que cette attitude est effectivement toute simple, toute naturelle, et qu'à elle seule, elle permet de déclencher des dynamiques de (re)-construction de l'identité qui, elles aussi, après ce déclenchement, vont se développer par elles-mêmes, naturellement, toutes seules. Alors, vous pourrez sentir que, pour vous, cette simplicité efficace est effectivement évidente au point que vous pouvez dire, en paraphrasant Victor Hugo :

« La chose simplement d'elle-même arriva,
Comme le jour se fait, lorsque la nuit s'en va. »

*
* *

Dès lors, vous avez toutes chances de faire partie de ceux qui auront contribué à réussir ce pari que nous avions qualifié d'indécent :

« Changer les couleurs du temps »…
                … « L'eau d'une larme »…
                                … « Le sens où tournera la ronde. »

Yves Enrègle
« L'Utopie »
2017-2020

NOTES TECHNIQUES

NOTE TECHNIQUE N° 1 : « LA STRUCTURE DE LA PERSONNALITÉ »

La psychanalyse conçoit la personnalité comme une intégration dynamique de trois systèmes cherchant à assurer une adaptation constante aux situations sociales[144].

Ces systèmes sont parcourus de forces qui s'allient ou qui s'opposent (conflits). L'équilibre final n'est jamais statique. Ces systèmes ne sont pas des structures physiologiques, mais des *concepts qui désignent trois grands types de fonctions du psychisme*. Les modes d'articulation de ces trois fonctions entre elles peuvent servir de base à l'analyse de la personnalité sur la base de « tout se passe comme si ».

Ils s'élaborent progressivement au contact de la réalité extérieure (environnement, histoire).

Ils intègrent la *constitution biologique* de chacun dans un fonctionnement général social où les différences entre individus sont plus acquises qu'innées. *Ces systèmes sont : le ça, le moi, et le sur-moi.*

On désigne cette approche de l'étude de la personnalité en parlant de la « deuxième topique freudienne ». Elle date de 1923, faisant suite à la première topique (1900).

1) Le ça, le moi et le sur-moi

Le ça : c'est la forme originelle de l'appareil psychique humain tel qu'il peut apparaître d'emblée chez le nourrisson. À ce moment, c'est un « réservoir » pulsionnel.

Les pulsions s'organisent en deux grandes forces : et toute action humaine, quelle qu'elle soit, est toujours un mélange de ces deux forces fondamentales.

Une première force qui est responsable du développement individuel, du développement de l'espèce, porteuse des relations positives, constructives entre personnes, créatrice de la cohésion, de l'homogénéité des groupes.

---

[144] Nous ne procéderons ici que par des définitions simples, le lecteur trouvera en bibliographie une suggestion de démarche de lecture s'il veut creuser cet immense domaine.

Cette première force est désignée sous le nom de pulsion libidinale. On trouve d'autres termes dans la littérature spécialisée, qu'en première analyse nous pouvons considérer comme synonymes. Ce sont les termes : instinct de vie, libido, pulsion sexuelle, éros.

La seconde des forces peut être conçue comme la symétrie de la première. Elle vise à la destruction, destruction de l'autre, destruction parfois de soi-même, destruction de l'espèce, lutte pour la survie ; c'est elle qui génère les tensions, les conflits. Cette seconde pulsion, nous la nommerons pulsion agressive, et de la même façon que pour la pulsion libidinale, on trouve dans la littérature spécialisée des termes qu'en première analyse nous considérerons comme synonymes : agressivité, instinct de mort, pulsion de mort, Thanatos.

Voici donc quelle est la première caractéristique du « ça », ce réservoir d'énergie, énergie décomposée selon les deux grandes forces de base, pulsion libidinale et pulsion agressive. Toute action est la résultante d'une fusion de ces deux pulsions.

La seconde caractéristique du « ça » est ce qu'en langage très simple on pourrait appeler un lieu de stockage de souvenirs en apparence oubliés.

Il existe en effet un certain nombre d'expériences que nous avons vécues, surtout dans les premières années de notre existence, expériences soit extrêmement satisfaisantes, très gratifiantes ou, à l'inverse, très pénibles, traumatisantes ; expériences que nous ne pouvons pas évoquer à volonté. Tout se passe en fait comme si nous les avions tout à fait oubliées, comme si elles étaient gommées. Un simple effort de volonté ne suffit pas à les ramener à la conscience ; elles ont en apparence disparu. Seulement, on constate, dans certaines circonstances exceptionnelles, que ces souvenirs en apparence oubliés reviennent à la conscience. Ces circonstances exceptionnelles étant par exemple l'action de certaines drogues, l'hypnose, le rêve où ces souvenirs nous reviennent sous forme symbolique, la cure psychanalytique (dont c'est un moteur clé) ; tout cela montre donc que ces souvenirs n'étaient oubliés qu'en apparence, en fait, ils étaient purement et simplement stockés quelque part. Ce lieu de stockage de souvenirs en apparence oubliés, c'est donc le « ça ».

Le fonctionnement du ça obéit au « principe de plaisir » : il s'agit d'une tendance constante à rechercher par les voies les plus courtes, et sans tenir compte de la réalité extérieure, des satisfactions ou plaisirs qui ont pu être attachés aux différentes étapes de l'évolution psychologique de l'individu. Le ça ne peut que désirer. Il reste avant tout le grand pourvoyeur d'énergie de l'appareil psychique.

Il serait plus logique dans un deuxième temps de parler du « moi » qui est en effet l'instance qui se développe par différenciation du « ça » au contact de la réalité, simplement, par souci de clarté et de concision, nous parlerons d'abord de la troisième instance, le « sur-moi ».

Il apparaît comme une différenciation du « moi » vers l'âge de cinq ans par intériorisation des forces répressives que l'individu a rencontrées tout au long de ses premières années. Cette intériorisation atteint un paroxysme vers cet âge au moment où l'enfant souhaite un rapprochement intense et privilégié avec le parent du sexe opposé au sien et voit le parent du même sexe comme un rival qui « interdit » : moment du « complexe d'Œdipe ».

Il résulte de cette intériorisation un « sur-moi » qui n'est autre que l'ensemble des interdits et préceptes de comportement inculqués ainsi à tout individu par la société dans laquelle il vit. Ces forces répressives intériorisées s'opposent, ou du moins canalisent les pulsions du « ça ». Elles sont donc indispensables à toute socialisation d'un individu, mais leur excès engendrera des troubles névrotiques. C'est par l'intermédiaire de son éducation, essentiellement au travers de la famille et de l'école, que l'individu intègre ainsi ces préceptes et interdits de comportement.

Une distinction doit être faite entre le « sur-moi » au sens strict : les interdits et les préceptes qui guident le « moi » par la contrainte des commandements et des sanctions. Et l'« idéal du moi » : notre idéal à qui on voudrait tant ressembler et qui donc guide le « moi » par l'envie de devenir cet idéal, notre idéal.

Dans la constitution de cette instance, la constellation familiale assurait, par le passé, le rôle clé, assistée qu'elle était par l'école, l'armée, l'église… en un mot, cette éducation qui était une véritable plaque tournante entre niveau sociologique et niveau psychologique[145], transmettant à chaque individu les interdits et les préceptes.

Le moins que l'on puisse dire, est que ces plaques tournantes sont beaucoup moins présentes actuellement : chaque personne individuelle y gagne (peut-être) un grand degré de liberté supplémentaire. La société, elle, y perd (sûrement) beaucoup de solidité…

« Nous sommes » perd du terrain et je ne suis même pas sûr que ce soit au bénéfice de « je suis » : la diminution de ces encadrements diminue les repères et, de ce fait, risque d'accroître l'angoisse, l'anxiété et la peur de chacun : sans repères on est perdu ; c'est du bon sens…

N'en disons pas plus pour l'instant du sur-moi et décrivons le « moi ». Il faut le considérer comme un ensemble de fonctions qui ont pour but d'harmoniser, de rendre compatibles les exigences pulsionnelles du « ça », la contrainte éthique du « sur-moi » et la réalité de l'environnement dans lequel évolue le sujet. Le moi fonctionne ainsi selon le « principe de réalité » par opposition au « principe de plaisir » que gouvernait le « ça ».

Le moi devient aussi le siège de toutes les activités décrites par la psychologie traditionnelle : mémoire, attention, organisation, jugement,

---

[145] La distinction est souvent faite entre les interdits auxquels on réserve l'appellation de « sur-moi », et les préceptes de comportement articulés en un modèle que l'on désigne par les mots « idéal du moi ».

évitement des dangers, intégration des expériences antérieures en termes d'apprentissage, coordination motrice, pensée logique, intelligence, etc.

Son premier objet est de modifier la réalité pour l'adapter au désir du « ça » et permettre ainsi le plaisir défini comme la réduction de la tension entre désir et réalité. Pour reprendre l'expression célèbre de Freud, on doit dire que le « moi » est avant tout le serviteur du « ça ».

Le sur-moi vient, en parlant familièrement, « compliquer le tableau » en interdisant certaines formes d'action sur la réalité qui au regard du seul désir du « ça » auraient été pourtant « bien pratiques » et en en prescrivant d'autres, qui au regard du seul désir du « ça », ne s'imposaient pas.

En résumé, on peut schématiser ainsi l'appareil psychique :

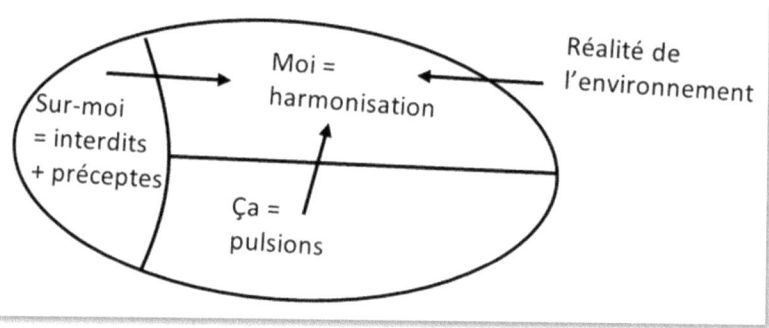

2) Conscient, inconscient

Avant d'en arriver à ce modèle, Freud avait formulé une première hypothèse pour rendre compte des observations pathologiques qu'il faisait. Il se trouvait face à des malades qui présentaient des symptômes parfois extrêmement lourds, de type paralysie totale ou partielle. Or l'examen médical, tel qu'il pouvait être conduit à l'époque, ne parvenait à déceler aucune lésion susceptible d'expliquer la présence de tels symptômes.

On pourrait dire qu'au regard de l'examen médical, le malade était « bien portant ». De plus, Freud devait se rendre compte – suivant en cela les travaux de Charcot sur l'hypnotisme à la Salpêtrière – qu'en faisant relater au malade ce qui lui était arrivé, notamment dans les premières années de sa vie, sous certaines circonstances, dans certaines conditions, ce symptôme si lourd s'amenuisait, voir disparaissait.

Comment rendre compte dès lors, et de la présence d'un tel symptôme sans lésion, et de sa disparition sans intervention « médicale » au sens traditionnel ? Freud fit au fond l'hypothèse la plus simple qui puisse venir à l'esprit, en disant que, de fait, tout se passait comme si le malade avait voulu, volontairement, souffrir de ce symptôme, et que ce symptôme avait disparu dès qu'il avait réussi à amener le malade à cesser de vouloir en souffrir.

Pourtant, à écouter le malade, on entendait dans un premier temps tout autre chose ; on entendait une volonté de guérir et pas du tout la « décision » de s'imposer à soi-même un tel symptôme. Il fallait donc compléter l'hypothèse en disant que le malade avait pris cette décision de s'imposer un tel symptôme « à son insu », sans s'en rendre compte. Puisque tout ce que l'on pourrait appeler la « personnalité consciente » du malade souhaitait être « bien portant », c'était donc qu'il existait quelque part une autre partie de la personnalité qui fonctionnait en quelque sorte à l'insu de cette personnalité consciente et qui, elle aussi, était capable de décision, qui avait sa logique propre et qui surdéterminait parfois, à l'insu du sujet, ses attitudes et ses comportements. Cette autre partie, par opposition à la partie consciente, et à défaut d'autres mots, Freud devait la désigner par le mot « inconscient ».

Cette première hypothèse aboutissait donc au schéma suivant de l'appareil psychique.

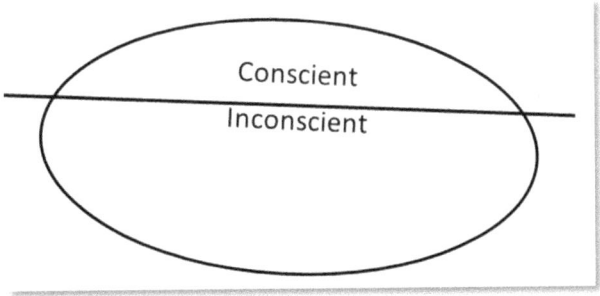

Si on essaye maintenant de rapprocher les deux schémas que nous avons présentés brièvement ici, on obtient le résultat suivant :

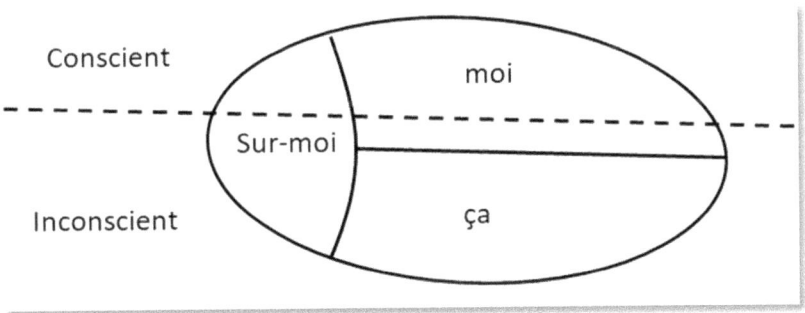

Cette représentation signifie que la totalité du ça est inconsciente. Nous ne sommes pas conscients de nos pulsions, nous ne pouvons pas directement agir sur elles. Tout au plus pouvons-nous être conscients des conséquences, des expressions, des effets de ces pulsions et tenter de maîtriser ces effets en les orientant vers d'autres types de satisfaction ; mais nous ne pouvons pas maîtriser directement les pulsions elles-mêmes.

Quant à la seconde caractéristique du « ça », ce lieu de stockage de souvenirs en apparence oubliés, ils sont par définition inconscients.

Le « sur-moi », lui, est en partie conscient. Ce sont tous les interdits et préceptes de comportement que l'on trouve dans n'importe quel type de code pénal, principes religieux, code déontologique, morale, etc.

Mais il y a une autre partie du « sur-moi » qui, elle, est peu ou prou inconsciente.

Il existe des interdits inconscients, ces tabous que nous respectons en quelque sorte instinctivement, sans le moins du monde les vivre consciemment comme quelque chose de tentant, mais d'interdit : tabou de l'inceste par exemple.

Ce modèle idéal du comportement, cet « idéal du moi », est en partie conscient, c'est-à-dire que nous avons tous une image de ce que nous souhaiterions être, mais il est également et parfois en très grande partie, inconscient. C'est à notre insu par exemple que nous nous comporterons de façon identique, semblable, à un comportement que nous avons remarqué, repéré, chez une figure parentale, ou bien qu'inversement, à notre insu, nous prendrons le contre-pied de façon tout à fait systématique, point par point, de ce comportement.

Que nous nous mettions en état de dépendance par rapport à cette figure parentale ou en « contre-dépendance », il y a une sorte de modèle idéal de comportement qui dicte à notre insu notre attitude, nos prises de décision, notre comportement. Il y a donc bien là une partie de « l'idéal du moi », une partie du « sur-moi » donc, qui est inconsciente.

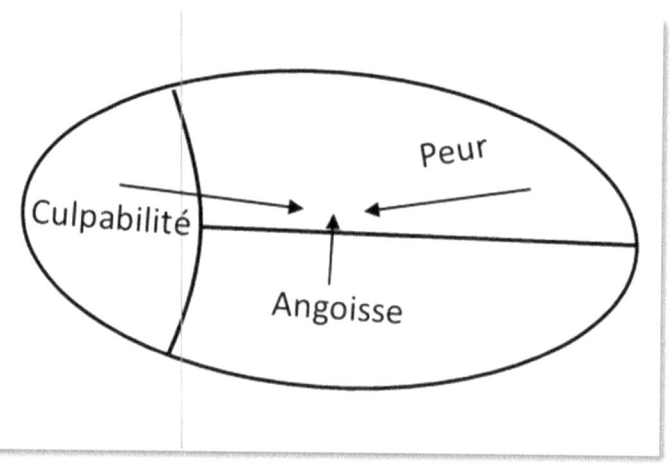

Quant au « moi », il est dans sa très grande partie « conscient », c'est-à-dire que cet effort d'articulation des exigences pulsionnelles du « ça », des contraintes éthiques du « sur-moi » et de la réalité de l'environnement dans lequel évolue le sujet, cet effort d'articulation se fait principalement de façon consciente. C'est toute la faculté de raisonnement de l'individu, sa coordination motrice, ses facultés intellectuelles qui vont servir à jouer ce rôle de « tampon ».

Mais il y a également une partie du « moi » qui est inconsciente, qui fonctionne donc à l'insu du sujet, avec toujours la même fonction d'harmonisation, de « tampon ». Cette partie inconsciente du « moi », nous la désignerons par le nom de « mécanismes de défense » et nous l'avons vue à l'œuvre dans le cas de Gerbod.

3) Les mécanismes de défense

Il nous appartient, pour revenir sur l'analyse de ce cas, de définir quelques-uns de ces mécanismes de défense. Ces mécanismes de défense viennent s'ajouter aux mécanismes adaptifs rationnels du moi lorsque ceux-ci n'ont pas suffi à équilibrer de façon satisfaisante le ça, le sur-moi, et la réalité. Ils sont toujours précédés d'une sorte de signal d'alarme fait d'un sentiment inconfortable d'anxiété. Cette anxiété prend trois formes.

Si dans le travail d'harmonisation du moi conscient, c'est la réalité qui a mal été traitée, l'anxiété prend la forme de « peur ». Si c'est le « sur-moi » qui n'a pas été respecté, elle prend une forme de « culpabilité ». Enfin, si c'est le « ça » qui est par trop frustré dans l'expression de ses pulsions agressives ou libidinales, l'anxiété prend une forme d'angoisse.

Il convient dans un premier temps de ne pas se tromper dans l'observation du signal d'alarme présent, si l'on veut pouvoir intervenir sur la situation. Ainsi dans le cas que nous avons analysé, Gerbod n'éprouve pas de peur par rapport à la réalité, on pourrait presque dire « pas assez » puisqu'il minimise son rôle en refusant d'apprécier, à leur juste valeur, les conséquences des décisions qu'il est amené à prendre.

Pas de culpabilité non plus ; il semble que le rôle de guide que joue le « sur-moi » soit mis en veilleuse. Tout ce qu'il dit le fait apparaître comme étant pleinement en accord avec lui-même : il ne se pose pas de « cas de conscience ». En revanche, le mode de traitement choisi pour canaliser ses pulsions agressives et libidinales surprend tout son entourage ainsi que l'observateur extérieur.

Lorsqu'une telle situation se produit, tout se passe comme si le « moi » de la personne cherchait à se préoccuper, exclusivement, de ce qui le met sous pression (le « ça » ici) et pour faciliter ce travail, diminue, vise à supprimer le rôle des deux autres dimensions (ici le « sur-moi » et la « réalité »). C'est là qu'interviennent les mécanismes de défense.

Ainsi, la « rationalisation » qui se traduit par la recherche de bonnes raisons, solides, inattaquables, bien logiques et rationnelles, pour justifier avant tout à ses propres yeux, et secondairement aux yeux des autres, un comportement qui est en fait purement émotionnel, affectif. Exemple : lorsque Gerbod, au début du cas, dit à ses collaborateurs que « Paubert était le genre de personnes à qui, du fait de leur apparence physique et de leur caractère, on ne donne jamais leur chance », il se donne à l'évidence une bonne raison pour justifier un choix affectif venant d'une « identification » à Paubert.

Si Gerbod parvient à se persuader de cette bonne raison, le travail du « moi » se trouve grandement facilité : le choix affectif du « ça » devient aux yeux de Gerbod parfaitement conforme aux exigences de la réalité puisque, comme il l'ajoute : « Une fois mis en confiance – par le fait de lui donner sa chance – il donnera d'excellents résultats. » On peut même ajouter que, vu sous cet angle, le fait de « donner sa chance » à Paubert peut apparaître à Gerbod comme un « devoir », un acte de simple justice, parfaitement compatible avec le code éthique de Gerbod. Ainsi, le fait de donner sa chance à Paubert, qui, à l'origine, est un choix purement affectif, est désormais vécu par Gerbod, grâce à cette rationalisation comme un « devoir » (sur-moi) et un acte tout à fait positif (réalité) puisqu'il donnera « d'excellents résultats ». Par cette décision, Gerbod rétablit donc son équilibre psychologique un instant menacé en réconciliant à ses yeux les nécessités de la réalité, la contrainte éthique du « sur-moi » et les choix affectifs du « ça ».

Harry Levinson, dans un livre traitant de la stabilité émotionnelle[146], disait : « Il n'existe aucun état de stabilité émotionnelle calme et sereine de même qu'il n'existe jamais d'océan d'huile (...). Tout un chacun est toujours en train de lutter afin de maintenir son équilibre psychologique. »

Gerbod le fait ici, mais son « moi », en quelque sorte dépassé par la tâche, doit utiliser une de ses fonctions inconscientes, un mécanisme de défense, ici la rationalisation. Nous en avons vu dans le cas la conséquence. Il restera à voir à la fin de ce chapitre comment on peut limiter le jeu de ces mécanismes de défense, c'est-à-dire faciliter pour un individu le fait de maintenir ou de retenir son équilibre psychologique sans avoir recours à ces fonctions inconscientes du moi.

Et bien sûr, notons-le immédiatement, tenter d'empêcher « de force » un mécanisme de défense de jouer n'est guère possible ou du moins bien risqué. Ainsi, lorsqu'après les premières tentatives infructueuses de travail de Paubert, les collaborateurs de Gerbod veulent forcer ce dernier à « se rendre à l'évidence », ils ne font que déclencher une réaction d'agressivité par rapport à eux : « J'ai rarement vu une réunion aussi stupide que celle-ci. »

Gare à ceux qui, en empêchant « de force » un mécanisme de défense de jouer, perturbent à nouveau l'équilibre psychologique du sujet.

L'intervention passera par de toutes autres voies, d'un maniement d'ailleurs peu complexe, comme nous le montrerons.

Notons aussi, qu'à l'occasion de cette réaction agressive, un autre mécanisme de défense entre en jeu qui « aide » le « moi » de Gerbod à un moment où, de par les difficultés que Paubert rencontre dans la réalité, il

---

[146] *Emotional health in the world of work*, Harper et Row, 1964, traduit en français : *Les cadres sous pression*, Les Éditions d'Organisation, 1973.

devient de plus en plus difficile pour Gerbod de « rationaliser » son attitude par rapport à Paubert.

Cet autre mécanisme de défense, nous le nommons « déplacement ». Il consiste à diriger sur un objet, ou une personne, des sentiments, des affects, des pulsions destinés à d'autres personnes ou objets (ainsi les phénomènes habituels de bouc émissaire lorsqu'il s'agit de pulsions agressives). C'est ainsi que, à l'occasion de cette réaction agressive, Gerbod dit à Delsingette : « Quant à vous, vous n'avez jamais su faire autre chose qu'approuver ce que Sairgues disait ; c'est d'ailleurs aussi la même chose avec les clients : vous êtes le "béni-oui-oui" du conseil d'entreprise. D'ailleurs depuis un an, les clients vous acceptent de plus en plus difficilement ; ils veulent des gens solides en face d'eux, pas des "oui" sempiternels : laissez-moi parler ; je me demande quelle est votre conception du conseil ? Ce n'est en tout cas pas la mienne et je dois dire que votre collaboration me déçoit de plus en plus. »

Notons bien les deux comportements de Gerbod qui se superposent sans pour autant devoir être confondus. Il y a d'une part une réaction agressive provoquée par la confrontation dans laquelle sont entrés Sairgues et Delsingette. D'autre part, Gerbod « profite » en quelque sorte de cette relation agressive pour détourner sur Delsingette les sentiments de déception, de perception d'échec qu'il éprouve vis-à-vis de Paubert. Ces sentiments se trouvant détournés sur Delsingette, celui-ci « écope » de la pulsion agressive qui leur est due, et qui cesse ainsi d'investir Paubert dont il peut dire sous forme de conclusion « Paubert est un type très bien... ».

Tel est le jeu de ce second mécanisme de défense.

On observe à l'évidence comment ce cumul de deux mécanismes de défense, rationalisation et déplacement, commence à provoquer des distorsions de la perception de la réalité et conduit à des décisions et des comportements dont le moins que l'on puisse dire est qu'ils sont peu en accord avec les impératifs de bonne gestion : abandon de contrats, tension avec ses collaborateurs, sans parler, pour commencer, de l'embauche même de Paubert.

Sur ce point particulier, nous avons déjà prononcé le mot d'identification dans la première analyse que nous avons proposée du cas ; pour mieux le comprendre, il convient de définir précisément les mécanismes de défense suivants : « l'identification » à proprement parler, la « projection », et l'« identification projective ».

L'identification consiste à assimiler un aspect de l'autre, voire tous ses aspects, toute sa personnalité et à devenir, de ce fait, totalement ou partiellement « comme lui », ce processus psychologique, comme les autres « mécanismes de défense », étant inconscient. Devenir comme un autre, accaparer sa force, sa puissance ; curieux mécanisme qui est pourtant à la base du développement personnel de chacun d'entre nous.

Nous le disions plus haut, un des traumatismes clés de la psychogenèse est la situation dans laquelle se trouve tout enfant vers l'âge de cinq ans. À ce moment, le jeune enfant tente de développer des relations privilégiées avec le parent du sexe opposé au sien, le parent du même sexe apparaissant comme un rival[147] (« complexe d'Œdipe »).

Ce que l'on considère comme un dépassement heureux de cette situation particulièrement traumatisante s'appuie sur ce mécanisme d'« identification ». La démarche en est la suivante : « Puisque le parent du même sexe a ces relations privilégiées avec le parent du sexe opposé, c'est en devenant exactement comme lui que j'aurais moi-même la possibilité de développer de telles relations ». Dès lors, le jeune enfant calquera inconsciemment sur le parent du même sexe que lui ses attitudes, ses comportements, intègrera son système de valeurs, acceptera les apprentissages que ce parent lui propose, le tout allant jusqu'à un véritable mimétisme physique. Plus tard, à un degré d'intensité moindre, de semblables mécanismes identificatoires sont observables, une personne faisant siennes telles ou telles caractéristiques d'une figure de pouvoir.

Dans le cas de Gerbod, il s'agirait presque d'une démarche symétrique de celle que nous venons de décrire ; loin de s'approprier les caractéristiques de la personnalité d'autrui, il prête à une autre personne (Paubert) des traits de sa propre personnalité. Cette démarche s'apparente à un mécanisme de défense que nous nommerons « projection » ; il consiste à attribuer inconsciemment à quelqu'un d'autre ses propres sentiments, ses propres affects ; ce mécanisme de défense est souvent présent dans des relations conflictuelles. Si une personne projette ses propres sentiments agressifs sur une autre personne en interprétant abusivement ses attitudes et ses comportements (par l'intermédiaire de perceptions sélectives le plus souvent), cette personne aura de l'autre une image de type : « Il cherche à me coincer, à me nuire, à gêner mon action, etc. »

Dès lors, cette personne se sentira en état de légitime défense et, pour se protéger en quelque sorte, aura un comportement très réellement agressif vis-à-vis de l'autre. Certains conflits très intenses apparaissent ainsi, qui ne sont fondés sur aucun élément concret, tout au plus sur un prétexte.

Dans certains cas, ce ne sont plus seulement certains affects, certains sentiments qui sont projetés, mais la totalité des caractéristiques d'une personne qui est attribuée à une autre. On parlera alors « d'identification projective » pour décrire ce véritable mélange, cette confusion des identités de deux personnes. Gerbod en donne un exemple précis dans ses relations avec Paubert.

Rationalisation, déplacement, identification, projection, identification projective, autant de mécanismes de défense, autant de fonctions inconscientes du moi grâce auxquelles celui-ci parvient, coûte que coûte, à rétablir son équilibre, c'est-à-dire à harmoniser les exigences pulsionnelles du ça, les contraintes éthiques du sur-moi, et la réalité de l'environnement.

---

[147] Qu'il s'agisse des parents réels ou de leurs substituts en termes d'images parentales.

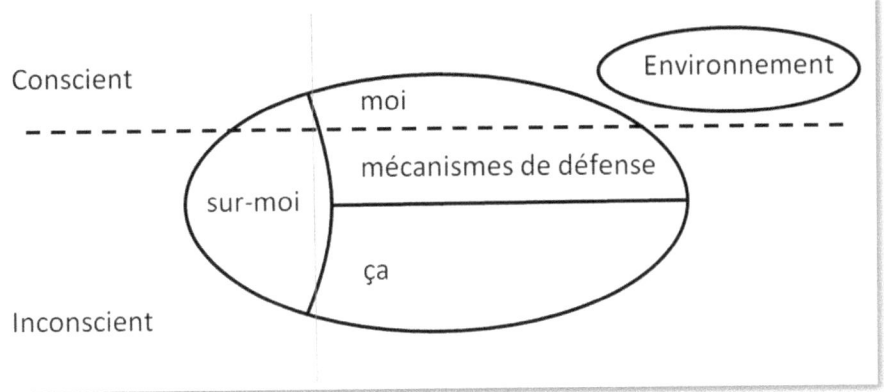

On voit le côté artificiel de cet « équilibre » ainsi atteint ; on pourrait dire qu'en fait, lorsque l'équation ça, sur-moi, environnement devient trop difficile à résoudre pour le « moi » du sujet, celui-ci « triche » en quelque sorte en modifiant certains paramètres de l'équation par l'intermédiaire de ses mécanismes de défense.

Nous en voyons ici le côté perturbant ; il ne faudrait pas néanmoins oublier qu'ils portent bien leur nom puisque sans eux, le sujet serait proprement incapable de rétablir son équilibre psychologique, ce qui conduirait à des perturbations encore plus graves, pour lui d'abord, et donc à terme pour son environnement[148] (on en revient à un élément du cas « Floria »).

Nous avions enfin prononcé le mot d'« idéalisation » dans le premier schéma d'analyse du cas Gerbod. Il s'agit d'un mécanisme de défense qui consiste à exalter les qualités d'une personne, voire à lui en inventer de manière à la rendre conforme à une certaine image idéale que l'on veut avoir d'elle – afin, souvent, de rendre possible l'identification projective sur elle. Ce mécanisme de défense, qui bloque bien sûr toute démarche agressive vis-à-vis de la personne idéalisée, rend indispensable le déversement du « trop-plein » agressif qui en résulte sur d'autres, *via* des mécanismes de types « projection » et « déplacement ».

On voit ainsi comment ces différents « mécanismes de défense » se renforcent les uns les autres, notamment dans le cas de Gerbod, comment l'« identification projective » sur Paubert – destinée à l'origine à rejouer un moment de l'histoire de Gerbod – ne peut se passer d'un processus d'« idéalisation », qui lui-même a besoin d'un mécanisme de « déplacement ». Observons que si l'on empêche l'un de ces mécanismes de jouer ici, le « déplacement » par le départ de Delsingette, toute la construction défensive du moi de Gerbod s'effondre, ce qui semble assainir la réalité et laisse entier le problème de l'équilibre de Gerbod. Par quelle

---

[148] On dit souvent en psychopathologie qu'une perturbation, quelle qu'elle soit, doit être avant tout considérée comme un rempart par rapport à une perturbation plus grave.

nouvelle construction défensive Gerbod risque-t-il de remplacer celle qui ainsi vient d'échouer ? Est-il au fond « condamné » périodiquement à de telles crises qui empêchent toute analyse objective, toute prise de décision rationnelle et qui accroît ainsi la déraison dans le système ?

D'autant que si Gerbod a ses propres mécanismes de défense, les autres n'en sont pas dépourvus, et que si de telles constructions défensives sont présentes chez tous les acteurs clés d'une institution, on peut commencer à s'interroger sur la qualité de son fonctionnement. Et de fait, on s'interroge bien souvent sur la qualité du fonctionnement des organisations humaines quelles qu'elles soient, c'est d'ailleurs ce que nous avons fait dans cet ouvrage. Et nous avons suggéré des pistes pour s'en sortir quand même...

L'action humaine n'aurait-elle pour but que de permettre à son acteur de rejouer sur le théâtre de la réalité celles des séquences de son histoire qui ont été des « ratés » en ce qui le concerne afin d'en effacer les traumatismes résultants ? Cette vision pessimiste des choses est sous-jacente à la plupart des travaux dans ce domaine, qu'ils concernent des leaders du monde de l'entreprise comme Henry Ford, ou d'autres domaines comme Taylor, Luther, Lénine, Gandhi, Hitler, etc. (voir bibliographie).

On pourrait résumer la question fondamentale qui se pose à nous, et que cet ouvrage se propose de traiter en disant : « Comment diminuer la déraison dans un système et redonner ses droits à la rationalité de la prise de décision et de sa mise en œuvre ? »

Citons, pour en terminer avec cette note technique, un certain nombre d'autres mécanismes de défense, dont nous nous contenterons pour l'instant de donner une définition rapide avec une courte illustration tirée de situations d'entreprise.

L'« isolation » qui consiste à couper une pensée ou un comportement de ses conséquences, à supprimer les liens qui existent entre cette pensée et ces comportements avec d'autres pensées ou d'autres comportements, à couper ces pensées et ces comportements des affects qui leur sont logiquement liés, bref à les couper de leur contexte (ce qui se traduit toujours par une forme de repli de l'attention sur soi-même).

Un chef d'entreprise me disait récemment, à propos d'une restructuration de son personnel qu'il était obligé d'effectuer pour faire face à la crise économique, ce qui le perturbait et l'angoissait beaucoup : « Eh bien quoi ? Je ne fais que faire mon métier de manager en prenant une décision qui s'impose et peut-être, pour la première fois de ma carrière, je me trouve dans une situation particulièrement délicate dans laquelle je vais pouvoir montrer que je sais m'en sortir et que je suis un bon chef d'entreprise. » La décision qu'il est ainsi amené à prendre lui apparaît sous un tout autre jour, le repli de l'attention sur lui-même lui permettant de mieux couper son comportement de son contexte ; il devait de ce fait aller beaucoup plus loin dans cette « restructuration » qu'il n'eût pas été nécessaire de notre point de vue d'observateur extérieur : sa décision coupée de son contexte avait pu ainsi prendre une autre signification pour lui : se prouver à lui-même qu'il savait s'en sortir. Le fait, ainsi, d'aller trop loin dans ce sens, lui valut une telle détérioration du climat social de son entreprise que le prix à payer fut pour lui et son entreprise très lourd, le conduisant, à la suite de lourdes grèves à répétition, à une perte considérable de parts de marché, l'amenant à déposer son bilan dans les huit mois qui suivirent et à être racheté, pour quelques francs symboliques, par un concurrent.

Citons aussi la « négation », mécanisme par lequel un sujet, tout en mettant en œuvre un désir, en exprimant des pensées, des sentiments, refuse de s'avouer à lui-même que ces désirs, pensées, sentiments sont les siens. Combien de fois n'avons-nous pas entendu une personne affirmer en toute bonne foi : « Je n'ai jamais dit cela. » Un chef d'atelier reprochait devant nous récemment à un de ses contremaîtres d'avoir mis à pied un de ses chefs d'équipe : « Je ne vous avais jamais dit de faire cela, cela risque de nous coûter cher ; écoutez mieux ce que je vous dis. » Les interviews des deux protagonistes montraient pourtant à l'évidence leur bonne foi ; inconsciemment, le chef d'atelier avait trouvé une cote mal taillée entre son désir agressif vis-à-vis de ce chef d'équipe et la culpabilité qu'il en ressentait.

Le « refoulement » et le « retour du refoulé » doivent aussi être mentionnés. C'est un processus qui consiste à bloquer l'expression d'une pulsion libidinale ou agressive ; sur le plan de l'imagerie, on pourrait dire que le refoulement consiste à remettre le couvercle sur la lessiveuse avec des poids dessus, pour empêcher la vapeur de sortir. Elle finira toujours par le faire : c'est ce que l'on nomme le retour du refoulé. Et plus la pulsion aura été refoulée strictement et longuement, plus ce « retour », ce « resurgissement » risque d'être spectaculaire (voire destructeur). Infiniment plus, en tout cas, que ne l'aurait été à l'origine l'expression directe de la pulsion sollicitée.

Il faut concevoir le refoulement comme un mécanisme de condensation. Ce refoulement s'applique non seulement aux pulsions, mais aussi aux souvenirs, à toutes idées, expériences, données, qui seraient trop perturbantes, pour le sujet, d'admettre au niveau conscient.

Un chef d'entreprise (PME de quatre-vingts personnes du secteur textile) nous relatait lui-même cet épisode : « J'ai eu pendant longtemps des relations de travail ambiguës avec mon directeur commercial. Tout se passait comme si je ne voulais voir que l'aspect positif de ses résultats, ce qui étonnait beaucoup mes autres collaborateurs qui, devaient-ils me dire par la suite, trouvaient que je manquais de la plus élémentaire objectivité le concernant.

Dès qu'il décrochait le moindre marché, je brandissais ce résultat comme s'il s'était agi du "marché du siècle". Je me souviens aussi d'avoir, en comité de direction, appelé une dépense publicitaire parfaitement ridicule qu'il avait engagée, un "investissement qui pourrait très bien apparaître parfaitement rentable par la suite". Des notes de frais de déplacements somptueuses étaient interprétées par moi comme le signe qu'il se dépensait sans compter en clientèle. Quand, l'année dernière, je devais constater une simple stagnation en euros courants de notre chiffre d'affaires, soit une baisse en volume de près de 10 %, je me souviens m'être dit "heureusement qu'il est là, sinon où en serions-nous !".

Et puis un jour, un incident mineur a tout déclenché. Nous avions, lui et moi, rendez-vous avec l'acheteur d'un important groupe client – important puisqu'il représentait à lui seul près de 8 % de l'ensemble de notre chiffre d'affaires.

Cet acheteur, nous le connaissions bien : très bon négociateur sachant l'importance qu'à tort nous lui avions laissé prendre, sachant donc qu'il pouvait nous soumettre à ses volontés, car nous ne pouvions plus nous permettre de le perdre (ce qui, soit dit en passant, est une erreur de plus de mon directeur commercial), désireux de profiter de tout cela pour casser les prix, obtenir un délai de paiement de quatre-vingt-dix jours, une ristourne supplémentaire de fin d'année, une aide promotionnelle et que sais-je encore...

Bref, la discussion allait être rude et nous nous étions donné rendez-vous, mon directeur commercial et moi, directement dans le bureau de l'acheteur, à l'heure prévue pour la réunion. Un bouchon dû à un accident sur l'autoroute fit que mon collaborateur arriva avec trois quarts d'heure de retard et je me souviens à son arrivée avoir littéralement explosé devant notre client, le traitant "d'incompétent", de "touriste", lui disant qu'il était temps qu'il se rende compte que son comportement et son action étaient particulièrement "débiles", tant et si bien que l'acheteur, à la fois gêné et quelque part très amusé du tour imprévu de la réunion, nous proposa de remettre à une autre fois une réunion de travail qu'il souhaitait "plus productive et plus fructueuse". Nous eûmes d'ailleurs du mal à recoller les morceaux avec lui par la suite. Cet incident devait m'ouvrir les yeux sur mon attitude vis-à-vis de mon collaborateur et j'ai eu la chance de pouvoir développer par la suite des relations de travail enfin rationnelles avec lui. »

Le cas est typique du mécanisme de refoulement et du retour brutal, incontrôlable, de ce qui ainsi avait été refoulé.

4) Gérer les pulsions

En fait, on peut dire que, en permanence, nous sommes tous confrontés à une tâche psychologique de base qui consiste à fusionner les deux pulsions : la libido pulsion créatrice et l'agression, pulsion destructrice.

On doit les fusionner en un tout cohérent formant ainsi une énergie adéquate au problème de la réalité que notre « moi » doit résoudre. Et pour commencer, notre « moi » doit savoir doser la part d'utilisation de ces deux pulsions.

Si pour une raison quelconque ce dosage est mal fait, la résolution du problème en souffre. Dans le cas que nous venons d'évoquer, ce chef d'entreprise, pour des raisons qui s'apparentaient à une forme de culpabilité par rapport à l'agressivité, avait raté ce dosage.

La part d'agressivité qu'il se devait d'avoir par rapport à ce collaborateur, pour lui faire remarquer ses erreurs, voire les sanctionner, se trouvait bloquée par un mécanisme de défense de type « refoulement ». D'où une attitude artificiellement positive par rapport à lui pendant très longtemps, ce qui surprenait l'ensemble de son entourage. D'où également une accumulation progressive de charges négatives vis-à-vis de son directeur commercial, charges négatives qui se condensaient et lorsque la pression était trop forte, elles se déchargeaient brutalement, sans contrôle, au premier prétexte venu. Disons que « la cocotte-minute » avait fini par exploser.

Notons, bien sûr, que dans ce cas l'agressivité a un rôle pratiquement uniquement destructeur, alors que si, depuis le départ, elle avait été soigneusement fusionnée avec la pulsion créatrice, elle aurait permis, au fur et à mesure, une rectification du comportement du collaborateur, aboutissant à une relation hiérarchique parfaitement cohérente.

En revanche, il y avait là un style de direction d'un bout à l'autre nuisible, trop positif au départ, trop destructeur ensuite.

Notons que dans ce cas, nous sommes très proches de la situation de Gerbod, à ceci près que ce dernier n'utilisait pas un mécanisme de défense de type « refoulement », mais de type « déplacement » sur le bouc émissaire qu'était devenu Delsingette.

Cela évitait certes l'accumulation et le passage à l'acte, mais avait les autres effets perturbants sur le système, tels que le cas les a décrits.

Savoir gérer la fusion de ses pulsions reste donc le travail de base pour maîtriser ses attitudes et ses comportements.

Parfois, on observe que certains vont en quelque sorte au-delà du simple mécanisme de refoulement en mettant en œuvre un autre mécanisme de défense : il s'agit d'un processus dit de « formation réactionnelle ».

Il consiste à avoir un comportement parfaitement symétrique de celui qu'on souhaite avoir par crainte excessive des conséquences de la pulsion qu'on cherche en fait à exprimer. Ainsi, certaines personnes ont tellement peur de leurs pulsions agressives qu'elles se comportent en permanence d'une manière douce, calme, souriante, parfois totalement obséquieuse, d'accord surtout avec tous, ne répondant jamais à une agression professionnelle dont elles seraient l'objet par autre chose qu'une ouverture supplémentaire vers l'agresseur. Tout se passe comme si, en apparence, l'une des deux pulsions (ici la pulsion agressive), avait complètement disparu. On connaît ainsi les comportements de pudeur extrême et rigide en « réaction » à sa propre sexualité vécue comme dangereuse.

Contrairement au refoulement, il n'y aura pas ces resurgissements soudains, mais un autre traitement que l'on pourrait qualifier de permanent de la pulsion redoutée : soit retournement contre soi-même dans des comportements « masochistes » ou à l'inverse « narcissiques », soit choix délibéré d'un objet dans l'environnement qui en permanence « bénéficiera » seul de ces pulsions. Ce sont des cas de « phobie » où la pulsion agressive investit en permanence un seul objet, ou son symétrique le « fétichisme », ou la plus libidinale investit un objet choisi une fois pour toutes. Ces « abcès de fixation » débarrassent le sujet de la pulsion qu'il redoute et qui, de ce fait, devient inexistante dans ses modes de relations habituelles.

5) Conclusion

La conclusion à tirer de cette note est simple et consiste à garder en tête les trois points clés de son articulation et à en déduire une grille de lecture des comportements.

Premièrement, une personne est un ensemble de trois instances : ça, moi et sur-moi. La totalité du ça, une partie du sur-moi et une partie du moi étant inconscients.

Deuxièmement, la tâche du moi est de rendre compatibles l'exigence pulsionnelle du ça, la contrainte éthique du sur-moi et la réalité de l'environnement en fusionnant de manière adéquate les deux pulsions (créatrice et destructrice) du ça.

Troisièmement, le moi a parfois recours, pour faciliter ce travail d'harmonisation, à ses fonctions inconscientes que l'on appelle les mécanismes de défense. Nous avons décrit les principaux en fonction de l'objet de cet ouvrage : l'étude des problèmes d'identité.

C'est ainsi que nous avons défini et illustré les mécanismes de « déplacement », « rationalisation », « projection », « identification », « identification projective », « refoulement », « négation », « isolation », « formation réactionnelle ».

Le « moi » se vit toujours plus autonome qu'il ne l'est réellement, ce qui revient à dire que si nous pensons rationnellement, nous agissons émotionnellement, les mécanismes de défense décrits ici nous apparaissent donc comme une grille de lecture de base de ces comportements émotionnels.

GRAPHE DE SYNTHÈSE

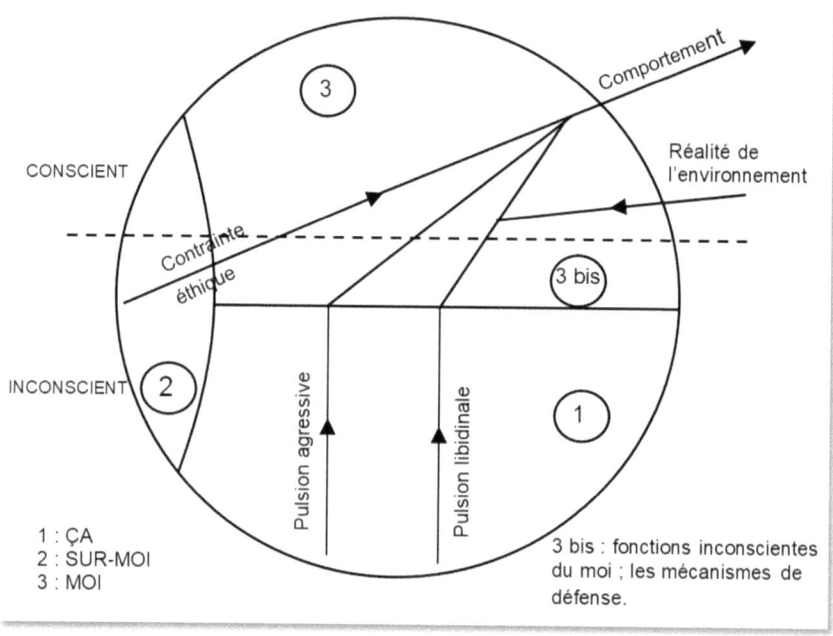

NOTE TECHNIQUE N° 2 : L'ESPRIT DE LEADER

1) La phylogenèse

Quatre ouvrages de Freud servent de repères clés dans ce domaine : *Totem et tabou* (1913) ; *L'avenir d'une illusion* (1927) ; *Malaise dans la civilisation* (1929) ; et surtout *Moïse et le monothéisme*, dernier ouvrage de Freud, publié l'année de sa mort (1939) et qui apparaît bien comme l'un des plus importants de son œuvre.

Beaucoup d'autres chercheurs ont, depuis lors, développé cette approche[149]. Résumons-en les bases :

« La satisfaction de tous les besoins se propose à nous comme le mode de vie le plus séduisant (*Malaise dans la civilisation*, p. 16). Bien sûr, et Freud n'en est pas dupe, il s'agit là d'un leurre. Il précisait d'ailleurs lui-même deux paragraphes plus tôt : « Nous sommes ainsi faits que seul le contraste nous dispense une jouissance intense. »

L'attente, le manque, sont donc les nécessaires repoussoirs pour jouir pleinement du plaisir. Sans eux, pas de contraste : donc pas de plaisir. Il reste que, de toutes façons, « les hommes veulent être heureux » (*ibid.*, p. 15).

C'est ce que Freud désignera par son concept de « principe de plaisir » et il l'affirme donc : « On le voit, c'est le principe de plaisir qui détermine le but de la vie » (*ibid.*, p. 15).

Ceci dit, avoir un but et l'atteindre sont (hélas !) deux choses différentes.

Avoir un but déclenche une action allant dans la direction de ce but, mais les vicissitudes que l'on peut rencontrer inévitablement peuvent rendre le chemin pour le moins chaotique. Freud l'affirme clairement : « le principe de plaisir est relayé par le principe de réalité, lequel, sans abandonner la visée d'une obtention finale de plaisir, exige et impose l'ajournement de la satisfaction, le renoncement à toutes sortes de possibilités de celle-ci et la tolérance temporaire du déplaisir sur la longue voie détournée menant au plaisir » (*Au-delà du principe de plaisir*, p. 8). Mais, au fait, qu'est-ce qui rend ce chemin vers le bonheur si chaotique ? Et le but final parfois inatteignable ?

Bien sûr, des causes inévitables, maladies, accidents, séparations par la mort (ou par la vie !), Freud va aller plus loin en disant que tous ces drames ont tant de mal à être dépassés parce que notamment le processus de civilisation nous joue des tours. Bref, expliquons ce titre, intrigant s'il en est, de *Malaise dans la civilisation*.

À la base, le bonheur pour l'être humain s'appelle « satisfaction des instincts ». Et là, on tombe sur les deux pulsions de base, structure de la théorie freudienne : libido et agressivité (à moins qu'on préfère les appeler « Instinct de vie – Instinct de mort, Éros et Thanatos »). Il nous faut donc les

---

[149] Entre autres, notamment, Gérard Mendel avec l'école qu'il initia (la socio-psychanalyse) brillamment lancée par son ouvrage *La révolte contre le père : une introduction à la socio-psychanalyse*, Payot, Paris, 1969.

traiter et aussi les utiliser : il n'y a pas d'action possible si on ne parvient pas à mobiliser à son profit cette source d'énergie qu'est un puissant besoin (tout puissant ?).

Il faut donc que l'action que nous entreprenons soit en mesure de pouvoir satisfaire ce (tout) puissant besoin. Dans ce cas, nous serons totalement investis dans cette action qui satisfait tellement notre besoin que notre énergie à son service se trouve décuplée, et tous nos talents, pour l'accomplir victorieusement, totalement magnifiés.

Mais encore faut-il trouver cette action : ce (tout) puissant besoin ne pourrait se contenter d'une action qui ne serait pas à sa hauteur ; cette action n'aurait tout simplement aucun sens pour le sujet. Et Dieu sait combien cette recherche de sens est au centre de beaucoup d'interrogations actuelles ; et si on la trouve cette action, il ne faut pas que nous soyons dupes de nous-mêmes.

Cette action, quelle que soit son apparence altruiste, n'est menée par nous que par ce qu'elle satisfait enfin ce tout puissant besoin. Même quand on pense se « sacrifier pour les autres », en fait on n'agit que pour soi-même. Dans ce cas, la joie de servir les autres apparaît. Et c'est réconfortant car notre action à la fois sert les autres et sert nous-mêmes.

Si la joie et le soulagement ne sont pas au rendez-vous de notre action, alors on pourrait dire que « ça sent mauvais », il y a du refoulement dans l'air et, sans s'en apercevoir, nous devenons destructeurs et de nous-mêmes et de ceux que nous prétendons servir.

Donc, une première dérive possible. Si on ne peut pas concevoir une action qui sert complètement un tout puissant besoin positif chez nous, il se peut qu'on trouve une action qui correspond à un tout puissant besoin négatif. Dans nos termes, nous disons que s'il n'y a pas chez nous un tout puissant Éros qu'on réussit à satisfaire dans un sens social, Éros sera refoulé et/ou traité de manière perverse : dans les deux cas, l'autre est mis en danger : le refoulement d'Éros est une frustration telle qu'il mobilise notre agressivité (Thanatos va dominer « directement ») ou bien Éros va quand même s'en sortir par des comportements pervers tout aussi insupportables par l'autre, et par la société en général qui les réprimera.

Bref, on n'est pas en eaux calmes : le malaise social s'installe.

<u>Phylogénétiquement</u>, le point de départ semble être – c'est du moins l'hypothèse freudienne – un meurtre originel… « Il était une fois » une tribu de primates (un peu plus évoluée que d'autres – on verra comment et les conséquences qui en ont résulté). Comme dans tout groupe de ce type, un « mâle dominant » qui avait plutôt tendance à confisquer pour lui les ressources alimentaires et l'approche des femelles.

Un peu de jalousie, notamment par les plus jeunes mâles de la tribu qui auraient bien voulu avoir leur part du gâteau et « tirer » – si je peux dire – leur épingle du jeu.

Alors, un beau jour, tous ces « jeunes mâles » se sont ligués entre eux pour avoir la peau du vieux et l'ont proprement zigouillé.

Après quoi, ils l'ont allégrement dévoré, histoire d'incorporer sa force en eux-mêmes.

Gagné ! On allait enfin pouvoir profiter des choses et des gens !

Mais en même temps que ce « ouf », panique à bord, oui bien sûr, il n'est plus là pour nous piquer tout ce que nous désirons. C'est bien. Mais comment va-t-on faire sans lui ? Il savait nous conduire vers les « verts pâturages » où nous trouvions ce dont nous avions besoin et il savait aussi éviter les prédateurs… Bref, il nous était bien utile ; il faudrait qu'on devienne comme lui pour pouvoir survivre. Et puis, il était tellement fort que, peut-être il va revenir, réapparaître pour se venger. Alors on va essayer de l'apaiser, là où il est. On va s'appliquer à nous-mêmes et par nous-mêmes, les règles qu'il nous imposait : on va créer toute une série d'interdits en reproduisant ceux qu'il nous imposait. Tout se passera comme si on ne l'avait pas tué. On fera tout comme lui, sans lui. D'ailleurs depuis le temps qu'on le regardait, on sait bien comment il s'y prenait pour nous guider. Alors on va se choisir un chef qui lui ressemble autant que faire se peut et il aura pour mission de le remplacer en tout.

Donc tout se passera comme si on ne l'avait pas tué. Donc on ne l'a pas tué.

Tentative « désespérée » pour tenter d'effacer symboliquement un meurtre on ne peut plus réel.

Tout se passe comme si nous ne l'avions pas tué. La difficulté étant qu'on l'a bel et bien tué, il va donc falloir s'arc-bouter sur ce « déni » symbolique en développant, sans cesse plus, toutes les manifestations symboliques de ce « non-meurtre du père ».

Mais comprenons bien qu'on est acculé à la symbolique : le meurtre (réel) du père est trop lourd à porter.

Et aussi trop risqué ! Il était tellement fort qu'il pourrait bien ressusciter et là il risquerait bien de se venger. Donc gare à cette vengeance. Donc annulons symboliquement ce meurtre, quitte à inventer une résurrection, à condition qu'une fois ressuscité, il ne reste pas là (on aurait fait tout cela pour rien !). Mais non ! Il faudrait que ce ressuscité, après avoir fait une sorte de tournée d'adieu auprès de ses amis les plus chers, disparaisse dans un au-delà dont il reviendra dans la gloire quand tout sera fini dans le temps.

Tant que nous n'aurons pas mis en place cette annulation symbolique, nous serons complètement détruits par son retour spontané potentiel. En langage courant, on appelle cela « être la proie du remords ». Cela s'appelle la « culpabilité » ou plutôt le sentiment de culpabilité.

Comme nous le disions tout à l'heure, cette tribu de primates était un peu plus évoluée que les autres puisqu'elle était capable de transformer le passage à l'acte résultant du conflit « haine-amour » en remords et en annulation symbolique du meurtre (le père tué revit symboliquement par les « règles du jeu » contraignantes que la tribu s'impose).

Pour calmer l'excessive souffrance et la non moins excessive peur qui résultaient toutes deux de ce meurtre, la tribu s'est trouvée « propulsée » dans la symbolique. L'homme apparaît par conséquent. Mais la base de sa civilisation va être la culpabilité : on devine que cela va poser de gros problèmes.

Notons que ce développement phylogénétique est repris ontogénétiquement par le développement de chaque individu dans la phrase œdipienne (5 ans). Examinons donc pour mieux comprendre sa traduction dans l'ontogenèse.

2) L'ontogenèse

Puisque, comme on vient de le dire, la culpabilité est au cœur du processus de civilisation, qu'elle en est le moteur même puisque c'est elle qui propulse le groupe animal dans la symbolique, créant ainsi la société humaine, puisqu'il en est ainsi, il devient fondamental de comprendre comment ce moteur se « met en prise » avec chaque individu de la société humaine. Le « petit d'homme » ne deviendra membre de la société humaine que s'il est « baptisé » du sceau de la culpabilité.

La pierre angulaire de ce baptême est l'agressivité, consciente et inconsciente, qu'une personne dans les toutes premières années de sa vie peut ressentir par rapport à une figure parentale : classiquement et de manière peut-être un peu trop rabâchée, la situation œdipienne où le jeune enfant (entre 3 et 5 ans) éprouve une attirance pour le parent de sexe opposé au sien, le parent du même sexe apparaissant comme un obstacle. Rival trop fort pour qu'on puisse lutter à armes égales avec lui ; d'où le désir de meurtre, de castration de ce rival.

Tout au moins de meurtre et de castration fantasmés. Ce qu'il faut bien comprendre, c'est que ce meurtre fantasmé n'est pas en tant que tel constitutif de la culpabilité : l'enfant ne sait pas encore ce que c'est. Mais l'enfant sait très bien qu'il a besoin de cet adulte qui le protège ; il sent qu'il voudrait bien devenir comme lui : ça lui permettrait de prendre sa place ; et là il se « mord la queue » – si j'ose dire – puisque ça le renvoie à la disparition de ce parent.

En tout cas, pour que ça marche bien, il ne faut pas que l'enfant perde l'amour de ce parent, pour que celui-ci accepte de lui transmettre sa propre force.

Dès lors, on observe que derrière ce sentiment de culpabilité, se trouve toujours la crainte de perdre l'amour et la protection de ce parent.

C'est même plus que « se trouver derrière » : on va aller jusqu'à dire que la culpabilité et la crainte de perdre l'amour et la protection de ce parent sont une seule et même chose.

Culpabilité veut dire – et veut dire uniquement – craindre de perdre l'amour.

Luxe que l'enfant ne peut pas vraiment s'offrir.

Au fond, la culpabilité se résumerait à un « simple » problème de « dépendance affective ». Et là, on en connaît un bout et on sait où ça nous mène ![150]

Résumons : tant dans notre développement personnel (ontogenèse) que dans notre développement collectif (phylogenèse), on rencontre un meurtre fantasmé (au moins) du père. Mais on s'en « mord les doigts » immédiatement car ce père, on avait bien besoin de lui comme guide et protecteur (tant le jeune enfant que la tribu originelle). Donc des deux côtés, on s'en mord les doigts, encore et encore. On pourrait dire qu'on va le faire à l'infini.

À l'infini, on se « re-mord » les doigts. Alors pour mettre fin à ce remord, on va effacer symboliquement ce meurtre. On va faire revivre le père. En créant des institutions qui vont le représenter, l'incarner, nous imposer ses règles à tous et à chacun, aussi durement qu'il l'aurait fait lui-même, voire plus sévèrement encore que lui. Ceci au niveau phylogénétique comme on vient de le décrire.

Au niveau ontogénétique, on va s'identifier à lui, devenir comme lui ; ainsi il sera vivant. Vivant en nous, certes, mais, donc bel et bien vivant. Il va être en nous et, par conséquent, nous surveiller en permanence. Si on ne veut pas le perdre à nouveau, si on veut par ce jeu d'identification récupérer son regard positif sur nous, on a intérêt à se comporter rigoureusement selon son désir. C'est la naissance du « sur-moi », cette nouvelle partie du « moi » qui se retourne contre le « moi » à la fois pour lui soumettre d'incontournables interdits conscients et inconscients (les « tabous ») et lui proposer tout aussi incontournablement un idéal de comportement. Lui proposer, c'est-à-dire, dans la dynamique que nous venons de décrire, lui imposer.

Ce sur-moi apparaît d'emblée comme un véritable dictateur : tout ce qui n'est pas interdit est obligatoire, tout ce qui n'est pas obligatoire est interdit.

Ce carcan de comportements se trouve naturellement renforcé par les institutions que phylogénétiquement, les hommes auront mis en place dans le même but d'effacement du meurtre (fantasmé ou réel). On sent le poids que l'ensemble de ces mécanismes fait peser sur chacun de nous…

« Liberté, liberté chérie,
Combats avec tes défenseurs… ! »

Certes, ces paroles du 6e couplet de la Marseillaise sont bien dans le droit chemin, à l'insu de son compositeur sans doute qui, consciemment, pensait à une tout autre forme de liberté (pour laquelle d'ailleurs il fallait aussi combattre).

Oui,

Eh bien, il y a du boulot.

---

[150] Le lecteur qui veut s'en convaincre peut regarder sur Google le résumé de l'expérience de Milgram à l'Université de Yale (dès 1966 !), expérience détaillée dans notre ouvrage *Précis de gestion sociale* (*op. cit.*) et très bien vulgarisée dans le film d'Henri Verneuil *I… comme Icare*.

Comprenons bien à quel niveau de dégât on se trouve. On peut à nouveau citer Freud quand il dit que « le moi est le serviteur du ça ». C'est effectivement le point de départ. Génétiquement, le moi est là uniquement pour traiter le « flot » du ça, permettant aux pulsions de s'exprimer totalement. Mais ça se complique. On dit communément qu'on ne peut pas servir deux maîtres à la fois, mais, comme on l'a décrit dans notre chapitre sur la deuxième topique freudienne, le moi, lui, doit servir trois maîtres en même temps, le monde extérieur et ses contraintes, le sur-moi avec ses préceptes et interdits de comportement, et… enfin (on a envie de dire « s'il reste de la place »), les exigences pulsionnelles du ça… Trois maîtres aux exigences contradictoires, on en deviendrait fou à moins.

D'ailleurs, on devient fou ! (ce qui n'arrange pas le *Malaise dans la civilisation*).

L'idée de départ va donc être, que, comme le dit si bien Freud : « Le moi n'est pas maître dans sa propre maison. » Comment le « moi » va-t-il pouvoir s'en sortir ? C'est-à-dire pour que, à terme plus ou moins éloigné, le « moi » cède enfin la place au « je » (voir notre premier chapitre).

Aucune solution simple et claire, du moins dans un premier temps : on y observe plutôt des tâtonnements peu encourageants. Par exemple, déformation plus ou moins consciente de la perception de la réalité grâce au jeu des mécanismes de défense (voir supra).

Notons que ces mécanismes de défense peuvent se rigidifier en une véritable névrose… ce qui n'arrange rien bien sûr !

Mais dans un premier temps, l'illusion peut marcher : à force de déformation de nos perceptions, la réalité va nous apparaître sous un tout nouveau jour, ne comportant plus les problèmes qui en faisaient une impasse pour nous.

Bref, on a créé une nouvelle réalité qui ne pose plus de graves difficultés. Dans cette nouvelle réalité, on a réponse à toutes les questions, et on sait agir vite et bien. Mais cette réalité sur laquelle on sait si bien agir n'est pas la « vraie » réalité, donc toutes nos si belles actions ne servent à rien. Têtus, les vrais problèmes sont toujours là…

Autre tâtonnement possible : tenter de faire taire le « ça ». Ou tout au moins qu'il crie moins fort, lui « faire la morale ». À défaut d'avoir ce qu'il aime, qu'il aime ce qu'il a : le principe de plaisir s'efface derrière le principe de réalité.

Ceci dit, « se contenter de ce que l'on a », ce n'est pas vraiment la tasse de thé du ça ; et le flot d'énergie refoulé risque de faire sauter la digue.

Le refoulement annonce le retour du refoulé et tôt ou tard, la digue finira toujours par céder. On a quand même des moyens de consolider cette digue. Le moi va faire alliance avec le sur-moi – qui ne demande que cela et qui va dire au moi : « Il te suffit d'obéir à mes préceptes et de respecter mes interdits. » Et le sur-moi fait souvent appel à son arme décisive : le sentiment religieux et ses pratiques.

Et en ce qui concerne nos cultures « occidentales », on peut dire sans forcer le trait que les trois religions révélées (judaïsme, christianisme, islam) sont des « religions du père ». Donc pour bien comprendre cette dynamique du refoulement opérée à l'encontre des pulsions du ça par l'alliance « moi – sur-moi », il faut clairement définir ce « père » dont on vient de parler.

Revenons donc à un complément sur l'ontogenèse. Le « père » apparaît très tardivement dans la vie de l'enfant. Tout d'abord, à la naissance, il y a une sorte d'indifférenciation totale entre le tout nouveau nourrisson et son environnement. On pourrait dire que le sujet et l'objet sont totalement confondus.

Assez rapidement néanmoins, « l'extérieur » commence à être reconnu par le sujet comme différent de lui. Une frontière entre intérieur et extérieur commence à se mettre en place, frontière plus que perméable pour l'instant, mais enfin, on commence à sortir d'une situation de totale confusion (que les psychanalystes désignent par « moi-tout »). Là, vers l'âge de 6 mois, va se mettre en place le début de la perception qu'il y a *moi* d'un côté et l'*extérieur* (le monde des objets) de l'autre. Jusqu'alors, citons le *Manuel de psychiatrie*[151] (p. 18) : « Pour le nouveau-né » (de 1 à 6 mois), il n'y a ni jour ni nuit, ni sommeil ni veille, ni objets ni personnes. Il est tout entier dans l'expérience originelle du plaisir (jouir et écarter la douleur) et comme enfermé dans la seule recherche de cette satisfaction (narcissisme primaire, « moi-tout », auto-érotisme...). Tout cela laissera une trace mnésique, plus ou moins consciente, appelée « moi-idéal ».

Puis, pour lui, il n'y a que des expériences en deux catégories :
1. Plaisir, gratification, satisfaction ;
2. Douleur, frustration, angoisse.

Et puis le cri, instinctif sous l'emprise de la douleur, de la frustration et de l'angoisse, va vite pouvoir devenir instrumental, si le nouveau-né obtient une réponse à ce cri, c'est-à-dire s'il fait venir l'« objet extérieur » – le sein de la mère – qui va lui apporter le plaisir de la gratification, la satisfaction.

Deux résultats importants :
1. Si le cri déclenche la venue de l'objet extérieur et le cortège de satisfactions qui l'accompagne, le nouveau-né en gardera une trace mnésique qui se transformera lorsqu'il sera devenu adulte en un trait de caractère fondé sur la confiance[152] : « Ça va, je sais faire ce qu'il faut pour déclencher la réponse que je souhaite de la part des "objets" extérieurs qui sont capables de me l'apporter. » Si en revanche, aucune réponse n'est déclenchée par le cri, un caractère de défiance risque d'apparaître par la suite ainsi qu'un caractère de passivité et de soumission, ou de révolte et de destruction : « Quoi que je fasse, ça ne

---

[151] *Manuel de psychiatrie*, Henry Ey, Paul Bernard, Charles Brisset, Masson & Cie éditeurs, Paris, 1967.
[152] Voir Erik Erikson, *Enfance et société*, Niestlé et Delachaux, Genève, 1957.

sert à rien et la chaleur et la nourriture apparaissent de temps en temps, sans que je sache pourquoi. Alors, j'attends, on verra bien. Si ça vient, vient bien et pas trop tard, bof ! Rien ne va mal, j'ai qu'à attendre, tôt ou tard, je suis toujours satisfait et très satisfait. » « Je n'ai donc pas besoin de me défoncer, patience, ça va me tomber tout rôti dans le bec. »
2. Si ça vient très tard et de façon très imparfaite, là, panique : « Je ne peux compter sur personne ; rien n'est fiable, la réalité m'apparaît comme destructrice, je me méfierai de tout et de rien, de tous et de chacun en tout cas. Mais attends voir, je vais me battre et le leur faire payer, j'aurai leur peau avant qu'ils aient la mienne, etc. »

Nous avons tous un mélange de ces deux extrêmes. Heureusement, la confiance absolue serait aussi dangereuse que la défiance absolue : naïveté candide absolue dans un cas : on ne pourrait même pas survivre, révolte systématique dans l'autre, nous attirant beaucoup de foudres destructrices dans notre environnement. Révolte ou peur paralysante car on s'assoit par terre et on pleure jusqu'à ce que mort s'ensuive.

Donc vive les quelques inévitables – et nécessaires – frustrations. Vive aussi les moments chaleureux, où le nouveau-né retrouve un bien-être absolu. On ne peut que souligner l'idée qu'un trait de caractère aussi important que le continuum défiance/confiance se met en place très tôt dans la vie du petit d'homme[153].

---

[153] Pour les précisions souhaitables sur ces stades de développement, on peut se référer à « Google » de la façon suivante : a) accéder dans Google en tapant « stade de développement Erikson » puis cliquer sur l'entrée « les huit âges de l'homme ». b) pour plus de précisions, taper seulement « stades de développement » puis cliquer sur l'entrée « stades tableau Freud Piaget Wallon ».

NOTE TECHNIQUE N° 3 : L'« ANALYSEUR »

Le « *survey feed-back* » est l'exemple de ce que peut être l'écoute active pour une structure microsociale. Formulée par Floyd Mann dans les années 1950, elle fut la matrice d'une multitude de techniques de développement organisationnel. Et elle exprime bien ce qu'est le moteur clé de toutes ces techniques.

Notre « analyseur » est l'héritier assez lointain maintenant de ces techniques d'écoute active : il en est une expression actualisée. Découvrons-le.

*
* *

Dans un premier temps, il convient de faire clairement percevoir au groupe les problèmes qui se posent à lui :

Pour cela, on commencera par constituer un « échantillon représentatif » de l'ensemble des membres de l'entreprise (c'est-à-dire un petit groupe de personnes qui, à elles toutes, peuvent témoigner de l'ensemble des problèmes de l'entreprise ; sorte de photographie réduite de l'entreprise). Ainsi, pour une entreprise de taille moyenne (disons 1 500 personnes), en général, on peut arriver à une taille d'échantillon d'une soixantaine de personnes.

Ces personnes sont soumises à des « interviews non directives » interviews qui seront dépouillées par une méthode d'« analyse de contenu ». Cette expression « analyse de contenu » est souvent galvaudée : il s'agit en fait d'une démarche extrêmement rigoureuse permettant de repérer statistiquement les thèmes qui apparaissent le plus fréquemment dans un matériel donné. Ici, donc, l'analyse de contenu servira à repérer les thèmes qui apparaissent le plus fréquemment, de façon significative, dans les interviews non directives.

À partir de tous ces thèmes (et d'eux seuls), on construit un questionnaire qui lui va être diffusé à *l'ensemble* des membres de l'entreprise. Ce questionnaire sera dessiné selon les caractéristiques suivantes :

1) Il comprendra une très grande majorité de questions fermées, c'est-à-dire de questions comportant une série de réponses prédéterminées à choisir : ceci dans un but de facilitation du dépouillement ;
2) Des réponses à choisir seront toujours en nombre pair afin d'éviter la référence moyenne, obligeant ainsi à prendre parti dans la réponse ; exemple : si l'un des thèmes qui apparaît dans l'analyse de contenu des interviews non directives est la précision avec laquelle les tâches de chacun sont définies, on posera la question suivante : « Selon vous, la définition de fonction est :
  ☐ très imprécise ☐ imprécise ☐ précise ☐ très précise.

3) Une fois ce questionnaire constitué, il est diffusé à l'ensemble des membres de l'entreprise. Une fois ce questionnaire rempli, on en fera l'analyse statistique qu'on résumera sous forme de tableaux. Ce sont ces tableaux dont on se servira pour renvoyer au groupe sa perception de ses problèmes.

Notons bien la neutralité d'une telle démarche, puisqu'aussi bien, il s'agit de :
   a) l'analyse statistique d'un… ;
   b) questionnaire constitué à partir de… ;
   c) l'analyse de contenu d'… ;
   d) interviews non directives d'un… ;
   e) échantillon représentatif.

Si l'intervenant possède bien le maniement de ces techniques, sa propre vue des choses, ses connaissances, son système de valeurs, etc., sont mis entre parenthèses et le biais personnel qu'ils pourraient constituer est de ce fait éliminé. On aura donc bien à faire à l'expression par l'ensemble du groupe de ses propres problèmes.

Cette expression, ces tableaux, vont donc être communiqués en retour, mais pas n'importe comment.

On va former des groupes de travail de type « horizontaux », c'est-à-dire fondés sur la base de la plus grande hétérogénéité possible en termes de fonction et sur la base de la plus grande homogénéité possible en termes de statut.

Sauf dans le cas des petites entreprises, on ne pourra pas convier l'ensemble des personnes dans ces groupes : à partir de certains niveaux hiérarchiques, on sera obligé de se contenter de faire désigner, par la « strate » concernée, des porte-parole. Comme il faut de plus que les groupes aient une taille de 6 à 15 personnes, cela amène à travailler, si on ne veut pas que le processus s'éternise, avec une vingtaine de groupes répartis sur l'ensemble de la pyramide hiérarchique.

À chacun de ces groupes, on communique les tableaux statistiques obtenus, en leur demandant de « déterminer les causes des problèmes exprimés dans les tableaux ». On insistera sur la nécessité « d'identifier principalement les causes provenant de *leur* groupe ».

On demande en fait ainsi à chaque groupe horizontal d'établir un « diagnostic » de l'entreprise. Il va de soi que ces diagnostics risquent d'être très différents les uns des autres. C'est pourquoi on parlera de « diagnostic partiels ». Typiquement, on aura autant de diagnostics partiels que de groupes. Pendant toute cette phase d'élaboration des diagnostics partiels, l'intervenant sera présent dans chacun des groupes pour élucider certains résultats des travaux, vérifier que la consigne est bien respectée, notamment en ce qui concerne la « non-évacuation » sur d'autres groupes de la responsabilité des problèmes. Il faut donc prévoir soit plusieurs intervenants, soit un déroulement séquentiel du travail de ces groupes horizontaux.

L'intervenant joue depuis un grand rôle d'amélioration des relations interpersonnelles et intergroupes à l'occasion de sa participation à ces groupes de diagnostics comme nous le montrons dans l'extrait commenté ci-dessous.

Une fois les diagnostics partiels établis, on demandera à chaque membre du premier groupe de convoquer ses collaborateurs directs qui donc appartiennent deuxième groupe, et, ensemble :

1) d'harmoniser leurs diagnostics partiels pour arriver à un diagnostic commun ;
2) de proposer des solutions pour arriver à résoudre les problèmes mis en lumière par ce diagnostic commun. À leur tour, les personnes de ce second groupe convoqueront leurs collaborateurs directs (donc du troisième groupe) pour harmoniser cette fois le diagnostic commun auquel ils sont parvenus avec le diagnostic partiel n°3 et ainsi de suite jusqu'à ce que l'ensemble des personnes ayant participé aux groupes horizontaux ait participé à cette phase. Notons qu'à chaque fois, les groupes réunissant un supérieur hiérarchique avec ses collaborateurs directs, outre l'harmonisation des diagnostics partiels, font un certain nombre de propositions de solutions qui sont résumées dans quelques pages dactylographiées.

Pendant cette deuxième phase, les intervenants sont « à la disposition » des groupes pour, lorsqu'ils le désirent, suggérer des idées dans l'élaboration d'un diagnostic commun (auquel cas ils pourront avoir un rôle de régulateur) ou de leur proposition de solutions (auquel cas, ils pourront avoir un rôle d'assistance technique et « faire passer leurs idées »).

Enfin, dans une dernière phase, chacun des groupes horizontaux désignera un porte-parole. Ces porte-parole constitueront un groupe qui reprendra toutes les positions solutions de la phase 2 et déterminera à partir de celles-ci le plan d'intervention finalement retenu.

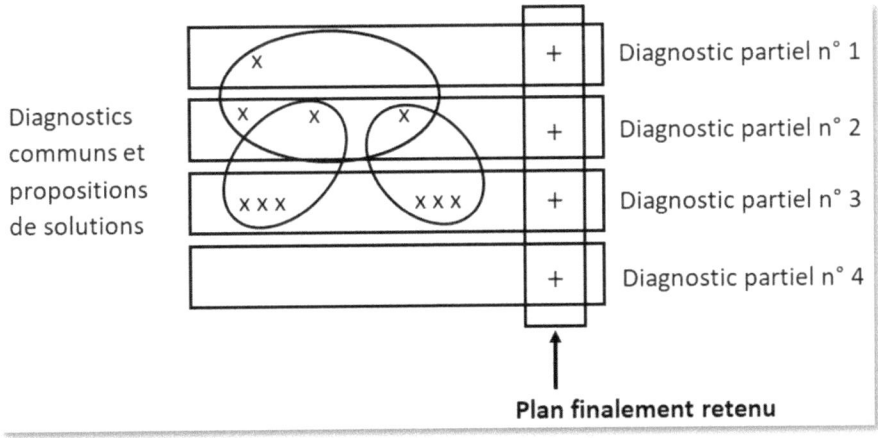

Nous avons appelé pour notre part ce type de schéma un « analyseur ». Cette démarche inspirée à l'origine des méthodes de *survey feed-back* dont en est une parfaite héritière.

Les moteurs de cette démarche sont : élaboration des problèmes entre égaux, élaboration des solutions, présence hiérarchique. En effet si, au départ, on ne mettait pas les membres de l'entreprise dans des groupes « entre égaux » certains problèmes risqueraient d'être masqués par une réaction de dépendance à l'autorité (ou au pouvoir). Ou à l'opposé renforcés par une réaction de « contre-dépendance ». Entre pairs, les problèmes sont plus facilement énoncés, de façon moins biaisée.

Puis, une fois que ces problèmes ont été énoncés et formulés, noir sur blanc, lorsqu'ils constituent ainsi une réalité explicite qu'on ne pourra plus occulter à volonté, alors, au contraire, il est indispensable de reconstituer des groupes de travail selon la ligne hiérarchique (ou plus généralement selon la structure de pouvoir). Sinon, les recommandations risqueraient de rester lettres mortes, on reconstruirait le monde bien facilement, mais de retour dans la structure de pouvoir ou simplement dans la ligne hiérarchique, on risquerait bien de s'empresser d'oublier les recommandations.

Ceci posé, nous avons présenté une vue assez conservatrice des choses ; il en serait tout autrement si l'on concevait les groupes horizontaux sur la base d'une égalité de pouvoir et non plus d'une simple égalité de statut.

Ainsi, par exemple, on pourrait trouver dans le premier groupe le PDG, mais aussi tel leader syndicaliste, ou bien un « marginal » qui est très écouté par l'ensemble des membres de l'entreprise, ayant une sorte de pouvoir charismatique sur eux, bien que hiérarchiquement situé au bas de l'échelle, etc. Il va de soi que dans ces conditions, les résultats du fonctionnement de l'analyseur ne sont plus du tout les mêmes ; en particulier ses conclusions risquent d'être beaucoup moins protectrices pour la structure de pouvoir en place.

De plus, si, au lieu de faire « descendre » les groupes de confrontation deux niveaux par deux niveaux, on les faisait « remonter », on obtiendrait, à l'évidence, une remise en cause plus profonde de l'organisation.

Il conviendra donc de dessiner sur mesure la démarche choisie à l'intérieur de ces deux extrêmes, en fonction des caractéristiques de l'organisation et des objectifs visés.

On voit les avantages d'une telle démarche : mobilisation et responsabilisation en profondeur de l'organisation, élaboration participative des solutions, aide « à la demande » d'un consultant sur les problèmes techniques, facilité de mise en place des solutions élaborées par le groupe pour lui-même, neutralité de la démarche.

Le moteur clé s'appelle : neutralité, non-directivité sur le fond. En revanche, directivité sur la forme à partir d'un pouvoir de type « O » (l'organisateur, Abraracourcix) qui se manifeste dans cette « règle du jeu » très stricte de l'analyseur.

La forme de cet analyseur va déterminer en grande partie le fond : il peut être conservateur (groupes horizontaux à statut égal et descente des confrontations). Mais, il va de soi que si ces groupes horizontaux sont constitués non plus à « statut égal », mais à « pouvoir » égal quelle que soit la base de ce pouvoir (expertise, charisme, porte-parole du personnel…), ce qui sortira de ces groupes horizontaux sera profondément différent. De plus, si on fait remonter les confrontations deux niveaux par deux niveaux au lieu de les faire descendre, une pondération bien plus forte sera donnée à la « base ». La combinaison de ces deux facteurs fera de cet analyseur un outil très contestataire, le premier groupe horizontal étant confronté à l'analyse et aux propositions de solutions de toute sa base : cet analyseur peut devenir une vraie « bombe ».

La forme surdétermine le fond.

Beaucoup d'entreprises ont commencé par un analyseur « conservateur » ; observant la richesse de ce qui en est sorti, et ayant pris l'habitude de ces travaux en groupe, elles ont fait de cet analyseur un outil permanent de dialogue répétant la démarche une fois par an en rendant cet analyseur de plus en plus incisif : mélange de pouvoir statutaire avec les autres formes de pouvoir pour les groupes horizontaux, puis, « descente » des groupes de confrontations sur les deux ou trois premiers niveaux, « remontée » sur les deux ou trois, derniers, et communication des résultats au groupe de synthèse finale.

C'est de la « dentelle » et il convient d'être très sensible à ce que peut être la mobilisation des émotions en fonction de la forme choisie. Plus on mobilise d'émotions, plus les résultats de cet analyseur seront riches, mais plus le risque d'explosion sera élevé.

On retrouve nos analyses et commentaires sur la prise de risque, « Rhizikon », « Kairos »… il faut sentir jusqu'où on peut aller trop loin. Les techniques, dans ce domaine comme dans tous les autres, ont évolué en même temps que l'évolution de l'environnement : le *team building*, les *groupes de communications*, les *cercles de qualité et de progrès*, etc.

Nos formations à l'IGS, n'ont plus grand-chose à voir avec ce qui se passait au moment où nous avons créé le groupe… Bien évidemment… et très heureusement !

Mais la philosophie sous-jacente à ces techniques, elle, est toujours la même : l'« écoute active ». La démarche reste la même dans ses fondements. Et c'est bien pour rester fidèles à la permanence de cette démarche que nous avons fait évoluer les techniques.

Et elles seules.

Pour qu'une idée perdure, il faut en adapter en permanence les moyens de sa mise en œuvre.

Les lecteurs qui voudraient creuser ses moyens peuvent se référer à la bibliographie (n° 33, 52 et 53, respectivement publiés en 2010, 2015, et 1983) ; ils pourront ainsi mesurer l'étendue de l'évolution et la permanence de la philosophie sous-jacente.

BIBLIOGRAPHIE SÉLECTIVE

(En gras apparaissent les titres des ouvrages de type : **« Si vous ne deviez en lire qu'un... » Quinze titres sur les cent-six références.**)

1. PSYCHOTHÉRAPIE

1- Pierre Charazac, « Un art de la conversation : le soutien psychique du patient atteint de la maladie d'Alzheimer », in M.P. Pancrazy et P. Métais, éditeurs : *Éthique et maladie d'Alzheimer*, Paris, Dunod, 2006.
2- Pierre Charazac, *Le psychanalyste et le vieillard*, Paris, PUF, 1991.
3- **Pierre Charazac, Soigner la maladie d'Alzheimer, guidance des soignants et relation soignante, Paris, Dunod, 2012 ; première édition 2009.**
4- Pierre Charazac, Isabelle Gaillard-Chatelard, Isabelle Gallice, *La relation aidant-aidé dans la maladie d'Alzheimer*, Dunod, Paris, 2017.
5- Sigmund Freud, *L'interprétation des rêves* (1900), PUF, 2010.
Psychopatologie de la vie quotidienne (1901), Petite Bibliothèque Payot, 2004.
***Cinq Psychanalyses* (de 1905 à 1935), PUF, 1966.**
6- Kitwood, *Dementia reconsidered*, Buckingham-Philadelphia, Open University Press, 1967.
7- M. Groslande : présentation, *Perspectives psychiatriques*, 2000/39/6-7.
8- G. Le Gouès, M. Périchon, « Ultimes processus de pensée » in *Revue française de psychanalyse,* 1992, n°1, pages 135-148.
9- M. Périchon, *Le déclin de la vie psychique*, Paris, Dunod, 1984.
10- Laura Clerc, sous la direction de Amélie Rosado Walker, « La relation avec une personne atteinte de démence de type Alzheimer », mémoire de Bachelor ; Hautes études de santé, Fribourg, 2011.
11- Ph. Thomas, J.P. Clément, C. Hazif-Thomas, J.M. Léger, « Alzheimer's disease and negative symptoms » in *International Journal of Geriatry Psychiatry*, 2001.

12- Ouvrage collectif sous la direction de Michel Personne : *Accompagner la maladie d'Alzheimer, les médiations de la réussite*, notamment pages 94 à 104.
13- C. Hazif-Thomas et Ph. Thomas, « La reconnaissance de l'émotion », in *Chronique sociale*, Lyon, 2006.
14- Ph. Thomas, G. Chandès, C. Hazif-Thomas,
a) « La reconstruction de la signification dans la démence », in *Soins gérontologie*, n° 127, septembre/octobre 2017.
b) « Efficacité de la musicothérapie sur la résilience dans la maladie d'Alzheimer », in *Neurologie-psychiatrie-gériatrie*, Elsevier Masson France, 2017.
c) *Analogon, conduite informative et pensée de secours* (pas encore publié).
15- Viktor Frankl, *Le sens de la vie*, Inter Éditions, 2017.
16- **Martin Buber, *Le Je et Tu*, Paris, Aubier, 2012, pour une édition revue et augmentée de l'édition « historique » de 1923 grâce à une nouvelle présentation de Robert Misrahi, un avant-propos de Gabriel Marcel, et une préface de Gaston Bachelard.**
17- Paul Ricœur, *Soi-même comme un autre*, Paris, Seuil, 1996.
18- Ph. Voyer, Ph. D, *L'examen clinique de l'aîné*, ERPI, 2017.
19- Ph. Voyer, Ph. D, *Soins infirmiers aux aînés en perte d'autonomie*, 2e édition, ERPI, 2014.
20- H. Grivois, *Grandeur de la folie, itinéraire d'un psychiatre iconoclaste*, Robert Laffont, Paris, 2012.
21- H. Grivois, *Comment parler avec les fous*, éditions Empêcheur de tourner en rond, Paris, 2007.

2. Transition : de la psychothérapie à la sociothérapie

22- H. Grivois et J. Dupuis, *Mécanismes mentaux, mécanismes sociaux*, éditions la Découverte, Paris, 1995.
23- H. Grivois, *Le fou et le mouvement du monde*, Grasset, Paris, 1995.
24- Will Durant, *Histoire de la civilisation*, Éditions Rencontre, 1963 ; 32 volumes.
25- Carl Rogers, *Le développement de la personne*, Dunod, Paris, 1954 (traduction de *Client centered therapy*, Houghton Miffin, Boston 1951). Actualisé par André de Peretti, *Présence de Carl Rogers*, Érès, Paris, 1997.
26- Cynthia Fleury, *Pretium doloris. L'accident comme souci de soi*, Pauvert, 2002.
27- Carl Rogers et R.E. Farson, « Active Listening », in A.R. Cohen, S.L. Fink, H. Gadon et R.D. Willits, *Effective Behavior in Organization*, Harvard Business Review, 1976.
28- **André de Peretti, *Présence de Carl Rogers*, Ed. Érès, 1997.**

29- Karl Menninger, *Man against himself*, Harcourt, Bruce & World, New York, 1re édition 1938 (un grand classique atemporel).
30- S. Bonfils, *Impertinente psychosomatique*, John Libbey Eurotext, Paris, 1993.
31- Ferdinand de Saussure, *Cours de linguistique générale*, Payot, 1995 (rédigé après sa mort par deux de ses collègues à partir de notes de cours de ses étudiants).
32- G. Davet et F. Lhomme, *Apocalypse Now*, Fayard, 2020.

3. THÉRAPIE MICROSOCIALE

33- Floyd Mann, « Studying and creating change » in W. Bennis, K. Benne, R. Chineds, *The Planning of change*, New-York, 1961. Actualisé par Y. Enrègle : « Le Survey Feed-Back » in *Précis de gestion sociale,* Les Éditions d'Organisation, Paris, 1995.
34- **Benoît Cordelier, « Conduire le changement organisationnel, une expression actuelle du Survey Feedback » in *Revue française des affaires sociales*, 2010, n° 1 et 2.**
35- Jean-Claude Moisdon, « L'évaluation du changement organisationnel », comme précédemment : *Revue des affaires sociales*, 2010, n° 1 et 2.
36- J. Ballet, F. de Bry, A. Carimentrant, P. Jolivet, *L'entreprise et l'éthique*, Les Éditions du Seuil, Paris, 2001.
37- **PROPÉDIA, ouvrage collectif sous la direction de Pascal Lardellier et Richard Delaye, *Entreprise et sacré*, Hermès-Lavoisier, Paris, 2012.**
38- M. Kets de Vries, D. Mille, *L'entreprise névrosée*, McGraw-Hill, Paris, 1985.
39- A. Jay, ***Management and Machiavelli*, Pfeiffer & Co, Oxford, 1994.**
40- D. Ettighoffer, G. Blanc, *Le syndrome de Chronos*, Dunod, Paris, 1999.
41- W.L. French, C. Bell, *Organization Development*, Prentice Hall, 1999.
42- **R. Delaye, *Régulation et management des organisations*, L'Harmattan, Paris, 2013.**
43- Y. Enrègle, *Précis de gestion sociale*, Les Éditions d'Organisation, 1993.
44- Y. Enrègle, *Le management revisité*, Les Éditions d'Organisation, 1997.
45- **F. de Bry, J. Igalens, J.-M. Peretti *et alii*, *Éthique et responsabilité sociale*, Eyrolles, Paris, 2010.**
46- A. Zaleznik, *Human dilemmas of Leadership*, Harper & Row, New York, 1966.
47- H. Levinson, *Emotional health in the world of work*, Harper & Row, New York, 1964.
48- L. Barnes, *Managing Interpersonnal Feedback*, Harvard University Press, Boston, 1982.

49- A. Maslow, *L'accomplissement de soi, de la motivation à la plénitude*, 1964, Eyrolles, 2013.
50- **J.-M. Peretti, *Tous DRH*, Eyrolles, Paris, 2012.**
51- J.-M. Peretti, *Tous leaders*, Eyrolles, Paris, 2011.
52- J.-P. Testa, B. Déroulède, *La boîte à outils du management transversal*, Dunod, Paris, 2015.
53- Bernard Monteil, Patrick Ryon et Gilles Alexandre, *Cercles de qualité et de progrès, pour une nouvelle compétitivité*, Les Éditions d'Organisation, Paris, 1983.
54- Ichak Adizes, *How to solve the mismanagement crisis*, Adizes Institute publications, 1979. Version française de Jean-Louis Barsacq, *L'ère du travail en équipe*, Les Éditions d'Organisation, 1980.

4. THÉRAPIE MACROSOCIALE

55- G. Mendel, *La révolte contre le père*, Payot, Paris, 1968.
56- G. Mendel, *54 millions d'individus sans appartenance*, Robert Laffont, Paris, 1983.
57- Freud, *Totem et tabou* (1913), PUF, 2004.
L'avenir d'une illusion (1927), PUF, 2004.
Malaise dans la civilisation (1930), PUF, 2006.
***Moïse et le monothéisme* (1939), Gallimard, 1993.**
58- Montesquieu, *De l'esprit des lois*, Genève, 1748 (en « poche » Flammarion).
59- **M. Balmary, *Le sacrifice interdit*, Grasset, Paris, 1986.**
60- **R. Girard, *Le bouc émissaire*, Grasset, Paris, 1982.**
61- Homère, *L'Illiade, L'Odyssée*, Le Livre de Poche, 1995.
62- Érasme, *Les adages* (1503), Les Belles Lettres.
63- Érasme, *Éloge de la folie* (1511), Les Belles Lettres.
64- Érasme, *L'éducation du prince chrétien* (1516), Les Belles Lettres.
65- Érasme, *Les colloques* (1533), Presses universitaires de Liège.
66- H. Peña-Ruiz, *Le roman du monde*, Flammarion, Paris, 2001.
67- P. Picq, *L'homme est-il un grand singe politique ?*, Odile Jacob, Paris, 2011.
68- O. Ducrot, T. Todorov, D. Sperber, M. Safouan, F. Wahl, *Qu'est-ce que le structuralisme ? (linguistique, poétique, anthropologie, psychanalyse, philosophie)*, Paris, Éditions du Seuil, 1968.
69- **Claude Lévi-Strauss, *Tristes tropiques*, Paris, Plon, 1955.**
70- Claude Lévi-Strauss, *Anthropologie structurale*, Plon, 1958 puis *Anthropologie structurale II*, Plon, 1973.
71- Claude Lévi-Strauss, *Le totémisme aujourd'hui*, PUF, 1962.
72- **Eric Enrègle, *L'automobile, variations sur un thème (voiture autonome, intelligence artificielle, rapport à autrui)*, L'Harmattan, Paris, 2020.**

73- Sylvain Tesson, *Un été avec Homère*, Éditions Équateurs France Inter, 2018.
74- E. Jauffret, *Révolution et sacrifice au Mexique*, Les Éditions du Cerf, Paris, 1986.
75- Régine de La Gorce, *L'humanité à l'œuvre (Positions et postures des presses communistes et collaborationnistes pendant l'Occupation)*, L'Harmattan, Paris, 2020.
76- D. Venner, *Histoire et tradition des Européens*, Éditions du Rocher, Monaco, 2011.
77- Serge Saint-Michel, *Il était une fois l'Europe*, Éditions Pierron, 1979.
78- Alix Longchamp, *Il était une fois l'Europe*, Fayolle, 1994.
79- S. Freud, *L'avenir d'une illusion,* réédition Les Éditions du Cerf, Paris, 2012.
80- M. Detienne, *L'identité nationale, une énigme*, Gallimard, Paris, 2010.
81- R-P. Droit, *Et si Platon revenait…*, Albin Michel, Paris, 2018.
82- Y. de Gaulle, *Ma République*, L'Observatoire Éditions, Paris, 2019.
83- Jean Garrigues, *De Gaulle à la plage*, Dunod, Paris, 2020.
84- J.-L. Barré, *Devenir de Gaulle*, Éditions Thomas Perrin, Paris, 2020.
85- Jacques Bainville, *Histoire de France*, Éditions Godefroy de Bouillon, Paris, 2003. Première publication 1924.
86- M. Detienne, J.-P. Vernant, *Les ruses de l'intelligence, la métis des Grecs*, Flammarion, Paris, 1974/2018.
87- R. Liogier, *Les évidences universelles*, Les éditions de la librairie de la Galerie, Paris, 2011.
88- M. Terestchenko, *L'ère des ténèbres*, éditions le bord de l'eau, Paris, 2015.
89- P. Lardellier, *Génération 3.0,* EMS, Paris, 2016.
90- **P. Lardellier, *Sur les traces du rite ; l'institution rituelle de la société*, ISTE éditions, 2019.**
91- A. Brissaud, *Mussolini, le fascisme*, Éditions Robert Langeac, Cercle Européen du livre, Paris, 1976.
92- E. Victor Wolfenstein, *The revolutionary personality: Lenin, Trotsky, Gandhi.,* Princeton University Press, New Jersey, 1967.
93- Erik Erikson, *Enfance et société*, Delachaux et Niestlé, Lausanne, 1950.
94- Erik Erikson, *Luther avant Luther*, Flammarion, Paris, 1968. (1re édition : *Young man Luther*, Norton & Company, New York, 1958).
95- Jardim, *The first Henry Ford*, MIT Press, 1970.
96- Kakar, *Frederic Winslow Taylor*, MIT Press, 1970.
97- Mazlich, *In search of Nixon*, Basic Books, 1972.
98- **Onfray, *Heurs et malheurs des Gilets jaunes*, Albin Michel, 2020.**
99- Onfray, *De Gaulle/Mitterrand : les vies parallèles*, Robert Laffont, 2020.
100- Montesquieu, *L'esprit des lois*, Genève, 1748 (publié sans le nom de l'auteur pour faire face à la censure), Folio, Paris dernière édition 2012 (avec le nom de l'auteur…).

101- M. Madoun, D. Autissier, J.-M. Peretti, *Transformer sans rompre ni exclure*, éditions EMS, 2019.
Fondation Schuman sur l'Europe, **L'état de l'Union 2018**, Éditions Marie B., 2018.

5. FICTION

102- Aldebert von Chamisso, *L'étrange histoire de Peter Schlemihl*, 1814 (édition actuelle : Folio).
103- George Orwell, *1984*, Gallimard, 1950.
104- J.M. Barrie, *Peter and Wendy,* 1911, dans la traduction de J. Maxime Rovere, *Peter Pan*, Paris, Rivages, 2016.
105- **Uderzo et Goscinny, *Les aventures d'Astérix : la Zizanie*.**
106- Arthur Miller, *Death of a salesman*, Penguin Books, New-York, première publication 1949.

GLOSSAIRE

Affect : terme désignant tout état affectif agréable ou pénible, vague ou spécifique. Toute pulsion s'exprime dans les deux registres de l'affect et de la représentation (voir ce mot) créant le « fait psychique » (voir ce mot).

Analyseur : système d'écoute active, d'écoute de dialogue, pour un groupe centré sur la tâche, héritier des techniques de « *survey-feed-back* » de l'« *Organization Development* ». Voir note technique 3.

Analogon : néologisme dû au docteur Philippe Thomas et à son équipe pour se substituer au mot « illusion » qui en serait le parfait synonyme s'il ne sous-entendait pas un « déni de réalité » ou au mot « simulacre » qui, lui aussi, en serait un parfait synonyme s'il n'était pas parfois entendu avec une connotation péjorative. Donc, « analogon » = illusion ou simulacre débarrassé de ses aspects négatifs.

Attitudes d'écoute : Elias Porter (psychologue américain, 1914-1967) a défini six attitudes et comportements dans le dialogue que l'on peut avoir avec une autre personne :
- Attitude d'« **enquête** » : on pose une question ; on demande des exemples illustrant ce que l'interlocuteur a dit… ;
- Attitude de « **décision-conseil** » : on donne un avis personnel à l'interlocuteur : « À votre place, voilà ce que je ferais… » ; « Je vous conseille de… » ; jusqu'à : « Ne vous occupez de rien, je vais agir directement, ce sera plus simple »… ;
- Attitude d'« **évaluation** » : on porte un jugement, une évaluation, sur ce qui vient d'être dit ou carrément sur la personnalité de l'interlocuteur : « Je trouve que ce que vous venez de dire montre beaucoup de discernement » ; « Je vous trouve bien pessimiste » ; « Vous croyez vraiment ? Allons, voyons… » ;
- Attitude d'« **interprétation** » : indiquer à son interlocuteur pourquoi et comment il a pu en arriver là : « Je pense que c'est votre ambition, alliée à votre susceptibilité et à une bonne dose d'anxiété qui vous fait voir les choses sous cet angle » ;

- Attitude de « **reformulation** » : faire miroir à l'interlocuteur de ce qu'il vient de dire et de ce qu'il ressent : « Si je vous comprends bien vous me dites que [….], et cela fait que vous vous êtes ressenti […] » C'est le « je vous ai compris » ;
- Attitude de « **support** » : rassurer l'interlocuteur en lui montrant que vous êtes là, que vous aussi vous avez connu de pareils moments et que vous êtes sûr qu'en s'y mettant tous les deux, on va trouver une bonne solution : « Quand je me suis trouvé dans une situation très proche de la vôtre, j'ai été heureux d'avoir quelqu'un qui m'estime et qui a bien voulu relever les manches avec moi pour que je m'en sorte. J'apprécie votre personnalité et si vous le souhaitais je suis prêt à vous aider. »

Ça : forme originelle de l'appareil psychique humain : réservoir pulsionnel (pulsions agressives et pulsions libidinales) et lieu de « stockage » de souvenirs en apparence oubliés. Le « ça » est totalement inconscient.

Le « ça » désigne avant tout une source intérieure qui échappe à notre volonté et qui exerce une pression. La nature clé du « ça » est la « libido », définie comme une énergie psychique entre autres à l'origine de la sexualité ; cette libido tend à s'écouler comme un fluide suivant la pente qui est devant lui. Le comportement de l'être humain sera déterminé par cet écoulement (libre, canalisé, contrarié, bloqué, détourné…) : le fluide, de toutes façons passera, quitte à fracasser toute digue sur son passage, créant de terrifiantes inondations, voire un mortel « dégât des eaux ».

Charybde et Scylla : les « deux écueils » qu'Ulysse rencontre sur sa route (l'actuel détroit de Messine, Charybde côté sicilien, Scylla côté italien). La passe est plus qu'étroite ; Ulysse doit la franchir ou renoncer à rentrer chez lui, à Ithaque pour y reprendre son trône, y retrouver son épouse (Pénélope, qui l'attend) et tous ses proches ; traduisons : **retrouver son identité. En grec ancien, les noms Odyssée et Ulysse ont la même racine : ils sont quasiment synonymes.**
    Ulysse est son Odyssée.
    Nous sommes, tous, notre Odyssée personnelle.
    Donc, pour lui, aller à Ithaque, c'est aller vers lui-même (forte ressemblance dans la mythologie grecque d'avec le « *Lekh Lekha* » de la Bible). Donc d'un côté, Charybde qui engloutit dans son tourbillon tout ce qui passe à sa proximité : et une fois que l'aspiration par son tourbillon a commencé, plus rien ne permet de s'en sortir. La disparition totale est fatale et, bien sûr, définitive. Mieux vaut s'en éloigner à une distance suffisante. Oui, mais s'éloigner de Charybde c'est se rapprocher de Scylla, cet effroyable monstre à douze moignons en guise de pieds, à six têtes dont les gueules comportent trois rangées de dents acérées qui vit dans une caverne située à mi-hauteur d'une roche pointue et lisse impossible à escalader ; pour compléter le tableau : « Du fond du vaisseau, le plus habile archer ne saurait

envoyer sa flèche dans cette caverne. [...] Jamais homme de mer ne s'est encore vanté d'avoir fait passer là sans dommage un navire : jusqu'au fond des bateaux à la proue azurée, chaque gueule du monstre vient enlever un homme » (Homère, *L'Odyssée*, chant XII, vers 95-100).

Ulysse passera « à toute vogue en hélant Crataïs, la mère de Scylla », suivant ainsi le conseil de Circé.

Ulysse a foncé.
Ulysse est passé.

Bonne utilisation du Rizikon sous les auspices de Kairos (voir plus bas ces deux mots).

Et, bien évidemment, puisque c'est une situation décrite dans un texte mythologique, cela signifie que ce type de dilemme n'a rien d'exceptionnel, mais que c'est une donnée normale de l'aventure humaine, et qu'une fois de plus, le seul réel danger est de ne prendre aucun risque.

Rappelons ce qu'écrivait Sylvain Tesson (*op. cit.*) : « Toujours se souvenir d'Homère à la lecture du journal, le matin. »

Au fond, quand le Premier ministre de la France nous dit, dans son discours du 28/05/2020 sur le dé-confinement, qu'il est « sur une ligne de crête », ça n'a rien de très exceptionnel, c'est ce qui nous arrive constamment quand on va dans la bonne direction... Le seul choix que nous avons, c'est : « Je veux continuer à marcher dans la bonne direction », ou bien à l'inverse : « Trop risqué, trop fatigant... je fais demi-tour. Je préfère renoncer à mon action, à mon cheminement... à moi-même. »

Oui, le Premier ministre a devant lui, d'un côté la disparition de pans entiers de l'économie (telle Charybde qui engouffre tout), et de l'autre des morts (tels que les dévorent les six têtes de Scylla). Eh bien, « c'est parti, on y va et on passe », car c'est le moment opportun (voir Kairos) pour prendre « le bon risque » (voir Rizikon)...

« Heureux qui comme Ulysse... »

Chimère : être composite purement imaginaire symbolisant le résultat de la combinaison de deux éléments en apparence incompatibles et qui peut, de ce fait, être l'incarnation de nos contradictions.

Chronos : Dieu du temps qui nous écrase par son exigence : qui n'est pas angoissé par ce « temps qui passe » et que nous ne pouvons maîtriser : c'est « l'heure qui tourne », le « temps qui presse », le « dépêchez-vous, je n'ai pas le temps », « pardonnez-moi : je suis à vous dans une toute petite seconde » (ce qui veut dire, au mieux, un bon quart d'heure).

Chronos dévore ses enfants. On ne peut lui échapper qu'en s'alliant à son « rival » : le Dieu Kairos (voir ci-dessous).

Clivage du transfert : le clivage, en allemand « *Spaltung* », désigne la capacité d'une personne à se diviser d'avec elle-même comme mode de traitement de la contradiction entre une exigence pulsionnelle et la réalité qui

« ne s'y prête pas ». Une partie du « moi » de la personne va tenir compte de la réalité, l'autre dénie la réalité au profit du désir. Ces deux parties du « moi clivé » coexistent parfaitement, sans s'influencer. Le langage courant parlera de double personnalité. Le « transfert » (voir ce mot) peut parfois « suivre le mouvement » dans certains épisodes d'une thérapie, « servant » les deux parties du « moi clivé » ; c'est ce que nous pensons avoir observé à un moment du cas « Floria ».

On comprend aisément que ce mot de « *Spaltung* » soit également traduit en français par le mot « dissociation » ; (voir ci-dessous au mot « schizophrénie »).

Démos : voir « peuple ».

Déni de réalité : mécanisme de défense : refus de regarder la réalité lorsque sa perception en est traumatisante ; le « moi » ne sait plus comment traiter cette réalité trop encombrante et choisit donc, inconsciemment, de « fermer les yeux », et de faire comme si elle n'existait pas.

Déplacement : mécanisme de défense par lequel une personne dirige inconsciemment sur un objet des pulsions destinées, à l'origine, à un autre objet.

Destin : ce mot nous renvoie à un mot grec (***Moïra***) et à un mot latin (***Fatum***). Ces deux mots ont un sens bien différent ; « *Moïra* », c'est la règle du jeu qu'on a choisi de suivre ; « *Fatum* », c'est ce qui est inscrit, ce qui doit nous arriver : on n'y peut rien ; c'est la fatalité à laquelle on ne peut échapper, quoi qu'on fasse.

Un troisième mot apparaît alors comme une sorte de compromis entre les deux ; c'est le mot saxon **« *Schiksal* »** que l'on peut définir ainsi : pour mener notre vie, on nous a distribué des cartes : il y en a des bonnes, des moyennes, des mauvaises. C'est la part de « *Fatum* ». Mais c'est bien à nous d'établir notre règle du jeu de ce jeu qu'on appelle la vie. On retrouve Sartre : « Notre responsabilité est de faire quelque-chose de ce que les autres ont fait de nous. »

Droites (« Les trois », cf. les travaux classiques de R. Rémond), gauches (« Les trois »…) :

Commençons par les droites.

Elles sont donc trois : la droite légitimiste, la droite orléaniste, et la droite bonapartiste. Actuellement, de ces trois droites, deux sont encore réellement présentes :
– Le « gaullisme » comme héritier de la droite bonapartiste ;
– Des courants de type droite libérale (« giscardien », UDI, Bayrou) comme héritiers de la droite orléaniste ;

- La droite légitimiste, elle, a été malmenée par l'histoire : sa dernière réelle apparition en termes d'exercice du pouvoir reste le « régime de Vichy », ce qui l'a pas mal « salie » historiquement et fait évoluer vers un avatar qui est le « populisme nationaliste ». Pour l'instant du moins (2017).

En réponse aux trois droites, on peut également identifier trois gauches.
Il y a 50 ans, j'aurais parlé :
- du Parti communiste ;
- de la SFIO (Section française de l'internationale ouvrière, devenue le Parti socialiste en fusionnant avec l'« Union des clubs pour le renouveau de la gauche » lors du congrès d'Issy-les-Moulineaux en juillet 1969) ;
- et du Parti radical qui devait se scinder en 2 partis : le MRG « Mouvement des radicaux de gauche », et les « Radicaux valoisiens » (le centre-droit) explicitant le compromis qu'était ce « Parti radical » : on disait couramment de ce parti qui fut le moteur de la IIIe République : « Les radicaux, c'est comme les radis, rouges à l'extérieur, blancs à l'intérieur. »

*
* *

Les choses ont évolué, les rapports de force aussi, même si sur le fond les grandes tendances restent les mêmes : nous écrivions dans cet ouvrage que nous ne pouvions pas dire « ni droite ni gauche », mais plutôt « nous sommes tous, et de droite et de gauche », tout au moins dans les « émotions » que recouvrent ces étiquettes, c'est-à-dire pour ce qui concerne « *Laos* ».

Personne n'a « le monopole du cœur », pour reprendre une phrase du président Giscard d'Estaing lors de la campagne électorale de 1974. Cette phrase avait fait « tilt » puisque dans ces périodes d'élection, c'est « *Laos* » et non « *Démos* » qui est à l'écoute.

Mais pour essayer d'y voir clair, il nous faut faire évoluer nos outils de classement des données de l'observation (nos « théories »), faute de quoi on s'exposerait à faire rentrer de force des éléments d'observations dans des cases devenues obsolètes, faussant ainsi totalement la perception de l'ensemble. L'observation doit toujours primer sur la théorie, faute de quoi nous verrons ce que la théorie nous « dicte » de voir.

Pour ce faire, dans notre cas il nous semble très utile d'utiliser l'observation de Michel Onfray sur « les trois gauches ». Nous la résumons très succinctement ici, mais on peut en trouver un exposé détaillé sur le Net (entrée : « les trois gauches Michel Onfray »).

Selon cette observation, il y a toujours trois catégories pour observer la gauche, rendre compte fidèlement de sa dynamique, bref, la comprendre. Ces trois catégories seraient (pour l'instant du moins) : la gauche « libérale », la gauche « antilibérale » et la gauche « libertaire ».

La gauche libérale apparaît comme « l'alternative à la droite » : la base éthique de cette gauche libérale, est, selon l'observation de Michel Onfray, ce qu'il désigne par l'expression « éthique de responsabilité ».

Pour ma part, je pense que cette expression aurait très bien caractérisé l'ancien Parti radical (les « radis »). Michel Onfray précise, quant à lui, que le « grand homme » de cette gauche libérale est le président François Mitterrand.

Seule réelle préoccupation de cette gauche libérale : exercer au mieux le pouvoir. C'est le culte de la « responsabilité ».

La deuxième gauche, l'antilibérale, est un peu le « symétrique » de la première : Michel Onfray la décrit comme « l'éthique de conviction » : « Tout à ses convictions sans aucun souci des responsabilités. » Sa faiblesse selon lui vient du fait « qu'elle sait le pouvoir inaccessible autrement que par un jeu d'alliance ».

Si elle le joue ce jeu, cela peut lui faire perdre son essence même ; auquel cas elle se détrut au profit de la gauche libérale qui, en quelque sorte, la récupère. Michel Onfray cite la présence des communistes dans le deuxième gouvernement de Pierre Mauroy (1981-1984), sous la présidence de François Mitterrand.

Si elle ne joue pas ce jeu, la droite antilibérale se positionnera de fait dans une dynamique révolutionnaire : « Lutte ouvrière », « Ligue communiste révolutionnaire », « NPA – Nouveau parti anticapitaliste », sont les exemples cités par Michel Onfray.

C'est le rêve du « Soir du Grand Soir »… qui aura lieu « demain ».

Toujours demain ? Éternellement demain ??

De la même façon, dans notre présentation des trois droites, nous aurions pu dire que le « Rassemblement national » était face à un dilemme de même nature.

Et puis la troisième gauche : la gauche libertaire : sorte de mélange des deux premières : « Éthique de conviction responsable et éthique de responsabilité convaincue » ; bref, « changer la vie dans l'instant et là où on est ». Et Michel Onfray de citer la tentative autogestionnaire des « Lip » en 1973 ou l'apparition des « communautés » post soixante-huitardes.

Très clairement, la gauche libertaire veut travailler dans l'ici et maintenant.

*
* *

Mais peut-être aussi pourrions-nous avoir une « droite » fonctionnant sur le même principe de l'ici et maintenant ; lui associerions-nous également l'adjectif « libertaire » ?

En ces temps de pandémie, je dirai que cette gauche (ou cette droite) libertaire jouerait selon le principe de « contamination » à l'énorme différence près qu'il ne s'agit pas de maladie potentiellement létale, mais d'idées qui peuvent ne pas être uniquement nuisibles ou destructrices, mais aussi très nobles et constructives.

Bref, si je change trois personnes autour de moi et que chacune de ces personnes en convainc (pour ne pas dire « contamine ») trois autres, qui elles-mêmes…, etc., on est dans un processus exponentiel : s'il faut un mois pour convaincre une personne, en 12 mois, on aura convaincu 531 441 personnes et en 21 mois, on a convaincu plus que toute la Terre (10 milliards, 461 millions, 410 000 personnes).

Certes, c'est moins automatique que le Covid-19, et on tombera aussi sur des personnes qui se sont bien totalement « confinées », voire définitivement « immunisées » ; et puis il y a beaucoup de concurrents.

Ensuite, certains de nos convaincus vont s'arrêter, voire « retourner leur veste », en tout cas, casser la chaîne de « contamination »…

Mais si on tient à ses idées, ça vaut le coup d'essayer. Les grands mouvements qui ont changé le monde sont partis d'une toute petite poignée de convaincus. Tous ont eu une action que certaines religions ont décrit par : « Allez, partez évangéliser les nations. »

Et ça a eu l'air de marcher… non ?

À condition toutefois qu'on se souvienne de la « dissociabilité du fait psychique » (voir cette expression ci-dessous). Les affects liés aux représentations « droite » ou « gauche » sont souvent si forts qu'ils peuvent, avant même qu'on ait commencé à parler, bloquer toute écoute, toute ouverture.

Il arrive ainsi que l'« étiquette » puisse tuer l'« idée ». Il est donc important de diffuser des idées en évitant de prononcer ces « mots-blocages ». Simple bon sens.

Empathie : attitude qui consiste à se mettre « à la place » d'une personne par l'attitude d'écoute « reformulation » partageant ainsi ses perceptions et les émotions qui en résultent.

C'est la base du « je vous ai compris ».

Eudémonisme : philosophie du bonheur, par opposition à hédonisme qui n'est qu'une recherche du plaisir.

Quand on est dans une démarche de plaisir, on s'inscrit dans une dimension d'immédiateté et de courte durée en ce qui concerne la satisfaction, avec une inévitable dépendance à ce qui a provoqué ce plaisir : la très courte durée impose un renouvellement immédiat. De plus, le plaisir obtenu s'use au fur et à mesure : donc non seulement il y a répétition à l'infini de ce qui a déclenché le plaisir, mais de plus la dose de cet agent de déclenchement devra être sans cesse plus élevée. À l'infini… Au bout d'un moment il n'y a plus que cela qui existe dans l'esprit du sujet.

Le bonheur est à l'inverse une construction de sa façon d'être, de son identité qui s'inscrit dans la durée conduisant à un sentiment de plénitude, de calme, de bien-être.

Fait psychique : ensemble formé d'une représentation (voir ce mot) et d'un affect (voir ce mot) qui, dans le fait psychique originel, lui est logiquement lié. La dissociabilité du fait psychique amène les affects à « glisser » des représentations originelles aux représentations substitutives selon des chaînes associatives qui aboutissent aux symptômes.

Fatum : voir « destin ».

Formation réactionnelle : mécanisme de défense par lequel une personne se comporte, inconsciemment, d'une manière symétrique, opposée à celle qu'elle souhaiterait en fait, par crainte excessive des conséquences de la pulsion qu'elle cherche à exprimer.

Gestalttheorie (en abrégé *Gestalt* ; en français **« Théorie de la Forme »**) : tout élément appartient toujours à un ensemble dont il ne peut être dissocié ; la perception de l'ensemble surdéterminerait la perception de chaque élément ; parfois un élément seul ne peut pas avoir de sens ; ce sont les éléments qui l'entourent qui lui donnent son sens. Exemple : une note de musique seule ne saurait avoir de sens par elle-même. Entourée des autres notes, elle prend tout son sens, et son éventuelle disparition changerait la perception de la ligne mélodique. Initiateur de cette « théorie de la forme », *Gestalttheorie* : Wolfgang Köhler (1887-1967).

Un bon exemple de cette surdétermination peut être donné par un chant militaire des plus « revanchards », s'il en est : « Vous n'aurez pas l'Alsace et la Lorraine... »

La musique, l'état d'esprit de la France au moment de la déclaration de la Première Guerre mondiale, les déclarations de va-t'en guerre, le contexte politico-social en général, toute la rancœur accumulée depuis la défaite de 1871, la perte de l'Alsace et de la Lorraine... tout poussait à la revanche ; « on allait les battre à plate couture les Teutons » ; « ils allaient voir ce qu'ils allaient voir », « d'ailleurs on n'est pas la meilleure armée du monde pour rien », etc., etc. ... Et chantons-le haut et fort. Hurlons-le : « Vous n'aurez pas l'Alsace et la Lorraine... »

Pourtant, si on s'occupe uniquement des mots, du texte, des phrases, on en arrive à une tout autre conclusion ; jugez-en :

« Vous n'aurez pas l'Alsace ET la Lorraine... » : « ET » pas « NI » : ben oui, c'est normal ; on ne peut pas avoir le beurre et l'argent du beurre... Au fond, pourraient se dire les Allemands de l'époque, ces Français ne sont pas trop exigeants ; si on leur propose de leur rendre l'Alsace, sa « route des vins », ses beaux paysages, sa cathédrale de Strasbourg... et qu'on se garde la Lorraine, ses industries et ressources minières qui complètent parfaitement notre Sarre, ce ne serait pas idiot.

Bref, ce premier vers est bel et bien une bonne ouverture de négociation ; « ça s'annonce bien cette affaire ».

Surtout que ce n'est pas fini, regardez :

« ... Et malgré vous, nous resterons français ; vous avez pu reconquérir la plaine... » : « REconquérir » et non pas « conquérir ». Bref, les Français reconnaissent parfaitement que ces territoires étaient à nous, Allemands, et qu'en 1871, nous n'avons fait que reprendre notre bien. C'est très lucide de l'avouer aussi clairement. En tout cas, c'est une très précieuse information pour nous ; ils sont décidément prêts à nous céder beaucoup de choses, ces Français.

Un petit truc gênant quand même, c'est le : « ... Et malgré vous nous resterons français... » ; qu'est-ce que ça vient faire dans ce contexte d'évidente grande ouverture qu'ils montraient ?

Pas de panique : ils nous le disent on ne peut plus clairement, ce qu'il faut comprendre par ce « ... nous resterons Français » : le dernier vers l'explicite on ne peut mieux : « Mais notre cœur, vous ne l'aurez jamais. »

En définitive, sur un plan culturel, nous avons finalement une longue histoire d'un empire fédérant des États autonomes dont les « princes-électeurs » votaient pour élire l'empereur du « Saint Empire romain germanique ». Alors, sans en revenir totalement à ça, on peut très bien imaginer un système dans lequel, en Alsace-Lorraine, tout en maintenant l'allemand comme langue « officielle », on enseignerait également une deuxième langue ; et même plus, qu'en partie, l'éducation se fasse DANS cette deuxième langue aussi : le français pour leur faire chaud au cœur (et puis, au passage, on regardera en plus si l'on peut faire une place à la langue alsacienne).

De toutes façons, on avait bien réussi à réunir dans l'empire des cultures aussi opposées que la Prusse et la Bavière ; ne nous y trompons pas, même si elles parlaient la même langue, leurs cultures étaient très profondément différentes pour ne pas dire contradictoires ; d'un côté : rigorisme d'un ordre contraignant très fortement imposé et en même temps totalement intégré de par l'éducation ; de l'autre côté, une légèreté faite de joie de vivre, voire d'insouciance, tendant au désordre. Caricatures du carcan de l'étroitesse morale de la réforme dans une Europe du Nord d'un côté, catholicisme joyeux, confiant... et remuant dans un Europe « latine » de l'autre.

C'est tout dire...

Alors, laissons-leur ainsi leur « cœur français » et prenons-leur tout le reste ; pardon, je voulais dire « reprenons-leur » tout le reste comme ils nous le proposent si gentiment.

Bon, les Français nous rendent ce qu'ils nous avaient volé ; allez, on va leur pardonner ce vol ; on va leur pardonner Louis XIV, Napoléon... : visiblement, ça n'aura été qu'un malentendu qu'ils veulent réparer...

Visiblement, le texte *stricto sensu* est diamétralement opposé à ce que l'on voulait exprimer.

En conclusion, ceci nous semble être un bon exemple de surdétermination du sens d'un élément par l'ensemble auquel il appartient. Rendons hommage à Köhler (un Allemand bien sûr…).

Et puis, surtout, exprimons toute la reconnaissance et tout le respect que nous devons à la mémoire de nos (arrière)-grands-parents qui sont morts pour la France en chantant ce refrain pour le moins patriotique.

Guide (G) : type de pouvoir fondé sur la capacité d'analyser l'environnement pour en déduire les objectifs à atteindre : Astérix « sait ce qu'il faut faire », mais ne sachant pas le faire lui-même, il a besoin d'Obélix qui, lui, « sait tout faire ».

Hédonisme : philosophie du plaisir par opposition à eudémonisme ; voir ce mot.

Idéalisation : mécanisme de défense qui consiste à exalter inconsciemment les qualités d'une personne : projeter sur elle une image de modèle qui occulte sa personnalité réelle.

Idéal du moi : instance différenciée du *sur-moi* ; il constitue un *modèle* pour le sujet qui va construire sa vie avec les **apprentissages** choisis par lui pour **construire** une identité aussi proche que possible de cet idéal.

À ne pas confondre avec le *moi-idéal* qui est un idéal du « *moi-tout* » fondé sur le narcissisme infantile ; une sorte de rêve de toute-puissance pouvant conduire à une dangereuse mégalomanie, à tout le moins vers un délire de toute-puissance.

Identification : défense par laquelle une personne, inconsciemment, assimile un aspect de l'autre, voire tous ses aspects, devenant de ce fait totalement ou partiellement une copie de l'autre.

Identification projective : mécanisme de défense par lequel un individu attribue inconsciemment à quelqu'un d'autre tout ou partie des caractéristiques de son identité propre.

Isolation : mécanisme de défense qui consiste à couper inconsciemment une pensée ou un comportement de ses conséquences, à supprimer les liens qui existent entre cette pensée, ces comportements, d'avec d'autres pensées, d'autres comportements. À couper ces pensées et ces comportements des affects qui leur sont logiquement liés. À cloisonner, à couper d'un contexte.

Kairos : si le Dieu Chronos est universellement connu, il n'en va pas de même de son compère Kairos, Dieu ailé qui « papillonne » et qu'il faut vite saisir quand on a la chance de le voir passer : c'est le Dieu du temps opportun, de l'opportunité à ne pas laisser passer. C'est le moment de prendre un comportement de « Rizikon » (voir ce mot plus loin).

Dans cette civilisation « qui passe de l'être à l'avoir par l'intermédiaire du paraître », on détruit le temps : le paraître a son exigence d'immédiateté, le temps est comme écrasé et en retour il nous écrase ; Chronos dévore ses enfants. Seul Kairos peut nous sauver.

Laos : voir « peuple ».

Leader : type de pouvoir résultant de la combinaison M + G (mobilisateur et guide – voir ces mots).

Limites du guide (G) : trop faible inertie au changement pouvant conduire à l'instabilité.

Limites du réalisateur (R) : trop forte inertie au changement pouvant conduire à une incapacité à s'adapter à l'environnement.

Manager : type de pouvoir résultant de la combinaison R + O (réalisateur et organisateur – voir ces mots).

Mécanismes de défense : fonctions inconscientes du « moi » qui viennent l'aider dans son travail de tampon entre les exigences pulsionnelles du « ça », les contraintes éthiques du « sur-moi » et la réalité de l'environnement lorsque les seuls mécanismes adaptatifs conscients n'y parviennent pas.

Mobilisateur (M) : capacité à rassembler un groupe autour de soi par un mécanisme de séduction. Il s'y ajoute un rôle de pourvoyeur d'énergie et un mode de communication essentiellement non directif ; il est fondé sur une abstraction permettant la projection et le transfert sur lui. Ce transfert est la base de son pouvoir qui est essentiellement irrationnel et émotionnel. C'est un pouvoir « symptôme » (Panoramix).

Mobilisateur négatif (M-) : capacité à rassembler contre soi-même l'ensemble du groupe. Il s'y ajoute un rôle de pourvoyeur d'énergie et d'abstraction qui permet la projection, le transfert sur lui. Ce transfert est la base de son pouvoir « subi » : son pouvoir est donc là aussi irrationnel et émotionnel. C'est à nouveau un pouvoir « symptôme » (Assurancetourix).

Moi : ensemble des fonctions visant à rendre compatibles les exigences pulsionnelles du « ça », la contrainte éthique du sur-moi et la réalité de l'environnement. Le moi est en majeure partie conscient ; une partie du « moi » est inconscient : voir « mécanismes de défense ». Le « moi » fonctionne selon « le principe de réalité ».

Moi-tout : état psychique du nourrisson quand il ne fait pas encore de distinction entre ce qui est lui et ce qui est l'environnement. Cette distinction apparaitra vers le 6ᵉ mois.

Moïra : voir « destin ».

Motivation : cet article du glossaire semble vouloir rabâcher un thème par trop connu. Peut-être.
Néanmoins, sa conclusion nous amène à un éclairage complémentaire important pour le thème clé de notre ouvrage, l'identité.
Le déterminant de comportement d'une personne, sa « motivation », est toujours la recherche de son équilibre interne, donc la satisfaction d'un « besoin ». Abraham Maslow, psychosociologue américain (1908-1970), a fait un apport considérable dans ce domaine en montrant que ce besoin revêtait un nombre très restreint de formes : six en tout, alors que le bon sens nous aurait conduit à parier sur de nombreuses dizaines : selon la personnalité de chacun, les circonstances, la réalité socioculturelle dans laquelle il vit, etc.

Les recherches que nous avons faites à partir de 1983 sur les différences entre « équipes perdantes » et « équipes gagnantes » ont permis :
- La mise au point de la grille de lecture « RGOMM- » (clairement exposée dans le point d'étape que fut notre ouvrage *Précis de gestion sociale*, voir bibliographie) ;
- D'actualiser d'autres grilles de lectures, toujours dans l'esprit d'un essai (c'est-à-dire une somme d'hypothèses et d'arguments).

En ce qui concerne la motivation, une hypothèse saute aux yeux : il ne s'agit pas de plusieurs besoins, mais d'un seul et même besoin revêtant plusieurs formes ; ce besoin unique est la recherche de l'équilibre interne de la personne au sens où nous l'avons décrit quand nous traitons de la structure de la personnalité (note technique n° 1) : « La recherche incessante d'équilibre du « moi » par l'harmonisation de l'exigence pulsionnelle du « ça », de la contrainte éthique du « sur-moi » et de la réalité de l'environnement ; c'est-à-dire la diminution de l'angoisse, de la culpabilité et de la peur. »

De plus, il nous a semblé bon, comme vous l'avez remarqué, de faire l'hypothèse de six formes du *besoin fondamental*, là où Maslow n'en avait fait que cinq, en subdivisant en deux la troisième forme du besoin.

En revanche, ces recherches nous confirment que, non seulement ces formes du *besoin fondamental* sont très peu nombreuses, mais, de plus, elles apparaissent dans un ordre précis, toujours le même et, pour qu'une des formes prenne le devant de la scène, il faut que les formes d'ordre antérieur aient été satisfaites. Et tant qu'une forme en jeu n'aura pas été satisfaite, tout se passera comme si les formes ultérieures n'existaient tout simplement pas du tout. *C'est pour cela que l'on parle de *hiérarchie* ou de *pyramide* des formes du *besoin fondamental*.

Et non pas pour une quelconque connotation de valeurs : une forme de besoin n'est ni plus ni moins noble qu'une autre (par simplification d'expression, on parle usuellement de pyramide ou hiérarchie des besoins ; nous allons faire de même, sans pour autant oublier qu'il ne s'agit que de formes différentes d'un *seul besoin fondamental*).

Rendons hommage à Maslow qui, le premier, formula une grille de lecture aussi riche et aussi facile de maniement. Le principe de son utilisation s'appuie sur le simple bon sens : « Si l'on aide une personne à satisfaire celui des six besoins qui, à un moment donné, est sur le devant de la scène, on accroît son implication dans sa tâche, son adhésion à l'entreprise. Si, en revanche, on la gêne dans la satisfaction de ce besoin, on ne fait qu'exacerber ce besoin en frustrant la personne ; elle se sentira dans une impasse : on fait un boulevard aux mécanismes de défense, avec toute la perturbation individuelle et collective qui en résultera. »

Décrivons, succinctement, ces six besoins : **pour en arriver à la conclusion finale qui, elle, est fondamentale pour la compréhension du thème central de cet ouvrage : l'identité.**

Tout d'abord, à l'évidence, on trouve les incontournables *besoins physiologiques* : se nourrir, s'abriter, se vêtir, se protéger contre tout danger, toute agressivité… : on admettra sans peine que tant que ces besoins de base ne sont pas satisfaits, rien d'autre ne peut avoir de l'importance pour une personne. Ce besoin de base concerne le microsocial de l'entreprise autant que le macrosocial de la cité.

S'il est satisfait, un second besoin va apparaître qu'on pourrait désigner par « pourvu que ça dure ! ». On l'appelle généralement *besoin de sécurité* : simple reconduction dans l'avenir des besoins physiologiques.

On regroupera ces deux premiers besoins sous l'étiquette de *besoins économiques*. Une fois que ces deux besoins sont satisfaits, une tout autre préoccupation va apparaître chez le sujet ; ce sont les *besoins relationnels* : besoins n° 3 et 4.

Besoin n°3 : le *besoin d'appartenance* : se sentir parfaitement intégré dans un groupe, une équipe ; accepté par ce groupe, en faire partie ; bref ne plus être seul, et se sentir confortable avec ceux qui nous entourent.

Une fois cette dimension satisfaite, le 4e besoin apparaît : simple différenciation du 3e nommé *estime des autres* : obtenir plus que les autres, les marques de reconnaissance, d'approbation, d'amitié, d'estime, de respect… et de ce fait, avoir une influence un ascendant, un pouvoir sur « les autres ».

À partir de la cinquième étape, on va changer de registre ; désormais, ce qui contera, ce sera d'être en accord avec soi-même : où en suis-je dans la construction de mon identité, de mon « *Lekh Lekha* », de ce « deviens toi-même » ? Qu'est-ce que je pense de moi ? Recentration sur soi-même : c'est pour cela qu'on nomme ces deux dernières étapes *besoins personnels*. Ainsi :

5ᵉ étape : être au plus près de son système de valeurs : on se juge soi-même ; on cherche à avoir sa propre estime ; que l'on puisse enfin dire « je suis ».

Ce qui conduit tout naturellement à la sixième et dernière étape (mais pour y parvenir il faudra avoir franchi les cinq premières)...

Cette toute dernière étape, c'est faire en sorte que tout le parcours que j'ai accompli se concrétise dans une réalisation, une construction qui soit l'expression visible du « je suis devenu ce que je suis ». Dès lors, je peux par cette réalisation, encore mieux passer le relais, encore mieux transmettre, en m'inscrivant dans l'espace et le temps.

On parlera du *besoin d'accomplissement* : oui, j'aurai réussi à « arracher à l'ironie des Nébuleuses le chant des Constellations », à mon niveau, à la mesure – sans doute très modeste – qu'était la mienne.

Mais ça, oui...

... JE L'AI FAIT.

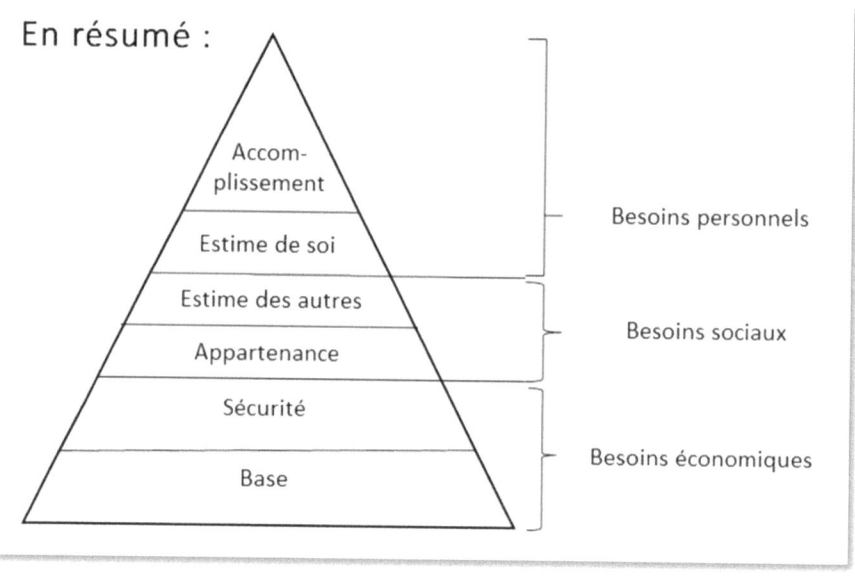

Narcissiser : tentative de réparation des éventuels dégâts de la « blessure narcissique originelle » due à l'impossibilité pour le nourrisson de consommer l'énergie libidinale dans une action motrice. D'où une accumulation d'énergie libre qui se traduit par une angoisse qui va, de plus, être renforcée vers le 6ᵉ mois par le clivage du « moi-tout » en « moi » et « non-moi ». Le développement du sujet vers l'âge adulte peut en être perturbé au point que son comportement d'adulte soit en permanence handicapé par une image très dévalorisée de lui-même. Il faut alors tenter de « re-narcissiser » la personne ; un narcissisme trop faible est tout aussi handicapant (plus ?) qu'un narcissisme trop fort.

Narcissisme : pulsions libidinales dirigées vers le moi du sujet ; amour porté à l'image de soi-même.

Négation : mécanisme de défense par lequel un sujet, tout en mettant en œuvre un désir, en exprimant des pensées, des sentiments, refuse inconsciemment de s'avouer à lui-même que ses désirs pensés et sentiments sont les siens.

Non-directivité : comportement fondé principalement sur l'attitude dite de « reformulation » et sur l'empathie définie comme l'acceptation, la valorisation du point de vue de son interlocuteur (attitude dite de « support ») aboutissant ainsi à un **partage de ses émotions**. Voir ci-dessus « attitudes d'écoute ».

Organisateur (O) : capacité à organiser, coordonner le réalisateur (R) et le guide (G) malgré leurs différences, notamment en ce qui concerne l'inertie au changement et le déséquilibre dans la division de l'action ; il y a ajouté un rôle d'élaboration symbolique qui, l'éloignant de la définition du « bureaucrate », en fait la clé de voûte du système « RGOM » (le « chef », Abraracourcix).

Paranoïa : perturbation psychologique constituée essentiellement d'un délire de persécution et, en réponse, d'un sentiment de toute-puissance ; l'hypertrophie du « moi » permet au patient de se sentir à l'abri : « Oui, ils veulent me tuer », leur dit leur délire de persécution ; « Ils peuvent toujours y aller, je suis plus fort qu'eux » leur dit leur hypertrophie du moi, qui malheureusement ajoute bien souvent : « De toutes façons je suis en état de légitime défense donc je vais les détruire à titre préventif ; simple principe de précaution. » Il peut s'agir d'une destruction qui restera au seul niveau symbolique, comme elle peut aller jusqu'à l'assassinat réel, individuel ou collectif, car ceci peut se jouer dans une simple relation interpersonnelle, ou bien, beaucoup plus souvent, vis-à-vis d'un groupe micro ou macrosocial (voir, par exemple, l'étude sur Hitler par le docteur Gérard Mendel, chapitre 4 de la 3e partie de « La révolte contre le père » – voir bibliographie).

Peuple : traduction française de deux mots grecs :
1) « *Laos* » (qui est la racine de « laïcité ») : renvoie à l'idée de masse indifférenciée, non organisée, mais très soudée par des émotions communes ;
2) « *Démos* » (qui est la racine de « démocratie ») : renvoie à l'idée de peuple organisé en force politique.

Dans les deux cas, c'est bien le peuple, alors que ces deux acceptions sont quasi antinomiques : « parler au peuple » ne veut rien dire tant qu'on n'a pas précisé si on parlait à l'émotionnel-irrationnel *Laos* ou au rationnel *Démos*. Et les erreurs en ce domaine peuvent avoir de graves conséquences, les façons d'écouter et de parler au « peuple » étant diamétralement opposées selon qu'on a affaire à l'un ou à l'autre. Se tromper (c'est-à-dire avoir face à *Laos* les attitudes et comportements souhaitables pour *Démos*, et vice-versa) peut conduire à un échec cuisant.

En revanche, si les attitudes et comportements sont en adéquation, *Laos* et *Démos* vont s'harmoniser et la « prise en main » peut être un grand succès. Les périodes de crises sociales peuvent être lues au prisme de cette dualité du mot peuple (notamment, bien sûr, les « Gilets jaunes » et le déroulement de la longue crise sanitaire de la pandémie du Covid-19).

Phénoménologie : démarche consistant à faire de la description et de l'analyse des seules données perceptibles la base de toute étude de phénomènes humains en rejetant toute interprétation abstraite (E. Husserl, F. Hegel…).

Principe de plaisir : mode de fonctionnement du « **ça** » qui consiste à rechercher par les voies les plus courtes et sans tenir compte de la réalité extérieure les satisfactions identiques à celles attachées aux différents stades de développement de l'individu.

Principe de réalité : mode de fonctionnement du « moi » qui désigne que son premier objet est d'agir sur la réalité pour l'adapter aux désirs du « ça ».

Projection : mécanisme de défense qui consiste à attribuer inconsciemment à quelqu'un d'autre ses propres sentiments, ses propres affects.

Pulsion agressive (synonyme en première analyse d'agressivité, instinct de mort, *Thanatos*) : une des deux pulsions du ça, porteuse de la destruction de l'autre, parfois de soi-même : elle génère les tensions et les conflits et doit aussi être considérée comme un indispensable facteur de lutte pour la survie.

Pulsion libidinale (synonyme en première analyse d'instinct de vie, libido, *Eros*) : une des deux pulsions du ça porteuse du développement de l'individu, de l'espèce, des relations constructives entre personnes, de la cohésion des groupes.

Rationalisation : mécanisme de défense par lequel une personne, inconsciemment, se persuade du bien-fondé de son comportement en se donnant de bonnes raisons, solides logiques et inattaquables pour masquer ses propres yeux, le vrai mobile de son comportement.

Réalisateur (R) : type de pouvoir fondé sur la capacité d'action (expertise compétences et énergie dynamisme). Communication très fermée : R a tendance à se substituer à l'autre dans l'exercice de son pouvoir plus qu'il ne communique avec lui. Obélix « sait tout faire », mais « il ne sait pas ce qu'il faut faire ». Il est donc indissolublement lié au guide (G) Astérix qui, lui, « sait ce qu'il faut faire, mais ne sait pas le faire ».

Reformulation : capacité à développer un entretien en faisant systématiquement « miroir » des affects et sentiments sont contenus dans son discours et qui constituent les moteurs de son comportement (voir ci-dessus « attitudes d'écoute »).

Refoulement : mécanisme de défense qui consiste à bloquer inconsciemment l'expression d'une pulsion libidinale ou agressive.

Représentation : terme désignant ce qui forme le contenu d'un acte de pensée ; à toute représentation est liée un affect pour former un « fait psychologique ».

Re-surgissement, retour du refoulé : réapparition inconsciente de la pulsion que l'on avait tenté de refouler.

Rizikon : attitude de la personne qui choisit de prendre le « bon risque », en sachant que le seul réel danger qui nous guette c'est… de ne pas prendre de risque.

Schiksal : voir « destin ».

Schizophrénie : groupe de psychoses souvent étiqueté « démence précoce » dont le symptôme fondamental est la dissociation (*Spaltung*), ce qui est le reflet exact de son étymologie : « esprit fendu » ; « incohérence de la pensée, de l'action et de l'affectivité, activité délirante, détérioration aboutissant à des états démentiels », tels sont les mots-clés selon nous du long article que le *Vocabulaire de la psychanalyse* consacre à ce thème (Laplanche et Pontalis, PUF, 1re édition, 1967, réédité régulièrement depuis).

Scylla : voir **Charybde et Scylla**.

Signifiant, signifié : le signifiant est la forme concrète du signe telle que nos sens la captent (vision, audition, odeur, goût, toucher…) qui renvoie au « signifié » qui est l'interprétation que nous faisons de ce signifiant pour lui attribuer une signification.

Singulariser : renforcement de la capacité à dire « je suis » avec tout ce que cela signifie en termes d'unicité (toute personne est unique ; il ne peut pas y avoir deux personnes identiques) en revendiquant cette unicité et en la valorisant ni trop ni trop peu. Le parcours décrit dans notre rubrique « Motivation » (voir ci-dessus) est un exemple parfait d'une démarche aboutissant à cette singularisation.

Stades de développement : le développement du « petit d'homme » n'est pas le déroulement linéaire continu : c'est plus proche d'une série de crises avec des ruptures qui, brutalement, font passer le jeune enfant d'une étape à une autre, chacune de ces étapes laissant une trace profonde et pratiquement ineffaçable dans ce qui sera l'adulte qu'il va devenir. Notre personnalité est le résultat des blessures reçues lors de chacune de ces étapes. Nous sommes toutes et tous le résultat des drames vécus dans les toutes premières années de nos vies. Du moins doit-on dire, en paraphrasant Sartre, que « notre responsabilité est de faire quelque chose de ce que ces premières années ont fait de nous ».

Parcourons rapidement ces différentes étapes en insistant sur le fait que ce sont toujours les mêmes d'un être humain à un autre, toujours dans le même ordre, avec des passages de l'une à l'autre, approximativement aux mêmes âges.

De plus, de Freud à Lacan en passant par Erik Erikson, Abraham, Mélanie Klein... les définitions en sont pratiquement identiques.

1- Le stade ORAL (de 0 à 12/15 mois, il n'y a bien sûr pas de « frontière précise ») : à la naissance, le nourrisson est un grand prématuré en ce qui concerne son système nerveux : les gaines de myéline qui entourent les axones ne sont en place que sur une toute petite partie de son corps : le « museau » (lèvres et cavité buccale), permettant l'activité de succion donc l'alimentation. Tout le plaisir et toutes les frustrations, dans ce premier stade, se jouent autour de cette activité. Il dépend totalement de son environnement pour la satisfaction de ce besoin fondamental s'il en est.

Repartant des travaux de Freud, Erik Erikson (psychanalyste germano-américain, 1902-1994) montrera dans ses travaux les conséquences possibles de chacun de ces stades sur la personnalité du futur adulte.

Ainsi, pour ce premier stade, quand le besoin est satisfait, le bien-être dû à la nourriture et à la chaleur qui l'accompagne laissera une trace mnésique dans l'esprit de l'adulte qui deviendra tout entier marqué par la **confiance** : « Ne t'inquiète pas, tout s'arrange toujours, on ne te laissera jamais tomber, ça arrivera toujours le moment venu... » À l'inverse, si les frustrations dominent, c'est la **méfiance** qui dominera chez l'adulte. Notons qu'il est bon d'avoir un mélange des deux : une confiance absolue, comme une défiance absolue conduirait à de graves échecs. Nous sommes tous un mélange des deux, plus ou moins teinté de chacune de ces deux composantes selon les cas. On a besoin des deux. D'ailleurs, les premières frustrations sont à la base d'un apprentissage clé. Si l'apport de nourriture et de chaleur tarde, le nourrisson instinctivement va crier ; si, grâce au cri, nourriture et chaleur rappliquent, ce cri va très vite devenir instrumental, donnant au très jeune enfant un premier moyen personnel d'action sur son environnement : JE peux toujours faire quelque chose pour obtenir ce que je souhaite ; là encore, il faut doser ; si le cri ne sert à rien c'est très ennuyeux : la passivité va être un axe fondamental chez l'adulte de type « ce n'est pas la peine que j'agisse, ça ne change rien ». Si ça marche à tous les coups, un sentiment de toute-puissance marquera ses rapports avec son environnement d'adulte, ce qui risque de compliquer ses relations avec son entourage ; toujours la question du « bon dosage ».

2- Le stade anal : de 12-15 mois à 2,5/3 ans

On est là dans l'apprentissage de la « propreté » : la maîtrise des sphincters (rendue possible par la maturation du système nerveux – encore et toujours les gaines de myéline) conduira l'enfant à un degré d'**autonomie** y compris vis-à-vis de ses parents : « Je *fais* lorsque je le veux et je le décide, et là où je veux et de la manière que je veux ; et d'ailleurs je peux les *enm...rder* si ça m'amuse ou s'ils me font *trop ch...* avec leurs manies. » Ceci, si tout se passe bien à ce moment bien délicat...

Si à l'inverse ça se passe mal, le **doute** de ses capacités et la **honte** de soi vont prendre le devant de la scène et vont s'installer quelque peu définitivement : bon courage au futur adulte. Avec les remerciements des psychothérapeutes, c'est là qu'on leur construit une très grande partie d'un réservoir de futurs clients, surtout s'il y avait eu des gros ratés dans le stade précédent, qui ainsi auraient favorisé les dérapages du stade anal.

3- Le stade phallique : de 2,5/3 ans à 4/5 ans

Les pulsions sexuelles apparaissent : « Qu'est-ce que je peux en faire ? Et puis les grands là-haut ça a l'air de les ennuyer. Pourtant à l'école j'ai des copains (copines) que ça n'a pas l'air d'ennuyer du tout ?? Oh là ! Bon, qu'est-ce que je fais ? Moi, qu'est-ce que je fais ? » Face à cet embarras, la réponse va se situer quelque part entre les deux pôles du dilemme : **initiative** d'un côté, **culpabilité** de l'autre.

Bien évidemment, les réponses apportées aux dilemmes des deux premiers stades vont peser sur le troisième : une personne qui aura été plutôt dans le sens **méfiance,** puis **honte,** aura plus de chance de se laisser aller à la **culpabilité ;** celle qui était dans la démarche opposée (**confiance, autonomie**) penchera vers l'**initiative.**

Finalement, tout se joue très tôt... D'ailleurs, si on regarde de près certaines écoles (nous pensons notamment à Mélanie Klein, qui « fait autorité »), tout serait joué dès le stade oral... Les lecteurs qui voudraient creuser ce point peuvent lire avec grand intérêt la première partie (notamment son chapitre V, « Les imagos maternelles ») du livre de Gérard Mendel : *La révolte contre le père* ; voir bibliographie.

Et puis ce stade phallique va aussi se jouer dans les rapports familiaux amorçant ainsi le stade suivant.

4- Le stade génital : vers 5/6 ans, puis à l'adolescence

Cela commence par une sorte d'explosion, la phase œdipienne (telle que nous l'avons décrite dans la note technique n°2 – 2), l'ontogenèse, avec son cortège de peur de la castration/envie du pénis, envie de meurtre du rival qu'est le parent du même sexe par rapport au parent du sexe opposé ; et l'ambivalence par rapport à ce parent du même sexe, puisque la porte de sortie de cette phase explosive serait une **identification** à lui.

L'épisode est tellement fort et traumatisant qu'il va bloquer la maturation de l'enfant ; ce que l'on désigne par la **période de latence (environ de 6 à 12 ans),** période où on se compare aux autres enfants, dans l'apprentissage de compétences sociales et scolaires. Se sentira-t-il **« à la hauteur »** (ni plus ni moins) **« supérieur ou inférieur aux autres »** (danger dans ces deux cas).

Puis viendra la puberté où tout le parcours de l'ensemble de ces stades sera revisité pour arriver **au choix de son identité :** qui est-ce que je choisis d'**être,** qui est-ce que je choisis de **ne pas être ?**

Le **« moi » de l'enfant** doit devenir le **« je » de l'adulte.** Du moins la dynamique du « va vers toi – Lekh Lekha » doit être lancée à ce moment clé, faute de quoi une pathologie plus ou moins grave va se développer, mais avec, en permanence, la possibilité d'un rebond pour s'en sortir, rebond qui d'ailleurs permettra sans doute d'aller plus loin en **rejouant sur la scène extérieure ce qui n'a pas pu être résolu dans notre théâtre intérieur** (voir les passionnantes études sur les leaders : bibliographie n° 89-90-91-92-93-94).

Structuralisme : le structuralisme est une école qui se centre sur la question de savoir comment les parties d'un ensemble s'articulent entre elles pour former un tout : cette articulation est le moteur de ce tout ; la connaître permet de comprendre la dynamique de ce tout, donc savoir comment il évoluera.

Notons, au passage, qu'on éclaire ainsi la notion de *système* comme étant « tout ensemble dont un élément ne peut être modifié sans entraîner une modification de tous les autres », pour reprendre en substance l'approche de Claude Lévi-Strauss telle qu'exprimée dans le recueil d'articles qui forment *L'anthropologie structurale* (1958).

Partant de la linguistique, à la fin des années cinquante, on commença à découvrir et à formuler les lois de ces interdépendances (Noam Chomsky, successeur – lointain – de Ferdinand de Saussure dans son approche du *signe* par le rapport *signifiant-signifié*).

On parla à l'époque de la « Révolution linguistique », révolution qui atteignit peu à peu tous les domaines des sciences humaines. L'anthropologie ne pouvait pas passer à côté de cette « révolution ».

D'autant qu'en fait, Claude Lévi-Strauss, dès 1949, décryptait les *structures élémentaires de la parenté* pour montrer le développement de la pensée symbolique lui permettant d'en arriver à l'étude des superstructures d'une société (voir par exemple *Le totémisme aujourd'hui* [1962], qui fait un écho somptueux à ses *Tristes Tropiques* [1955], montrant ainsi tout ce que fut cette révolution structuraliste).

Sur-moi : intériorisation des interdits et des préceptes de comportement inculqués à tout individu par la société dans laquelle il vit grâce à ces « plaques tournantes » entre sociologique et psychologique que sont (ou qu'étaient) la famille, l'école, l'église, l'armée. Le sur-moi est en parti conscient et en parti inconscient.

Symbole : signifiant évoquant par un rapport naturel quelque chose d'absent ou d'impossible à percevoir ; la symbolique désignera la relation qui unit le contenu manifeste d'un comportement (d'un discours ou d'une pensée...) à son sens latent. Ce qu'il n'est pas possible d'élaborer en construction symbolique se fera de façon pathologique : on parlera alors de « symptôme ». Si, en termes sociologiques, l'ensemble des symboles (la symbolique) est créateur du « nous » et rassemble ainsi ce qui était épars, l'opposé étymologique de « sym-bolique » est « dia-bolique » : être « diabolique », c'est éparpiller ce qui était rassemblé.

Transfert : processus par lequel les désirs inconscients s'actualisent sur certains objets dans le cadre de la relation analytique.

TABLE DES MATIÈRES

DÉDICACE 6

SOMMAIRE 7

REMERCIEMENTS 9

PRÉFACE
ALLER AU FOND ET MONTER HAUT 11

AVANT-PROPOS 13

CHAPITRE I
QUI ES-TU, TOI QUI DIS « MOI » ?
JEU SUR LA FRONTIÈRE « MOI/NON-MOI » 37

A. Cas Gerbod ; énoncé commenté 37
B. Cas Gerbod ; analyse 44
C. Général de Gaulle ; forum d'Alger (juin 1958) 47

CHAPITRE II
QUI ES-TU, TOI QUI DIS « MOI, PRÉSIDENT… » ?
CAS DES ÉLECTIONS PRÉSIDENTIELLES (FRANCE, 2017) 55

A. Mise en selle de François Fillon 56
  1) La peste, toujours et partout ? 57
  2) Victimiser, c'est déifier 60
B. La mécanique électorale 62
  1) Mais, au fait, comment gagne-t-on une élection en France ? ... 62
  2) Un peu d'histoire : le « je vous ai compris » façon François Mitterrand 65
C. Le cas Fillon 68
  1) Mais, alors, lui, François Fillon, qu'est-ce qu'il peut faire ?? ... 68
  2) Alors Fillon pourrait-il gagner ??? 73
  3) François Fillon : barde ou druide ? L'avis d'Astérix 76
  4) Le secret de la potion magique 79
  5) Mode d'emploi de la potion magique 81
  6) L'échec 84

D. La zizanie va-t-elle nous détruire ? L'avis d'Astérix : conclusion 85
   1) Emmanuel Macron s'inscrit dans le schéma « équipes gagnantes » 85
   2) Vers une chimère : Tullius Détritus alias « Lepenenchon » 88
   3) Coup de théâtre ! « *Deus ex machina* » : explosion en vol de la chimère........ 91

CHAPITRE III
QUI ES-TU, TOI QU'ON APPELLE « LEADER » ? 99

A. Cas « Jacques » : la lumière qui éblouit.. 99
B. Faut-il se passer du pouvoir charismatique : le « M » ?............................. 112
C. Les éventuelles bases culturelles limitant le risque.................................... 116
D. Le destin 124
E. Créer la symbolique commune : première esquisse 125
F. Oser être soi-même... 128

CHAPITRE IV
QUI ES-TU, TOI QU'ON APPELLE « LE PEUPLE » ? 135

A. Reprise : rappel… sous un nouveau regard 135
B. Le mythe du chef et le mythe du peuple « inexact et vrai »..................... 142
C. Définition de l'Europe 152

CHAPITRE V
QUI ES-TU, TOI QUI NE SAIS PLUS QUI TU ES ?
LES RESSORTS PROFONDS DE L'OMBRE 161

A. Cas Floria.. 161

CHAPITRE VI
QUI ES-TU, TOI QU'ON APPELLE « LE PEUPLE EUROPÉEN » ?
LES RISQUES DU MYTHE. L'EUROPE : ÉTAT DES LIEUX 193

A. Georges Clémenceau « Père la Victoire » ou « Père la Défaite » ? 193
   1) Les relations internationales entre 1870 et 1945................................ 194
   2) L'influence considérable des États-Unis.. 198
   3) Épilogue.. 202
B. Le récit de l'Europe 203
   1) Il faut du rêve à l'Europe 204
   2) Rêve ou délire ? 207
C. Rêver l'Europe pour « FAIRE L'EUROPE » 210
   1) Pour une définition de l'Europe 210
      a) Point de départ 210
      b) Conscience du trouble... 211

  c) Écoute de dialogue ; rôle du mimétisme 212
  d) Émergence d'un « leader » ? 215
  e) Un terrain favorable pour ce leader ? 216
 2) Le cycle identitaire 218
  a) Re-singularisation 218
  b) Un traumatisme de base (répété inconsciemment à l'infini) 219
  c) Tremplin pour l'émergence du leader 227
  d) Légendification 230
  e) Nécessaire choix politique 233

CHAPITRE VII
QUI ES-TU, TOI QUI VA DEVENIR L'EUROPE ? 237

A. Retour au « va vers toi » ? 237
B. Accouchement de l'Europe ? Rôle des « il était une fois… » 238
C. L'Europe : matrice d'une culture partagée 239
D. Élaguer les « il était une fois… » ? 241
E. Une solution jouable ? Peut-être… 242
F. Retour sur le leader 243
G. Prendre le train en marche 245
H. Faire redémarrer l'Europe 247
I. Rôle des « héros » (et inévitable déboulonnage des statues ?) 250

ULTIME VADE-MECUM 253

CONCLUSION 257

NOTES TECHNIQUES 261

Note technique n° 1 : « La structure de la personnalité » 261
Note technique n° 2 : l'esprit de leader 277
Note technique n° 3 : l'« analyseur » 285

BIBLIOGRAPHIE SÉLECTIVE 291

1. Psychothérapie 291
2. Transition : de la psychothérapie à la sociothérapie 292
3. Thérapie microsociale 293
4. Thérapie macrosociale 294
5. Fiction 296

GLOSSAIRE 297

Structures éditoriales du groupe L'Harmattan

L'Harmattan Italie
Via degli Artisti, 15
10124 Torino
harmattan.italia@gmail.com

L'Harmattan Hongrie
Kossuth l. u. 14-16.
1053 Budapest
harmattan@harmattan.hu

L'Harmattan Sénégal
10 VDN en face Mermoz
BP 45034 Dakar-Fann
senharmattan@gmail.com

L'Harmattan Mali
Sirakoro-Meguetana V31
Bamako
syllaka@yahoo.fr

L'Harmattan Cameroun
TSINGA/FECAFOOT
BP 11486 Yaoundé
inkoukam@gmail.com

L'Harmattan Togo
Djidjole – Lomé
Maison Amela
face EPP BATOME
ddamela@aol.com

L'Harmattan Burkina Faso
Achille Somé – tengnule@hotmail.fr

L'Harmattan Côte d'Ivoire
Résidence Karl – Cité des Arts
Abidjan-Cocody
03 BP 1588 Abidjan
espace_harmattan.ci@hotmail.fr

L'Harmattan Guinée
Almamya, rue KA 028 OKB Agency
BP 3470 Conakry
harmattanguinee@yahoo.fr

L'Harmattan Algérie
22, rue Moulay-Mohamed
31000 Oran
info2@harmattan-algerie.com

L'Harmattan RDC
185, avenue Nyangwe
Commune de Lingwala – Kinshasa
matangilamusadila@yahoo.fr

L'Harmattan Maroc
5, rue Ferrane-Kouicha, Talaâ-Elkbira
Chrableyine, Fès-Médine
30000 Fès
harmattan.maroc@gmail.com

L'Harmattan Congo
67, boulevard Denis-Sassou-N'Guesso
BP 2874 Brazzaville
harmattan.congo@yahoo.fr

Nos librairies en France

Librairie internationale
16, rue des Écoles – 75005 Paris
librairie.internationale@harmattan.fr
01 40 46 79 11
www.librairieharmattan.com

Lib. sciences humaines & histoire
21, rue des Écoles – 75005 Paris
librairie.sh@harmattan.fr
01 46 34 13 71
www.librairieharmattansh.com

Librairie l'Espace Harmattan
21 bis, rue des Écoles – 75005 Paris
librairie.espace@harmattan.fr
01 43 29 49 42

Lib. Méditerranée & Moyen-Orient
7, rue des Carmes – 75005 Paris
librairie.mediterranee@harmattan.fr
01 43 29 71 15

Librairie Le Lucernaire
53, rue Notre-Dame-des-Champs – 75006 Paris
librairie@lucernaire.fr
01 42 22 67 13